MES MÉMOIRES

Il a été tiré de cet ouvrage

CINQ CENTS EXEMPLAIRES IMPRIMÉS SUR PAPIER
VERGÉ DE LUXE, RELIÉS SOUS JAQUETTE RHODOÏD
ET NUMÉROTÉS DE 1 À 500,

DOUZE EXEMPLAIRES IMPRIMÉS SUR PAPIER VERGÉ
DE LUXE, RELIÉS SOUS JAQUETTE RHODOÏD
ET MARQUÉS H.C.,

QUATRE MILLE EXEMPLAIRES IMPRIMÉS SUR PAPIER
WELLINGTON OFFSET,

LE TOUT CONSTITUANT L'ÉDITION ORIGINALE

LIONEL GROULX

MES MÉMOIRES

TOME IV

FIDES

245 est, bd Dorchester, Montréal

Les notes contenues dans le présent ouvrage ne sont pas de l'Auteur, mais de Mme Juliette Lalonde-Rémillard à qui nous exprimons notre profonde gratitude. (Note de l'éditeur)

Cet ouvrage a bénéficié d'une subvention du Ministère des Affaires culturelles du Québec, au titre de l'aide à la publication.

ISBN : 0-7755-0522-6

Numéro de la fiche de catalogue
de la Centrale des bibliothèques — CB : 70-5608

SEPTIÈME VOLUME

1940-1950

Coup d'oeil sur une décennie

I

COUP D'ŒIL SUR UNE DÉCENNIE

A près de quatre-vingt-cinq ans, pourquoi commencer ce septième volume de *Mémoires*? Aurai-je même le temps de le finir? J'écris pour les mêmes raisons qui, au cours de ma vie, m'ont fait écrire quelques ouvrages de passe-temps: besoin de m'évader de travaux arides, absorbants, aussi étreignants parfois qu'une camisole de force. Autrefois, sur les grèves de la maison paternelle, j'aimais organiser, on s'en souvient, avec de misérables auges, creusées dans l'orme ou l'érable, de petites flottes de barges minuscules qui mettaient à la voile pour les pays lointains. Soif du large, soif de l'évasion qui ne m'a jamais quitté. A cette soif jamais apaisée, joindrai-je le vague besoin du vieillard qui, en racontant quelques tranches de son passé, croit les ressaisir et les revivre? Besoin de naufragé qui, dira-t-on, s'agrippe à la moindre épave? Non, rien de tragique en ma vieillesse. *Jam delibor*, confesserai-je avec saint Paul. Mais qu'importe! La mort, le Bon Dieu me fait cette grâce de n'en éprouver nulle peur excessive. *Je crois, je crois, je crois*, presque impudemment, dirais-je, au Dieu des miséricordes infinies. Souvent, en ces dernières années, j'ai fait cette prière ou cette offrande: « Prenez-moi, Seigneur, quand vous voudrez, comme vous voudrez. Je ne vous demande qu'une grâce: celle d'un moment pour me retrouver et vous retrouver dans un dernier acte de contrition et d'amour. » Oui, j'espère en celui qui s'appelle si souvent, en ses Ecritures: *Pater misericordiarum*! J'espère en lui parce que tous les matins, à la messe, il se plaît à nous le rappeler: il veut être « non aestimator meriti, sed veniae ».

Quand j'essaie d'embrasser, d'un coup d'œil, cette décennie qui va de 1940 à 1950, je lui trouve un visage mal défini, des traits peu accusés. Car chaque âge de la vie possède, ce me semble, sa physionomie propre, son visage. Notre enfance nous renvoie, le plus souvent, une image attendrie; notre adolescence, quelque chose d'inquiet, de mobile, un visage quelque peu mélancolique et tourmenté sous le flot tumultueux des premiers éveils passionnels; après quoi c'est le visage de la première maturité, aux traits déjà graves, d'un tracé plus net, devant les dures révélations de la vie. Ainsi, tout le long de notre existence et au cours de périodes diverses, se succéderont des visages, aux traits permanents et changeants, des épanouissements, des assombrissements, des hauts, des bas, bonheurs et malheurs qui se suivent ou se joignent, mailles mêlées dont se tisse toute vie humaine. Décennie de 1940-1950 ! Je lui trouve, à distance, pour ce qui me concerne, un aspect brouillé et passablement mélancolique: brouillé pour cette activité encore trop dispersée dont je n'arrive pas à me déprendre; mélancolique pour cette part, cette large part d'inachevé que je n'aurai cessé de déplorer dans l'œuvre capitale de ma vie: l'histoire. « Tourment de l'homme », ai-je écrit de mon métier. Tourment lancinant, impitoyable qui se colle à vous, comme le vautour ou l'aigle à sa proie. Quelle ombre insaisissable, en effet, que le passé, ce moment d'hier, cette tranche de vie, tombés dans la mort, l'une des faces du néant ! A certains moments, après beaucoup d'approches, beaucoup de poussière soulevée, on croit atteindre quelque vestige du mort; on rassemble ses ossements; on essaie de le mettre debout; on lui souffle une âme; on se prend à le croire véritablement ressuscité, vivant. Comme Michel-Ange frappant à coups de marteau les genoux de son Moïse, on dirait volontiers au ressuscité: « Parle, mais parle donc ! » Mais le doute vous prend. Ce personnage, est-ce bien celui qu'on voulait ranimer ? Cette ombre de vie est-elle bien de la vie ? Hélas, la résurrection passe le pouvoir de l'homme. L'historien n'est guère beaucoup plus que l'archéologue. Sa seule chance, c'est de mettre un peu de chair sur les ossements desséchés; c'est de prêter aux morts un peu de la vie qu'il a cru être la leur et qui est peut-être beaucoup la sienne. Et c'est de poursuivre sa tâche, ballotté entre l'illusion d'avoir recousu au présent un peu du passé et la décevante certitude que des ombres ne sont pas le réel, et que le passé n'est pas un réel saisissable. Mais comme votre travail vous a tenu ligoté, envoûté ! Et ce travail débordant, comme il importerait de s'y concentrer et de ne jamais s'en laisser distraire.

Encore l'effroyable éparpillement

Oui, encore une fois, quel chaos me jette au visage cette autre décennie ! Quel éparpillement ! Et comment mettre un peu d'ordre en tout cela ? J'ai conscience d'avoir écrit peu d'articles, prononcé peu de discours qui ne m'aient été demandés, souvent arrachés par des amis, fort aimables, même obligeants, mais qui n'ont jamais su respecter ma tâche, mon devoir d'état. Combien de ces amis, du reste, angoissés par le spectacle de nos misères, se persuadaient que, du côté de l'histoire, ne résidait pas ma vocation, et pour un peu, m'auraient reproché de m'enfermer dans une tour d'ivoire. Envers ceux-là je confesse le péché d'une excessive indulgence. Trop souvent j'ai fini par me laisser tenter, par céder au démon de l'action qui, en moi, a toujours trouvé de si dociles complices. D'ordinaire le sujet de ces travaux éparpillés ne m'a pas été imposé. Je le choisissais moi-même: alerte opportune, riposte mal comprimée à des travers, à trop de courants d'idées que j'estimais malsains. Effort de nettoyage, de redressement dans les esprits. Et, dans ce mélange apparemment désordonné, une doctrine sous-jacente, je le sens bien, se cherchait, s'ébauchait malgré moi, tant le souci me tenait de tailler enfin les pierres solides où édifier l'avenir. A nulle autre période de ma vie, je n'aurai cherché, avec autant d'angoisse, le mot de notre destin. Hélas, chaos quand même ! Matériaux accumulés au hasard, culbutés les uns sur les autres. Tristesse du bâtisseur qui ne sait plus s'il a devant lui les pièces informes d'un édifice à construire ou les ruines d'un édifice à jamais écroulé.

En ce chaos essayons pourtant de faire un peu d'ordre. Je tente une revue, sinon une analyse de ces écrits et discours, du moins de ceux-là qui alors ont pris quelque importance. Je m'y essaie, parce que l'on y verra un peu, si je ne m'illusionne, l'image de mon temps. Le plus brouillé des miroirs imprime toujours quelque chose de ce qui s'y reflète. Et de ce chaos peut-être verra-t-on poindre la crête d'un monde que beaucoup de ma génération auraient voulu tirer du néant, une toute petite crête sur laquelle se serait posé tout de même le sourire d'une aube.

II

POUR LA JEUNESSE

Association catholique de la Jeunesse canadienne-française

Une chose me frappe en feuilletant mes spicilèges: la part que j'aurai faite, en mes soucis et en mon activité, à la jeunesse: passion ancienne de mes années de séminariste et de jeune prêtre. Je me rappelle comme la jeune génération de ce temps-là m'inquiète. Et pour de bonnes raisons. Cette génération de 1940 à 1950 ne sera pas tout à fait celle de la décennie précédente. La guerre est venue. Elle a mis fin au grand chômage. La jeunesse a pris le chemin des usines et de l'armée. Son angoisse demeure; elle ne lui étreint plus la gorge comme hier. Paradoxe étonnant ! Le Canada, qui continue à se ruiner dans cette seconde Grande Guerre, prend, dans le monde international, valable stature. A bout de souffle, l'impérialisme britannique recule. Le gouvernement canadien qui a encore profité de la guerre pour mettre la main sur les finances des provinces, accroît son autorité et son prestige. Le canadianisme se développe aux dépens du provincialisme. Pas un chef national ne réussit à s'imposer dans le Québec. Le règne de Maurice Duplessis marque le retour du règne des politiciens. Le pseudo-nationalisme du chef de l'Union nationale — nationalisme qui se réduit, du reste, à une défense négative de l'autonomie provinciale — déprécie rapidement toutes les valeurs qui constituent le véritable fond de la doctrine. Du nationalisme la jeunesse en viendra, après quelques années, et surtout après l'échec du Bloc populaire, à ne plus vouloir souffrir ni le mot, ni la chose. Au surplus l'éducation nationale qui avait paru lancée, à la mode, à la fin de *L'Action française*, a reculé, a presque disparu dans les écoles. On a d'ailleurs pratiquement supprimé l'Association catholique de la Jeunesse canadienne-française. D'elle on a voulu faire une sorte de faîte ou de clef de voûte de l'Action catholique. Mais on ne tarde pas à se raviser. Toute une jeunesse, quoique catholique, reste à l'écart de l'Action catholique. Néanmoins, faute de cadres ou d'organismes où se grouper, cette jeunesse menace de devenir inquiétante. On décide donc de renvoyer l'ACJC à son ancien rôle. Hélas ! elle n'est plus qu'un squelette, presque un cadavre à qui l'on consent le droit de vivre. Pauvre ACJC, devenue AJC, elle cherche encore, après un quart de siècle, sa formule de vie. Elle vient même de mourir. Pendant ce temps-là l'Action catholique a continué de tenir toute la place ou peu s'en faut, dans les écoles, les collèges, les couvents, les universités. Etrange Action catholique qui, par la faute d'aumôniers, braves gens, mais de formation religieuse et intellectuelle insuffisante, s'efforcera d'inculquer à la jeunesse un catholicisme irréel, une sorte d'angélisme, sans prise valable sur l'humain, sur le temporel. Un catholicisme d'astrologue, entre terre et nuages, où l'on se révèle impuissant à saisir la vigoureuse intégrité qu'implique de soi la définition même de l'éducation catholique. Faire la synthèse du surnaturel et du temporel, du religieux et du profane, saisir les valeurs humaines du culturel et du national, effort qui dépasse l'intelligence des nouveaux directeurs de la jeunesse, élevés, du reste, dans le plus profond mépris de toutes les valeurs nationales. Un aumônier, et non l'un des moindres, s'en ira par les collèges, ce mirifique propos à la bouche: « Nous ferons pratiquer à notre jeunesse un catholicisme pur, débarrassé de l'infection du nationalisme. » Le résultat, qui ne l'entrevoit ? Nul ne s'essaie impunément à faire l'ange. De cette école sortira une et même deux générations de jeunes déracinés, espèce d'hommes, comme l'on sait, la plus dangereuse qui soit. Ces jeunes gens ne parleront que d'Eglise universelle, comme si leur Eglise ne faisait point partie de l'Eglise universelle; cette Eglise, ils oublieront même qu'il fallait d'abord la servir, la défendre, se vouer à son épanouissement en leur pays. A un groupe d'entre eux je dirai un jour: « Sans doute, catholiques, nous appartenons, de par tout notre être, à l'Eglise universelle. Et il faut toujours prier, travailler, ayant dans l'esprit la grande Institution, sans pourtant jamais oublier que cette Eglise universelle s'incarne partout, même en Italie, même à Rome, en un pays, en un peuple, en une culture particularistes. Et c'est là où elle est que ses fils ont mission de la servir. Car il va de soi, disais-je encore à ces collégiens fourvoyés, que si vous ne sauvez l'Eglise en votre pays, vous ne la sauverez ni aux Indes, ni en Afrique.» Hélas, ces jeunes déracinés, de par la logique même de leur fausse éducation, ne tarderont pas à mépriser leur pays, leur histoire, leur culture, leur catholicisme étriqué. Ne voyant, dans le Québec, aucune grande tâche à quoi vouer leur vie, ils s'estimeront malheureux d'être nés en une si pitoyable patrie. Quelques-uns, au sortir du collège ou de l'université, dès la première approche de la vie, de leur milieu, s'y trouveront si mal adaptés qu'ils s'en prendront agressivement à leurs maîtres et iront grossir la petite clique des anticléricaux et des agnostiques. Trop d'évêques malheureusement laisseront libre champ à leurs aumôniers d'Action catholique. Seul, je crois bien, l'intelligent archevêque de Rimouski, Mgr Georges Courchesne, s'insurgera contre cette parodie de la formation religieuse. Il arrêtera net le mouvement déjà en branle en son diocèse, demandera à ses prêtres et à ses éducateurs de remettre, pendant deux ans, toute la question à l'étude, à la recherche d'une forme d'Action catholique vraiment adaptée à notre jeunesse et à notre milieu. C'est lui qui me dira un jour: « La vraie formule, pour former des hommes et des catholiques, c'était celle de notre ACJC: le catholicisme au sommet gouvernant et imprégnant tout ce qui est au-dessous de lui. » Dans mon ouvrage, *Le Canada français missionnaire*, maintes fois j'ai souligné chez nos évêques en mission le souci de présenter à leur jeunesse une Action catholique exactement adaptée à leur milieu. « Nous avons voulu faire pratiquer, dans nos milieux de jeunesse, écrit, par exemple, un missionnaire des Philippines, une Action catholique philippine. » On fera de même en Afrique, au Pakistan. Je n'ai pas oublié cette question angoissée d'un jeune chrétien d'Afrique: « Est-ce que je puis être d'Action catholique et rester bon Africain? » Plusieurs fois, en ferai-je l'aveu, j'ai dénoncé, en dépit de tous les risques, l'erreur inconsciente mais tragique que l'on commettait chez nous. Un jour que Son Eminence, le cardinal Paul-Emile Léger m'avait écrit des propos plutôt pessimistes sur l'avenir de notre peuple, j'osai lui écrire: « Eminence, l'Action catholique, chez nous, telle que présentée à notre jeunesse, n'a formé ni des hommes, ni des Canadiens français, pas même des catholiques. » Notre jeunesse est restée sans une élite qui y aurait tenu le rôle du ferment.

Jeunesses laurentiennes

Vers 1940 le mal ne paraît pas encore visible à tous. Il se trahit peut-être dans l'impuissance de l'AJC à se reconstituer. Il apparaît aussi dans la faillite des regroupements que tente la jeunesse: Jeunesses patriotes, Jeunesses laurentiennes. Mais l'on est inquiet, on cherche des formules de vie, d'action. Et c'est pourquoi, sans doute, devant la carence de nouveaux chefs, on vient vers les hommes d'hier. La jeunesse continue, ce me semble, de me faire confiance, une confiance qui souvent m'émeut. Je suis de ceux qu'elle interroge, à qui elle demande le secret de l'avenir. Je lui réponds volontiers. Si redoutables que m'aient toujours paru les auditoires de jeunes, je les affronte, les trouvant si réceptifs. Et puis-je échapper à la réflexion angoissante et banale que les jeunes générations nous apprennent, par ce qui se passe en elles, de quoi demain sera fait ?

Je vais un peu à tous les groupes. Pendant plusieurs années, je serai l'aumônier officiel des « Jeunesses laurentiennes », association d'anciens d'école primaire, jeunesses merveilleusement éveillées. J'admire leur sens pratique. Ces jeunes n'ont rien du rêveur. Ils cherchent des tâches à leur mesure, mais ils les cherchent. Les aider à se définir, je l'ai tenté un jour. Et c'est à eux, je crois bien, que j'aurai adressé le *Message* le plus grave, le plus substantiel peut-être — l'on a toutes sortes d'illusions — que j'aie destiné à la jeunesse. C'était au printemps de 1946. Mes amis fêtaient alors le trentième anniversaire de mon enseignement à l'Université de Montréal. Les Jeunesses laurentiennes y allèrent aussi de leur célébration qui prit la forme d'un banquet au Cercle universitaire de Montréal. Je ne citerai que quelques extraits de ce *Message*. *Le Devoir* le publia en entier les 4 et 5 mars 1946 et il fut mis en brochure. Je cite pourtant le début où je confesse ce qui me plaît en cette jeunesse, si proche du peuple.

> Ai-je besoin de vous assurer que je me sens un peu en famille au milieu des Jeunesses laurentiennes ? Je n'ai pas oublié ce soir où quatre d'entre vous m'apportiez vos constitutions alors à l'état d'ébauche. Depuis ce premier contact vos jeunesses me sont

devenues chères. J'ai été frappé de votre esprit de foi, de votre attachement à l'Eglise, de la primauté que, dans vos âmes et dans votre action, vous aviez décidé d'accorder au spirituel. Ensuite, j'ai trouvé en vous un vif esprit national: une vision extrêmement concrète des grandeurs et des misères du Canada français. Je vous ai trouvés avides d'action et de dévouement, plus avides d'action que de paroles, à la recherche par-dessus tout de résultats pratiques. Et cela m'a reposé de tant de jeunes vieillards à cheveux noirs et à intelligence grise que j'ai rencontrés dans ma vie.

Je dis encore à cette jeunesse, toujours pour la définir, et l'on aperçoit un peu qui je vise:

Vous êtes aussi de cette espèce de jeunes catholiques qui croient au temporel. Si vous êtes d'avis que le temporel n'a de valeur et de raison que si le spirituel l'ordonne à soi, vous croyez néanmoins que, dans notre état de civilisation, le temporel n'accepte point cette ordonnance d'un mouvement automatique, mais qu'il faut que les hommes l'y aident, l'y plient, l'y ordonnent.

Après quoi s'étonnera-t-on que je revienne sur des thèmes qui me sont familiers à l'époque ? Et, par exemple, à propos d'action nationale, c'est bien à ces jeunes gens que je rappelle encore une fois ces vérités de fond:

C'est une synthèse de forces que vous vous appliquez à forger: force politique, force économique, force sociale, force culturelle, force morale et religieuse, parce que c'est au prix de cette synthèse, organique et totale, qu'une nationalité obtient le droit de vivre, se perpétue et s'acquitte de sa mission.

Fort aussi explicable mon allusion à la question de l'autonomie provinciale, « question de vie ou de mort » pour les Canadiens français, et sur laquelle « nous ne cédons pas d'un pouce, d'une ligne ». Au reste, appuyais-je, le gouvernement central nous l'a démontré depuis 1867: inutile d'espérer « qu'il légifère convenablement pour un Canada français. Chaque fois qu'il s'est mêlé de nos affaires, il s'en est généralement mêlé de travers. » Donc, concluais-je, le Québec d'abord, les affaires du Québec avant celles des autres, étant d'expérience que « s'occuper de ses affaires, avant de s'occuper des affaires des autres, a toujours passé pour une formule de bon sens ». Puis, à l'aide d'un mot de mon ami

Antonio Perrault, je recommandais à ces jeunes gens « l'entente dans la race » avant « l'entente entre les races ». Mais à ce point de mon discours, comment ne pas m'en prendre à ceux de nos pauvres compatriotes qui, plus par étourderie que par méchanceté ou intérêt crapuleux, s'employaient, en ce temps-là, à prêcher de nouveau la bonne-entente entre les races, et ce aux Canadiens français, et sous une forme agaçante et humiliante où l'on se donnait l'air de nous tenir responsables de la mésentente au Canada. A ce propos, citerai-je ici toute une page de mon *Message* ? Les vérités que je débitais ce soir-là m'ont toujours paru si opportunes, la naïveté n'étant point un mal dont il semble que beaucoup de Canadiens français se puissent guérir.

> Certes, disais-je, je ne connais ni un Canadien français, ni un catholique qui ne souhaite et de tout cœur cette bonne-entente, ne serait-ce que pour être soulagé de certains discours et de certains discoureurs. Nulle divergence d'opinion sur la chose; tout au plus dans le choix des moyens: moyens que, pour ma part, je veux compatibles avec la justice et la dignité, les seuls, du reste, qui aient garantie d'efficacité.

Oui, fierté plus que bonasserie. Oui, devenir un peuple fort pour parler fort. Et alors, « la bonne-entente pourra se passer des bonne-ententistes ». Je terminais par ce petit couplet:

> On veut que nous soyons frères; oui, soyons-le comme de bons chrétiens et de bons compatriotes; mais frères dans la charité et frères dans la justice. Il n'y a pas ici Isaac et Ismaël, l'un né pour la liberté et l'autre pour la servitude.

Je devrais arrêter ici ces citations déjà trop longues. Mais l'on a tant reproché à la vieille école nationaliste son ignorance ou sa négligence de l'aspect social dans la vie de la nation que je ne me refuse pas à d'autres développements. Au reste, cela aussi appartient à l'image de mon temps. Et j'y vois l'occasion de rendre meilleure justice à la génération qui tout de même a fondé les Caisses populaires, le Syndicalisme catholique et national, les Semaines sociales, la Faculté des sciences sociales. Mérite assez valable. Mais il est si facile de biffer le passé quand on s'est persuadé, en toute modestie, que l'histoire des hommes ne commence vraiment qu'avec soi.

De mes Jeunes Laurentiens, j'aurais voulu faire des rassembleurs de la jeunesse, de toutes les jeunesses autour de l'idéal national. Combien de fois leur ai-je recommandé de s'occuper très particulièrement de la jeunesse rurale et de la jeunesse ouvrière ! La jeunesse des campagnes et des villages m'apparaissait alors si négligée, si oubliée. Le cours primaire fini, plus d'horizons pour elle; pas la moindre orientation, pas la moindre école d'agriculture, ou commerciale ou technique à sa portée, où poursuivre ses études. Rien d'autre que le croupissement dans le rôle de « journalier » en son patelin, ou le départ vers les grandes villes, pieuvres qui, de leurs membranes, ont happé tant de générations de pauvres jeunes gens sans métier, ramassis de pelleteurs ou de balayeurs de rues, de vidangeurs ou de débardeurs. Ce qui nous valait, selon des statistiques de 1940, de compter, dans la province, plus de « gens sans métier, plus de manœuvres impréparés techniquement que les plus récents immigrants, les Italiens, les Norvégiens, les Yougoslaves ». Faute d'écoles moyennes d'agriculture, les fils d'habitants prolongeaient indéfiniment, sur les terres paternelles, la séculaire et ruineuse routine. Et c'est peut-être, en ce manque de vision, que notre Conseil de l'Instruction publique aura le plus gravement péché et préparé sa suppression. Assurément je ne demandais pas à mes Laurentiens de nous donner ces écoles indispensables, mais « il vous appartient, leur disais-je, d'amener la jeunesse, la population à les désirer, à les obtenir ». Dès le début de leur association, je les avais encore priés de se tourner vers la jeunesse ouvrière: « Avec le temps, leur disais-je, ma conviction se fortifie que vous avez là l'un des plus beaux champs d'action. » J'aurais voulu que les Laurentiens orientent leurs jeunes camarades du milieu ouvrier vers le syndicalisme chrétien et national. A tout prix fallait-il les empêcher de commettre l'erreur de leurs pères, les persuader qu'ils ne pouvaient « abandonner la direction de leur activité économique et syndicale à des organisations ouvrières dont les doctrines, les inspirations, les buts seraient parfois en opposition formelle avec les idéaux de notre foi religieuse et de notre collectivité nationale ». Nulle classe sociale ne peut se permettre de constituer un bloc étranger dans la vie de la nation. Il va de soi que, pour aider mes Jeunes Laurentiens, les enflammer dans leur apostolat, je n'hésitais point à leur présenter les ressources de la sociologie catholique, celle qui, de nos jours mêmes,

« propose au monde du capitalisme et au monde ouvrier les solutions les plus hardies et les plus saines ». En quoi, insistais-je, cette sociologie serait-elle incapable de satisfaire aux plus exigeantes aspirations des classes ouvrières d'aujourd'hui, et surtout des jeunes ouvriers ? Et, sans répugnance pour les réformes les plus osées, je leur disais encore:

> Un seul régime de travail leur [les jeunes ouvriers] semblerait-il digne de leur condition d'hommes et de citoyens, je veux dire le régime qui leur donnerait accès à la propriété, qui leur ferait leur part dans la direction des entreprises; régime où n'étant plus de simples pensionnés de la civilisation bourgeoise, mais où fournissant à l'économie de leur pays autre chose que la contribution de leur force physique, où, conscients d'être plus qu'une machine et plus qu'un outil, ils pourraient se croire des producteurs comme les autres, des constructeurs comme les autres de l'économie nationale, bâtissant et dirigeant eux-mêmes leur vie, élevant leur famille dans la sécurité et la joie ? Leurs aspirations s'élèveraient-elles jusqu'au désir de se sentir, comme tout le monde, ou comme l'élite de leurs compatriotes, chargés de l'avenir d'une foi, héritiers de la civilisation ancestrale ? En ce cas, à ces jeunes ouvriers canadiens-français, guettés par des influences malsaines, est-il impossible d'apprendre qu'une sociologie existe qui a placé plus haut que toute autre la liberté et la dignité de l'homme, les droits sacrés de la famille... de leur montrer qu'à l'heure qu'il est, c'est encore elle qui propose au monde du capitalisme et au monde ouvrier les solutions les plus hardies et les plus saines ? Et que cette sociologie n'est autre que la sociologie des pontifes romains, la sociologie catholique ?

Mon *Message* pouvait donc se terminer comme suit:

> Allez dire à vos camarades des ateliers et des usines ce que l'Eglise veut et peut pour eux. Allez le dire avec des convictions de conquérants. Car j'incline à croire que si, chez nous, le communisme et autres philosophies perverses gagnent du terrain, la faute en pourrait bien être aux catholiques qui ne savent pas égaler la puissance de leur propagande à la valeur transcendante de leur doctrine sociale.

Quelques menus conseils suivaient, conseils que je voudrais adresser aujourd'hui à tous mes jeunes contemporains, s'ils écoutaient encore les vieillards:

Vous êtes jeunes. Comme tous les jeunes vous avez lancé, en pleine mer, bien des bateaux chargés de rêves. Plus tard, quand vous aurez vieilli, vous constaterez que les orages auront malmené beaucoup de ces petits ou grands navires que vous aviez chargés de vos rêves les meilleurs. Ceux-là seuls auront coulé à pic que vous aurez désertés.

Jeunesse des collèges

D'autres appels me viennent d'une autre jeunesse: celle des collèges. On m'invite au Séminaire de Sainte-Thérèse, mon Alma Mater. Je ne cite qu'un seul extrait de ma causerie: « La jeunesse face à la vie ». Je voulais réagir contre cette forme de catholicisme fermé, sans fenêtres sur son temps et son milieu, que l'on présentait alors à la jeunesse:

C'est cela, c'est tout cela, disais-je à ces collégiens, qui fait la substance de la foi qui est la vôtre. C'est à tout cela que vous vous cramponnez parce que, dans cette atmosphère, dans ce milieu social, national et chrétien, dans la possession de ces richesses spirituelles, vous êtes assurés de développer votre personnalité d'hommes et de croyants, comme nulle part ailleurs peut-être vous ne le pourriez faire en votre pays; parce que, futurs pères de famille, vous voulez préserver, pour vos enfants, ce milieu éducateur incomparable; parce que, patriotes, élite par votre rang social, par la culture plus haute de votre esprit, vous acceptez le devoir de monter la garde autour des sources vives, autour des flambeaux où s'alimente et s'éclaire la vie des petits travailleurs; parce qu'enfin vous estimez que votre pays, le Canada, n'est pas si riche en richesses spirituelles qu'il puisse se passer du plus vieux, du plus pur de ses foyers de civilisation: je veux dire du seul Etat catholique et français qui existera sans doute jamais en Amérique du Nord.

Un appel me vient aussi de Valleyfield, en mars 1944, collège où je n'ai guère paru depuis près de trente ans. J'y avais laissé trop de souvenirs pour n'en point garder la nostalgie. Mgr Emard, parti pour Ottawa, était mort depuis longtemps. Son successeur, Mgr Rouleau, o.p.[1], était passé au siège de Québec. L'un de mes plus chers condisciples[2] de Sainte-Thérèse était devenu évêque de

---

1. Raymond-Marie Rouleau, voir la note 90 du troisième volume.
2. J.-Alfred Langlois, voir la note 22 du premier volume.

Valleyfield. La porte m'était rouverte. D'ailleurs un élève de Philosophie, Gilles Langevin, venait de m'adresser, dans le journal du collège, *Le Cécilien* (2 mars 1944), la plus chaleureuse bienvenue: « Le 7 prochain, c'est donc un pionnier, un des plus ardents et des plus entreprenants, un pionnier qui a illustré notre maison... que nous accueillerons. » Qu'ai-je dit à cette jeunesse ? Je n'en ai gardé ni écriture, ni souvenir. J'étais allé, je pense, prêcher à ces grands collégiens une retraite de vocation. J'y ai frôlé, comme au temps jadis, de bien belles âmes.

J'ai parlé aussi à la jeunesse féminine, au Collège Basile-Moreau. Pendant vingt-deux ans, j'y enseignerai la littérature et surtout l'histoire du Canada. Auditoire d'élèves et de religieuses des plus sympathiques. Les collégiennes m'avaient demandé une devise pour leur petit journal de collège. A brûle-pourpoint je leur avais dicté ces simples mots: *Et vivent les vivantes !* J'aurai l'occasion de prononcer une couple au moins de petits discours à l'une ou l'autre des fêtes collégiales de cette jeunesse. Dans leur journal, je retrouve deux lettres de moi qui disent un peu de quoi s'animait mon enseignement. Le 2 janvier 1941, en retour de leurs souhaits de bonne année, j'écrivais à ces chères élèves: « Ah ! si la jeunesse féminine voulait s'occuper de notre avenir, y mettre tout son cœur, toute son âme, se vouer avec toute sa ténacité, à la conservation de nos traditions, de notre culture catholique et française, comme la vie de notre pauvre peuple aurait tôt fait de prendre une autre couleur, un autre aspect ! » Quelques mois plus tard, le 5 mars 1941, interrogé par ces jeunes filles sur la qualité de leur petit journal, je leur écrivais encore: « On y sent le bouillonnement d'une génération, celle, je l'espère, qui nous donnera les femmes d'une renaissance. Je vous l'ai encore dit: le Canada français ne sera pas sauvé sans vous, sans une élite féminine. Cette élite, vous nous la ferez en suivant la ligne verticale de votre foi chrétienne, en acceptant la vie comme une ascension spirituelle. Il vous faudra de l'idéal, c'est-à-dire une volonté de vous dépasser... »

Je laisse de côté l'appui que je donne au projet d'une « Saint-Jean-Baptiste des Jeunes » lancé par les Jeunesses laurentiennes (*Le Devoir*, 13 juin 1944); et de même un discours en février 1949, lors d'un banquet des Scouts. En dépit de mauvais souvenirs sur l'orientation de cette œuvre de jeunesse, je raconte en quelles circonstances j'en vins à préparer la fondation de cette œuvre au Canada français et j'essaie de tracer à ces jeunes gens un programme d'action. Mais une autre jeunesse, à cette époque-là, ne cesse de me préoccuper, celle de nos universités. Dans l'ordre de la pensée, sinon dans celui de l'action, cette jeunesse pouvait peser d'un poids plus lourd que toute autre. Nul mouvement de rénovation ne saurait se passer de l'élite pensante de sa jeunesse. Mais que pensait alors, sur les graves problèmes du Canada, que pensait la jeunesse de nos universités ? Elle me paraissait hésitante, flottante; elle cherchait plus qu'elle ne fixait son choix sur quelques points essentiels. En trois occasions, à son appel, je tentai de lui offrir ce que j'appellerais des points cardinaux: points trop souvent oubliés, dans l'orientation de leur vie, par les hommes et les peuples.

A l'automne de 1939, les Jeunesses canadiennes tiennent un congrès au Collège MacDonald, à Sainte-Anne-de-Bellevue. On m'y invite à titre de conseiller. Empêché de m'y rendre, je m'en tire par une lettre au National Secretary, M. Grant H. Lathe, M.D., lettre qui parut dans *Le Devoir* (22 déc. 1939). Le pays est à une heure critique. L'on entre ou l'on va prochainement entrer en guerre, la deuxième Grande Guerre. Le Canada anglais s'inquiète de l'attitude du Canada français. Au Québec, les nationalistes regardent cette nouvelle intervention du Canada dans la même optique qu'en 1914. Il s'agit moins, pense-t-on, de « liberté » ou de « civilisation » que du heurt des grandes puissances industrielles et commerciales. Nos soldats iront se battre, non pas tant pour préserver l'Europe de la barbarie hitlérienne que pour sauver, encore une fois, l'Empire britannique, Titan fatigué qui va, du reste, s'y casser les reins. Donc ce que l'on appelle au Canada, l'union ou l'unité nationale, se voit, comme en 1914, gravement menacée. C'est toute la raison de ce congrès des Jeunesses canadiennes à Sainte-Anne-de-Bellevue. Devant une réunion forcément composée, pour une grande majorité, de jeunes Anglo-Canadiens, j'en profite pour m'expliquer une fois de plus sur les conditions d'une entente entre les races, conditions que j'estime absolues et seules d'efficacité possible. « J'admire votre travail et votre ambition: réaliser le plus tôt possible, chez nous, un minimum d'unité nationale, ai-je donc écrit à cette jeunesse. L'entreprise est-elle chimérique ? Je ne le crois point, pourvu que la jeunesse canadienne soit bien déterminée à poser le problème sans équivoque et sans peur. »

Et de quelle « équivoque » et de quelle « peur » fallait-il s'affranchir ? « Nous sommes engagés, continuai-je, dans ce redoutable dilemme: par notre environnement géographique peu de peuples au monde sont plus obligés que le peuple canadien à se constituer une vigoureuse personnalité nationale. D'autre part, peu de peuples autant que le nôtre ont à déblayer leur chemin d'aussi redoutables obstacles. » Situation presque insurmontable qui me faisait me demander s'il n'y faudrait point consentir une revision complète de notre « politique extérieure et intérieure ». Et déjà, ce me semble, entrevoyais-je le déséquilibre des forces en voie de s'accomplir sur la planète et surtout le déclin irréversible de l'Empire britannique. Par ménagement pour les jeunes destinataires de ma lettre, je me gardais néanmoins de prononcer ce dernier mot. A quoi donc nous raccrocher ? A nos grands voisins, à l'Europe ? Je posais de graves points d'interrogation, non sans offrir néanmoins un remède de conséquence. J'écrivais:

Allons-nous accepter d'être le seul peuple des trois Amériques à nous river opiniâtrement au système européen... ? Et sommes-nous assurés que, pour ce faire, nous garderons, de façon indéfinie, sur ce continent, la liberté de nos mouvements ? A coup sûr, nous ne pouvons nous évader de l'ordre international; mais cet ordre, est-il écrit quelque part qu'il s'incarne à l'heure actuelle et que demain il s'incarnera dans la seule Europe ? Et le peuple canadien est-il persuadé qu'il est en son pouvoir de tirer l'Europe de son chaos et qu'en cet effort nos chances de succès vaudraient l'enjeu que nous y mettrions ? En d'autres termes, si nous acceptons de nous faire, je ne dis pas les chevaliers, mais les janissaires de l'ordre international sur tous les points du monde où il plaira à des ambitieux ou à des fauteurs de troubles de nous entraîner, croyons-nous que, dans dix ans, dans vingt ans, il vaudra encore la peine de nous occuper de l'avenir du Canada ? Retenons ceci: l'histoire du monde nous offre peu d'exemples de pays qui aient pu s'élever au vrai sentiment national avant de jouir du prestige de l'indépendance. Le premier travail qui s'imposerait donc à nous serait de nous guérir jusqu'à la moelle de toute forme de colonialisme. Dans l'Amérique indépendante, il n'y a plus de place ni d'avenir pour un peuple-serf, ce servage fût-il maquillé des couleurs les plus flatteuses et apparemment les plus nobles.

Non moins affirmatif serai-je sur la revision de notre politique intérieure. Pour ce coup, je ne jurerais point qu'en mes dires catégoriques je n'aie beaucoup pensé à la portion de la jeunesse canadienne-française qui serait présente à ce congrès. En ces réunions mixtes, — l'histoire ne me l'avait-elle pas appris ? — nos chers compatriotes, vieux ou jeunes, se portent si spontanément aux tolérances généreuses, pleins de foi dans les embrassades officielles, plus naïfs que le coq de La Fontaine aux prises avec le renard. Après un bref rappel des circonstances où était née la Confédération, formation politique où l'expédient, les nécessités du temps avaient joué plus que la spontanéité et plus que le rapprochement des esprits, j'ajoutais ces propos dénués de toute suavité:

> Dans notre vie commune, depuis 1867, où trouver la crise nationale qui nous aurait jetés les uns vers les autres, nous élevant, du même coup, au noble sentiment de la patrie commune ? Nos crises nationales ont été des crises intérieures, des crises diviseuses. Au lieu de nous jeter les uns vers les autres, elles nous ont jetés les uns contre les autres. Cet état de choses... exige une révolution profonde... Ni sur le chapitre de l'autonomie québécoise, ni sur les droits de leur culture, il ne peut être question, pour les Canadiens français, de consentir des sacrifices qui se solderaient, en définitive, par un appauvrissement de leur vie, sans la moindre compensation pour le reste du Canada.

Au surplus, croyais-je en ce temps-là, et ai-je jamais cru à une entente parfaite des deux races au Canada, je veux dire une entente fondée sur une égalité pratique, absolue, des droits des deux groupes et des deux cultures; et d'abord sur un consentement de la majorité anglo-saxonne à cette intégrale égalité ? Par générosité humaine et chrétienne, j'ai, certes, écrit et parlé, à cette époque, comme si je croyais cette égalité possible. Mais au fond de moi-même, il me faut bien l'avouer, j'y ai toujours vu une désolante utopie. Rapprochement humain en quelque mesure possible entre intellectuels, entre quelques hommes épris d'humanisme et capables d'une certaine largeur de vision. Rapprochement chimérique entre les masses profondes de deux races trop divisées par tout ce qui divise les hommes: religion, droit, langue, culture, philosophie de la vie, mœurs privées et publiques. Quand a-t-on vu un conquérant se retirer de sa conquête, abdiquer son esprit de domination sans y être virtuellement forcé ? Trop d'exemples, à l'heure où j'écris ces lignes, confirment cette triste vérité. On s'expliquera donc cette conclusion en ma lettre aux jeunes congressistes du Collège MacDonald:

> Si les hommes ne peuvent se grouper autour d'un même passé, d'un même capital de gloire, de culture, de souvenirs, de souffrances, il leur faut, à tout le moins, quelques aspirations communes, et, par exemple, l'ambition de constituer un grand pays, d'y faire triompher un certain idéal d'humanité, de justice, de bien-être, de collaboration fraternelle.

Assez fragile ciment, on l'avouera, pour unir les éléments disparates d'un pays. Aussi bien, était-ce par conscience de chevaucher une grotesque chimère, ou par prévision du sentiment « annexionniste », toujours sommeillant dans l'âme anglo-canadienne, qu'en présence de cette jeunesse canadienne de 1939, j'évoquais le vieux cauchemar qui n'a cessé de voltiger au-dessus de notre histoire:

> Mais pas une heure n'est à perdre. Le continentalisme, je veux dire, certaines forces d'unification que vous savez, agissent fatalement contre nous. Tout retard apporté à la construction d'une vigoureuse unité nationale en notre pays hâte d'autant les prises toutes-puissantes de ce continentalisme en Amérique du Nord. Car tenons pour certain que rien au monde n'empêchera notre pays de se donner au système de forces politiques qui lui assurera le plus de tranquillité et de chances de vie.

M'étais-je, cette année-là, si gravement trompé en mes prévisions ? Pour s'être porté au secours d'un empire moribond, le Canada, écrasé depuis sous ses charges militaires, se voit obligé de pressurer indûment les provinces pour diminuer, vaille que vaille, les déficits de ses budgets. Malaise intolérable qui fait se demander si la Confédération y pourra survivre et si la tentation de l'annexionnisme ne va pas ressaisir la bourgeoisie anglo-canadienne.

Jeunesse universitaire

D'autres occasions me seraient fournies de rencontrer la jeunesse étudiante: celle de l'Université, celle-là même que, plus que toute autre, et je n'ai plus à dire pour quel motif, je désirais atteindre. Dans l'un de mes spicilèges, je retrouve les notes assez développées d'une conférence que j'aurai faite à la jeunesse universitaire, en avril 1939. Qui m'avait invité ? Devant quel groupe ai-je parlé ? A plus de vingt ans en arrière, j'avoue ne plus me rappeler en quelles circonstances j'abordai cet auditoire. Mais je viens de relire mes notes (39 petites pages). Et je le confesse sans modestie: ces notes m'ont apporté presque une révélation: celle d'une véritable petite Somme. En réalité, ai-je souvent ramassé plus de notions, plus de considérations sur l'*être* canadien-français, sur nos périls, nos devoirs, notre situation dans tous les domaines, sur les ressources, malgré tout, à notre disposition: ressources de la culture française, de notre catholicisme, de notre histoire... ? Tout ce que j'ai prêché pendant une époque, tout ce que je portais en moi de brûlantes convictions, d'inquiétudes souvent angoissantes, tout ce que je nourrissais quand même d'espoir dans la ressaisie d'une génération, tous les appels que je pouvais lui adresser, je les ai trouvés là, dans ces notes qui n'ont rien perdu de leur modernité, et qu'une autre jeunesse pourrait encore entendre. Mais comment ces paroles et tout cet enseignement pourtant pressant se sont-ils envolés dans le vent ? Hélas, quelles réflexions les pauvres que nous sommes se pourraient faire sur la vanité de la parole humaine ! Et quelles autres sur la lenteur des idées à germer, même les plus vitales, les plus opportunes !

Cette conférence est de 1939. Etait-ce la première ébauche d'une autre que je donnerais deux ans plus tard à la même jeunesse et qui s'appellera: *Paroles à des étudiants* ? Celle-ci m'a laissé de bien agréables souvenirs. Je ne me défends point de m'y attarder un peu. Qui avait eu l'idée de cette causerie ou plutôt de cette rencontre ? Un jeune étudiant qui fréquentait chez moi depuis quelque temps. Esprit d'élite, appelé à devenir un grand savant en médecine, tous les problèmes de notre vie, de notre avenir, l'intéressaient, le passionnaient. Il s'efforçait de multiplier les rapprochements, les rencontres entre ses jeunes amis de l'Université et ceux qu'il estimait les représentants attitrés de la doctrine nationale, libre, orthodoxe. Ainsi, dans un restaurant de l'ouest de la ville, « La Petite Chaumière », alors fréquenté par les étudiants, avait-il appelé Maxime Raymond, bientôt chef du Bloc populaire, à venir exposer quelques-uns de nos problèmes les plus urgents, à la jeunesse universitaire. En mars 1941, Jacques Genest [3], c'était lui, m'adressait la même invitation. Cette fois, il ne s'agissait plus d'une causerie, mais d'une journée entière d'étude sur nos problèmes nationaux. Dans la courte préface de la brochure *Paroles à des étudiants*, on trouvera quelques notes sur le petit événement. Mon jeune ami m'avait dit:

— Vous seriez le seul conférencier. Vous parleriez portes closes, sans journalistes. Nous pourrions vous questionner et discuter en toute liberté.

— Combien serez-vous ? avais-je demandé. — Une cinquantaine au moins.

Ils vinrent cent des diverses facultés et écoles, quelques-uns même d'Ottawa et de Québec. Je les reçus chez mon ancienne voisine, siège social de la Fédération nationale Saint-Jean-Baptiste, coin Sherbrooke et Saint-André. On m'y ouvrit la maison le plus gracieusement du monde. Je dis la messe à ces étudiants. Presque tous communièrent. On prit le petit déjeuner debout. A neuf heures nous nous mettions au travail. Je leur avais dit ou écrit quelques jours auparavant: « Envoyez-moi des questions, vos questions. Je veux répondre à vos préoccupations actuelles, à vos soucis profonds. » De ces questions, je fis un choix, une coordination. Et j'entrepris deux causeries coupées ou terminées par des discussions prolongées à loisir par mes jeunes auditeurs. La réunion prit fin vers une heure de l'après-midi. Je n'avais parlé qu'à l'aide de notes. Tout de suite on me pressa de rédiger ces notes en vue d'une brochure qui devint, je l'ai dit, *Paroles à des étudiants*. Ces paroles, disais-je encore en mon mot de préface,

---

3. Jacques Genest (1919-   ), médecin, C.C., LL.D., FACP FRCP (C) FRSC ; résident à l'Hôtel-Dieu de Montréal (1942) ; successivement résident adjoint et chercheur associé à l'Hôpital John Hopkins É.-U. ; à l'Hôpital Rockefeller et à l'Institut Rockefeller ; professeur à l'Université de Montréal ; directeur de l'Institut de recherches cliniques de Montréal depuis sa fondation (1952) ; directeur (1956), président de la Fondation Lionel-Groulx (1972).

« je les livre à cette jeunesse, l'un des plus fiers témoignages qui me soient apparus dans ma vie ».

Qu'ai-je dit à cette jeunesse ? Je n'entreprendrai point de me résumer; ce serait par trop me répéter. En réponse à ses questions, j'avais partagé ma causerie en deux parties: le malaise canadien-français, l'avenir ou le redressement. Malaise politique, malaise économique et social, malaise d'ordre culturel. Pour le redressement j'avais suivi le même ordre. Bien entendu mon diagnostic sévère jusqu'à l'extrême rigueur, dans l'énumération de nos faiblesses, se terminait par des promesses d'espoir. Je disais, par exemple:

> L'un des étonnements de notre histoire, c'est bien que tant de sacrifices, tant d'héroïsmes additionnés n'aient produit, trop souvent, que l'espèce de Canadiens français que chacun connaît, d'une bonasserie sans borne, d'une aboulie sans nom, petits hommes qu'on dirait évadés de Lilliput. J'appelle le jour où l'on finira de croire que, pour faire un Canadien français, il suffise de démêler une poignée de farine dans un gallon d'eau. Une éducation totale, vivifiée par toutes les énergies du catholicisme, aurait vite raison de toutes nos faiblesses, de toutes nos misères. Ressaisis jusque dans le fond de l'âme, une puissance magnifique purifierait tous les compartiments de notre vie, guérirait tout, rectifierait tout. Nous reprendrions la figure et la mesure de notre vrai personnage.

A ces mêmes jeunes gens qui m'avaient demandé où principalement exceller, j'avais encore répondu:

> En tout. Nous avons besoin: de grands politiques, de grands économistes, de grands avocats, de grands médecins, de grands ingénieurs, de grands écrivains, de grands poètes, de grands artistes, de grands philosophes, de grands théologiens, de grands saints.

Quel jour, en mes souvenirs, que ce dimanche du 23 mars 1941 ! Il y a quelque temps le hasard me faisait rencontrer un homme maintenant d'âge mûr qui, en sa vie d'étudiant, s'était trouvé de cette réunion. « Quelles heures inoubliables, me disait-il, nous avons vécues ce jour-là. J'étais de cette centaine d'étudiants. » Comment ne pas m'associer à son émotion ? Quoi de plus beau, dans la vie, qu'une jeunesse qui vibre au nom des grands devoirs et des grands appels ! Quoi de plus beau qu'une jeunesse qui vit hautement sa jeunesse !

De l'état d'âme de la jeunesse de l'époque un autre témoignage me viendrait presque aussitôt. Mise au courant de cette rencontre du 23 mars, une jeune fille me rendait visite. Elle me dit:

— Nous désirerions, nous aussi, comme nos amis, les étudiants de l'Université de Montréal, une journée d'étude sur le problème national canadien-français.

— Combien serez-vous ?

— Nous ferons un choix; nous nous adresserons à des jeunes qui veulent agir; mais en nombre nous dépasserons les garçons.

Elles vinrent cent vingt-cinq: jeunes filles du monde adonnées aux œuvres, élèves finissantes des couvents, demoiselles de l'enseignement secondaire. Je les reçus un dimanche après-midi, dans le grand parloir de l'Académie Saint-Louis-de-Gonzague, rue Sherbrooke, maison d'enseignement alors fort réputée. Ces demoiselles avaient insisté pour que je leur servisse les mêmes causeries, le même thème qu'à leurs amis de l'Université. Je modifiai légèrement quelques-uns de ces thèmes pour les adapter à mon auditoire féminin. Je leur dis entre autres choses:

> Quant à vous, Mesdemoiselles, je ne vous interdis aucun service. C'est votre droit de prendre rang où vos talents vous permettent d'exceller. Souvenez-vous seulement qu'il n'y aura pas de restauration canadienne-française sans la Canadienne française, et qu'il faut que les femmes se mêlent de nos affaires, ne serait-ce que pour nous forcer à nous en mêler.

> Vous garderez pourtant le meilleur de vous-mêmes pour le foyer, la famille. C'est votre royaume, aime-t-on dire. A parler vrai, on ne trouve plus ailleurs de vraies reines... Que ce royaume ne vous devienne pas une cage... Quelques succès ou quelques triomphes que vous réserve la vie, que votre première fierté soit vos enfants. Soyez plus fières de ces joyaux que vous ne le seriez du plus beau de vos poèmes si vous étiez poète, d'un chef-d'œuvre de peinture si vous étiez peintre... Restez femmes, leur ai-je répété.Vous n'aimez pas les hommes ni les garçons qui se féminisent... Pourquoi vous figurez-vous que les hommes

aiment les femmes qui se garçonnisent ?... Restez femmes. Mais soyez-le. Françaises et catholiques, vous n'avez besoin de rien d'autre pour devenir des « entraîneuses », car vous savez bien que le jour où vous en aurez recréé la mode, rien ne sera plus *chic* que d'être Canadien français.

Heureuses années où une jeunesse de tête solide, non dévoyée par les pseudo-intellectuels, pouvait encore entendre le langage du bon sens et de la raison ! Cependant une lettre d'Antonio Perrault, accusé de réception de *Paroles à des étudiants* et de *Notre mission française*, assombrit quelque peu mon trop vif contentement. Selon mon ami, le désaccord, la confusion des idées, l'absence même de pensée sont par trop répandues et déjà, dans nos milieux de jeunesse et nos milieux professionnels. Triste état d'âme d'un peuple qui ne possédait alors ni vrais chefs politiques, ni vrais chefs nationaux. Du moins nul chef prestigieux. Pouvais-je quand même nourrir l'illusion d'avoir atteint, touché une partie importante de la jeunesse ? Quelques échos dans la presse, ma correspondance de ce temps-là m'incitent à le croire. André Laurendeau, qui écrit alors des « Lettres de Montréal » à *L'Action catholique* de Québec, finit une de ses lettres (10 janvier 1942) par ces mots: « Ceux qui veulent se donner amoureusement à la vie dure, rude, joyeuse, chaude, pleine, ceux-là trouveront, dans *Paroles à des étudiants*, le bréviaire quotidien, la mystique inspiratrice. »

III

PROBLÈMES, ARTICLES ET CONFÉRENCES

J'ai beaucoup, j'ai même trop parlé en ma vie. A qui la faute ? Si un redoutable penchant à l'action existait au fond de moi-même, mener deux tâches à la fois ne m'a jamais plu. Mais il me fallut compter avec mes amis, avec mon petit public. Et ne serait-ce pas, en cette décennie de 1940-1950, que l'on aurait le plus sollicité mon avis sur presque tous nos problèmes ? En forme d'articles je donne à *L'Action nationale* une collaboration assez régulière, tantôt signée de mon nom, tantôt de mon ancien pseudo-nyme: Jacques Brassier. Beaucoup de pages de mes travaux d'histoire restés inédits y ont paru. De tous ces écrits, un seul serait peut-être à retenir, ce me semble, article d'une extrême sévérité. Comment l'avais-je pu écrire ? Etais-je effrayé devant les perspectives terrifiantes que nous ouvraient alors la guerre et l'après-guerre: affaissement de l'Europe, puissance accrue du colosse américain ? Quelques statistiques de publication récente nous avaient révélé nos faiblesses, en particulier notre impré-paration trop générale aux tâches prochaines, un Québec français affligé de la main-d'œuvre ouvrière la moins qualifiée de tous les groupes ethniques vivant chez lui. En termes durs, je posais ma question: « Le type *actuel* du Canadien français — entendons le type politique, le type économique et social, le type culturel — est-il viable ? » Des conclusions peu rassurantes ponctuaient l'examen de chacun de ces types. Je ne croyais point à la désespérance, à la fin de tout. J'évoquais, en mes dernières lignes, la possibilité d'une ressaisie. A l'aide d'un mot de Péguy: « Il faut que ce peuple se refasse et qu'il se refasse de toutes ses forces », j'écrivais: « C'est à une entreprise de cette envergure que nous voudrions convier la jeunesse. Qu'elle se replie sur nos hérédités héroïques, sur ses croyances, sur Dieu. Dans le potentiel de notre passé, dans la fierté, dans la joie de se savoir français, d'appartenir à une culture faite d'ordre spirituel, d'harmonieuses convenances avec l'esprit humain; dans la certitude de posséder, par sa foi catholique, une saine philosophie politique, une saine philosophie économique et sociale, dans l'ensemble de ces sentiments et de ces forces, il y a toutes les conditions d'une cure d'air natal; il y a de quoi tout refaire *. »

Inutile correctif. J'avais voulu écrire un article qui fît choc; j'avais voulu secouer l'apathie générale dont je me sentais épouvanté. Je ne manquai point mon coup. Quelques timides amis me donnèrent raison. D'autres se sentirent déconcertés; quelqu'un même, je ne sais plus qui, me décerna l'épithète de « fossoyeur de la race ». Quant à l'auteur de l'article, peu accessible au pessimisme défaitiste, il ne tarda point à se ressaisir. Il prononçait bientôt, à Maisonneuve (Montréal), une causerie qu'il intitulait: « Les chances d'un relèvement ». Je note la chose parce que la causerie se rattache, elle aussi, à la question nationale, question qu'à l'époque j'aborde de toutes les façons. A Maisonneuve je m'en prenais à une grave offensive contre notre enseignement: une poussée de bilinguisme proprement périlleuse. Je ne me suis jamais opposé, quoique l'on n'ait cessé de le penser et de l'écrire, à l'enseignement de la langue seconde, l'anglais. En revanche, de cette langue, j'ai toujours combattu un enseignement trop massif et prématuré à l'école primaire. Et j'en ai toujours appelé au témoignage unanime des pédagogues, non seulement de ceux de notre pays, mais de ceux de tout pays et de toute race. Pour le dire en passant, le bilinguisme total, intégral, répandu, accepté dans toutes les écoles du Canada, d'un océan à l'autre, m'a toujours paru une autre lubie de rêveurs à demi déments. Jamais un peuple, une nation qui veut garder sa culture originelle, et moins que tous, nos compatriotes anglo-saxons, n'acceptera cette formation intellectuelle hybride. Il faut le répéter: peu de têtes sont faites pour porter avec aisance et sans les mêler, deux langues. Surtout point les enfants. Formation hybride qui ne s'accomplit qu'au péril même

---

* « L'an 1940 », *L'Action nationale* (août-septembre 1940) : 5-21.

de l'intelligence. Un Anglo-Canadien peut accepter et à forte dose l'enseignement du français. Dans le milieu nord-américain, ni sa langue ni sa culture ne peuvent être en péril. En peut-il être de même pour le petit peuple canadien-français qu'obsèdent partout la langue anglaise, l'esprit anglais ? Un « bilingue parfait », selon une formule qui nous est chère, est généralement, chez les Canadiens français, un monsieur qui ne sait pas son français. Sir Wilfrid Laurier maîtrisait admirablement l'anglais, mais ne parlait et n'écrivait qu'imparfaitement son français. Henri Bourassa parlait les deux langues avec grande facilité, mais préférait écrire en français. Olivar Asselin, Franco-Américain d'origine, ne fut jamais qu'un maître de la langue française. Ce qui m'irritait dans le fol engouement de quelques-uns de nos pédagogues, surtout ceux de la Commission scolaire de Montréal, c'était la déviation irréparable qu'on menaçait d'introduire dans l'intelligence de l'écolier canadien-français. On ne cessait de lui prêcher l'importance de l'anglais sans prendre les moyens de sauvegarder, en même temps, en l'âme de ces petits, le prestige de la langue maternelle. On lui représentait la langue anglaise comme la clé d'or qui allait lui ouvrir les grandes portes du succès et de la vie. Et nul n'osait prêcher la libération économique, le seul vrai remède à nos misères. Et l'on oubliait, ainsi que je le disais à Maisonneuve et ainsi que je l'ai dit et écrit tant de fois, qu'il y avait encore pire calamité, en cette nouvelle orientation; et c'était de « présenter au peuple une panacée qui n'est pas même une panacée. On ne lui montrait point les vraies causes de son infortune; on négligeait de lui prêcher les vraies, les grandes vertus qui font les conquérants économiques: la volonté, l'énergie, la débrouillardise, le goût sain du risque, l'esprit de travail, la probité. Ainsi allait-on exposer ce pauvre peuple à s'éveiller demain encore plus miséreux, ayant tout perdu, cette fois, jusqu'au respect de soi-même et jusqu'à la santé de son esprit. » Le danger paraissait alors assez évident pour les Jeunes Laurentiennes — car il y eut des Jeunes Laurentiennes, œuvre parallèle à celle des Jeunes Laurentiens — qu'elles imprimèrent en épilogue à leur « Manifeste », ce passage de l'un de mes écrits ou discours, passage pris je ne sais où:

> Peuple minuscule en face de cette *terrible* Amérique, nous
> n'avons pas le choix d'être Français avec mollesse, avec dilet-

tantisme, avec tous les flirts téméraires pour tous les snobismes;
Français, nous le serons de la tête aux pieds, avec intransigeance, à force d'énergie et d'audace, ou nous cesserons de l'être.
Or, pour faire des Français de l'espèce viable, l'on n'a pas encore trouvé d'autre recette que d'*élever* les enfants à la française, dans des écoles françaises, dans une atmosphère française,
avec un idéal français. Ce qui ne veut pas dire que l'on néglige
ni que l'on dédaigne les autres cultures, mais que les langues et
les cultures secondes restent à leur rang qui n'est pas le premier.

Le drapeau canadien-français

On m'attribue l'adoption de ce drapeau un peu trop généreusement. Ainsi le veut une petite brochure parue en juin 1944, à ce
qu'il semble, sous ces titres: *M. le Chanoine Lionel Groulx, Le
Drapeau canadien-français. L'Union*, de l'Académie commerciale
de Nicolet (vol. II, no 6, année scolaire 1947-1948), soutient la
même chose. La Société Saint-Jean-Baptiste de Montréal me décerne à peu près ce même témoignage en janvier 1948. L'important,
en l'affaire, est que le gouvernement de Québec ait enfin adopté,
pour drapeau national canadien-français, le fleurdelisé. Interrogé
par un journaliste, je vois dans cet acte politique, « la plus solennelle affirmation du fait français au Canada ». Cette déclaration
paraît en gros titre dans *Le Devoir* du 23 janvier 1948. Je ne
reviens pas sur ce sujet. Dans mes souvenirs sur mon ami René
Chaloult, j'ai raconté les incidents qui ont entouré l'adoption du
fleurdelisé [4]. Même si cette campagne pour un drapeau québecois s'amorce dès ma *Croisade d'adolescents*, je n'ai pas été seul
à préparer et à emballer l'opinion. Déjà depuis quelques années,
aux jours de fête et même au cours des campagnes électorales
de 1935-1936, les estrades avaient pris l'habitude de se fleurir
du fleurdelisé. Ma joie, en janvier 1948, ce fut de penser qu'enfin,
un peuple, le nôtre, apprendrait qu'un drapeau n'est pas une gue-
nille quelconque, et qu'un jour de fête nationale, on ne saurait
décorer sa maison d'un *Union Jack* ou de l'*étoilé américain* ou du
tricolore, comme s'il ne s'agissait que d'y mettre de la couleur.

---

4. René Chaloult, voir la note 81 du troisième volume et *Mes Mémoires*, III : 321-324.

Mes conférences de l'époque

Grouperai-je ici quelques-unes de mes conférences ? Tout m'incline à trouver fastidieux ces souvenirs, le rappel de ces écrits qui sentent la cendre. Mais n'ai-je pas entrepris d'esquisser un peu le visage de mon temps ? Et est-ce ma faute si ce passé a des senteurs de moisi ? En ces conférences, au surplus, j'aurai abordé parfois les sujets les plus épineux de mon époque et parfois aussi d'autres aspects de l'avenir qui me paraissaient d'importance vitale. Pour plus de clarté et de rapidité, je ferai deux parts de ces paroles aujourd'hui tant vieillies: celles qui s'adressaient ou qui auraient pu s'adresser à toute l'opinion canadienne et celles que je ne destinais qu'au public canadien-français.

L'année 1942 nous amenait un grand anniversaire: l'avènement du ministère LaFontaine-Baldwin, inattendu retournement de la politique anglaise à l'égard du Canada. Londres et ses agents avaient voulu construire un Etat unitaire. Or, en 1842, l'Union des Canadas devenait en pratique un Etat fédératif. L'on avait voulu la fusion des races, la disparition de la nationalité canadienne-française et d'abord, en politique, sa réduction au rôle de minorité, vouée à l'écrasement. Or un chef canadien-français, un ancien lieutenant de Louis-Joseph Papineau, devenait le premier ministre du nouvel Etat. Evolution rapide, hors de toute prévision, presque miraculeuse. Du côté français, quelques acteurs du drame en pleurèrent de joie. Les défaitistes reprirent confiance. Une porte s'ouvrait à un nouvel avenir. La jeune école de nos historiens, je ne l'ignore point, ne voit pas les choses du même œil. D'un coup de botte elle a bousculé le piédestal où les historiens d'hier avaient élevé Louis-Hippolyte LaFontaine [5]. Pour cette école, il y aurait telle chose, en l'histoire canadienne, que « l'imposture LaFontaine ». Le prétendu héros de 1842 aurait créé le mythe de la collaboration ou de l'union possible des deux races, et ce, dans une entente et une égalité parfaites. Il aurait par là aiguillé ses

---

5. Louis-Hippolyte LaFontaine (1806-1864), avocat ; député de Terrebonne à l'Assemblée législative du Bas-Canada (1830-1837) ; député de York, Haut-Canada (1841-1844) ; député de Terrebonne (1844-1848) ; député de Montréal (1848-1851) ; procureur général du Bas-Canada (1842-1843) ; premier ministre et procureur général (1848-1851) ; juge en chef du Bas-Canada (1853-1864) ; baronnet (1854).

compatriotes canadiens-français vers une politique illusoire, vers cette fumisterie du « gouvernement responsable » qui ne pouvait être en pratique et à la longue, que le règne de la majorité anglaise. Politique funeste, appuie-t-on, où la nationalité canadienne-française aurait couru le risque de sombrer. Le grand homme des débuts de l'Union, selon la même école, ce ne serait pas LaFontaine, mais bien plutôt Francis Hincks [6], l'artisan de l'essor économique. Bien plus, me soutiendra un jour l'un de ces jeunes historiens, le geste de M. Louis-Stephen Saint-Laurent [7], induisant tous les chefs d'Etat étrangers, reçus au parlement d'Ottawa, y compris Winston Churchill [8], à parler français, l'emporterait de haut sur le geste de LaFontaine prononçant en français son premier discours au parlement de Kingston. Entre les deux gestes, l'on pourrait tout de même apercevoir cette différence que celui de M. Saint-Laurent visait tout au plus à faire respecter le bilinguisme du parlement fédéral et à faire se ressouvenir d'un état de choses qui datait de 1867 et même de 1842, et que le discours français de LaFontaine était l'intrépide riposte à la politique génocide de Londres. Geste de protestation sans lequel même l'état de choses de 1867 aurait pu n'être point possible. L'un des grands dangers dans l'interprétation de l'histoire, ne serait-ce point d'y introduire trop de contemporanéité ? Sans doute un certain recul aide-t-il à mieux juger les faits. Il convient de les replacer dans le contexte exprès de leur temps, si l'on veut les bien comprendre et les justement expliquer, et surtout si l'on prétend faire de l'histoire scientifique. LaFontaine, premier ministre à trente-cinq ans, nous a toujours paru le jeune politique qui, d'une situation impossible,

---

6. Francis Hincks (1807-1885), journaliste ; receveur général du Canada (1842-1843, 1848-1851) ; premier ministre et chef du cabinet Hincks-Morin (1851-1854) ; gouverneur de la Barbade (1855-1862) ; de la Guyane anglaise (1862-1869) ; ministre des Finances du Canada (1869-1873) ; président de la City Bank de Montréal (1873-1879) ; fondateur et éditeur de l'*Examiner* de Toronto (1839) ; du *Pilot* de Montréal (1844).

7. Louis-Stephen Saint-Laurent (1882-1973), avocat ; professeur de droit à l'Université Laval ; ministre de la Justice (1941-1946) ; secrétaire d'État (1946-1948) ; chef du Parti libéral (1948) ; député de Québec-Est (1942-1957) ; premier ministre du Canada (1948-1957).

8. Winston Leonard Spencer Churchill (1874-1965), homme politique britannique ; député ; plusieurs fois ministre ; premier lord de l'Amirauté (1911) ; premier ministre (1940-1945, 1951-1955) ; prix Nobel de littérature (1953).

s'est efforcé de tirer le meilleur parti possible. Qu'aurait-il fallu
faire d'autre que ce qu'il a fait ? Les jeunes historiens seraient
bien aimables de nous le dire. Les Canadiens français auraient-ils
dû et pu se refuser à l'Union, se renfrogner dans leur ghetto du
Bas-Canada ? Que leur aurait valu cette politique de l'isolement,
dominés, écrasés politiquement et économiquement, comme ils
l'étaient et comme ils le seront longtemps, par la puissante bourgeoisie anglo-canadienne ? La solution de LaFontaine leur ménageait, à tout prendre, une participation plus active qu'avant 1840,
au gouvernement du nouvel Etat, participation dont il dépendra
d'eux de tirer bon ou mauvais parti. Le « gouvernement responsable », si fantomatique ou trompeur qu'il fût, n'en représentait
pas moins, non plus, pour les Canadas, un commencement d'autonomie et de décolonisation. Chose certaine, les contemporains de
LaFontaine n'ont pas interprété comme un faux pas, une bévue
irréparable, sa prise de position de 1842. Loin de là. Une reprise
de courage releva les abattus, les défaitistes. Un souffle nouveau
passa sur le Bas-Canada. Il inspira même le premier essor de la
littérature canadienne-française. Il nous valut Garneau, Crémazie,
quelques autres. L'historien anglo-canadien Edgar McInnis écrit:
« Le Rapport Durham et l'Union qui s'ensuivit, avaient en fait
contribué à revigorer le nationalisme canadien-français. » Et du
même historien, cueillons cette autre observation: « Au moment où
la poignée des écrivains du Canada de langue anglaise cherchaient
à tâtons une expression nationale qui leur fût propre, le nationalisme canadien-français florissait, dans un mouvement littéraire
et historique, avec le dessein de fond de maintenir et de renforcer
un esprit de séparatisme racial [9]. » D'ailleurs LaFontaine a-t-il
tenté, nourri, autant qu'on veut bien le dire, l'utopie de l'égalité
ou de la fraternité des races au Canada ? Sur l'autonomie du Bas-
Canada, sur l'égal partage des droits et des privilèges, cet autre
point est acquis, il n'a jamais cédé. En 1848 il ne consentira à
reprendre les responsabilités du pouvoir qu'à l'expresse condition
d'une égalité de traitement pour les deux Canadas. En 1845, il
adresse, par exemple, cette ferme réponse à René-Edouard

---

9. Edgar McInnis, alors professeur d'histoire à l'Université de Toronto, dans *Canada, A Political and Social History* (Rinehart Co., 1947),
279.

Caron [10]: « En fait d'administration le Bas-Canada doit avoir ce qui est accordé au Haut-Canada; rien de plus, mais aussi rien de moins. » Il a voulu l'égalité entre les races. A-t-il jamais cru à leur fraternité ? Que l'Union des Canadas n'ait pas tourné comme l'aurait souhaité LaFontaine, la faute en est-elle à ses idées politiques ou à d'autres causes, à ses alliés réformistes du Haut-Canada, par exemple, si instables en leur comportement politique ? La faute n'en serait-elle pas aussi aux compatriotes canadiens-français du chef de 1842 et de 1848, déjà si partagés et acharnés à se diviser de plus en plus après la réapparition de Louis-Joseph Papineau sur la scène canadienne ? On sait avec quel désenchantement LaFontaine, encore jeune, et devant une œuvre à peine commencée, choisit de quitter la politique.

Pour toutes ces raisons et dans ces perspectives, j'acceptai, en 1942, de célébrer le centenaire de 1842. Nous étions en pleine guerre, sous le règne d'une rigide censure. Critiquer vertement la politique coloniale anglaise, oser parler de victoire de l'autonomie, d'aspiration à l'indépendance pouvait paraître graves propos aux oreilles de nos politiciens d'Ottawa, surtout canadiens-français, MM. Ernest Lapointe et autres, et cela même après le statut de Westminster. Les éditeurs de ma brochure allaient, du reste, lui donner un titre auquel je n'avais nullement songé: *Vers l'indépendance politique*. De là ces formules précautionneuses, quoique toutefois quelque peu audacieuses, employées dès le début:

> 1842-1942. Anniversaire du premier ministère LaFontaine-Baldwin; anniversaire du premier gouvernement autonome au Canada; première et grande victoire d'une jeune démocratie; émancipation politique et nationale d'un petit peuple opprimé ! Encore un centenaire que nous serons seuls à fêter. Encore un timbre commémoratif que pourra économiser notre ministère des Postes.

> En remontant vers les causes au moins prochaines de ce grand événement, j'aurai peut-être à rappeler des discours, des faits et des gestes assez désagréables. J'en préviens tout de suite

---

10. René-Édouard Caron (1801-1876), avocat ; maire de Québec (1834-1836, 1840-1846) ; député de Québec (1834-1846) ; conseiller législatif (1841) ; président du Conseil législatif (1843-1847, 1848-1853) ; juge de la Cour supérieure du Bas-Canada (1853) ; lieutenant-gouverneur de la province de Québec (1873-1876) ; l'un des codificateurs des lois de la province de Québec (1866).

les esprits modérés et onctueux de chez nous: l'Histoire n'est pas et ne peut être au service de fins étrangères à elle-même, fût-ce une théorie d'unité nationale ou une propagande de guerre; l'Histoire n'est pas conscriptible; elle n'est au service que de la vérité.

Un peu plus loin, après avoir rappelé un mot du comte de Montalembert, à savoir que « la liberté ne se donne pas, elle se prend ou elle se conquiert », j'ajoute: « l'axiome reste vrai dans tous les mondes, même dans le monde britannique », et j'ose ces autres mots: « En conséquence, nous serait-il permis d'inviter certains Messieurs, toujours en mal d'un loyalisme désuet, à repasser de temps à autre ces quelques notions d'histoire constitutionnelle et à s'aviser, en même temps, qu'aucune mystique de guerre ne nous oblige à saborder l'histoire de notre pays ? »

Je viens de relire *Le Devoir* du 17 septembre 1942 qui relate la soirée de ce jour-là. Quelle époque que celle d'il y a vingt ans, où une foule pouvait emplir la vaste salle du Monument National, sans autre attraction qu'une leçon d'histoire, sur un grand anniversaire ! Souvenir qui nous fait sentir, sous les pieds, le froissement des feuilles mortes, mais de quels beaux reflets ! Je ne dis rien de ce cours d'histoire, emprunté, pour la grande partie, à mes cours inédits sur l'Union des Canadas. Tout au plus, avais-je jeté, par-ci par-là, quelques grains de sel pour mieux retenir l'attention d'un auditoire, d'ailleurs facilement vibrant. La conférence, publiée en brochure par les Editions de l'Action nationale, fut republiée, avec quelques retranchements purement oratoires, dans un volume qui devait paraître sept ans plus tard sous le titre: *L'Indépendance du Canada*, auquel il me faudra revenir.

L'esprit toujours tourné vers le grand public canadien, je prononce, en septembre 1945, à la soirée de clôture, si je me souviens bien, des Semaines sociales du Canada, une autre conférence, au titre déjà piquant: « Le Canada, pays libre ». Avec un point d'interrogation eût-il fallu écrire. Le Père Joseph-Papin Archambault m'avait embarqué dans cette aventure. J'eus beau représenter au cher Père l'aspect compromettant du sujet pour un ecclésiastique, il n'en voulut point démordre: « Je sais que vous vous en tirerez, m'opposa-t-il; vous pourrez traiter ce sujet comme vous l'entendrez. » Le Père Archambault, l'ai-je déjà dit, était de ces hommes avec qui le plus sage n'était pas de se défendre, mais de se rendre. « Vous vous en tirerez... » Je faillis m'en mal tirer. L'on connaissait assez mes opinions sur le sujet pour savoir d'avance quel tour prendrait ma conférence. Dès mes premiers mots, on put s'en apercevoir:

Le Canada, pays libre, pays indépendant. L'est-il ? Peut-il l'être ? Doit-il l'être ? Je note que, dans les trois Amériques, de la terre glaciale à la Terre de Feu, un seul pays en est encore à se poser ces questions de mineur en tutelle. Le plus extraordinaire et le plus humiliant, c'est que, en l'an 1945, un Canadien ne puisse, sur ces questions capitales, hasarder ses opinions d'homme libre, sans affronter quelques risques. Le Père Archambault a eu beau m'écrire: « Vous pourrez traiter ce sujet comme vous l'entendrez », chacun entend bien que, ce soir, je ne pourrai parler de l'indépendance du Canada sans un peu d'indépendance d'esprit. Et voilà qui me dispense d'ajouter que ce discours n'engage que moi seul.

Ai-je prononcé, ce jour-là, le discours le plus hardi de ma vie ? Je ne suis pas éloigné de le croire. J'ose prendre tout d'abord la défense du Statut de Westminster si décrié par les jeunes dont le tort assez grave est de ne rien connaître du droit constitutionnel anglais. Pièce maîtresse pourtant, tournant presque décisif dans l'évolution politique de l'Empire britannique, surtout si l'on relie le fameux Statut aux textes des conférences impériales de 1926 et de 1930 dont il entérine les graves formules. « A aucun moment des évolutions constitutionnelles du monde britannique, osai-je prétendre, ni en 1215 à l'heure de la Grande Charte, ni dans le *Bill of Rights* de 1688, ni à nulle autre époque l'on ne saurait trouver des textes d'une si aveuglante clarté, aussi dépouillés de toute équivoque, aussi chargés de sens et de conséquence. » Fait plus étonnant encore, ajoutai-je: « Quand on sait la répugnance des Britanniques pour toute formule trop contraignante ou trop précise, pour tout dogmatisme juridique ou constitutionnel, il faut admettre que jamais les Anglais de Grande-Bretagne ne se sont laissés lier par des engagements plus catégoriques, n'ont condescendu à d'aussi graves concessions, je devrais dire, à si profonde humiliation. »

Textes clairs, presque bouleversants, en effet. Qui nous expliquera, dès lors, que dans les Dominions et tout spécialement au

Canada, ces textes aient si peu changé notre comportement politique, si peu atténué notre colonialisme ? Mystère pour les naïfs uniquement qui n'ont jamais soupesé la persévérante vigueur du vieux et chatouilleux loyalisme dans l'âme canadienne-française, loyalisme entretenu, cultivé par nos politiciens. Nul mystère, non plus, pour qui a connu le tenace esprit impérialiste des Anglo-Canadiens. Mystère qui m'entraînait pourtant à ces sévères réflexions: « Que, pour la première fois dans l'histoire, un jeune peuple ait traité son avènement à la pleine liberté, comme un incident négligeable, et qu'il n'ait vu, dans sa Charte d'indépendance, qu'un chiffon de papier, comme tant d'autres, qui doit être tenu responsable de ce comportement inouï ? Les Canadiens, Canadiens français et Anglo-Canadiens, ont facilement à la bouche les mots de « démocratie » et de « liberté ». Croyez-vous que les choses se seraient passées de cette façon, si l'on s'était souvenu qu'en démocratie, il n'appartient à personne, seraient-ce les maîtres du pouvoir, de retarder l'heure de l'indépendance d'un pays, encore moins de le frustrer de son avenir et de sa liberté, surtout quand on ne cesse de demander à ce pays de se battre jusqu'à l'épuisement pour la liberté des autres ? » Après quoi il m'était facile d'opposer à ce statisme des contemporains le sentiment des ancêtres politiques au Canada se rebiffant, à chaque évolution du pays, en 1774, en 1791, en 1842 et même en 1867, contre l'opiniâtreté de Londres à maintenir indéfiniment « l'ancien régime sous le nouveau ». Non, et bien au contraire, disais-je, les ancêtres n'ont jamais « considéré les textes constitutionnels comme des arrêts inexorables, comme le dernier terme de l'évolution politique et nationale. Pas davantage, selon l'imposture historique qu'on tente de nous enseigner, n'ont-ils voulu attendre patiemment leur libération de la munificence anglaise, assurés dans leur quiétisme loyaliste, que la liberté vient de la petite île des bords de la Manche, comme le café vient du Brésil. L'habileté persévérante et magnifique des ancêtres, ce fut d'allier, dans leur esprit, avec un art supérieur, l'empirisme britannique à leur logique de Français; ce fut de jeter celle-ci dans celui-là, comme un ferment d'évolution irrésistible, et d'avoir été ainsi, dans leur pays, et même à travers tout l'Empire, les plus actifs ouvriers de l'émancipation coloniale. »

Fallait-il cacher, pour tout cela, l'entrave apparemment infranchissable qui s'opposait alors à la pleine indépendance du Canada ? Et cette entrave, je l'apercevais en ce fait gros comme une planète « qu'entre la Grande-Bretagne et les autres membres du Commonwealth, il n'y a pas égalité de stature internationale, trop grande inégalité de risques à prendre, trop grande inégalité d'intérêts et de prestige à sauvegarder. En Egypte, dans l'Adriatique, aux Dardanelles, dans les Balkans, aux Indes, dans le Proche, le Moyen ou l'Extrême-Orient, en tous ces points névralgiques de l'Empire, sommes-nous prêts à lui dicter sa politique ? Et croyez-vous que le cabinet britannique accepterait que le Canada ou l'Australie, ou la Nouvelle-Zélande ou l'Afrique du Sud, osassent la lui dicter ? Au reste, en mettant les choses au mieux, la Grande-Bretagne peut-elle endurer que ses intérêts suprêmes dans toutes les parties du monde, soient placés sous la haute surveillance des Dominions, ou qu'elle ait à partager cette surveillance, alors qu'en pareil arrangement de la diplomatie du Commonwealth, ce serait la Grande-Bretagne, en définitive, qui aurait à consentir les plus grands sacrifices de souveraineté ? Au pis aller elle accepterait peut-être de prendre notre avis, à la condition de s'en passer et de continuer à jouer avec le feu, quitte à nous inviter ensuite gracieusement à aller éteindre l'incendie. »

Par ces arguments, entre quelques autres, je m'efforçais d'établir ma thèse: le Canada n'est pas un pays libre, ni ne peut l'être. Bien en veine d'audace, le conférencier de la Semaine sociale ne laisse pas néanmoins d'entrevoir quelque espoir. Jamais le Canada ne lui a paru davantage à la croisée des chemins. L'heure du choix suprême est venue. Une froide et impérieuse alternative s'offre au Dominion: ou « s'affranchir des dernières lisières du colonialisme, entrer comme Etat libre, absolument libre dans le monde international...; participer peut-être aux guerres de demain qui ne pourront plus être que des guerres mondiales, mais y participer, cette fois, à l'exemple des jeunes pays, des trois Amériques, de notre libre décision, avec une chance plus grande par conséquent de proportionner notre effort à nos ressources, et avec un sens plus net des intérêts internationaux et des intérêts canadiens; ou bien rester dans le Commonwealth, collés à la Grande-Bretagne, et puisque l'Empire, comme dit M. Borden [11] — et

---

11.   Robert Laird Borden, voir la note 67 du deuxième volume.

comme disent encore nos impérialistes — ne peut aller en guerre en section, nous entêter à porter le fardeau que vous savez, nous épuiser tous les dix ou vingt ans, à défendre, sur tous les points du globe, l'Empire le plus vulnérable du monde, mais avec la perspective de sombrer, un jour ou l'autre, avec le colosse, ou pour le compte du colosse. Car libre à l'âne de chasser avec le lion; mais l'âne n'a pas le droit de se plaindre de ce que la chasse lui rapporte. »

Propos déjà osés que venait aggraver un autre motif d'espoir: la structure artificielle de l'Empire, parvenu « au point critique et fatal où en arrivent tous les empires. Composé de trop de nations à l'âge adulte, il ne peut plus les retenir qu'en amenuisant sans cesse les liens qui les rattachent à son giron. Force lui est de diminuer tout autant la pression autoritaire au centre que d'accroître la liberté à la périphérie. » Persuadé, dès ce temps-là, d'une inévitable désintégration de l'Empire britannique, j'avoue toutefois que je ne la prévoyais ni si prochaine, ni si rapide. Le bouledogue impérial, le fier M. Winston Churchill, ne venait-il pas de le déclarer avec hauteur ? Il n'était pas devenu le premier ministre de Sa Majesté « pour liquider l'Empire ». Ce qui ne m'empêchait point de terminer ma conférence par un pressant appel à la jeunesse, lui désignant comme « l'idéal politique et national le plus élevé, et de la plus urgente opportunité », la lutte pour « l'indépendance du pays de ses pères ». Et je souhaitais un peu solennellement un Canada osant devenir libre, « libre de son corps et de son âme, libre, un de ces matins, au son des cloches et des canons, dans la joyeuse et finale indépendance ».

Dans un compte rendu de mon ouvrage: *L'Indépendance du Canada*, qui contenait cette conférence et quelques autres discours et écrits sur le même thème, M. Héroux écrivait (*Le Devoir*, 28 mars 1950): « Le temps n'est plus où l'on ne pouvait, sans scandaliser beaucoup de gens, parler de l'indépendance du Canada. » Affirmation peut-être vraie en 1950, mais qui ne l'était point en 1945. Des catholiques anglo-ontariens, présents à la Semaine sociale, assistaient à ma conférence. Elle émut le *Canadian Register* de Toronto. J'avais eu beau déclarer que mon opinion n'engageait que moi seul. Le journal de Toronto crut nécessaire de dégager la responsabilité de l'épiscopat et de l'Eglise, de mes propos audacieux. On me reprochait d'avoir prononcé un discours politique au cours d'une Semaine sociale. Le *Globe and Mail* de Toronto (26 septembre 1945) prit aussi la mouche. J'aurais exigé la sécession du Canada du Commonwealth, condition première de l'indépendance canadienne. On évoquait, il va sans dire, le spectre du séparatisme. Le *Globe and Mail* soutenait que ces extrémistes de séparatistes se seraient bien gardés de tenir des propos comme les miens, alors que la Grande-Bretagne se battait toute seule, pour le salut des nations libres. Et le journal torontois opposait mes paroles à celles que le Cardinal Villeneuve avait prononcées en avril 1941, devant l'*Empire Club* de la Ville-Reine. Son Eminence, alors ressaisi par la passion loyaliste de l'ancien clergé, avait fait sa profession de foi au roi de Grande-Bretagne et à l'Empire:

> Profondément dévoués au bonheur et au bien-être de nos compatriotes ainsi qu'au bien de notre pays, travaillons tous ensemble, chacun dans sa sphère, au progrès de l'unité nationale et que nos efforts s'accompagnent d'une loyauté profonde envers notre Souverain, le Roi George VI, et envers ce vaste Empire dont nous sommes fiers et heureux de faire partie.

L'alarme provoquée par mon discours s'étendit encore plus loin. Elle atteignit la délégation apostolique, toujours attentive aux revendications irlandaises ou anglo-canadiennes. Le président des Semaines sociales, le Père Papin Archambault, reçut l'ordre sévère de soumettre désormais à une censure préalable toute conférence ou discours destinés aux Semaines sociales. Pour ma part, j'attendais quelque admonestation de mon archevêque ou du délégué apostolique. Rien ne vint. Mais quel sort allait-on réserver à ma conférence ? Oserait-on la publier dans le volume de la *Semaine* de 1945 ? Soumise à un censeur, la conférence parut, et dans le volume de la Semaine sociale, et sans le changement d'un iota. En quelques coins du Canada français, la liberté n'était pas morte.

Pourquoi nous sommes divisés

Etais-je mû, en ce temps-là, par quelque goût des sujets périlleux ? De mon propre mouvement, je crois bien, sans y être invité, ni poussé par qui que ce soit, j'entrepris de vider, si possible, l'un des sujets les plus controversés dans le Canada de l'époque: la raison de fond de la trop fréquente mésentente entre les races. A vrai dire les prêches de l'abbé Arthur Maheux [12], de Damien Bouchard [13] et de quelques autres prédicateurs de la « bonne-entente » m'agaçaient depuis longtemps. On connaît ces prêches où béatement l'on inclinait à tenir les Canadiens français responsables du désaccord et qui se terminaient par une exhortation doucereuse au pardon et à l'oubli. Aveux de culpabilité qui me paraissaient procéder moins de la dignité que d'une insigne bonasserie. Au surplus allait-on vraiment au fond de la question ? Etions-nous les responsables de ces froissements ou crises qui assombrissent l'histoire canadienne ? J'entrepris d'y regarder de plus près et de dire la vérité, si déplaisante qu'elle pût être. La « bonne-entente » avait surtout besoin, à mon sens, de clarté et de franchise. Le 29 novembre 1943, toujours en temps de guerre, au Monument National de Montréal, sous les auspices de L'Action nationale, je prononce la redoutable conférence: « Pourquoi nous sommes divisés ». L'abbé Arthur Maheux avait intitulé l'un de ses écrits tout récents: *Pourquoi sommes-nous divisés ?* En posant la question un peu dans les mêmes termes, j'avais l'air de lui servir une réplique. Intention qui n'était vraie qu'à moitié. Ce soir-là, Jacques Perrault [14], jeune avocat, présente le conférencier; Roger Duhamel [15] le remercie. La conférence débute par des précautions oratoires nettes, presque sèches:

> Le sujet n'est pas tout à fait nouveau. Je le sais plein de fondrières, plein d'embûches. *Radio-Canada*, la plus impartiale, la plus indépendante de nos institutions nationales, [c'était narquois] ne permet pas à tout le monde de le traiter. Je l'aborde quand même — ai-je besoin de vous le dire ? — en toute objectivité, sans enfarges, sans fil à la patte. Je crois savoir ce que

---

12. Arthur Maheux, voir la note 53 du troisième volume.

13. T.-Damien Bouchard, voir la note 24 du sixième volume.

14. Jacques Perrault (1912-1957), avocat ; professeur à la Faculté de droit de l'Université de Montréal (1940-1957) ; secrétaire de la Faculté de droit (1948-1950) ; conseiller juridique de l'Imprimerie populaire, société éditrice du *Devoir*, et président du Conseil d'administration (1954-1957).

15. Roger Duhamel (1916-   ), avocat ; journaliste ; secrétaire du maire Camillien Houde (1938-1940) ; successivement rédacteur du journal *Le Canada, La Patrie, Montréal-Matin* (1944-1958) ; président de la Société Saint-Jean-Baptiste de Montréal (1943-1945) ; professeur de littérature canadienne-française à l'Université de Montréal (1947-1958) ; vice-président du Bureau des Gouverneurs de la radiodiffusion (1958-1960) ; imprimeur de la Reine (1960-1969) ; actuellement ambassadeur du Canada au Portugal.

m'impose de retenue et de discrétion l'habit que je porte. Je n'oublie point pour autant ce qu'exige parfois de hardiesse légitime le service de la vérité.

Je ne résumerai pas — sinon très rapidement — cette conférence. Après les causes de désunion d'ordre universel ou général — oubli ou négation de Dieu le Père, qui a ruiné la fraternité humaine, destruction de la chrétienté, en particulier par la Réforme qui devait anéantir « la seule vraie tentative » pour reconstituer cette fraternité —, le conférencier examine d'autres causes et par exemple: l'Histoire. Une histoire partiale qui, selon les bonne-ententistes, se refuserait à un enseignement uniforme d'un océan à l'autre. Histoire, répliquais-je, « passée au rabot ou à la lime », écrite avec une encre « mêlée de miel et d'un peu de suif de mouton ». L'histoire véridique, soutenait encore le conférencier, n'enseigne pas la haine de l'Anglais; en revanche elle pourrait enseigner l'efficace méthode de travailler à la bonne-entente et qui serait non « de faire, des Canadiens français, un peuple de naïfs et d'esclaves, mais un peuple aux yeux ouverts et d'une échine aussi dure que l'échine anglaise ». La vraie cause de la désunion, serait-ce encore « l'extrémisme » des nationalistes canadiens-français ? Prétention de tous les caudataires de la race anglo-saxonne, au Québec. En pareil cas, M. Omer Héroux avait coutume d'écrire, dans Le Devoir: « Ces extrémistes, nommez-les. » Il ne semble pas qu'on se soit jamais risqué à les nommer. Il était facile au conférencier de répondre à nos « bonne-ententistes »:

> Qu'ils nous citent un cas, un seul où la passion nationale nous aurait emportés hors des frontières de la justice et du droit... Extrémistes les Canadiens français ! Je ne connais chez eux qu'une forme d'extrémisme: l'extrémisme dans la candeur et la bonasserie; l'extrémisme dans l'aplatissement devant l'Anglais. Si nos compatriotes méritent un reproche, ce n'est pas d'avoir la rancune tenace ni le pardon difficile; c'est d'avoir la mémoire trop courte et de croire ingénument que le coup qu'on leur porte, c'est toujours le dernier.

Mais enfin, où pouvaient donc résider les causes profondes, véritables de la désunion ? Ces causes, partie substantielle de son discours, le conférencier les alignait comme suit: méconnaissance du fait français par la majorité anglaise, mésentente sur la Confédération, sa vraie nature, mésentente sur la patrie, le Canada n'étant ni la première, ni surtout la seule dans l'esprit des deux races. Ensemble de causes, on l'avouera, d'une exceptionnelle gravité. Et qui alors pourra s'étonner des conclusions véhémentes auxquelles se livrait le conférencier:

> Bref, à l'heure où nous sommes, rien ne divise tant les Canadiens que l'équivoque, le désaccord sur la réalité même de la patrie. Car l'honnête opinion vous dira que, sur les onze millions d'habitants du Canada, pas moins de sept millions [Canadiens français et immigrants] se voient contester le droit d'aimer par-dessus tout leur patrie naturelle, et ce, au profit de la patrie qu'il plaît à une minorité d'impérialistes de leur imposer.

> Etait-ce pour aboutir à ces misères, à ces retours vers le servage colonial que les « Pères » ont fait la Confédération ? Mesdames, Messieurs, je ne suis pas séparatiste, quoi que l'on ait dit et quoi que l'on persiste à dire. Je crois et j'enseigne à mes étudiants de l'Université de Montréal que la Confédération aurait pu être accueillie en 1867 comme une grande victoire française. Les maux dont nous souffrons, ai-je encore l'habitude de soutenir, tiennent moins aux institutions qu'aux hommes, je veux dire à l'espèce d'hommes qui, depuis soixante-seize ans, ont tenu ou plutôt galvaudé chez nous le rôle de chefs. Je crois toujours qu'une race intelligente et énergique et qui n'endurerait pas d'être trahie par ses politiciens, pourrait, en dépit de ce statut politique, vaquer, en toute liberté, au développement de sa vie totale, même économique. D'autre part, je ne crois pas trahir la pensée de fond de mes compatriotes, de ceux du moins qui se tiennent encore debout, quand je l'exprime par ces quelques formules: Nous voulons d'un pouvoir central à Ottawa, nous ne voulons point d'un pouvoir centralisateur. Nous ne voulons pas d'un Super-Etat dont le principal souci soit de démolir les Etats provinciaux. Rien au monde, et point surtout les intérêts ou les combinaisons des vieux partis ne nous feront rester dans la Confédération, pour y tenir le rôle d'une Cendrillon ou pour permettre aux hommes d'Ottawa de faire indéfiniment la paix nationale sur le dos de la province de Québec. C'est dire que l'on ne fera pas de nous le Jonas perpétuel qu'on jette à l'eau chaque fois que la barque va de travers. C'est dire encore que, dans la maison de famille, nous voulons notre place au salon comme les autres et que nous n'acceptons pas d'être renvoyés à la petite chambre de la servante. Enfin et surtout, racinés dans ce pays depuis trois siècles, ayant contribué, pour notre part, à conquérir, par étapes glorieuses, son indépendance

au moins théorique, convaincus, au reste, par l'expérience historique et par le droit naturel, qu'un homme libre et sensé n'a
qu'une patrie et ne peut avoir qu'une patrie, jamais, nous n'accep-
terons pour patrie d'autres pays que la terre de nos pères, le
Canada, d'autre chant national qu'un hymne canadien, d'autre
drapeau que le drapeau du Canada.

Je glisse sur les « remèdes possibles » à pareille situation.
Je m'aperçois, en effet, qu'en dépit de ma promesse de tout à
l'heure, je cède encore à la manie de me trop résumer et citer.
Je termine cette conférence par un appel à la jeunesse que je veux
vibrant. Un moyen suprême de rétablir la bonne-entente, l'accord
possible au Canada, ce serait de former enfin un peuple fier et
un peuple fort. Je définis ce qu'il faut entendre par ces deux
termes, et termine par ces derniers mots:

> Le Canada français de demain, création originale, sera la chair
> de votre chair, la fleur de votre esprit. Il jaillira resplendissant
> de jeunesse et de beauté, de votre souffle de jeunes Français, de
> votre sociologie de fils du Christ. Vous nous le ferez pour qu'en-
> fin, dans la vie d'un petit peuple qui n'a jamais eu, quoi qu'on
> dise, beaucoup de bonheur à revendre, il y ait une heure, un
> jour de saine revanche, où il pourra se dire comme d'autres: j'ai
> un pays à moi; j'ai une âme à moi; j'ai un avenir à moi !

Ainsi, en ces années quarante, se ponctuaient, sur le mode
sévère, mes dicts et convictions. On me fit le reproche d'avoir
parlé avec amertume. En avais-je véritablement et surtout contre
nos compatriotes anglophones ? J'en avais surtout, ce me semble,
contre les miens. Leur bonasserie devant l'Anglo-Saxon m'humi-
liait, m'exacerbait et tout autant leur sot esprit de parti, le gâchis
qu'était devenue une fédération d'où aurait pu sortir, pour nous,
avec une liberté accrue, une première et brillante efflorescence de
notre état social et de notre culture. La conférence mise en brochure n'en connut pas moins un succès foudroyant. L'édition
française connut les 150,000 exemplaires, si bien qu'on put
l'offrir à cinq sous. On en vint à réclamer une version anglaise.
L'ami Gordon O. Rothney [16] se mit à la tâche et la version

---

16. Gordon O. Rothney (1912-   ), professeur à Spoon Cove, She-
katika Bay ; professeur au Sir George Williams College, Montréal (1941-
1952) ; chef du département d'histoire à la Memorial University of New-
foundland (1952-1963) ; doyen de la Faculté des arts, Lakehead College,

obtint les 75,000. « Quel malheur, avait écrit M. Héroux, dans
Le Devoir (5 décembre 1944), que ces franches et nettes vérités
ne soient pas mises à la portée de nos compatriotes de langue
anglaise et de nos voisins des Etats-Unis qui, de plus en plus,
entendent parler de nous, et pas toujours de la meilleure ou de la
plus juste façon... L'une des maîtresses causes de la mésentente
entre les races, c'est l'ignorance où nous sommes les uns des
autres... On vient de nous mettre entre les mains une arme excellente. Sachons en tirer le plus haut rendement possible. » En dépit
de sa rigueur ou de la carrure de quelques-unes de ses affirmations,
Pourquoi nous sommes divisés n'eut pas l'heur de trop déplaire.
L'auteur reçut maintes bénédictions épiscopales. Mgr Arthur
Douville [17] lui écrivait de Saint-Hyacinthe : « Je vous remercie de
l'hommage de votre *Pourquoi nous sommes divisés* pour lequel
je vous félicite chaleureusement, car j'y trouve une leçon de choses
claire, pratique et fière. Par contre, quel triste métier que celui
qu'exerce M. Maheux avec, du reste, un fanatisme sectaire et une
anglomanie ridicule... frappez dur pour réveiller les plus endormis. » L'évêque de Gaspé, Mgr F.-X. Ross [18], ne se montre pas
moins satisfait : « Je vous dois un double merci : le premier pour
l'envoi gracieux de votre conférence « Pourquoi », puis et surtout
pour avoir donné une réponse si au point et si nette au « Pourquoi » du triste abbé Maheux. C'est un soulagement. Tout homme
de cœur vous doit ce remerciement. Permettez-moi d'y ajouter
mes cordiales félicitations... Que Dieu vous bénisse, cher Monsieur
le Chanoine et *perge ! quoniam advesperascit...* » Léopold Richer,
correspondant parlementaire du *Devoir* à Ottawa, m'écrit de la
capitale, ces lignes flatteuses : « Je viens de lire votre brochure :

Port Arthur (1963-1968) ; au Talbot College, University of Western Ontario (1968-1969) ; au Saint John's College, University of Manitoba, Winnipeg (1970-   ) ; l'un des premiers directeurs de l'Institut d'histoire de
l'Amérique française (1947).

17.   Arthur Douville (1894-   ), ptre ; directeur des élèves à l'École
apostolique Notre-Dame, Lévis (1921-1926) ; supérieur (1930-1939) ; auditeur du cardinal Lépicier (1928-1930) ; auxiliaire (1939), puis évêque de
Saint-Hyacinthe (1942-1967) ; retiré.

18.   François-Xavier Ross (1869-1945), ptre ; p.a. ; curé (1896-1904) ;
études à Rome (1904-1906) ; principal de l'École normale de Rimouski
(1906-1915) ; vicaire général (1916-1922) ; premier évêque de Gaspé (1922-
1945).

Pourquoi nous sommes divisés. Un exposé de maître, qui permet de prendre une vue d'ensemble de notre véritable situation et qui suggère les seuls moyens à prendre pour assurer une union nationale qui ne soit pas à notre désavantage... » Et Richer ajoutait, après quelque vue pessimiste sur les querelles de nos gens: « Si nous ne vous avions pas, pour rappeler les vérités qui sauvent, je ne sais où nous en serions. »

Notre mystique nationale

Voilà bien du mélange en ces souvenirs. J'écris au fil de la plume, ne méprisant ni l'ordre ni la logique, mais flirtant volontiers avec le facile laisser-aller où tente pourtant de se définir l'histoire que j'ai vécue: histoire des pensées, des mouvements, des espérances, des déceptions où la vie m'a jeté. On vient de lire un résumé des écrits et discours qui prétendaient à franchir les frontières du Québec, à remettre un peu d'ordre, un peu plus de franchise dans nos relations avec le compatriote anglo-canadien. Revenons vers les nôtres. Parmi eux l'on a souvent noté, dénoncé et non sans raison, l'affreuse confusion des esprits, la caravane interminable des idées fausses, biscornues qui se promène effrontément à travers la chère province. C'est vrai aujourd'hui; ce l'était hier et presque autant. Combien de fois ai-je gémi sur ce qui me paraissait la douloureuse nudité de nos esprits sur les idées essentielles où s'appuie et je dirais même se fonde la conscience d'une nation. De là ces thèmes fondamentaux: mystique nationale, mission française, études classiques et professionnelles où j'essaie de voir clair, d'énoncer quelques vérités rédemptrices. Et, sans doute, l'on me disait dans le temps et on me l'a répété bien des fois au cours de ma vie: « Pourquoi cette peine, cet entêtement en votre tâche ? Pourquoi ce surcroît ajouté à vos travaux déjà si durs, si absorbants ? » A quoi j'aurai fait et répété bien des fois cette réponse: Je n'ai pas cédé aux seules poussées d'un vulgaire nationalisme. Dès mon premier abord avec l'histoire canadienne, une entité spirituelle m'est apparue, unique sur le continent, enfantée dans la lumière radieuse, héroïque de ses premiers matins: cette foi apportée de France, un peu austère, mais si pure, si expansive, si apostolique. Et cette entité, c'était mon pays, la Nouvelle-France de jadis. Et cette Nouvelle-France, l'histoire me l'avait montrée se continuant, péniblement, mais d'un visage si peu changé dans ce que l'on allait appeler le Canada français. Dans les vues d'en-haut, pourquoi cette survivance ? La Providence de Dieu fait-elle tant de choses pour rien ? Ce petit pays, notre peuple, il m'était facile de les aimer comme on aime le coin de terre lié à sa naissance, à toute son âme et comme on aime toute portion de l'Eglise, mère entre toutes les mères. Et alors, apercevant ces grandes choses dans leur terrible conjoncture canadienne et américaine, je souffrais jusqu'à l'angoisse à la pensée que tout cela pourrait entrer dans l'histoire sous le signe d'une destinée manquée, d'un rêve avorté. De là, ce que l'on a pu appeler mon prosélytisme, mon ardeur combative.

Revenons à cette conférence du 23 juin 1939, prononcée à un dîner de la fête nationale, à l'hôtel Windsor (Montréal). Sa Majesté la reine venait de passer au Canada, visite traditionnelle de ces bons souverains de Grande-Bretagne à la veille des grandes guerres, et qui venait, une fois de plus, comme par pur hasard, réchauffer le zèle impérialiste des bons coloniaux. A Ottawa, la reine avait parlé français et tenu des propos qui, à certains égards, sortaient un peu du ton officiel. Elle avait habilement lancé un vif appel à l'entente des races au Canada:

> Au Canada, comme en Grande-Bretagne, avait-elle dit, la justice s'administre selon deux grandes législations différentes. Dans mon pays natal, en Ecosse, nous avons un droit basé sur le droit romain; il sort de la même source que votre droit civil dans la vieille province de Québec.
>
> En Angleterre, comme dans les autres provinces du Canada, le droit coutumier l'emporte. A Ottawa comme à Westminster, les deux sont administrés par la Cour suprême de justice. Cela est à mes yeux, d'un très heureux augure.
>
> Voir vos deux grandes races avec leurs législations, leurs croyances et leurs traditions différentes, s'unir de plus en plus étroitement, à l'imitation de l'Angleterre et de l'Ecosse, par les liens de l'affection, du respect et d'un idéal commun: tel est mon désir le plus cher.

Citation un peu longue, mais indispensable à ce qui va suivre. On m'invita, dis-je, à prononcer la conférence au grand dîner de la Saint-Jean-Baptiste au Windsor. L'invitation n'était pas gratuite. Je m'en rendis bientôt compte par les fortes pressions qui s'exercèrent sur moi. On désirait, on voulait que le conférencier fît écho aux paroles de Sa Majesté. Eh oui ! me transformer en prédicateur de la bonne-entente, moi, le méfiant du « bloc enfariné », quelle habile manœuvre et quelle victoire ce pouvait être ! De bons amis, alors férus de l'utopie, me rendirent visite. Ils me supplièrent de leur lire mon texte; avec une souple et chaude diplomatie, on me proposa quelques modifications — oh ! très légères, assurait-on. Mais pourquoi ne pas atténuer certaines déclarations ? Pourquoi n'en point ponctuer d'autres ?... On le sait, j'ai toujours malaisément quitté mes positions. Aussi bien, suis-je peu assuré de n'avoir point, en ces jours-là, contristé de fort bonnes âmes. Et c'est donc ainsi que, pour mettre bien des choses au point, je pris pour sujet: *Notre mystique nationale.*

Cette mystique, de quoi la composer ? Avec quels matériaux ou plutôt quelles raisons et quels sentiments en bâtir l'essence ? Cette fois j'entends me résumer rapidement, avec l'espoir de tenir ma promesse. Page 2 de la brochure, une huitaine de lignes dessinent, ce semble, le plan de mon discours: « Que faut-il aux Canadiens français ? Une idée maîtresse, centrale, directrice de leur vie ? Si nous commencions par une prise de conscience de leur particularisme historique, par une juste appréciation des valeurs d'humanité que recouvre et implique ce particularisme, par l'examen réfléchi du milieu où ce particularisme historique et culturel doit s'épanouir. Il jaillira de là, si je ne m'abuse, un ensemble de faits, de vérités ou d'aperçus qui pourraient peut-être nous constituer une « mystique nationale. » — » Suivaient les développements de ces thèmes où revenaient inévitablement bien des redites déjà rabâchées en maints discours et écrits. Et le conférencier, à propos de nos positions juridiques, en arrivait à poser le problème crucial de l'entente entre les deux races. Il citait le discours de la reine. Mais la citation traînait après elle des considérations qui, hélas, ont dû faire frémir ceux de mes bons amis qui m'auraient voulu plus discret. « Nos souverains, disais-je, ont-ils voulu nous donner une formule de vie nationale ? Pour notre part, nous l'acceptons de plein gré. Inquiets, d'excellents esprits cherchent ce qu'ils appellent « un commun dénominateur national », autour de quoi faire l'accord des provinces et des races. Ce commun dénominateur, je ne crois pas me méprendre sur le sentiment de mes compatriotes, en affirmant qu'il pourrait se ramener à ces trois données: reconnaissance du fait français au Canada, maintien de l'autonomie provinciale, primauté de l'idée canadienne sur l'idée impérialiste. » Je commentais: « Nos compatriotes anglo-canadiens comprendront, nous en sommes sûrs, que le fait français a tenu et tient encore une trop grande place d'un bout à l'autre du Canada, pour qu'on lui interdise de dépasser les frontières d'une province. Ils comprendront que la langue, la culture françaises sont de trop grandes dames, ont rendu trop de services à l'humanité, à la civilisation, au Canada même, pour que nous, leurs fils, acceptions, sans nous déshonorer, de les laisser pourchasser ou boycotter en quelque coin que ce soit de notre pays, encore moins au parlement fédéral. Nous unir à l'imitation des Anglais et des Ecossais, certes, nous en sommes. Mais les Ecossais sont restés des Ecossais. La reine prend la peine de le souligner: ils ont gardé leur identité ethnique, leur droit, leurs croyances, leurs traditions, leurs emblèmes. Nous voulons la collaboration, l'union nationales, mais nous voulons d'une collaboration où nous serons traités comme des collaborateurs. » Et je proférais de pires énormités. Par exemple celles-ci: « Nous prenons pour acquit que nous vivons en Amérique et que nos problèmes de vie sont plus américains qu'européens. Nous tenons également que les objectifs de l'impérialisme anglais, tels que définis l'autre jour par M. Chamberlain et lord Halifax: « les intérêts vitaux de l'Angleterre », sa « position dans le monde », ne sont pas de ceux pour lesquels un peuple, et quelque peuple que l'on veuille, accepte d'ordinaire les suprêmes sacrifices: l'immolation de sa jeunesse, le risque de la ruine, de la banqueroute, de l'anarchie. »

« Ajoutons que nous combattons l'impérialisme anglais, au nom du premier des biens pour un pays: la paix intérieure, l'union nationale. [L'impérialisme !] Sentiment d'une minorité, sentiment factice, entretenu à prix d'or, sentiment anachronique qui prétend ramener un peuple majeur au servage colonial, et nous prions qu'on nous dise, s'il est pire semence de désordre, rien de plus propre à perpétuer la mésentente au Canada... On cherche un commun dénominateur national. On ne fonde pas un Etat en sabotant sa souveraineté. On ne crée pas un sentiment national en enseignant à aimer, à servir les autres pays plus que son pays. Le premier commun dénominateur pour les Canadiens, c'est de commencer par mettre au-dessus de l'Empire, la patrie canadienne. »

On ne pouvait plus poliment dévisager les bonne-ententistes de tout crin. La presse ne tint pas compte de ces propos désobligeants. *Le Devoir, L'Action catholique, La Presse,* et même *Le Canada,* quotidien libéral, y allèrent de leurs éloges. L'étonnant, ce fut bien l'écho de ce discours dans la presse anglaise, depuis celle de Montréal, la *Gazette,* le *Star,* le *Standard,* jusqu'à celle d'Ottawa, l'*Ottawa Journal,* celle de Toronto, le *Globe and Mail,* l'*Evening Telegram* et même l'*Edmonton Journal,* de l'Ouest. Ces journaux anglais se raccrochèrent naturellement à mon acceptation des propos de la reine, tout en fournissant un résumé de la conférence où l'on glissait pieusement sur les déclarations trop « shocking ». Le *Standard* se montrait pourtant plus loyal dans son article du 24 juin 1939. J'en cite un passage d'après une traduction du *Devoir*: « Le discours de l'abbé Groulx démontre qu'il n'y a pas d'abîme infranchissable (unbridgeable gulf) entre les Canadiens anglais et les Canadiens français qui se font de leur race une conception nationale. Il déclare que tout ce que ceux-ci réclament, c'est la reconnaissance de la culture française, de leurs traditions... »

Notre mission française

Deux ans plus tard, je m'attaquais à un autre sujet que j'estimais, lui aussi, fondamental. Un jeune journaliste, non sans talent, mais comme l'on dit, « disparu aujourd'hui de la circulation », venait de clamer publiquement, avec le ton tranchant, dogmatique, dont se défendent mal les jeunes qui se prennent pour de grands esprits: « On nous a dit que nous avions une histoire; nous n'en avons point; on nous a dit que nous avions une mission; nous n'en avons point... » Et les négations se suivaient aussi prétentieuses que catégoriques. Ce jeune journaliste n'était au surplus que le gramophone de quelques jeunes historiens, déjà grimpés sur le Sinaï, et qui proféraient, depuis quelque temps, d'aussi réjouissants oracles. Catholiques qui n'avaient pas l'air de se douter qu'un peuple catholique, tout comme le simple individu baptisé, est responsable de l'œuvre du Rédempteur et que personne, en chrétienté, n'a reçu la foi pour soi tout seul. Esprits de primaires, en outre, qui ignorent que tout peuple, si petit, si nain qu'on veuille l'imaginer, ne peut se défendre de quelque influence au-delà de ses frontières, à plus forte raison quand on possède en héritage la culture française. Et même si l'on veut que, de cette culture, nous ne soyons que de tristes héritiers, des historiens pourraient tout de même se souvenir qu'en un ouvrage qui ne date pas de si loin, un intellectuel ontarien, un monsieur Kirkconnell [19], nous enviait nos traditions humanistes conservées en notre enseignement. D'autres motifs exposés plus haut m'inclinaient à traiter ce nouveau sujet, tant je voulais fortifier l'armature morale de notre pauvre petit peuple.

Vais-je encore me livrer à une analyse même sommaire de cette conférence ? Elle est de celles où un sujet longtemps mûri, force, en quelque sorte, un écrivain à verser sa tête. Ultime effort de la tige de blé qui, après avoir ramassé tout ce que la terre, la pluie, le soleil ont pu lui fournir de substance, se coiffe de son épi le plus plein, le plus riche possible. Ce soir-là, au Gésu, j'ai parlé devant une salle remplie, vibrante. Il y avait là, au premier rang, Victor Barbeau, Jean-Marie Gauvreau, quelques amis de Québec: le Dr Hamel [20], René Chaloult et, je crois, le maire Grégoire [21]. Je me rappelle aussi jusqu'à quel point, avec mon dernier mot, après une heure et demie, je me sentis épuisé. Retiré dans une petite pièce avoisinant la salle, le bruit courut, je ne sais trop comment, d'une syncope qui m'aurait terrassé. Non, il n'en fut rien. L'impression me resta seulement d'un auditoire extrêmement sympathique qui m'avait suivi avec une attention passionnée. Victor Barbeau, qui présidait et qui n'a pas le compliment facile, m'avait même soufflé à l'oreille: « Je pense que, ce soir, vous avez touché un sommet. » Et pourtant qu'avais-je dit que je n'eusse effleuré et même dit tant de fois ? Seules, la présentation des idées, leur ordonnance, une certaine forme peut-être aussi, pouvaient paraître neuves. Je citerai

19. Watson Kirkconnell (1895-   ), professeur d'histoire au Wesley College, Winnipeg (1922-1940) ; chef du département (1934-1940) ; à la McMaster University (1940-1948) ; président de la Acadia University (1948-1964) ; professeur (1964-1968) ; retiré (1968).
20. Philippe Hamel, voir la note 15 du sixième volume.
21. J.-Ernest Grégoire, voir la note 16 du sixième volume.

quelques extraits de cette conférence; elle non plus n'a pas trouvé place dans l'un ou l'autre de mes recueils de discours *. Elle fait maille néanmoins dans la série des idées qu'alors je m'efforce à jeter dans l'esprit de mes contemporains. Voici d'abord le plan de cette conférence exposé dès le début: « Lorsque nous parlons... de la mission culturelle d'une communauté humaine, que voulons-nous dire exactement ? Quelle est la nature de la haute tâche ? A quelles conditions s'en peut-on acquitter ? Qui, dans la nation, en porte la responsabilité ? [Chez nous] quels obstacles seraient à vaincre ? »

Le 24 juin 1940, le premier ministre du Canada [22] nous avait adressé un message cité au début même de ma conférence: « L'agonie de la France a porté les horreurs de la guerre jusque dans nos cœurs et jusque sur nos rives. Le sort tragique de la France lègue au Canada français le devoir de porter haut les traditions de culture et de civilisation françaises et son amour brûlant de la liberté. Cette nouvelle responsabilité, j'en suis sûr, vous l'accepterez avec fierté. »

Je laisse de côté la part du factice et de l'intérêt politique, en ce discours du grand comédien du parlement fédéral. Tout simplement j'enchaînais:

> Il s'agit donc, en tout premier lieu, d'une mission de fidélité au génie français, mais d'une fidélité vivante évidemment, puisque nous avons affaire à un fils de la France, mais à un peuple autonome, qui exprimerait les vertus du génie français dans les formes originales de sa vie. Devrai-je vous définir pour autant notre culture de demain, le butin spirituel dont elle sera chargée, les œuvres d'art, les formes nouvelles de civilisation qu'elle projettera dans le patrimoine commun ? Définition d'un caractère trop subtil, trop pleine d'imprévisible pour que j'ose m'y risquer. Le génie d'un peuple n'est pas quelque chose de statique, de figé, d'achevé. C'est quelque chose d'essentiellement dynamique, en puissance indéfinie de s'enrichir ou de se modifier. Voyez l'écrivain devant son encrier et la page blanche; le peintre devant ses palettes et son chevalet. De l'œuvre qu'ils médi-

---

* On pourra lire cette conférence dans *Constantes de vie* (Fides, Montréal, 1967), 69-114.

22. William Lyon MacKenzie King, voir la note 88 du troisième volume.

tent, l'un et l'autre possèdent bien une forme idéale. Lequel des deux osera vous dire sous quelles formes précises l'œuvre se viendra poser sur le papier ou sur la toile ? L'expérience leur a appris que ce qu'ils produiront aujourd'hui ne sera pas tout à fait ce qu'ils eussent produit hier, ni ce qu'ils produiraient demain, tellement, dans l'esprit de l'homme, se bousculent, capricieux et changeants, les jeux des pensées et des images, pyrotechnie dont les magiques phosphorescences étonnent parfois l'artiste lui-même. A plus forte raison, qui peut se flatter de saisir, en ses créations et en ses virtualités presque infinies, l'œuvre culturelle ou artistique de tout un peuple ? Une définition ne peut être tentée qu'à la condition de se résigner aux formes caractéristiques, aux traits les plus généraux.

Avant toute chose rappelons-nous qu'à son point de départ, la culture est quelque chose du dedans de l'homme, une projection de sa vie intérieure. On sait le mot de la fin de *Civilisation*, ce livre amer et douloureux de Georges Duhamel: « La civilisation..., si elle n'est pas dans le cœur de l'homme, eh bien ! elle n'est nulle part. » Mauriac dira, à propos des Guérin: « Des siècles de perfectionnement sont nécessaires pour qu'une famille française, à un moment de son obscure histoire, se pare tout à coup à sa cime de deux fleurs fragiles et admirables: Eugénie et Maurice. » L'aptitude à la culture supposerait donc, dans la vie d'une nation, un long affinement, de lentes et progressives ascensions, une certaine altitude spirituelle. Pourquoi ne pas préciser tout de suite que la culture, c'est le fond spirituel d'une nation, porté, si l'on veut, à un certain point d'excellence. A proprement parler, c'est l'essence même de la nation. C'est son plus haut signe de vie, et tout simplement son signe de vie.

Et je disais encore ceci qui souligne l'importance, l'absolue nécessité, pour un peuple, d'une culture qui soit à lui:

Ce que l'on demande aux peuples, même les plus grands, c'est d'exprimer, de figurer devant le monde, des formes de pensée et de vie originales, une humanité distincte, et c'est par quoi un peuple accède à la civilisation. Mesdames, Messieurs, dans cinquante ans, dans cent ans, une race humaine habitera encore la terre que nous foulons. Ces hommes, on peut même le présumer, seront, par le sang, les fils de ceux qui aujourd'hui tiennent la place. Pourtant si cette race d'hommes a changé d'âme, trouvant la sienne trop lourde à porter; si plus rien ne la distingue de son entourage que la tragédie de son abdication, cette race d'hommes pourra compter pour dix à quinze millions d'âmes; elle pourra former un Etat politique puissant, regorger de richesses matérielles; elle n'empêchera point que ce pays n'ait la mélancolie d'un tombeau. Nous serons des Anglais, des Américains, que sais-je?, mais nous ne serons plus des Canadiens français; nous n'aurons plus de vie à nous, de culture à nous, d'âme à nous, de destin à nous. Une splendeur culturelle, une forme originale d'humanité seront perdues et mortes à jamais. Que les arrivistes ou les esprits légers tiennent ce dénouement pour peu de chose; que, mourir de cette façon leur soit égal, pourvu que leur reste la graisse de ce monde, c'est leur affaire et c'est de leur niveau. Mais aussi longtemps que la hiérarchie des valeurs se fixera ici-bas selon les critères spirituels, les peuples qui pensent ainsi appartiendront à l'espèce inférieure. Et l'élite qui aura conduit ces peuples à de si basses façons de penser — car les peuples ne vont pas là d'eux-mêmes — cette élite d'intellectuels, de bourgeois ou de politiciens entrera dans l'histoire, mais avec les balayures.

De là, reprenais-je, l'affirmation attendue, prévisible, que notre mission serait française:

Notre histoire et notre culture prennent leurs racines dans une histoire et une civilisation vieille de quinze siècles. Arrachons-nous... de l'esprit... ce chiendent fatal que nous pourrions être un peuple mi-anglais, mi-français... que nous pourrions aussi bien jouer sur un clavier que sur l'autre, *faire* anglais aussi bien que *français*, sans rien d'un caractère dominant, d'un génie spécifique. L'art ni la culture ne peuvent être cette projection diffuse... Dans l'ordre moral, il y a des hommes et il y a des peuples à double face; il n'y a pas de culture, il n'y a pas de civilisation à double face. Il y a et il y a eu des styles composites, des cultures, des civilisations composites, mais à l'état de transition ou de fusion où l'unité s'est refaite au profit de l'élément le plus vigoureux.

Notre mission sera aussi canadienne-française, disais-je encore. Proposition qui, pour un bon nombre, pouvait paraître prétentieuse. Je rétorquais:

Quoi que nous fassions, nous ne pouvons être par l'esprit des Français de France, ni le Canada français ne peut être par la culture, une province de France... Ce qui nous reste et ce que nous ne pouvons arracher de notre âme, c'est... l'essence française... L'important, c'est d'être nous-mêmes; c'est de rester Français, Français d'Amérique, Français du Canada, Français originaux, c'est entendu; mais Français sans repentance et sans hypocrisie... L'important, c'est de nous arracher à notre gangue, de ne pas rejeter les lois profondes et essentielles de l'esprit. Et alors une chose est sûre: une civilisation jaillira de nous.. Quand naîtra l'œuvre de génie?... Quant au chef-d'œuvre impatiemment souhaité, nous aurons conquis le droit de l'attendre. Et il viendra. Il ne nous manquera plus que le don d'un grand esprit, d'un grand artiste, don privilégié que la Providence ne prodigue pas à foison, même aux vieilles et grandes nations; et l'un de ces jours, un jour fortuné, sans qu'il ait été nécessaire, comme dirait Mounier, de « cracher » notre âme, ni « de prendre la fausse voix du renégat », la joie, l'orgueil nous seront donnés, joie plus enivrante, j'imagine, pour un petit peuple que pour tout autre, de saluer une forme d'art, pure et géniale, une image impérissable de nous-mêmes.

Et comment y parvenir? Il nous faut, à tout prix, une « synthèse vitale », « un achèvement de conscience nationale, un exhaussement de notre âme française ». Cette vigueur interne, où la prendre? A qui la demander? « A nous-mêmes, à nos propres choix, à nos propres déterminations... Mais pourquoi pas d'abord à notre catholicisme? Regardons en nous et autour de nous. Notre foi constitue notre plus forte part d'originalité. Rien ne nous marque au Canada et en Amérique, rien ne nous distingue — et dans tous les sens du mot — autant que notre catholicisme. Ceux qui ne nous aiment pas en ce pays, ne nous aiment pas surtout parce que nous sommes catholiques. Si nous n'étions pas catholiques, ils nous pardonneraient d'être français. Nous cherchons un principe qui, dans le corps de la nation, développe l'équilibre de la santé, exhausse l'élan vital. Nous savons les merveilles de rédemption qu'à l'intérieur de l'homme le catholicisme dûment vécu peut accomplir; nous savons comme il purifie et rectifie toutes les sources d'action, comme il les exalte dans une vie supérieure. Pourquoi n'en serait-il pas de même dans la vie d'une communauté populaire? Aujourd'hui, face au cataclysme, les moins pieux des hommes d'Etat nous promettent un monde reconstruit selon les lois de l'Evangile du Christ. Fils authentiques du catholicisme, serions-nous incapables de croire autant que ces hommes, autant que Renan, que le Christ « reste pour l'humanité un principe inépuisable de renaissances morales » ? Petit peuple, l'un des plus petits des Amériques, chargé pourtant d'une mission qui ferait plier un géant, attachons-nous à notre foi, non par simple pragmatisme, comme feraient des sociologues ou des historiens agnostiques, n'y voyant qu'une force sociale, une tradition nationale entre bien d'autres, d'une essence supérieure tout au plus, mais trop emmêlée à notre vie pour l'en arracher sans grave dérangement intérieur; attachons-nous à notre catholicisme pour ce qu'il est, pour sa transcendance, comme à la loi intérieure des meilleures civilisations, comme au levain par quoi les petits peuples deviennent grands. »

Faut-il continuer cette analyse ? Rien de plus oiseux que de se recopier soi-même. Mais, le dirai-je encore une fois, je m'efforce ici à reconstruire les pensées d'une époque, l'effort tenté pour le réveil, la régénération d'un petit peuple. Allons-y donc d'une couple d'autres citations. J'en étais venu aux responsables de la mission, à ceux qui la devaient assumer. L'élite, sans doute, y était astreinte par les plus hauts engagements. Fallait-il négliger le peuple, ne lui rien demander ? Tel n'était pas mon avis. Et j'en appelais à quelques expériences personnelles:

Eveiller le peuple au sentiment de sa mission, le rattacher à la ligne de son histoire, celui qui vous parle a trop souvent abordé des auditoires populaires pour douter de la possibilité de la tâche. Je n'oublierai jamais cette distribution de prix de fin d'année scolaire, dans une petite salle de campagne. Le curé m'invita à dire un mot puisque c'était un soir de Saint-Jean-Baptiste. Une carte de l'Amérique du Nord était là appendue au tableau noir. Avec des mots que pussent comprendre ces campagnards, j'entrepris de leur raconter les hauts faits et gestes de ces avironneurs, de ces voyageurs, de ces durs à cuire, de ces entêtés idéalistes, qui menèrent avec un entrain endiablé ce que nous appelons, en histoire, la construction de l'Empire français dans le Nouveau Monde. Je leur rappelai qu'il y eut une époque où les Français, leurs pères, prétendaient bien que c'était à eux l'Amérique, toute l'Amérique, et à personne d'autre. Je campai devant leurs yeux quelques-uns de ces gars éblouissants, marcheurs aux bottes de sept lieues, gonfleurs de biceps et effroyables consommateurs d'avirons, qui partaient pour la conquête d'un empire avec un canot, un fusil, un sac, un tout petit sac de nourriture, mais avec du cœur et de l'ambition à faire

chavirer le canot. Puis, sur la carte, je leur montrai comment,
avironnant, ferraillant, enjambant, chantant, s'arc-boutant d'un
point à l'autre, une poignée de Français avait réussi à mettre
sous le signe du fleurdelisé une tranche énorme du continent,
une tranche où noyer dix fois la France. Et je vois encore ces
têtes dressées vers le tableau, ces yeux où luisait je ne sais quel
réveil d'orgueil.

Et voici maintenant pour la part de l'élite dans la mission
collective:

> C'est par l'élite de ses intellectuels, écrivains, penseurs, philo-
> sophes, artistes, qu'une nation projette dans la vie les monu-
> ments les plus remarquables, les plus imposants de sa civilisa-
> tion; c'est par la même élite qu'elle crée l'atmosphère spirituelle
> d'un pays, situe, à son point d'altitude, la pensée nationale. Au
> milieu d'un petit peuple de vocation hésitante comme le nôtre,
> oserai-je dire que le premier devoir de nos intellectuels pourrait
> bien être de croire à leur mission d'intellectuels ? En fin de
> compte, ce n'est tout de même pas au peuple de garder sa foi,
> envers et contre tous, à notre mission française. A notre élite
> de nous fournir ce que j'appellerais nos deux convictions de
> base: conviction sur la valeur toujours actuelle de la culture
> française, conviction sur la valeur de notre réalité historique.
> Je ne parle pas inutilement de convictions de base. Si, dans
> l'Amérique de 1941, la culture française n'est plus qu'un brillant
> anachronisme, une exquise élégance d'esprit, mais impropre à
> façonner la sorte d'intelligences qu'exigent les dures batailles
> d'un siècle de fer, les partisans d'une éducation réaliste et prag-
> matiste ont raison: il n'y a pas de place sur le continent pour
> un peuple français. Si la réalité historique dont nous sommes
> issus n'a réussi à faire de nous qu'une ébauche, une scorie de
> peuple; si notre passé, si beau que nous l'ayons cru, n'est qu'un
> mirage pour historiens romantiques; s'il n'y a pas là ce dépôt
> de traditions et de réserves morales où puisse s'appuyer l'élan
> d'un peuple moderne, les défaitistes ont raison: le plus tôt nous
> tournerons le dos à ce passé et changerons d'âme, le mieux ce
> sera pour nous-mêmes et pour notre pays.

Je termine enfin par un court extrait de la conclusion:

> Nous cherchons tous une idée, un but passionnants qui nous
> sortent de notre histoire en grisaille, une gamme supérieure où
> chanter notre vie. Il n'y a de solide contentement, de joie abso-
> lue pour un homme que dans la possession de sa vie en pléni-

tude, que dans la réalisation totale de sa personnalité et de son destin. Il n'y a d'allégresse intérieure et de fierté de vivre pour une nation que dans l'accomplissement de sa mission, dans la réalisation du destin national. Ce serait bien peu de chose que l'apport d'un petit groupe comme le nôtre, devenu anglophone, apport anonyme à l'énorme civilisation américaine. Hissons cette idée au plus haut mât de notre vie qu'un Canada français, cramponné magnanimement à son passé, donnant l'exemple de la plus haute fidélité morale, laissant déborder par-dessus ses frontières la plénitude de sa vie française, pourrait être l'étonnement et le joyau de l'Amérique.

Propos parfois sévères, on le pensera, ceux que l'on vient d'entendre, même si le conférencier les avait voulus, souhaités prenants, enivrants. La tâche lui paraissait si passionnante de relever le courage et la fierté des siens. Propos sévères qu'accepta néanmoins un auditoire si attentif, si vibrant, à certains moments, que l'illusion m'envahit, illusion de tous ceux qui croient à la parole et à la puissance d'action du verbe. Enfin, me disais-je, on aura compris ! Enthousiaste, M. Héroux s'employait le lendemain, dans *Le Devoir,* à nourrir ma naïveté: « Il y avait foule hier soir au Gésu, écrivait-il... Lisez cette leçon de courage et d'énergie, ce lucide examen de nos forces et de nos faiblesses, cet appel au travail... Rien ne fut plus remarquable que cet autre fait: l'extrême attention avec laquelle cet auditoire suivit une thèse aussi fortement musclée, aussi soigneusement nuancée. Pendant l'heure et demie et plus que dura la conférence, pas une trace de distraction ou d'apparente fatigue. Décidément nous avons un public pour choses sérieuses. » *Le Carabin* ou *Quartier latin,* journal des étudiants de l'Université de Montréal, consacrait un numéro spécial à « Notre mission française ». C'était dans le temps où nos étudiants ne se bornaient pas à distiller un puéril anticléricalisme. Mais il faut rappeler que *Le Quartier latin* avait alors pour directeur: Jacques Genest [23]. André Laurendeau, qui donnait encore à *L'Action catholique* des « Lettres de Montréal », faisait large place, dans sa « Lettre » du 27 janvier 1942, à « Notre mission française ». Il citait même tout au long mon petit discours à mes coparoissiens de Vaudreuil, un soir de Saint-Jean-Baptiste, lors d'une distribution de prix sco-

---

23. Jacques Genest, voir la note 3 de ce volume.

À mes jeunes amis de Québec,
Vivent les Vivants!

Camille Roux ptre

Photo du haut : *François Bertrand, Guy Mauffette, Guy Dufresne, l'auteur, Gérard Tremblay, s.j. et Alphée Loiselle.*
Photo du bas : *Gérard Tremblay, s.j., Jean Saint-Georges, Gérard Lamarche, Jean Mercier, ptre, Lionel Groulx et Émile Gervais, s.j.*

Dixième anniversaire du programme radiophonique « Le Ciel par-dessus les toits » (hommage aux pionniers de la foi catholique en notre pays), célébré chez le chanoine Lionel Groulx, président du Comité des fondateurs de l'Église canadienne, le 1er mars 1964.

laires. Preuves, témoignages qu'à l'époque l'on vivait un peu de ces problèmes de fond pour notre peuple, propos qui, depuis lors et pendant si longtemps, ne seront, pour nos dirigeants et nos intellectuels, qu'objets de moquerie.

IV

QUESTIONS D'ENSEIGNEMENT

Ce privilège appartient à la question de l'enseignement de garder la perpétuelle actualité. Question d'ailleurs où personne ne doute de sa compétence. Question amusante pour ceux qui prennent encore goût à la sottise humaine. Il n'est point de génération qui ne se sente l'envie de tout réformer, sinon de tout chambarder en son enseignement, comme si les sottises d'hier se pouvaient corriger par les sottises d'aujourd'hui. Donc, au pays de Québec, vers 1948, on discutait fort et comme toujours la question de l'enseignement. La Commission d'Education du Comité permanent du Congrès de la Langue française — celui de 1937 — avait formulé le vœu d'une enquête sur tout notre système d'enseignement. J'étais le président de cette Commission d'enquête. Nous siégeâmes quelques fois pour nous apercevoir que le sujet débordait le petit groupe d'hommes que nous étions. D'un commun accord nous demandâmes une grande enquête; enquête qui serait menée « par des gens en dehors des fonctionnaires de l'Instruction publique, ces fonctionnaires ne devant pas être parties et juges en même temps ». Qu'advint-il de notre requête ? Adressée à Mgr Camille Roy, ex-président du Congrès de 1937, il paraît bien qu'elle fut enfouie dans les oubliettes. Nous ne reçûmes aucune réponse. Notre Commission n'avait plus qu'à se dissoudre. Cependant les controverses continuaient. A vrai dire, le bouleversement social récent, conséquence d'une industrialisation trop hâtive et trop précipitée du Québec, y donnait raisonnable occasion. Beaucoup mettaient en doute l'efficacité des vieilles méthodes humanistes pour la formation de

l'homme nouveau: l'homme des conquêtes scientifiques et économiques. D'autres et parfois les mêmes s'interrogeaient sur
l'aptitude d'une culture trop exclusivement française à la formation des générations prochaines. Les plus hautes autorités religieuses s'inquiétaient. Fallait-il réformer et quoi réformer ?
C'est ainsi qu'un jour le délégué apostolique, alors Son Excellence Monseigneur Ildebrando Antoniutti, m'invitait chez lui à déjeuner. Récemment il avait eu, avec M. Victor Doré, en ce temps-
là président de la Commission scolaire catholique de Montréal,
une entrevue, à Ottawa même. Le président et le prélat avaient
dû s'entretenir de réformes urgentes dans notre système d'enseignement. M. Doré que j'avais connu autrefois, alors que nous
enseignions tous deux à l'Ecole des Hautes Etudes commerciales, n'était pas loin d'en tenir pour le bilinguisme intégral dans
l'enseignement primaire. Contre ses théories, en tout cas, s'in-
surgeaient une bonne partie des maîtres sous sa juridiction. J'a-
vais eu l'occasion de m'en apercevoir, en décembre 1936, lors
d'un Congrès des instituteurs catholiques de Montréal. Invité à
y prononcer une conférence sur « L'Education nationale », j'y dé-
nonçai, non sans véhémence, devant M. Doré, présent à la première rangée de l'auditoire, la nocivité d'un bilinguisme trop massif et surtout prématuré à l'école primaire. J'en appelais, ce soir-
là, aux témoignages des pédagogues les plus réputés d'Europe
et d'ailleurs. La vaste salle du Plateau était comble. Un tonnerre
d'applaudissements accueillit mes paroles. On pourra lire le texte de cette conférence dans mon volume *Directives*. Ainsi, à une
date qu'il m'est impossible de fixer exactement, mais qui pourrait s'établir fin de 1939 ou début de 1940, j'allais déjeuner à
la Délégation apostolique à Ottawa. Le Délégué m'avait croisé
quelque temps auparavant dans l'un des corridors de l'Archevêché d'Ottawa. Et il m'avait dit: « Je voudrais vous voir, vous.
Je voudrais causer avec vous de nos problèmes d'enseignement
dans le Québec. »

Je lui avais répondu: « Je suis entièrement à votre disposition, Excellence. Il me serait impossible d'accepter votre invitation aujourd'hui même. J'ai fini, pour le moment, mes recherches
aux Archives; il me faut rentrer ce soir, à Montréal. A mon prochain retour à Ottawa, si vous me le permettez, Excellence, je

vous donnerai un coup de fil. Et il en sera comme vous en conviendrez. »

Ce jour-là même, m'apprit-on, le Délégué avait soufflé à quelqu'un: « Ce sera le pendant de mon entretien avec M. Doré. Je souhaiterais confronter les idées de ces deux hommes. » Donc, quelques jours plus tard, de retour à Ottawa, un coup de téléphone me valait un appel de la Délégation apostolique. J'avais malheureusement commis la maladresse de faire passer mon appel par la bouche de Mgr Myrand[24], curé de Sainte-Anne d'Ottawa, généreux prélat qui m'aura hébergé pendant trente ans. Le Délégué invita naturellement Mgr Myrand à m'accompagner. L'entrevue s'en trouverait gênée, gâtée. Je m'en aperçus aux réticences de Son Excellence. Que voulait-il au juste ? Que me voulait-il ? Il parlait vaguement de réformes nécessaires, urgentes; il fallait prévenir l'opinion, ne pas attendre qu'on pousse dans le dos du clergé... Mais quel rôle prétendait-il m'assigner en tout cela ? Il fallait mettre les choses au point.

— Excellence, lui fis-je observer, dans la province de Québec, vous ne l'ignorez pas, tout l'enseignement, primaire, secondaire, même supérieur, relève directement ou indirectement de la haute autorité de l'épiscopat. En conséquence vous apercevez en quelle position fausse et même périlleuse, se risque un prêtre qui ose préconiser des réformes un tant soit peu considérables. Il se donne l'air de faire la leçon à ses supérieurs. J'ai déjà préconisé quelques réformes. Puis-je vraiment aller outre ?...

Le repas fini, le Délégué déjà debout et me regardant bien dans les yeux, me dit:

— M. l'abbé, vous avez de l'autorité; servez-vous-en *opportune, importune.*

Consigne audacieuse. Si audacieuse que je n'osai rien dire. Tout au plus, dans la voiture qui nous ramenait au presbytère de Sainte-Anne, jetai-je cette réflexion à Mgr Myrand: « Oui, *opportune, importune;* mais si un de ces jours je reçois des coups de crosse, ce n'est pas le Délégué qui viendra soigner mes bosses. »

---

24. Joseph-Alfred Myrand, voir la note 108 du premier volume.

Au reste, quelques semaines à peine plus tard, Son Excellence et moi-même aurions à nous instruire sur le danger de l'*importune* et même de l'*opportune*. Le 24 juin 1940, je me trouvais à Rouyn, Abitibi. On y célébrait, pour la première fois, une
Saint-Jean-Baptiste de toute la région. J'étais le conférencier invité pour la célébration du soir. J'y parlai de « Nos problèmes de
vie ». Fatalement, pour expliquer nos déficiences et les plus déplorables, le conférencier en vint à dénoncer l'esprit défaitiste
d'un certain enseignement qui a fait à trop de Canadiens français une âme de petits salariés satisfaits de l'être, inconscients de
leur sort. En conséquence, parmi les problèmes de vie à résoudre, il me parut que « le grand problème » qui se dressait, « dans
sa poignante actualité », n'était nul autre que le problème de
l'éducation. Et je disais:

> Voici vingt ans et plus, qu'à temps et à contretemps, sans beau-
> coup de succès, je l'avoue, je ne cesse de dire à nos compatrio-
> tes qu'en tous nos projets de réformes économiques, sociales,
> politiques, nous n'avons oublié que le principal: nous réformer
> nous-mêmes, réformer le type de Canadiens français qu'une fa-
> mille trop oublieuse de ses devoirs et qu'une école sans âme
> ont fait de nous. Et, par école, vous savez ce que je veux dire:
> j'entends toute maison d'enseignement fréquentée par les jeunes
> Canadiens français. Je ne suis pas seul à penser de cette façon.
> Je crois avoir vécu parmi la meilleure et la plus intelligente jeu-
> nesse. Plus je l'écoute parler, même dans les milieux d'action
> catholique, et je dirais même surtout en ces milieux, plus je
> constate la sévérité de ses jugements sur l'éducation qu'elle a
> reçue à l'école, au collège, à l'université. « Non seulement, me
> dit-on de partout, l'on ne fait pas de nous des Canadiens
> français, l'on ne fait pas même des hommes. » Et j'entends
> encore la rude boutade de ce père de famille, éploré devant
> ce qu'il appelait la pauvreté morale de ses fils. « Eh quoi !
> lui avais-je demandé, est-ce qu'au moins on ne leur a pas
> appris à être Canadiens français ? » Et ce père de me répondre:
> « On leur a surtout appris à ne pas l'être. » Je voudrais que tous
> les contemplatifs de la tour d'ivoire pussent entendre ce qui
> se dit dans les salons, dans les cercles, dans les clubs, et pas tou-
> jours « par les esprits croches », mais le plus souvent par les
> meilleurs esprits de chez nous. Que le fait plaise ou ne plaise
> point, il reste que tous ceux, au Québec, qui pratiquent le dé-
> vouement dans les sociétés nationales, tous ceux qui se préoccu-

pent du présent et de l'avenir des Canadiens français, entretiennent les mêmes inquiétudes et partagent en définitive les mêmes
sentiments. En peut-il être autrement ? Quand ces hommes ob-
servent la misère trop générale de notre petit peuple, son effroyable dégringolade, depuis cinquante ans, vers le prolétariat;
quand ils constatent, ce qui est pire, la résignation de nos gens
à cette vie de serfs miséreux, cette persuasion où l'on paraît établi que notre race, sur cette terre, n'a pas été créée pour un
autre lot; quand les mêmes hommes constatent la perte de l'esprit de travail, l'admiration trop générale pour les jouisseurs paresseux, enviés, parce qu'à quarante ans, ces fortunés ont assez
d'argent pour passer leur vie à ne rien faire; quand ils obser-
vent encore l'impuissance de nos petits marchands, de nos petits entrepreneurs, à tenir tête au moindre concurrent, à l'étranger arrivé ici sans le sou... quand ils voient encore la légèreté de
la jeune Canadienne française, dédaigneuse de plus en plus des
fardeaux de la maternité, travaillant autant que les hommes au
suicide de la race; quand ils voient enfin le manque de caractère
de trop de nos hommes publics, défendant nos droits sur
les hustings, le poing levé, et, rendus au parlement, n'osant plus
lever le petit doigt; quand surtout et enfin, ils découvrent le
néant de notre esprit national, l'impuissance, non seulement du
petit peuple, mais de ses dirigeants, à prendre conscience de
l'être historique et culturel de leur nationalité, à se fournir, pour
la survivance française en Amérique, la moindre raison qui
vaille, comment voulez-vous que, devant ce dénûment moral,
des hommes de cœur n'en cherchent pas la cause ? Et s'ils ad-
mettent, en cette misère, la part de la famille et des mœurs publiques, comment leur refuser le droit de s'étonner que l'école,
le collège, le couvent, l'université aient si peu remédié à cet
état de choses ?

Je l'avoue: tableau sévère; propos roides. L'esprit encore
tout plein de la consigne tombée des lèvres du Délégué apostolique, le réformiste se livrait peut-être à un zèle de néophyte. Malgré tout, la conférence parut ne pas trop déplaire à l'auditoire,
aux organisateurs de la soirée. La radio l'avait diffusée à travers
toute la région; on l'avait écoutée, paraît-il, « religieusement ».
Mgr Louis Rhéaume, o.m.i. [25], de Timmins, occupait le siège de

25. Louis Rhéaume (1873-1955), o.m.i. ; professeur (1905-1913) ;
directeur du Grand Séminaire d'Ottawa (1913-1915, 1920-1923) ; recteur
de l'Université d'Ottawa (1915-1920) ; évêque de Timmins (1923-1955).

président d'honneur. Interrogé par ses voisins, l'évêque se déclara on ne peut plus satisfait: « C'est exactement ce qu'il nous faut », aurait-il même ponctué. *La Frontière,* journal de Rouyn-Noranda, publie tout de suite le texte de la conférence. Mes amis de la région sollicitent le privilège de mettre mon texte en brochure pour une plus large diffusion. Mais, à peine de retour à Montréal, une lettre du directeur de *La Frontière* m'apprend qu'il faudra déchanter. L'ancien recteur de l'Université d'Ottawa sent-il se réveiller des susceptibilités mal endormies ? En bon diplomate, il n'ose point refuser l'*imprimatur* à « Nos problèmes de vie ». Il choisit la voie oblique et déclare avec candeur à ces enthousiastes de *La Frontière* qu'il ne peut soumettre à la censure la conférence de l'abbé Groulx. Et la brochure ne parut point à Rouyn. Elle parut à Montréal. Mon bon ami, Paul Ostiguy [26], indigné, s'empare de mon texte et sans m'en souffler mot, le publie clandestinement, à ses frais, sous les auspices de la Société Saint-Jean-Baptiste de Montréal. Et Rouyn en reçoit une bonne provision.

Pour le malheureux conférencier l'occasion s'offre trop belle de faire savoir au Délégué apostolique à quoi se peut exposer le téméraire critique de quelque aspect que ce soit de notre enseignement. Il envoie à Son Excellence le texte de sa conférence et un exposé explicatif du refus d'*imprimatur* de la part de l'Evêque de Timmins. Le 3 août 1940, cette réponse d'une discrétion savamment voilée m'arrive de la Délégation:

Monsieur l'abbé,

Je vous remercie d'avoir eu l'amabilité de m'adresser le texte de la conférence que vous avez prononcée le 24 juin dernier. J'ai lu vos déclarations avec l'intérêt qu'elles méritent. Puisse le bon Dieu bénir et féconder votre apostolat en faveur d'une génération courageusement catholique et intégralement canadienne.

---

26. Paul-Émile Ostiguy (1892-1970), financier ; officier commandant de l'armée canadienne (1914-1918) ; colonel (1939-1945) ; chambellan de la cape et de l'épée de S.S. Jean XXIII ; chevalier de l'Ordre de Malte ; officier de l'Ordre et du mérite de Malte.

Veuillez agréer, monsieur l'abbé, l'expression de mes meilleurs sentiments, en N.-S.

Ildebrando Antoniutti,
dél. ap.

Enseignement secondaire — Projet d'Ecole normale supérieure

A cette époque, c'est-à-dire en 1940, mais aussi dans les années qui ont précédé, une part de notre enseignement m'occupe plus que tout autre: le secondaire, l'enseignement classique. Depuis longtemps, même depuis mes années d'étude à Fribourg, je rêve de rénover cet enseignement. J'entrevois une réforme à trois paliers: 1°. un recrutement et une formation première de nos éducateurs dès le collège et le Grand Séminaire; 2°. une formation continuée par la fondation d'une Ecole normale supérieure; 3°. l'envoi des sujets les plus brillants dans les universités d'Europe ou d'ailleurs pour un achèvement de leur formation. Jeune prêtre, j'ai trop souvent regretté qu'au collège, en nos retraites dites de vocation ou de décision, l'on oubliât une vocation et non la moindre. L'on nous entretenait des vocations laïques et professionnelles et des vocations sacerdotales, pour séculiers et religieux, vocations où le ministère paroissial occupait large place; l'on nous faisait même l'étalage de tous les ordres religieux, y compris les contemplatifs et les missionnaires. Mais, de la vocation d'éducateur ou d'enseignant, pas le plus petit mot. Anomalie qui me paraissait incompréhensible et d'une extrême gravité, dans un temps — je l'ai dit plus haut — où le clergé détenait encore, sur tout l'enseignement de la province, un rôle à peine partagé. Le premier, je le crois, dans une retraite de décision prêchée à Valleyfield même, vers 1911, je prends sur moi d'exalter la vocation d'éducateur, avec toutes ses exigences et ses indéniables beautés. Dans la suite, en toutes mes retraites du même genre prêchées en divers collèges, je continue cette prédication. Il ne me semble guère plus difficile, à mon sens, de découvrir une vocation d'éducateur qu'une vocation de jésuite ou de missionnaire en Afrique. Un sens éveillé du dévouement, un certain don d'autorité sur ses camarades, le don de l'exposition claire en quelque discours ou travail académique, pouvaient révéler, à coup sûr, chez le jeune collégien, les aptitudes d'un fu-

tur maître. Mais ce jeune homme, une fois recruté et enrôlé, je
voulais qu'on ne le perdît point de vue au Grand Séminaire.
Pourquoi mettre en veilleuse la précieuse vocation ? Il apparte-
nait donc à l'évêque de garder l'œil sur ces sujets privilégiés. A
tous ces jeunes gens venus des divers collèges, serait-il si difficile de proposer la formation d'un cercle pédagogique, et une fois
au moins par mois, de leur offrir une lecture spirituelle appropriée à leur futur état, et même de temps à autre, une conférence spéciale par quelque pédagogue, prêtre ou laïc, d'expérience
reconnue ? L'important, me semblait-il encore, consistait à fournir à ces jeunes gens, le moyen d'orienter leurs études théologi-
ques et leur formation spirituelle en vue de leurs tâches prochaines, ainsi qu'il en arrive dans les noviciats ou scolasticats de communautés religieuses. L'on y étudie la même théologie; l'on reçoit, en principe, la même formation ascétique; mais tout s'ordonne vers les fins propres de la société religieuse.

Après sa sortie du Grand Séminaire, et si l'évêque jugeait
encore le jeune prêtre suffisamment apte à la tâche d'éducateur,
je proposais — et c'était le second point de ma réforme —, je
proposais, dis-je, qu'on lui ouvrît les portes d'une Ecole normale
supérieure. Ah ! cette école, comme je l'avais à cœur et qu'elle
habitait mes rêves depuis de longues années ! Je me souviens qu'à
l'Université de Fribourg, soit en 1908-1909, j'en causais avec mes
compagnons d'étude, l'abbé Wilfrid Lebon et l'abbé Eugène Warren [27]. Dans cette fermentation d'esprit que suscitait en nous le
milieu de l'université fribourgeoise, que de projets échafaudait
alors notre petit trio canadien ! Nous étions si naïvement assurés
d'apporter quelque chose à notre cher pays. Les idées marchent
lentement au pays de Québec. Hélas ! de retour au Canada, je ne
vois pas que mon projet d'Ecole normale revienne à la surface,
si ce n'est sans doute, dans quelques conversations entre confrères et amis. Il paraissait si audacieux d'obliger tous les professeurs de collèges à posséder un diplôme de compétence ! Ce n'est
qu'en 1932, à Montréal déjà depuis dix-sept ans, que je m'en
ouvre enfin à un évêque. A l'Université, dans mes courses à
travers les collèges, j'ai pu constater la pauvreté intellectuelle de

27. Wilfrid Lebon, voir la note 66 du premier volume. — Eugène
Warren, voir la note 75 du premier volume.

tant de jeunes prêtres passionnés cependant pour leur ministère d'enseignants, mais dans la cruelle impuissance de faire mieux. Cet évêque n'était nul autre que l'ancien « Petit Père » Rodrigue Villeneuve, hier évêque de Gravelbourg et devenu soudain archevêque de Québec. A l'été de 1932, il était venu passer deux jours à mon ermitage de Saint-Donat. Ensemble, nous avions repris tout le problème. J'en dirai davantage plus loin. Mais, tout de suite, avec cet élan, ce neuf qu'il avait dans l'esprit, l'Archevêque résolut de se faire l'avocat du projet. Il me demanda des notes, un mémoire sur le projet. Et il s'en servit copieusement.

Le projet va rebondir six ans plus tard et tomber cette fois dans le public. Voici comment. Depuis quelque temps, un projet de lycée laïque est dans l'air. Quelques jeunes professeurs, quelques chefs de file, plus ou moins conseillés ou pistonnés par un jeune Jésuite, celui qu'on appelle « le grand Mignault » [28], agitent l'idée. Elle arrive à son heure, me semble-t-il. Et l'on eût étouffé, dès lors, d'amères revendications. Je m'en ouvre à mon ami Fréchette [29]: il nous faut un lycée canadien, non pas un lycée, apporté de l'étranger, fût-ce de la France. Un lycée de France, pensais-je, ne pourrait nous former que de petits internationalistes, amoureux du vieux pays d'outre-mer, mais dédaigneux de leur petite patrie québécoise. Malheureusement l'administrateur du diocèse de Montréal, Mgr Georges Gauthier, prend mal la chose. Et « le grand Mignault » se voit exiler dans l'Ouest canadien. L'évêque coadjuteur vient de se rallier à un autre projet. L'on souhaite quelque rénovation de notre enseignement classique. Mgr Gauthier juge préférable à un lycée laïque, la fondation d'une sorte de succursale à Montréal du Collège Stanislas de Paris. Le sénateur Raoul Dandurand [30] pousse puissamment à la roue. Un soir même il invite à dîner chez lui, à sa résidence princière du chemin Sainte-Catherine, une dizaine de jeunes qui commencent à compter dans l'opinion, parmi lesquels j'aperçois le Frère Marie-Victorin, Léon-Mercier Gouin, Hermas Bastien,

---

28. Thomas Mignault (1896-   ), jésuite ; professeur ; préfet de discipline dans les collèges : Sainte-Marie, Saint-Boniface, Edmonton, Sudbury ; aumônier d'associations de jeunesse ; actuellement directeur de l'Institut *Culture et Foi*, à Montréal.

29. L.-Athanase Fréchette, voir la note 101 du quatrième volume.

30. Raoul Dandurand, voir la note 6 du cinquième volume.

Esdras Minville, d'autres. L'intention du sénateur ne fait point de doute: il veut nous amener, entre la poire et le fromage, à faire bonne mine à son projet de collège parisien. J'aurais aimé le lycée laïque qui promettait de tomber en d'excellentes mains. Je n'étais pas opposé à un Collège Stanislas. Sans en attendre des merveilles, une opportune concurrence ne pouvait, ce me semble, que bénéficier à nos collèges. Toutefois, et tout de suite, je m'en explique franchement au sénateur. « On fonde Stanislas, lui dis-je, et pourquoi ? Pour corriger l'insuffisance et la pauvreté de l'enseignement de nos collèges. Or, avant de faire de la publicité à une institution étrangère, je m'emploierai plutôt à la réforme et à l'amélioration de nos institutions collégiales. Car enfin ces collèges vont subsister et continuer, à votre avis, une œuvre déplorable. » Le sénateur m'avait écrit, en effet, le 13 juillet 1938: « Comme votre approbation publique induirait un bon nombre de parents à confier leurs enfants à Stanislas, je viens vous prier d'écrire votre avis, soit directement à la presse, soit à Monseigneur [Gauthier], ou à moi-même. » Je lui répondais le 7 septembre 1938:

> Cher monsieur le sénateur,
>
> J'ai songé quelquefois à l'article que vous m'aviez demandé en faveur du Collège Stanislas. Je n'ai pu me résoudre à l'écrire pour les raisons suivantes que je me permets de vous exposer en toute franchise.
>
> Je n'étais pas opposé en principe à la fondation d'un lycée ou d'un collège laïc. Je l'ai surtout crue inévitable. A propos de ce lycée ou de ce collège, j'ai même laissé passer dans *La Province* la phrase que vous citez: « Puisse-t-il être tel que nous le désirons et tel qu'il faut qu'il soit. » Cependant je ne vous en ai pas fait mystère, lors de notre réunion chez vous: le collège que je croyais acceptable, et ce soir-là, je pense, nous étions tous du même avis, c'est un collège où les Canadiens français auraient gardé dans la direction, quelque chose comme la haute main et où le professorat fût resté largement ouvert à nos jeunes laïcs compétents. Qu'est-il advenu de ce projet ? Certaine littérature parue jusqu'ici dans les journaux me donne fortement à penser qu'au Collège Stanislas, les Canadiens français tiendront, et dans la direction et dans l'enseignement, un peu moins que la portion congrue.

Je ne vous ai pas caché, non plus, les inconvénients qui peuvent résulter d'un enseignement et d'une éducation confiés trop exclusivement à des Français de France. Non que j'entretienne, certes, à l'égard de ces Messieurs le moindre préjugé, ni que je me fasse illusion sur l'opportunité de fournir à notre jeunesse les avantages d'une culture française plus poussée. Mais après expérience acquise au Collège de Valleyfield, je ne crois pas que l'on puisse raisonnablement demander à un Européen, fils d'une nation de 40 millions d'habitants et habitué à considérer son pays comme le pivot de la vie européenne, je ne crois pas, dis-je, que l'on puisse demander à cet éducateur de se dépouiller en quelques jours ni même en quelques années de sa mentalité d'Européen et de s'adapter, comme il convient, aux aspirations d'un petit peuple d'Amérique d'à peine 3 millions. Or vous l'avez toujours pensé, vous-même, Monsieur le sénateur, ce qui importe, avant tout, ce n'est point que dans 25 ou 30 ans, nous possédions un certain nombre des nôtres, plus férus de culture française que la majorité de leurs compatriotes, mais bien plutôt que cette élite soit en état de se mettre franchement au service de notre pays et de notre petit peuple. C'est bien le moins que nous puissions souhaiter. Mais ce moins, pour l'obtenir, il faudra, vous le savez vous-même, autre chose que l'enseignement de l'Histoire du Canada. Il y faudra toute une atmosphère morale que des Européens les mieux intentionnés du monde ne sont pas en état de faire naître.

Il y a autre chose. Qu'on le veuille ou qu'on ne le veuille pas, la fondation du Collège Stanislas implique la condamnation de notre système d'enseignement secondaire tel qu'il fonctionne généralement à l'heure actuelle. Pour ma part, je ne me reconnais pas le droit d'accepter cette fondation et de la recommander au public, sans en même temps, proposer quelque réforme pour l'amélioration de notre propre système. Ce système va continuer d'exister et de fonctionner. Il reste et va rester le système normal par lequel se diffusera, dans notre province, la culture française. Personne ne se fait illusion: ce n'est pas avant une vingtaine d'années que le Collège Stanislas pourra donner des fruits et faire sentir son influence. Pendant ce temps-là, plus de trente collèges, dont nous constatons l'insuffisance, continueront de déverser dans la société, des milliers de jeunes gens estimés incompétents. Je croirais donc commettre un suprême illogisme en faisant de la publicité au Collège d'Outremont et d'autre part, en ne proposant rien pour l'amélioration de nos propres maisons d'enseignement. Mon humble avis est

qu'en toute logique et toute loyauté, il faudrait proposer la fondation immédiate à Montréal d'une Ecole normale supérieure,
école qui deviendrait obligatoire pour tous les professeurs de
notre enseignement secondaire. Mais voilà, cette idée, je puis
bien continuer de la préconiser, comme je le fais depuis longtemps, soit en conversation, soit par correspondance; je ne
pourrais la jeter dans le public, sans me donner l'air de faire
la leçon à quelques personnages de qui relève une si urgente
fondation.

Voilà, cher Monsieur le sénateur, les raisons très franches
pour lesquelles, même en bonne santé, je n'aurais pu écrire l'article que vous m'avez fait l'honneur de me demander. Les réserves que j'y aurais faites auraient pu nuire à la fondation
d'Outremont. Je crois qu'il faut éviter tout potin malencontreux. Et je garde espoir, malgré tout, que le Collège Stanislas
finira par s'orienter dans le sens que nous désirons.

Veuillez agréer l'assurance de ma haute considération,

Lionel Groulx, ptre

Entre-temps j'ai converti à mon projet d'Ecole normale supérieure, mon ami Athanase Fréchette qui rédige alors un petit
hebdomadaire assez répandu et fort combatif: *La Boussole*. J'ai
même remis au notaire tout un dossier sur le sujet. Dans ses papiers, le rédacteur de *La Boussole* note, en outre, une conversation entre nous deux, au mois d'août 1938. Un évêque, lui aurais-je confessé, m'avait proposé de faire le tour de tous les évêques suffragants de l'Archidiocèse de Montréal pour leur exposer
l'urgente fondation d'une Ecole normale supérieure. Athanase
Fréchette n'a pas tardé à se mettre à l'œuvre. Une lettre de moi,
en date du 16 septembre 1938, en témoigne: « Je viens de lire,
dans *La Boussole,* l'article que vous avez écrit pour la réforme
de notre enseignement. Je vous félicite et vous remercie en particulier pour votre paragraphe sur la nécessité d'une Ecole normale supérieure. Il faudra revenir à la charge. Je vous envoie,
annexée à cette lettre, une page d'un Mémoire de M. Pierre Dupuy [31] de Paris, mémoire qui a occasionné, pour une bonne part,
la fondation du Collège Stanislas. Vous y verrez quelles objections l'on fait valoir, en certains milieux, contre la fondation

---

31. Pierre Dupuy, voir la note 66 du cinquième volume.

immédiate d'une Ecole normale supérieure à Montréal. » Voici, en effet, ce que le sénateur Dandurand, s'inspirant du Mémoire Dupuy, venait de m'écrire:

> Vous ne vous sentez pas le droit de condamner notre système d'enseignement secondaire, notoirement insuffisant, sans en même temps proposer quelque réforme pour son amélioration. Or, la réforme que vous préconisez est dans la fondation à Montréal d'une Ecole normale supérieure qui deviendrait obligatoire pour tous les professeurs de notre enseignement secondaire. Cette réforme, je l'appelle comme vous, de tous mes vœux; mais, dites-moi, où prendrons-nous les professeurs possédant, à ces hauteurs, les connaissances supérieures et l'art d'enseigner ? Vous me répondrez peut-être: allons les chercher à Paris; mais je vous pose cette autre question: où prendrez-vous les élèves en état de recevoir cet enseignement ? Pas dans nos collèges, dites-vous, dont nous constatons l'insuffisance et qui continueront de déverser dans la société des milliers de jeunes gens estimés incompétents.

> Vous pensez que Stanislas ne pourra donner ses fruits que dans une vingtaine d'années; vous serez heureux que je vous désabuse sur ce point. Dans sept ou huit ans Stanislas pourra fournir à une Ecole normale supérieure de Montréal des élèves bien formés. Cette Ecole normale, le chanoine Méjecaze [32] en voit la nécessité et il sera heureux, en temps opportun, de contribuer à sa création.

Encore plus inquiet, toujours dans ma lettre du 16 septembre 1938, je faisais observer à mon ami Fréchette:

> A mon avis, il serait fort humiliant pour nous d'attendre des Français de France la fondation de notre Ecole normale supérieure. Ce serait tout de bon le retour du colonialisme moral. Il me semble qu'une Ecole normale supérieure, organisée dès maintenant, avec nos élèves et nos professeurs, permettrait à notre enseignement secondaire de gravir, en quelques années, un palier, modeste si l'on veut, mais qui empêcherait tout de même le gaspillage d'une génération d'écoliers et de professeurs. Les vocations d'éducateurs, vous dira-t-on, ne sont pas

---

32. François-Marie-Félix Méjecaze (1891-1965), ptre ; prélat; censeur et directeur du Collège Stanislas de Paris (1933-1962) ; fondateur du Collège Stanislas de Montréal (1938) ; du Collège Stanislas de Nice (1940) ; membre du Conseil supérieur de l'Éducation nationale de France.

nombreuses dans nos collèges. De cette pénurie, l'on pourrait fournir une explication décisive. Si l'on s'occupe du recrutement des vocations de missionnaires, de religieux, de prêtres pour le clergé paroissial, l'on s'occupe peu malheureusement du recrutement des prêtres éducateurs. Un jeune homme, eût-il d'ailleurs opté pour cette vocation, constate tout d'abord l'absence de tout organisme qui lui permettrait de se préparer convenablement à sa tâche future. Comment voulez-vous qu'en pareil cas, un jeune clerc consciencieux, qui sait ce qu'il doit à la jeunesse, à son pays et à l'Eglise, se sente attiré vers nos collèges ?

Encore une fois, je vous prie de continuer votre campagne en dépit des cris d'effarouchement qu'elle pourrait provoquer. Il s'agit là d'une question vitale. En ces derniers temps, l'on m'a objecté le coût d'une institution comme une Ecole normale supérieure, les difficultés d'une pareille organisation, question d'élèves, question de professeurs. Il me semble qu'une simple maison de pension où tous les jeunes prêtres qui étudient actuellement à l'Université de Montréal pourraient trouver à se loger et où, tout en suivant des cours, soit à la Faculté des Lettres, soit à la Faculté des Sciences, soit à l'Ecole des Hautes Etudes commerciales, soit aux Sciences sociales et politiques, on leur donnerait, en même temps, des cours spéciaux de pédagogie proprement dite, d'éducation nationale et catholique, il me semble, dis-je, qu'une telle école pourrait s'organiser en trois semaines et coûterait moins cher qu'un Jardin botanique.

Ma correspondance avec M. Dandurand ne s'arrête point là. Nous échangeons encore, sur le sujet, chacun une lettre. Le 20 septembre 1938, je réponds à sa lettre du 7 du même mois:

Cher monsieur le sénateur,

J'ai gardé quelque temps votre « Mémoire » de M. Pierre Dupuy. Je voulais prendre le loisir de l'examiner d'assez près. La plupart des observations me paraissent d'une très grande justesse. J'affirmerais ma dissidence, toutefois, au sujet de la fondation d'une Ecole normale supérieure à Montréal. Je ne puis comprendre que l'on sacrifie toute une génération de maîtres et d'écoliers. Fondée immédiatement avec une élite d'élèves et de maîtres, une Ecole normale ne serait pas la perfection que vous-même et M. Dupuy rêvez; elle ne pourrait manquer néanmoins d'élever d'un palier, la qualité de notre enseignement et

Dixième anniversaire de l'Institut d'histoire de l'Amérique française (29 avril 1957). On reconnaît Me Joseph Blain, alors président de la Fondation Lionel-Groulx, M. Paul Dozois, ministre des Affaires municipales, Dr Albert Guilbault, représentant du maire de Montréal, le chanoine Lionel Groulx, Me Paul Sauvé, député, Mgr Irénée Lussier, recteur de l'Université de Montréal.

Remise de la médaille Vermeille de la Société historique de Montréal à Mlle Marie-Claire Daveluy, par Mgr Olivier Maurault, p.s.s., en présence du chanoine Lionel Groulx et du maire de Montréal, M. Sarto Fournier (26 avril 1958).

de notre éducation. En deux ou trois ans, aidés s'il le faut de quelques professeurs de France, nous aurions jeté, dans nos collèges, une équipe de maîtres qui sauraient un peu de pédagogie et qui sauraient aussi comme l'on forme des hommes et des chrétiens. Je suis persuadé, du reste, que, dans le relèvement de notre enseignement, les Canadiens français ont encore à jouer le premier rôle. Nous devons rester et nous resterons, sans doute, toute notre vie, les disciples et même les fils de la culture française. Je ne crois pas que nous puissions accepter, comme un avenir normal, de rester perpétuellement les élèves des professeurs de France. En ce cas, autant vaudrait leur abandonner la direction de nos petites et de nos grandes écoles, y compris nos universités.

Vous connaissez trop mes sentiments francophiles pour savoir que le Collège Stanislas ne me fait point peur. Je suis persuadé que, pour l'enseignement, l'on y fera une excellente besogne. Toute mon appréhension me vient de l'état d'esprit ou de l'atmosphère morale qui prévaudra en cette maison. Les professeurs sauront-ils s'adapter aux exigences de notre destin exceptionnel ? L'expérience de Valleyfield que j'invoquais, dans ma dernière lettre, me donne le droit, ce me semble, de nourrir cette appréhension. Ces professeurs étaient des Eudistes, pour la plupart diplômés de l'Université de France. Je me souviens d'avoir eu avec eux les plus cordiales relations. Les élèves ne discutaient pas leur compétence ; ils leur refusaient une trop large part de confiance, et tout uniment pour l'impuissance de ces professeurs à *s'adapter*. Ils prêchaient la France, ils enseignaient la France. Des Eudistes ont dirigé pendant un bon nombre d'années, les Collèges acadiens de Bathurst et de la Pointe-à-l'Eglise. Les Acadiens leur ont gardé une grande reconnaissance. Toutefois, je le sais, l'opinion est très partagée parmi nos frères des Provinces maritimes, sur l'orientation que ces professeurs de France ont donnée à la jeunesse acadienne.

Vous me dites que nos professeurs canadiens-français eux-mêmes n'auraient pu s'entendre sur une formule d'éducation nationale. Je me permets de vous indiquer un petit volume de 562 pages intitulé: « Notes du Comité permanent sur l'enseignement secondaire » paru en 1937, sous les auspices de l'Université de Montréal. Vous y verrez le large et le progressif plan d'enseignement que se sont tracé les professeurs de l'Enseignement secondaire, en notre région montréalaise, pour l'instruction religieuse, l'étude du français, du latin, du grec, de l'anglais, de l'histoire, de la géographie, de la philosophie, des sciences. Vous verrez aussi, à la fin du volume, une soixantaine de pages consacrées à des directives générales sur l'éducation nationale. Il s'agit de « directives générales », mais directives assez précises et capables de rallier tous les bons esprits.

Quoi qu'il en soit, cher M. le sénateur, vous pouvez être persuadé que je n'en suivrai pas moins, avec grande sympathie, l'œuvre du Collège Stanislas. J'ai voulu, tout simplement, vous faire part de mon état d'esprit, avec ma franchise coutumière.

Veuillez agréer l'hommage de mes meilleurs sentiments.

Lionel Groulx, ptre

Le sénateur me répond le 3 octobre suivant. Je l'ai gagné à mon projet. Il m'écrit:

Je vous ai dit que j'appelais de tous mes vœux, comme vous, la création d'une Ecole normale supérieure. Je croyais qu'elle s'imposerait surtout lorsque Stanislas aurait formé des élèves en état de profiter pleinement de cet enseignement, mais je me rends compte qu'elle pourrait dès à présent rendre de grands services. Dans ce but, je suis prêt à joindre mes efforts aux vôtres, si je peux vous être le moindrement utile.

Vous me disiez dans votre première lettre que vous n'osiez pas préconiser publiquement cette réforme, de peur d'indisposer les autorités à qui il appartient d'en prendre l'initiative et la direction... Dites-moi, s.v.p., quelles résistances vous prévoyez. S'agit-il seulement des frais à prévoir, ou du personnel compétent à réunir ? Je suis convaincu que la France serait prête à nous aider en nous donnant les professeurs que nous lui demanderions...

Ce cher sénateur me donnait désormais du « cher ami ». Voulait-il se faire pardonner son opposition de jadis à ma liberté d'historien ? Nous nous rencontrerons souvent, sur la rue Laurier, lorsque je serai devenu citoyen d'Outremont. Nous allions chercher nos journaux, au même dépôt, chez les Demoiselles Gagné. Au retour et même sur le perron de l'église où je me dirigeais, nous aurons de longs colloques. Pendant la guerre, il me confiera même quelques échos des débats au cabinet fédéral, dont il était ministre. Il me dira, par exemple, un jour: « Il y a un point sur lequel, ce me semble, vos amis du *Devoir* devraient davantage insister. Et c'est ce que nous coûte à nous, Canadiens français, la guerre. Quand mes collègues anglais me parlent de leurs sacrifices, je leur réplique: 'Pensez donc aussi à *nos* sacrifices. Vous consentez des sacrifices d'hommes et d'argent. Mais vous vous battez pour l'Empire, pour la vieille patrie. Le sentiment y est. Pensez à ceux-là qui sacrifient comme vous, hommes et argent, mais pour qui le sentiment n'y est pas ni ne peut y être'. » M. le sénateur Raoul Dandurand était, sans doute, un politicien; pas plus que ses collègues du Québec, il ne répugnera à l'époque aux attitudes les plus opportunistes et les plus contradictoires. Il était peut-être plus Français de France que Canadien français. Mais l'homme avait de la classe, de la culture. Il s'imposait aux Anglais par ses réussites d'homme d'affaires. Aux côtés d'un Fernand Rinfret, d'un Ernest Lapointe, d'un P.-A. Cardin [33], il formait alors, dans le cabinet de la capitale, une équipe canadienne-française, comme le parti libéral n'en a plus revue.

Deux ans passeront. La question d'une Ecole normale supérieure rebondira au moment où je m'y attendais le moins. Sort mystérieux de ces idées dont les unes meurent au cerveau, et dont les autres, l'on ne sait par quelle providence, accèdent à la forme matérielle. En 1940, l'évêque de Hearst, Mgr Joseph Charbonneau, devient archevêque coadjuteur de Montréal. Mgr Gauthier décède peu de temps après. Un dimanche après-midi de septembre, je reçois du chanoine Donat Binette, de l'Archevêché, un coup de fil: Mgr Charbonneau désire me voir et chez moi. J'ai beau protester que je puis me rendre au palais épiscopal, l'Archevêque en tient pour Outremont. Il vient. Il veut causer, s'informer de tout le problème de notre enseignement dans le Québec et principalement dans son archidiocèse. Il veut connaître mon opinion. Nous causerons deux longues heures. J'ai heureusement gardé quelques notes sur cet entretien. Au sujet de l'enseignement primaire, je lui fais part de la Commission dont nous avait chargés le deuxième Congrès de la Langue française, Commission dont j'étais le président et qui s'était déclarée impuissante à faire œuvre pratique sans une enquête préalable sur

---

33. Fernand Rinfret, voir la note 16 du troisième volume. — Ernest Lapointe, voir la note 86 du troisième volume — Pierre-Arthur Cardin, voir la note 106 du sixième volume.

tout cet aspect de notre enseignement public, enquête qui dépassait nos moyens, mais enquête aussi dont nous n'avions plus entendu parler. L'occasion s'offre trop belle néanmoins de proposer à mon visiteur ce qui me paraissait, dès ce temps-là, et comme mesure urgente, une réforme du Conseil de l'Instruction publique. Et voici comme je concevais cette réforme: j'entrevoyais deux corps distincts bien que destinés à se compléter et à collaborer, d'abord un Conseil pédagogique qui serait, comme en notre système parlementaire, une Chambre basse, un Conseil formé de pédagogues compétents qui mettrait constamment au point notre système d'enseignement, aurait pouvoir de légiférer; et au-dessus de lui, une sorte de sénat qui serait le Conseil de l'Instruction publique. En mes notes je retrouve ces considérations que je soumets à mon nouvel Archevêque: « Le lit est fait pour un ministre de l'Instruction publique. On y songe plus que jamais dans les hauts lieux politiques. Il serait imprudent, sur ce point, de trop compter sur la réaction de l'opinion publique. » Et je cite à mon hôte cette parole d'un ministre: « L'ancien régime n'a rien donné. Pourquoi le nouveau régime donnerait-il moins ? » Au reste, des professeurs d'université ne se font pas faute de colporter, dans les cercles, qu'un ministère de l'Instruction publique n'est pas un mal en soi; telle institution existe en beaucoup de pays catholiques. Le mécontentement s'exprime de cette façon dans les milieux bien-pensants et ce, devant le spectacle de la misère économique, sociale, culturelle des Canadiens français. On relève avec amertume le désarroi politique de la nation, le dénûment de la conscience nationale. Tout ce mal, on l'impute à l'école. Or, le clergé est en grande partie responsable de l'enseignement et de l'éducation. Donc... On lui reproche de n'avoir su former ni des hommes, ni des catholiques. On reproche particulièrement au Conseil de l'Instruction publique de n'avoir jamais pris nette position sur l'éducation nationale au Canada français. Rien de plus opportun, à cette heure, ajoutais-je, que d'orienter les jeunes prêtres vers les études pédagogiques. Et il importerait aux évêques de ne plus nommer d'aumôniers de communautés enseignantes, ni de visiteurs d'écoles, ni de principaux d'écoles normales non pourvus d'un diplôme ès pédagogie.

Quant à notre Université de Montréal, fais-je observer à mon visiteur, le mal profond provient de l'absence d'hommes de type universitaire, non pas dans la direction intellectuelle — nous sommes à l'époque du trio Maurault-Chartier-Montpetit — mais dans son administration et dans le bureau des gouverneurs. Là trop peu d'hommes aptes à comprendre les problèmes d'une université contemporaine. Je voudrais néanmoins qu'on utilisât les bons éléments, en vue d'introduire progressivement l'esprit catholique dans notre université et d'éveiller, chez les maîtres, un certain sens de leurs responsabilités de catholiques à l'égard des étudiants. A ce propos, je propose à mon Archevêque deux moyens: *premièrement,* l'organisation d'une retraite fermée annuelle pour nos professeurs d'université; *deuxièmement,* l'organisation de réunions d'étude pendant les vacances (v.g. à la Villa des Jésuites à Vaudreuil) pour échanges de vues sur les problèmes de la vie universitaire, ainsi que font en France les universitaires catholiques. Mais j'insiste surtout sur l'état de l'enseignement secondaire. En ce domaine je me sens davantage sur mon terrain, ayant enseigné douze ans dans un collège. Je dis donc à son Excellence: dans vos collèges, ce n'est plus une question d'horaires ou de programmes; c'est une question de maîtres. Notre enseignement secondaire souffre affreusement d'un manque de maîtres. Et la faute n'en est pas à ceux qui s'y trouvent, moins des coupables que de pauvres victimes. On y manque de maîtres et vous n'avez nulle école où les former. Et même ces futurs maîtres, on ne se soucie guère de les recruter dans la jeunesse des collèges classiques. En suite de quoi j'expose mon plan d'Ecole normale supérieure: plan trop simple, dis-je, à Son Excellence, pour qu'il ait chance de réussir. Brusquement l'Archevêque me pose cette question:

— Votre Ecole normale supérieure, quand la voulez-vous ?

— Mais le plus tôt possible, Excellence.

— Vous l'aurez. Jetez-moi sur papier votre plan. Et proposez-moi deux noms de prêtres que je pourrais mettre à la tête de cette Ecole.

Il importerait souverainement, avais-je dit au milieu de ces propos, que l'institution ne réduisît point son rôle à la formation

de professeurs, mais s'efforce d'abord et avant tout, de nous donner
des éducateurs. On peut nous reprocher, répétai-je à Son Excellence, d'être de pauvres professeurs; on ne devrait point nous reprocher d'être de pauvres éducateurs. Rôle premier, rôle éminent qui justifie, en somme, notre présence dans nos collèges.
Un laïc peut enseigner aussi bien que nous. Mais si le prêtre
croit un tant soit peu en son sacerdoce et dans les ressources
qu'il en peut tirer, nul ne le peut égaler dans la fonction d'éducateur. Je propose donc deux hommes qui, à mon avis, eussent
pu donner à l'Ecole normale supérieure, l'orientation, l'esprit
qui, à mon sens, devait être le sien: l'abbé Philippe Perrier,
mon ancien curé du Mile End, qui s'était démis de sa cure en 1930
et qu'on n'avait pas trouvé le moyen d'utiliser dans Montréal, depuis lors. Au nom de l'abbé Perrier, j'avais joint celui de l'un
de mes anciens dirigés de Valleyfield, devenu supérieur au Séminaire de Sainte-Thérèse, l'abbé Percival Caza. A l'Université, j'avais
rencontré quelques-uns de ses anciens élèves et dirigés. Tous m'a-
vaient paru d'une qualité d'âme remarquable. Au cours de la conversation, avais-je encore soufflé à Son Excellence, les collèges
pourraient peut-être contribuer au coût de l'institution, à même
l'allocation que leur accorde le gouvernement. L'Archevêque m'arrêta d'un geste:

— Les finances de l'Archevêché peuvent y pourvoir.

Devant un archevêque aussi bien disposé, comment ne pas
risquer une autre prière ? Pour ceux-là, lui dis-je, qui ont passé
l'âge d'aller à l'Ecole normale, accordez-nous donc une retraite
spéciale où un homme d'éducation viendra nous entretenir du
rôle et des devoirs du prêtre-éducateur. Depuis près de quarante
ans, ajoutai-je, je participe à des retraites de prêtres. Or, dans les
sermons du prédicateur aussi bien que dans les conférences de
l'évêque, il semble qu'un seul prêtre existe: celui du ministère
paroissial. Rien pour le prêtre de collège qui forme pourtant
une portion imposante du clergé. Encore une fois la réponse de
l'Archevêque vient comme un trait:

— Voulez-vous prêcher la première retraite ?

— J'accepte.

Qu'advint-il de l'Ecole normale supérieure ? Hélas ! l'Archevêque, un peu impulsif, bientôt débordé par son énorme be-

sogne, touche aux questions plus qu'il ne les résout. Il se décharge volontiers sur des intermédiaires, sans trop les bien choisir. Pendant de longs mois, je n'entends plus parler de mon projet. Un jour, je ne sais plus qui m'apprend l'existence de l'Ecole: un Franciscain, le Père d'Alcantara [34], lui a dressé un programme d'étude et elle loge au Séminaire sulpicien de philosophie, sur la Montagne. Un Sulpicien, peu connu et peu préparé à son rôle, en assume la direction. En ses vingt ans d'existence a-t-elle produit des fruits valables ? Elle ne sera pas l'Ecole que j'avais rêvée. Il lui aura manqué, ce semble, une âme et un vrai maître. Toutefois, à mes cours d'histoire, j'ai pu rencontrer quelques-uns de ses élèves. Je pris aussi l'habitude d'en recevoir de petits groupes chez moi. A tout prendre l'Ecole aura jeté, dans nos collèges, quelques esprits fort brillants qui y ont laissé leur empreinte. Mais elle ne paraît pas avoir jamais visé à devenir graduellement une Ecole normale supérieure.

Professionnels et culture classique

Est-il besoin de noter, après cela, l'opportunité d'une conférence sur les études classiques, même en 1948 ? De ces antiques études, combien de novateurs font déjà et depuis longtemps, leur cible préférée ? Ils les jugent anachroniques, aussi vieillottes qu'une lance de légionnaire romain ou qu'une armure de chevalier du Moyen Age. Les humanités gréco-latines nous isoleraient de la vie; elles feraient vivre la jeunesse dans un passé depuis longtemps révolu; elles donneraient le goût des horizons clos, du moisi, du ratatiné; elles seraient inaptes à former l'homme nouveau, obligé de vivre dans un monde nouveau. Qu'avais-je à répondre à ces objections et à quelques autres ? Ces objections on les pourra trouver, si l'on en a la curiosité, dans ma conférence « Professionnels et culture classique », conférence insérée dans mon volume *Pour bâtir*. Encore aujourd'hui, s'il me fallait revenir sur le sujet, j'en resterais à peu près sur mes positions d'alors, si même je ne m'y fortifiais. En ces questions d'éducation, comme en bien d'autres, on oublie toujours, ce me semble,

---

34. Marie-Alcantara Dion (1889-1949), o.f.m. ; professeur de philosophie (1920-1921, 1922-1925) ; de théologie dogmatique (1925-1941); professeur et directeur de l'École normale secondaire (1941-1947).

sous ses aspects nouveaux, habits, manteaux divers dont l'homme se couvre par fidélité aux modes du jour, l'on oublie trop, dis-je, « l'homme fondamental » qui lui ne change guère. Quoi que l'on veuille et quoi que l'on fasse, il en faudra toujours revenir à ce problème de fond, problème posé en ma conférence: « Par quelles méthodes, quel dosage, quelle combinaison de matières et d'enseignements, développer les facultés [d'un enfant], dans leur hiérarchie essentielle et les acheminer à une synthèse de forces ordonnées ? » J'écrirais aujourd'hui cette variante: par quelles méthodes et quelle substance de l'enseignement, donner à l'esprit humain ses deux qualités qui me paraissent dominantes: la finesse, la subtilité, source de l'esprit critique, et la vigueur, la force créatrice d'où jaillit en tous les arts, le chef-d'œuvre ? Sur ce point, les vieilles humanités, je pense, ont fait leurs preuves. Où en sont les humanités remplaçantes ? Le moins que l'on en puisse dire — et je le dis au risque de scandaliser nos modernistes — est qu'elles en restent à l'essai, à la première expérience. Un peuple a-t-il le droit de jouer son sort sur le probable et l'incertain ? Certes, et je l'admettais en 1948, il fallait tenter un nouveau dosage, rendre les programmes scolaires plus hospitaliers à quelques nouveautés imposées par le temps, par l'extraordinaire bouleversement du monde. Mais il me paraissait alors et il me paraît encore bien imprudent de jeter aux orties, comme une défroque absolument démodée, les cultures qui ont formé tant de générations de superbes humanistes et qui même se retrouvent à la formation première des grands savants. Avec humour, cela va de soi, je regrettais le temps où l'on s'embrassait pour l'amour du grec. Esprit, sans doute, trop traditionnel, j'estimais l'aventure extrêmement grave, pour un jeune peuple, de tourner le dos à la culture d'un vieux peuple qui fut peut-être le plus intelligent du monde: ce petit peuple grec qui, par le simple jeu des facultés de l'homme normal, avait réussi à couler la pensée humaine en des formes impérissables. Peuple génial qui n'a pas produit que des littérateurs, des artistes, mais aussi des politiques, de grands militaires, des industriels, des commerçants, des navigateurs qui ont couvert la Méditerranée. Sans doute, les humanités gréco-latines, nos vieux maîtres, qui ne savaient pas mieux, nous les ont pauvrement enseignées; leur méthode était fausse, étriquée ; ils ne nous livraient guère, disais-je, « la moelle d'une pensée, d'une littérature », et surtout ces « diverses formes d'art, cette essence d'une philosophie, d'une sociologie et ces quelques maîtresses attitudes de l'homme éternel aux points forts de son existence ». Mais, si mal enseignées qu'elles nous soient parvenues, est-ce une raison pour ne pas les enseigner profitablement ou encore ne pas les enseigner du tout ? Au surplus, j'en tenais pour un humanisme intégral et, par là, j'entendais qu'en la formation du jeune étudiant, la part fût faite à l'apport hébraïque, voire à l'apport oriental, à celui du Moyen Age, ce dernier apport d'un monde juvénile, en pleine sève, où l'on vivait d'un fonds assez riche pour créer la *Somme théologique,* la *Chanson de Roland* et la Cathédrale au puissant symbolisme. Surtout ne fallait-il point ignorer l'apport du christianisme, complément de l'humanisme profane, et qui, en imprégnant ce dernier de surnaturel, le met dans la ligne de l'Incarnation, l'intègre, le redresse et le transfigure. Je n'écartais pas, non plus, l'humanisme scientifique ni technique. Ce serait question d'adaptation, de dosage. Les collèges, je formulais ce vœu, s'y conformeraient, sans doute, « avec la sagesse qui les a toujours guidés. Ils se souviendront qu'il faut se soumettre à son époque, sans renoncer pour autant, devant la fascinante formule, au droit de critique. »

V

L'ANNÉE 1943 — MORT DE MA MÈRE

Peu d'années auront autant marqué ma vie que celle-là. Evénements de famille, événements politiques se sont conjugués pour
m'affecter profondément. Cette période de 1940-1950 aura été
pour moi la période des grands deuils. Que de grands amis vont
disparaître ! Et d'abord, c'est ma vieille maman qui s'en va. Malgré
ses terribles infirmités, elle se prolongeait quand même avec une
vitalité qui ne paraissait guère diminuer. Et pourtant, on la
sentait à bout. Oh ! ces vieux ! Vieilles lampes fatiguées, avec
un tout petit bout de mèche et quelques gouttes d'huile et qui
clignotent avant de s'éteindre. En octobre 1943, elle demeurait,
depuis quelques semaines, chez ma sœur Sara, madame Omer
Lalonde, dans le rang de Quinchien, à Vaudreuil. Depuis que le
médecin avait estimé dangereux pour elle tout retour à Montréal,
elle résidait chez ses enfants, tantôt chez l'un, tantôt chez l'autre.
Tout à coup sa santé parut fléchir. Le docteur René Dandurand [35]
que j'amenai la voir, me déclara: « C'est la fin. » Mais la fin
se prolongea. Le 13 octobre, j'ai un cours à l'Université et, le
soir, je dois remercier Bourassa qui inaugure le récit de ses
Mémoires à la salle du Plateau. Je m'enquiers auprès du Dr
Bellemare de Vaudreuil: « Puis-je aller à Montréal, cet après-
midi ? — Vous connaissez la vitalité de votre mère; elle peut
durer encore deux jours sûrement. » Je bénis ma maman et
je pars pour Montréal. Je peux difficilement ne point assister à
la conférence de Bourassa et lui dire mon remerciement. De

---

35. René Dandurand (1906-1949), médecin ; attaché à l'Hôtel-Dieu de
Montréal ; décédé prématurément dans un accident d'avion.

braves gens, dans le monde nationaliste, me reprochaient volontiers ce qu'on appelait ma « brouille avec le Maître ». Ne pas me trouver là eût paru une dérobade. Aussitôt dit mon remerciement au conférencier, je saute dans la voiture du Dr Jacques Genest qui très amicalement s'est offert à me ramener à Vaudreuil en toute hâte *. A mon arrivée chez ma sœur, j'aperçois dehors beaucoup de parents qui parlent à voix basse. Ma mère était morte dans la soirée. On peut se sentir orphelin à tout âge. Je me souviens qu'une impression d'immense solitude m'enveloppa. J'étais le fils qui n'avait pu connaître son père; je serais le fils qui n'avait plus de mère. En quelques instants, le déroulement de cette longue vie, si humble mais si pleine, se fît en ma mémoire. Des images plus vives, dominantes, se dégagèrent. Ce sont elles, ces images, que le lendemain, resté seul près du cercueil, pendant que, dans une pièce attenante, des femmes, mes sœurs et belles-sœurs, cuisinaient, je ne pus m'empêcher de jeter sur le papier. C'était comme une prière, une prière reconnaissante qui montait de mon cœur de fils. Je transcris ici ces pages, telles que je les ai écrites, ce jour-là.

Ma mère

Parmi les souvenirs ou les images que je garde de ma mère, trois ou quatre me sont plus chers que les autres.

Je la revois d'abord, telle qu'elle se décrivait à nous dans ses rares ouvertures sur son enfance, en route pour l'école. Fillette de huit ans, elle s'en va, d'un pas vif, sur le grand chemin, en robe d'indienne, en chapeau de paille attaché sous le menton, en souliers de bœuf, une ardoise, un livre ou deux, rarement deux livres à la main. On était pauvre chez elle. Elle faisait comme d'autres; elle empruntait les livres des plus riches. En sa première année d'école elle partait de la terre de Fabien Desjardins, du rang des Chenaux sud (terre passée aujourd'hui à M. Gaston Elie) où travaillait son père. La famille émigra bientôt à l'île Cadieux, alors île déserte, sur le lac des Deux-Montagnes. L'on y vivra seul pendant onze ans, comme une famille de Robinsons. Le chemin vers l'école s'allongea, pour le coup, de plus de deux milles. Six milles à parcourir pour l'aller et le retour. Le grand-

---

* Voir *Mes Mémoires*, II : 264.

père Portelance traversait la fillette à la terre ferme en canot. Et
l'enfant s'engageait, par un chemin de fortune, à travers un bois
sauvage d'un demi-mille; parvenue au trait-carré de la terre de
Fabien Desjardins, elle la descendait jusqu'à la baie de Vaudreuil,
y prenait le rang des Chenaux qui la conduisait au couvent. Le
couvent ! quel souvenir elle avait gardé de ces religieuses de Sainte-
Anne dont elle fut aimée et qu'elle avait toutes aimées. La plupart
des Sœurs s'étaient trouvées parmi les compagnes de la fondatrice.
C'étaient, nous racontait ma mère, de pauvres et humbles filles
qui écuraient elles-mêmes leurs planchers, les balayaient avec un
balai de cèdre, faisaient leur savon, leur pain. Sur les enfants, sur
leur tâche d'institutrices, elles se penchaient avec le zèle plein
de fraîcheur et d'allant de toutes les communautés naissantes.
La petite fille aux yeux gris-bleus qui s'en allait vers ces femmes
était la première des siens à vouloir être instruite; elle serait la
seule instruite de ses frères et sœurs. Ses deux lieues par jour, elle
les marchait pour devenir, sans s'en douter, la tête de file d'une
autre génération qui, celle-là, saurait lire et écrire. Les soirs
d'automne et d'hiver, quand il lui fallait retraverser, dans l'obscu-
rité tombante, le bois solitaire du Détroit, combien de fois la
petite fille qui voulait savoir lire, dut se trouver téméraire, fut
tentée de rester à la maison. Le lendemain, elle reprenait la route,
poussée par quelque force secrète de la Providence, cette même
force, cette même voix sans doute qui, contre le gré d'une mère
peu soucieuse des choses de l'instruction, l'avait tirée de chez
elle pour la jeter sur le chemin de l'école. Elle voulait s'instruire;
un aimant irrésistible la tirait vers le village, vers le couvent, vers
ces femmes dont le costume nouveau et la vie de pauvresses avaient
étonné, puis séduit ses yeux d'enfant. Désir, passion de savoir qui
met, dans la vie de cette paysanne, une singulière grandeur. Sœur
Marie de l'Ange-Gardien, originaire de l'île Perrot, enseignait aux
petites externes; elle savait à peine lire; elle épelait ses mots, nous
assurait notre mère. Au couvent, la petite élève de l'île Cadieux
n'en apprendrait pas moins son catéchisme, au point de le réciter
encore par cœur vingt ans et trente ans plus tard, sans jamais
trébucher sur le moindre mot. Le soir, autour de la table, elle
pouvait nous faire repasser nos leçons, corriger nos moindres dé-
formations du texte catéchistique. Au couvent, la petite fille apprendrait encore sa grammaire française, une orthographe d'une

rare correction qu'elle conservera jusque dans les dernières années de sa vie. Je me souviens de ses lettres d'une syntaxe impeccable, d'une écriture fine, aucunement stylisée, qu'on n'eût pas dite d'une paysanne, mais d'une main habituée à tenir la plume tous les jours. Au couvent, elle prit encore une foi profonde qui n'aimait guère, par pudeur, s'épancher en professions verbales, mais qui transparaissait, avec une impressionnante fermeté, dans ses attitudes devant la vie, son courage d'homme plus que de femme devant l'épreuve, dans son austère morale lorsqu'elle nous parlait de travail, de devoir, de probité, de respect des lois divines. Elle ne criait pas sa foi. Elle la vivait.

* * *

J'ai là, devant moi, un petit portrait de ma mère à vingt ans. Petit portrait sur verre, enchâssé dans un écrin noir à panneaux carrés, de trois pouces par trois pouces, fermé par un mince crochet de cuivre. Dans un encadrement en feuillets dorés, elle m'apparaît debout, dans une robe pâle, attachée au col par une mince cravate, cheveux relevés, bras pendants, mains fines, modérément effilées, bien dégagées par des manchettes blanches. Je la vois un peu frêle, svelte, non sans élégance dans le maintien. Ce qui me frappe par-dessus tout, dans sa figure de jeune fille, dans ses yeux bien ouverts sur la vie, c'est la calme assurance, la ferme sérénité, l'absence de toute trace de tristesse ou de désenchantement: triomphe du courage sur une adolescence plus qu'austère, sur une période de labeurs durs qui auraient pu broyer, endolorir cette vie fraîche, mettre aux lèvres de cette petite femme l'ineffaçable pli d'amertume. A treize ans, pour obéir à la volonté de son père et de sa mère, elle avait dû quitter le couvent. Elle était l'aînée des filles, la deuxième par l'âge de sa famille, une famille déjà nombreuse. Il lui fallait fournir sa part, venir en aide à la maison, soulager la pauvreté des siens. Quitter le couvent, ce fut, pour elle, la première et grande épreuve de sa vie. Pour l'enfant élevée au bord du bois, en cette île Cadieux, alors en marge de toute habitation, on imagine ce que pouvait être, en regard du foyer familial, la maison des Sœurs, sanctuaire du savoir, école de prière à l'ombre de l'église. Hélas ! que ne l'avait-on laissée à ses livres, à ses chères études ? disait-elle souvent. Sûrement, à l'en croire, elle n'eût pas manqué de devenir religieuse; elle se serait donnée au Bon Dieu.

Attrait véritable ? Appel d'En-haut ? Rêve d'enfant ? La Providence la voulait ailleurs. Retirée du couvent, la fillette de treize
ans fut engagée par son père dans une famille du village d'abord,
chez le Dr Desjardins, puis à Como, puis de nouveau à Vaudreuil,
chez les Deslauriers, chez un Campeau, cultivateur du Détroit, à
proximité de l'île Cadieux. Elle fut engagée au salaire assez commun à cette époque, d'une piastre par mois, à quoi se joignait le
supplément d'une paire de souliers de bœuf et d'une jupe de flanelle. Pour sa part de besogne, chez les habitants, elle aiderait aux
travaux de la maison, aux travaux des champs. La journée commençait à quatre heures du matin; elle se terminait à minuit. Le
soir, on cousait, on reprisait, on tricotait. Ou encore, puisque la
couventine possédait le rare privilège de savoir lire, elle enseignait
le catéchisme, par cœur, aux grands garçons, aux grandes filles du
voisinage, qui ne savaient pas même leurs grosses lettres. Elle
les préparait à leur première communion. La frêle enfant allait
encore chercher l'eau à une source voisine, à deux arpents de la
maison, la gouge sur les épaules. Elle traînait péniblement ses
deux seaux ferrés, trop longs pour ses bras et qui, au moindre
faux pas, heurtaient le sol de leur fond. A certaines époques de
l'année, racontait toujours ma mère, quand elle n'était pas occu-
pée à l'enseignement du catéchisme, elle descendait à la cave
humide, faire le triage des pommes de terre. Reparaître de temps
à autre au village, aller à la messe du dimanche à son tour, passer
au couvent dire bonjour aux Sœurs, en revenir avec une nostalgie
dans l'âme, telle avait été son existence d'adolescente et de jeune
fille. A vingt ans, une flamme avait lui dans son cœur trop vide.
De temps à autre, sur la route du voisinage, un jeune homme, de
douze ans plus âgé qu'elle, la croisait. On se disait bonjour; on
échangeait un sourire. Lui aussi portait un grand vide dans son
cœur, une blessure incurable. Abandonné à cinq ans par son père,
tombé dans l'extrême pauvreté, l'enfant donné, par acte notarié,
à un cultivateur, célibataire du Détroit, n'avait connu ni le vrai
foyer, ni la vraie joie. Parti à 18 ans pour les chantiers de Pembroke ou de la Mattawan, il ne reparaissait qu'au mois de juillet,
pour les travaux de la terre. Les deux jeunes gens s'étaient rencontrés, je ne sais plus comment, mais sans doute, dans le voisinage où ils habitaient tous deux. Puis, un jour, la jeune fille
devenait engagée chez celui-là même qui avait adopté le jeune

Léon: Titi Campeau. D'ailleurs leur sort assez pareil les avait
vite rapprochés. Dans le portrait de vingt ans de ma mère, dans
la sérénité presque joyeuse de sa figure, y avait-il quelque chose
de la lueur qui brillait alors dans son cœur ? Les deux jeunes gens
allaient se marier dans deux ans. La jeune fille donnerait un foyer
à l'orphelin qui n'en avait pas connu; elle se donnerait à elle-même,
qui l'avait trop peu connu, le même bonheur. Tous deux se
sentaient épris du même goût pour le travail. La vie ne les
effrayait plus. Lui, de sa paie de chantier, s'était déjà acheté une
terre. Pour sa part, elle apportait un cœur neuf, un cœur à son
premier amour. Pour ces deux, comme la vie prochaine serait
bonne ! Le portrait de ma mère à vingt ans * respire la joie, la
confiance en l'avenir comme un poème d'espoir, comme une petite
chose que l'aube croissante jette en pleine vie. Plus tard, je sais
quelqu'un qui ne parlait jamais de ces jours d'attente qu'avec une
larme au coin des yeux.

* * *

Une troisième image: ma mère, telle que je la connus. Aussi
loin que mes premiers souvenirs se reportent, je revois une petite
femme de trente-cinq ans, vive, active, toujours en mouvement,
jamais au repos. Cependant rien de brusque, rien de fiévreux en
cette activité. Une personne plutôt calme, d'une rare possession
de soi, d'humeur ni joyeuse, ni triste, jouant sa vie sur les notes
ni trop aiguës ni trop basses. En somme la sérénité du portrait
de vingt ans qui se maintient, en dépit de quelques sautes de nerfs
excédés par les soucis croissants, le tapage des enfants, le surcroît de travail, la visite trop fréquente du malheur.

Les malheurs n'ont pas manqué à la mariée de vingt-deux ans.
Elle connut d'abord les longues absences de son mari. Une ambition le tenait: payer sa terre le plus tôt possible, cette terre qui,
par échange, était devenue la terre des Chenaux, et dont il ferait
pour nous le foyer paternel. Il avait renoncé aux chantiers; mais
il gardait l'habitude d'aller travailler dans le New-Jersey, à la
cuisson de la pierre à peinture. Le travail était dur, exténuant. Il
y prit la fièvre tremblante. Il lui fallut se contenter d'aller, sur

---

* Voir photographie dans *Mes Mémoires*, I : entre les pages 64-65.

l'Outaouais, au-devant des *cages* qu'il reconduisait jusqu'à Québec. Il sera même absent à la naissance de son deuxième enfant, Albert [36]. Le registre paroissial le désigne sous l'étiquette de « voyageur ». Ici se place un petit incident de vie de famille que ma mère se plaisait à raconter. Un printemps, le conducteur de *cages* passait à la tête de l'île aux Tourtres. Il avait laissé là son radeau pour, en vitesse, piquer une pointe en canot vers la maison des Chenaux. Avertie par un passant, ma mère se précipita au-devant de son homme, au bord de la rivière. Elle portait dans ses bras, sa première enfant, née depuis quelque deux ans. A la vue du voyageur, pourtant hâlé, devenu barbu, les cheveux trop longs, la petite fille, — mue par l'instinct filial — se jeta de tout son élan à la tête de son père. Le pauvre homme en avait pleuré à chaudes larmes. Le couple des Chenaux n'allait connaître, à tout bien compter, que deux ans de vie en commun. Mon père mourut, après six ans de mariage, le 20 février 1878. Une épidémie de vérole emporta, en quelques jours, cet homme d'une santé ébranlée. Deux villageois charitables vinrent, à l'insu de leurs femmes, ensevelir le mort. Grand-père Pilon consola sa fille à travers le carreau. Un seul ami prit le risque de venir prier au corps. Ma mère passa deux jours et deux nuits, seule avec son mari sur les planches, et avec quatre enfants, tous atteints de la vérole, dont moi-même, alors âgé de six semaines. Puis, ce fut le veuvage. Le second mariage au bout d'un an, à Guillaume Emond, engagé au Détroit, ancien compagnon de travail et de chantier de Léon Groulx. Trois ans plus tard, c'était la réapparition de la mort. Réapparition encore terrible. En huit jours la diphtérie étranglait trois enfants: Angélina, ma petite sœur aînée de huit ans; Julien, l'un de mes petits frères de cinq ans; l'aînée des petites Emond, Alexandrine, âgée de deux ans.

Ma mère pleurait facilement. Elle dut pleurer à se vider les yeux. Mais elle ne pleurait que peu de temps. Une chose m'a toujours étonné en elle: son extraordinaire faculté de rebondissement. Au moment des pires déconvenues, des plus dures épreuves, moments qui se répétaient souvent, elle venait les yeux noyés d'eau. D'un coin de son tablier, elle essuyait cette eau débordante. C'était fini. Elle reprenait sa tâche. D'une larme à l'autre, elle

---

36. Albert Groulx, voir la note 1 du premier volume.

restait la femme forte, sereine, active, prodigieusement active, faisant face à sa besogne, je ne sais trop comment. La première
levée, le matin, la dernière couchée, sur le coup de minuit, elle avait
trimé tout le jour, sans un instant de repos. Je ne me rappelle point
avoir vu ma mère, assise quelque part, pour reprendre souffle, ne
se faisant plus aller les mains, s'accordant une détente entre deux
travaux. On eût dit le mouvement perpétuel. Le plus souvent, elle
tenait sa maison seule, n'ayant de servante qu'à l'époque de ses
couches, et encore pour une semaine ou deux. Elle faisait le pain,
le beurre, le blanchissage, les tricotages, la couture. Pas un vêtement, pas un point de couture jamais fait hors de la maison. Elle
tressait nos chapeaux de paille, plissait nos souliers de bœuf; pour
nous vêtir de flanelle ou d'étoffe, le métier, toujours dressé dans la
grand'chambre, fonctionnait en toute saison. Un coup de pédale
par-ci, un coup de pédale par-là, aux moments de liberté. La tisse-
rande fabriquait même de la catalogne pour les autres. Ce qui ne
l'empêchait pas, les jours de presse, d'aller donner son coup de
main aux travaux des champs. Vers l'âge de neuf ou dix ans, je
me souviens d'avoir vu ma mère, un jour de battage en plein air, sur
une haute meule de grain ; armée d'une fourche, elle faisait dégrin-
goler les javelles; elle *fournissait* la batteuse. De celle-là on peut
dire, comme de la femme modèle de l'Écriture: *panem otiosa non
comedit.* Au milieu de tous ces travaux, elle eut quinze enfants,
dont deux jumelles. Elle resta vaillante, d'une endurance que je
ne m'explique que par le solide moral, la foi vivante de nos vieux
paysans. Elle sortait peu, allait à la messe moins souvent qu'à son
tour, ne se rendait au village que pour les emplettes dont ne pouvaient se charger les enfants. Lui parlait-on de promenades chez
les parents des environs ? Elle commençait par résister; elle ne se
résignait que tous ses prétextes épuisés. Sa famille, l'horizon familial lui suffisaient. Econome, l'esprit toujours porté en avant sur
l'avenir, elle était la prévoyance de la maison. Elle conseillait
fortement parfois son second mari, brave homme, la droiture
même, mais plus prompt que sa femme à la dépense, aimant plus
qu'elle les innovations, les nouvelles machines agricoles. Elle, qui
savait compter mieux que lui, ne pouvait oublier les fameux paiements, les paiements annuels pour la terre qu'on rêvait de libérer
de toutes redevances, bien à soi, bien assuré de la famille. Un sou
qui rentrait à la maison n'en devait plus sortir. Car les moindres

sous compteraient, pour leur part, dans la somme finale. Soucis féconds qui nous ont valu d'apprendre de bonne heure la leçon du travail. Quel profit dans l'esprit d'un petit paysan que sa contribution, si minime soit-elle, au paiement de la terre paternelle ! Je me souviens de ces petites phrases de notre mère qui revenaient annuellement: « Les framboises doivent être mûres à l'île aux Tourtres. » Ou encore, invitation moins directe: « Il paraît que c'est tout rouge de framboises à l'île aux Tourtres. » Nous savions comprendre à demi-mot. Nous partions, c'est-à-dire je rassemblais mon petit monde, le monde des plus jeunes encore incapables des gros travaux des champs. J'avais neuf ans, dix ans; j'étais le chef naturel de l'équipe. L'équipe se composait de mes trois petites sœurs, de six à sept ans, et d'un frère encore plus jeune. Notre mère nous préparait notre dîner. Et nous partions en chaloupe, nu-jambes et souvent nu-pieds, pour la grande île solitaire, à un mille de chez nous. Au milieu des mouches, des maringouins, le jeune chef avait beaucoup à faire, dans la chaleur accablante, pour remonter, de temps à autre, le moral de son équipe. Au retour, le soir, notre mère était la première à regarder au fond de nos paniers; elle comptait sept, huit terrinées de framboises. Vendues au village à quinze sous la terrinée, ces framboises rapportaient la somme monumentale de $1.20. « Autant de gagné », disait la maman qui nous invitait à reprendre le lendemain la route de l'île. Quand nous n'allions pas aux framboises, nous partions, encore en équipe, faire la cueillette des gadelles noires chez le seigneur Antoine Chartier de Lotbinière-Harwood [37], à raison de deux sous le gallon. Nous allions surtout, avant l'époque des foins, et entre les foins et la récolte, faire la cueillette du bois de grève: véritable manne jetée sur la glace, l'hiver, par les scieries de la région de Hull et d'Ottawa. La débâcle du printemps charriait cette manne: le vent nordet la poussait en nappes épaisses, dans les anses, les baies, de notre deuxième terre des Chenaux. La besogne consistait, pour la jeune équipe, à faire le choix des meilleurs morceaux au milieu des amas laissés dans les baies après la retraite des eaux printanières; ces morceaux, on les chargeait dans une charrette, et le frère aîné allait vendre ce bois au village, au prix d'une piastre le voyage. Cinq piastres par jour ! C'était l'époque du gros gain

---

37. Antoine Chartier de Lotbinière-Harwood, voir la note 11 du premier volume.

qui mettait notre mère en grande joie. J'avais à peine huit ou neuf ans que l'on m'envoyait, la débâcle achevée, avec mon frère Albert, de trois ans plus âgé que moi, chacun dans sa chaloupe, glaner sur l'eau du lac des Deux-Montagnes, soit à deux milles environ, les plus beaux morceaux. Nous chargions nos pesantes embarcations de ce bois lourd, imbibé d'eau; et nous revenions à la maison, cambrés sur les rames, poussés ou entravés par le vent, la vague entrant parfois dans la chaloupe. Le soir, nous étions éreintés, épuisés. Durs exercices par quoi se formaient, dans les familles d'autrefois, les muscles de la volonté autant que les muscles du corps. Nous acceptions ces travaux sans rechigner, comme une tâche toute naturelle à l'époque. Nul de nous n'ignorait l'enfance laborieuse de notre mère. Au temps de son école n'avait-elle pas transporté, en barque, avec un de ses jeunes frères, toute une récolte de pommes de terre, de Como à l'île Cadieux, allant et venant sur le lac des Deux-Montagnes ?

* * *

Quatrième et dernière image. L'image de la grande victime. A force d'économie et de travail, nos parents parvinrent à se libérer de leurs dettes. En 1882, Guillaume Emond, qui voyait se multiplier les bouches autour de la table de famille, ajoutait à la terre de Léon Groulx, ce que nous allions appeler la « terre du bois », vaste et beau domaine de plus de 400 arpents à l'extrémité du rang des Chenaux, entouré d'îles avec façade à la fois sur la baie de Vaudreuil et sur le lac des Deux-Montagnes. Pendant la première Grande Guerre, Guillaume Emond pouvait acheter et payer une troisième terre, dans les limites du village de Dorion. Parvenus à l'aisance, nos parents auraient pu nourrir l'espoir de vivre en paix leurs dernières années. Le bonheur dura peu. En 1916, l'aînée de nos sœurs, Flore, mourait encore jeune, laissant sept enfants. Quatre ans plus tard, en 1920, mon frère aîné, Albert, mourait à son tour subitement. Resté célibataire, il était, depuis longtemps, le vrai chef de l'exploitation agricole; père Emond préférait travailler à l'extérieur. Quatre ans plus tard, père Emond mourait à soixante-dix ans. Pour notre mère, c'était le second veuvage. Ces derniers malheurs l'affectèrent beaucoup. Deux ans après la mort de son second mari, une maladie, bien faite pour apporter à cette femme active la suprême épreuve, manifestait ses premiers symptômes: l'artério-sclérose. Notre mère venait d'atteindre ses soixante-dix-sept ans. Il fallut procéder à l'amputation d'une jambe, au-dessus du genou. Deux ans plus tard, l'implacable maladie s'en prenait à l'autre jambe, qu'il fallut encore amputer. La première amputation avait atterré la pauvre victime. Comment, à soixante-dix-neuf ans, accepterait-elle la seconde ? Elle se voyait, comme elle disait, portée dans un panier ainsi qu'un vétéran de la guerre. « A quoi serai-je bonne ? » Le chirurgien me confia la pénible tâche de lui faire, en rigoureuse vérité, l'exposé de son cas: ou point d'opération et la mort à brève échéance, et la mort avec intoxication cérébrale; ou l'opération et alors dix chances à peine sur cent de survivre; promesse de deux ans de vie au plus. Elle m'écouta froidement, sans verser une larme. « Donnez-moi une journée, jusqu'à demain midi, pour y réfléchir. » Le lendemain la réponse fut nette: « Qu'on m'opère, mais tout de suite. » Je la revois, à l'hôpital, au moment où on lui apporte la civière qui doit la conduire à la salle d'opération. Sa dernière jambe tuméfiée, violacée, la fait souffrir horriblement. Les infirmières s'approchent pour l'aider à monter sur le petit chariot. « Laissez moi faire, leur dit-elle, je suis capable seule. » De la seule force de ses bras, elle se soulève de son lit et se glisse sur le coussin. Après sa première opération, elle avait pu marcher avec des béquilles, aller un peu où elle voulait. Désormais nous ne la verrions plus que sur sa chaise roulante. Victime enchaînée. Elle eut plus de peine à se résigner. Sa foi, sa faculté de rebondissement la servirent encore. Il lui arrivait de se plaindre un peu plus souvent de son affliction. Mais le ressort d'acier se raidissait en elle. Elle versait une larme aussitôt essuyée. Elle se remettait à causer, à rire; elle était restée sereine, souvent joyeuse. Ses yeux, ses mains lui restaient. Elle les employa. Elle se mit à coudre, à repriser, à tricoter infatigablement. A quatre-vingt-quatre ans, elle qui n'avait jamais beaucoup travaillé dans les « bebelles », se mit à broder un couvre-pied, travail souvent repris, qui l'occupa pendant deux ans. Elle avait toujours eu le goût de la lecture. Après sa première opération, j'avais pris maison pour lui faire une « retirance ». Elle choisissait dans mes journaux, mes revues, ce qui pouvait l'intéresser. Le dimanche, comme elle ne pouvait travailler, je lui passais un livre, d'ordinaire une vie de saint de 200 à 250 pages. Elle le lisait dans sa journée. Puis vinrent les années assombries. Un voile sur ses yeux la laissa mi-aveugle. Après la vue, le Bon Dieu lui demanda l'ouïe. Elle ne pouvait plus coudre, tricoter, broder, ni lire; elle ne pouvait plus écouter la radio; elle suivait malaisément une conversation. Elle ressentit plus cruellement ses nouvelles infirmités, se mit à prendre de la peine pour des petits riens. Sa lucidité d'esprit restait pleine. Elle savait encore causer; elle savait moins rire. Sa voix forte, sa prononciation toujours nette faisaient oublier chez elle la nonagénaire. Ses doigts ne pouvaient plus faire qu'une chose: égrener le chapelet. Elle l'égrenait à toute heure du jour.

Deux ou trois mois avant ses quatre-vingt-quatorze ans, les premiers signes de la fin se manifestèrent par un amaigrissement subit, constant. Fait inouï, me dit-on, dans l'histoire de la chirurgie: elle avait survécu quinze ans à sa seconde amputation, dix-sept à la première. Elle vit venir la mort d'un œil calme, presque froid. Quatre jours avant son dernier moment, je lui parlais de l'Extrême-Onction.

— Si tu le penses nécessaire, me dit-elle, je suis prête.

— Votre sacrifice est donc fait ? lui dis-je.

— Ah, mon Dieu ! il y a longtemps qu'il est fait.

— C'est très bien; mais vous pouvez le renouveler; et à chaque renouvellement, obtenir autant et même plus de mérite que la première fois.

— Je le renouvelle tous les jours, fut sa réponse.

Alors, d'une voix claire, qu'on pouvait entendre de la pièce voisine, elle dit ces petites phrases bien ponctuées:

« Notre-Seigneur a dit: pardonnez, si vous voulez être pardonnés; je pardonne à tous ceux qui m'ont fait de la peine, qui m'ont fait du mal; et j'offre tout ce que j'ai souffert et tout ce que j'endure, pour l'expiation de mes péchés depuis mon enfance. »

Quand on leur parle de la mort, les plus résignés ne peuvent retenir une larme. Elle me dit ces choses, les yeux secs, la voix ferme, comme s'il se fût agi de la mort d'un autre. Pas un instant, elle ne parut regretter de mourir. « Mourir, c'est bien long », disait-elle tout au plus. Une nuit, elle trouva la force de se dresser sur son séant. Les bras tendus vers le mur, elle se mit à crier d'une voix éplorée: « Mon Dieu, venez me chercher; venez chercher mon âme. Notre-Dame-du-Perpétuel-Secours, venez à mon aide... » Deux jours plus tard, la voix commença à lui manquer. Le cierge achevait de brûler. Le 13 octobre, à neuf heures du soir, elle s'éteignit doucement, sans un spasme, dans un dernier souffle à peine perceptible.

* * *

J'ai écrit ces lignes, à deux pas de son cercueil, par cet après-midi du 15 octobre où je suis seul à la veiller. J'ai remué ces souvenirs, comme on remue des cendres chaudes, avec l'espoir d'y trouver l'éclair d'une braise... C'est bien fini. C'est le feu éteint ici-bas pour toujours. Je regarde la chère morte. Son air grave, austère, mais toujours d'une impeccable sérénité, me prononce à lui seul son éloge funèbre. Quelle unité dans cette longue vie ! Longue, émouvante fidélité à la tâche ! Longue prière de foi et d'espoir après laquelle il n'y a plus qu'à dire: Ainsi soit-il !

VI

LA GUERRE —
LE PLÉBISCITE MACKENZIE KING

Nous vivons, depuis trois ans, des années troubles. La deuxième Grande Guerre sévit. Et nous sommes, au Canada, sur le pied de guerre, au moins depuis septembre 1939. A certains égards, les impérialistes et les politiciens ont réussi, semble-t-il, à vendre aux Canadiens français l'idée d'une participation à la mêlée européenne. Vente assez facile à un peuple en plein désœuvrement, réduit depuis dix ans à un déprimant chômage. Les usines de munitions s'ouvraient partout; le peuple trouvait enfin du travail, de quoi vivre, et du travail à bon salaire où les contremaîtres ne se montraient guère exigeants. La jeunesse s'enrôlait assez volontiers dans les régiments en formation. Tout plutôt que le croupissement dans l'inaction, le farniente forcé. On s'enrôlait d'ailleurs librement, pour on ne savait quoi, avec l'espoir pour un bon nombre, de ne jamais passer la mer. A tout le moins l'on aurait le manger, un excellent manger trois fois par jour; et l'on serait habillé aux frais de l'Etat et l'on voyagerait d'un bout à l'autre du pays. Quelle séduisante aventure ! Et sans trop de risques. Pas de service obligatoire ! Pas de conscription, juraient, sur leurs grands dieux, les politiciens. A Sherbrooke, en 1939, au cours de l'élection provinciale, Ernest Lapoint, ministre de la Justice à Ottawa, le jumeau politique, peut-on dire, de MacKenzie King, n'avait-il pas déclaré, le poing sans doute sur la poitrine:

> J'ai dit à la majorité de langue anglaise de la députation et du pays, je leur ai dit franchement, honnêtement, brutalement: nous allons coopérer, mais il faut que vous aussi vous coopériez pour

assurer l'unité du Canada, l'union canadienne, l'avenir de notre patrie, et que vous acceptiez de ne pas imposer la conscription. Je rends hommage à mes collègues de langue anglaise, à la majorité du parlement qui ont accepté cette offre dans un esprit généreux, et tout le parlement est lié à la promesse qui a alors été faite.

Mais en Europe, on s'en souvient, les choses ne tardent pas à se gâter: avance foudroyante de l'armée d'Hitler, le sol de la Belgique violé, l'armée anglaise se rembarquant en vitesse pour l'Angleterre, la France laissée seule, réduite à la reddition. Mac-Kenzie King veut se dégager de sa promesse contre toute conscription. Il le fera par un plébiscite qui posera au pays cette question: « Consentez-vous à libérer le gouvernement de toute obligation résultant d'engagements antérieurs qui restreignent les méthodes de recrutement pour le service militaire ? » Proposition assez cavalière que celle-là. Une sorte de contrat a été consenti entre les deux groupes ethniques de la population canadienne. L'un des deux groupes, le Canadien français, a généreusement exécuté les conditions du contrat. Or, on lui demande, non pas à lui seul, mais à tout le pays, c'est-à-dire l'immense majorité, de reviser le contrat. L'issue du plébiscite n'est pas douteuse. Au Québec, un groupe de patriotes décide de répondre NON au plébiscite. En quelques jours, il réunit tous les organismes influents: Union catholique des cultivateurs, Syndicats catholiques, Société Saint-Jean-Baptiste de Montréal, Voyageurs de commerce, mouvements de jeunesse, L'Action nationale. Pour canaliser ces forces, une Ligue s'organise qui porte le nom de « Ligue pour la défense du Canada ». Un vétéran de ces sortes de mouvements, le Dr J.-B. Prince, en accepte la présidence; André Laurendeau en sera le secrétaire et un peu le factotum. Deux hommes sont d'ailleurs là pour fournir un puissant concours: Maxime Raymond, député de Beauharnois, à Ottawa, disciple resté fidèle à Bourassa, libéral en politique, mais indépendant d'esprit, et Georges Pelletier, directeur du *Devoir*, l'un des journalistes les plus intelligents et les plus vigoureux de son temps. Une bataille va s'engager assez ressemblante à celle d'un David contre un Goliath: une poignée d'hommes, presque sans cadres, sans autres ressources financières que l'argent pris en leurs propres poches ou obtenu par quelques aumônes de patriotes. Contre eux toute la puissance gouvernementale, presque toute la presse, la radio du pays, la farouche partisannerie politique où ne manquent pas de briller, selon leur habitude, la masse des politiciens canadiens-français.

Comment en suis-je venu à me faire enrégimenter dans la Ligue ? Un jour, je rencontre Georges Pelletier:

— Vous venez avec nous, M. l'abbé ?

— Bien, votre mouvement a certes quelques aspects politiques...

— Ce n'est pas une question politique; c'est une question nationale. Et nous avons besoin de vous.

Et voilà comment j'assiste aux premières réunions de la Ligue. Ici prend place un incident que je raconte parce qu'il m'aidera plus tard à mieux définir et comprendre l'un des hommes de ce temps-là. Une première réunion de la Ligue avait lieu dans l'après-midi, chez André Laurendeau, rue Stuart, à Outremont. Vers midi, je reçois un appel téléphonique de Paul Gouin. Je crois l'avoir déjà dit: je connaissais peu le personnage, si ce n'est par l'histoire de l'Action libérale nationale. Paul Gouin veut à tout prix rencontrer Maxime Raymond avant la tenue de la réunion de la Ligue. Et il me prie de lui « arranger » une rencontre chez moi. Les deux, du reste, sont membres de la Ligue. Je ne vois nulle raison de m'opposer à cette rencontre. Maxime Raymond l'accepte. Paul Gouin, retiré de la vie publique, silencieux, comme il lui arrive, selon le jeu de certains cycles, m'arrive le premier, les yeux brillants, en proie à je ne sais quelle fièvre. Il insiste pour que j'assiste à l'entrevue. Et que vient-il proposer à M. Raymond ? Une élection partielle aura prochainement lieu dans le comté de Sainte-Marie, comté de Montréal. Paul Gouin souhaiterait y être le candidat de la Ligue; et la Ligue ferait, de cette élection, une opportune épreuve de forces. L'aspirant-candidat pose seulement deux conditions: Maxime Raymond et toute l'équipe feront la lutte à ses côtés, et Maxime Raymond lui obtiendra un ou deux discours de Bourassa. Cette dernière condition est à retenir. Je revois encore, dans le visage de M. Raymond, la surprise, le rembrunissement soudain. Il paraît à la fois ému et désolé. A preuve, ce petit dialogue:

— Gouin, vous connaissez bien ce comté ?

— Non, très peu.

— Vous y avez une organisation ?

— Aucune.

— Vous pourriez financer votre campagne ?

— Pas seul.

— Et c'est pour dans combien de jours ?

— Il reste onze jours.

Long silence. Et ce dernier mot de Raymond qui se lève pour partir: « C'est à y bien penser... ! »

Je regarde ce pauvre Gouin. De ma vie n'ai-je vu homme aussi soudainement dégonflé, abattu. De mon mieux, j'essaie de le remonter.

— Vous auriez dû le savoir; M. Raymond n'est pas homme à mettre le pied dans une mare d'eau, sans l'avoir sondée... Après tout, il n'a pas refusé... Il veut examiner l'affaire...

Quelques jours plus tard, Maxime Raymond me dira franchement: « Non, voyez-vous ça: l'élection d'un inconnu dans un comté tel que Sainte-Marie et dans onze jours ! Et sans organisation et sans finances. Gouin a de l'étoffe; il a déjà subi des revers électoraux. Ce n'est pas un homme qu'il faut faire battre trop souvent. »

Quelques instants plus tard, nous nous retrouvons tous ensemble, je veux dire, l'exécutif de la Ligue, chez André Laurendeau. Paul Gouin paraît remis de sa déception. Il prend part active à la discussion. Il se comporte de même façon dans les réunions suivantes. Un jour, au début de février, la Ligue, son organisation mise au point, décide, pour le 11 du mois, une grande assemblée au Marché Saint-Jacques de Montréal. Bourassa y sera. Pelletier entreprend de dresser la liste des orateurs:

— Vous parlez, Gouin ?

Silence glacial. Puis, ces mots que nul n'attend:

— Laissez-moi quarante-huit heures pour y penser...

Pelletier, plus étonné que tous, passe aux autres et aligne des noms. La réunion prend fin. Paul Gouin disparaît. Et oncques ne le revit-on qu'aux derniers jours de la campagne, quand elle parut solidement engagée et efficace. Il offre alors de parler à la radio: ce qu'il fait, du reste, avec son talent coutumier. A ce moment-là, André Laurendeau, je crois, me souffle à l'oreille les motifs du refus de Paul Gouin de participer à l'assemblée du Marché Saint-Jacques: il lui répugnait, aurait-il déclaré, de paraître aux côtés de Bourassa, après les diatribes servies jadis par ce dernier à son père, sir Lomer. Confidence qui me laisse songeur. Je me rappelle, non sans un peu de malaise, un certain Monsieur qui, chez moi, en vue de sa candidature dans Sainte-Marie, priait Maxime Raymond de lui obtenir un ou deux discours de Bourassa. L'histoire des hommes, quel douloureux mystère !

L'on ne s'attend point que je raconte jusqu'au bout l'histoire de la « Ligue pour la défense du Canada ». Cette histoire, on la trouvera, fort vivante, dans un petit livre d'André Laurendeau: *La Crise de la conscription, 1942,* paru aux Editions du Jour (Montréal, 1962). Les contemporains se rappellent l'étonnant succès de cette poignée d'hommes. Le « NON » retentissant courut d'un bout à l'autre du Canada français. L'abbé, plus ou moins égaré dans cette Ligue, demanda à se retirer, aussitôt bien organisée l'assemblée du Marché Saint-Jacques. On l'avait prié de rédiger le Manifeste de la Ligue distribué aux journaux et au public à des milliers d'exemplaires. J'inscris cette pièce ici-même, à la fin de ce petit chapitre d'histoire.

Manifeste au peuple du Canada

En forme de plébiscite le gouvernement d'Ottawa posera prochainement aux électeurs de ce pays, une grave question: « Consentez-vous à libérer le gouvernement de toute obligation résultant d'engagements antérieurs qui restreignent les méthodes de recrutement pour le service militaire ? »

La «Ligue pour la Défense du Canada » demande que la réponse à cette question soit: Non. Un NON digne, mais ferme, sans équivoque. Qu'on ne parle point de manœuvre inopportune ou intempestive. Pour se faire relever de ses engagements le gouvernement a cru devoir recourir à une consultation populaire. C'est donc le droit de tout citoyen libre d'orienter l'opinion et de répondre au plébiscite, selon son jugement et sa conscience, sans se faire taxer pour autant d'antipatriotisme ou de dangereuse agitation. Se défendre et défendre son pays n'est jeter le défi à personne ni s'agiter indûment. La « Ligue » estime, au contraire, qu'en cette heure chargée de menaces, nulle province et nul groupe ethnique ne sauraient s'abstenir ou se taire, par opportunisme ou par peur, sans manquer à un grave devoir et sans se résigner équivalemment à la démission politique.

La réponse au plébiscite doit être: NON. Pourquoi ? Parce que nul ne demande d'être relevé d'un engagement s'il n'a déjà la tentation de le violer, et parce que, de toutes les promesses qu'il a faites au peuple du Canada, il n'en reste qu'une que M. King voudrait n'être plus obligé de tenir: la promesse de ne pas conscrire les hommes pour outre-mer.

Or nous ne voulons pas de la conscription pour outre-mer:

— parce que, de l'avis de nos chefs politiques et militaires, le Canada est de plus en plus menacé par l'ennemi et que notre premier et suprême devoir est de défendre d'abord notre pays;

— parce que, selon les statistiques données par les fonctionnaires du recrutement et par le gouvernement lui-même, le volontariat fournit encore, en février 1942, deux fois plus d'hommes que n'en peuvent absorber nos diverses armes;

— parce qu'un petit pays, de onze millions d'habitants, dont l'on prétend faire le grenier et l'arsenal des démocraties ou des nations alliées, ne peut être, en même temps, un réservoir inépuisable de combattants;

— parce que le Canada a déjà atteint et même dépassé la limite de son effort militaire, et que, victorieux, nous ne voulons pas être dans une situation pire que les peuples défaits;

— parce que, comparativement à sa population et à ses ressources financières, le Canada a déjà donné à la cause des Alliés, autant, à tout le moins, qu'aucune des grandes nations belligérantes;

— parce qu'aucun de ces grands peuples n'a encore pris — que nous sachions — la détermination de détruire sa structure interne, et qu'en rien responsable de la présente guerre, le Canada n'a pas le droit ni encore moins l'obligation de se saborder.

* * *

Ce n'est donc point comme province ni comme groupe ethnique que nous prenons position. Si nous refusons de relever le gouvernement de ses engagements de 1939 et de 1940, nous le faisons comme citoyens du Canada, plaçant au-dessus de tout l'intérêt du Canada. Il existe, en ce pays, estimons-nous, une majorité de Canadiens pour qui le Canada est la patrie et pour qui la consigne: CANADA D'ABORD ou CANADA FIRST, n'a jamais été un simple cri électoral, mais l'expression d'un sentiment profond et d'une suprême conviction de l'esprit. Nous faisons appel à tous ceux-là. Nous leur demandons de mettre la patrie au-dessus de l'esprit de race ou de l'emportement partisan. Veulent-ils poser un acte qui arrête la course à l'abîme et qui atteste avec force la voix de la majorité d'un océan à l'autre ? Qu'au plébiscite de M. King, avec tout le calme et toute la force d'hommes libres, ils répondent par un NON retentissant.

Que Dieu garde notre pays ! Vive le Canada !

La Ligue pour la défense du Canada
par ses directeurs [38],

(signé)

Dr J.-B. Prince, président
Maxime Raymond
Georges Pelletier
J.-Alfred Bernier
L.-Athanase Fréchette
Philippe Girard
Gérard Filion
Jean Drapeau
Roger Varin
André Laurendeau, secrétaire

---

38. Tous déjà cités, à l'exception de Philippe Girard (1903-   ), employé de la Cie de Tramway de Montréal (1925-1943) ; agent d'affaires du Syndicat catholique et national des employés de tramway de Montréal ; président du Cercle d'étude Léon XIII ; trésorier (1935) ; président du Conseil central des syndicats catholiques et nationaux de Montréal (1936-1943) ; membre-fondateur de la Ligue pour la défense du Canada (1942) ; organisateur en chef du Bloc populaire canadien (1943-1947) ; milite de nouveau dans les syndicats à titre d'organisateur à la CSN (1947-1951) ; directeur des relations intersyndicales pour le Canada (1955-1967) ; commis de bureau au Comité paritaire de l'Alimentation au détail (1968-1973) ;

Épilogue — L'entrevue Melançon[39] —
L'élection Drapeau-Laflèche

Vais-je raconter ici deux incidents de la même époque qui se rattachent à ce temps de guerre ? Le premier en date, autant que je me souviens, serait mon entrevue avec Claude Melançon, alors directeur adjoint des relations extérieures du chemin de fer Canadien National et qui va devenir, dans cette deuxième Guerre, censeur de la presse et directeur associé du Service de l'information. Le personnage est donc de couleur officielle non équivoque. L'entrevue a lieu à Vaudreuil, à l'été de 1940. Ce monsieur m'arrive un beau dimanche, accompagné je ne sais trop comment ni pourquoi de mon ami Séraphin Marion[40], d'Ottawa, conduits chez moi, aux *Rapaillages,* par mon voisin et ami d'Outremont, Henri Groulx. Quoi donc me vaut cette visite de M. Melançon que je connais peu ? Je ne tarde pas à l'apprendre. M.

---

inspecteur-enquêteur occasionnel à la Commission du salaire minimum (1973). — Roger Varin (1917-   ), président national de la JEC (1936-1937) ; responsable des publications (1937-1939) ; cofondateur et membre des Compagnons de Saint-Laurent (1937-1942) ; chef du secrétariat et responsable des publications à la JAC (1939-1942) ; copropriétaire et éditeur des Éditions du CEP et des nouvelles Éditions du Cep (1939-1942) ; cofondateur de la Ligue pour la défense du Canada (1941-1942) ; chef du secrétariat à la Société Saint-Jean-Baptiste de Montréal et secrétaire général de la Fédération des Sociétés Saint-Jean-Baptiste du Québec (1945-1947) ; président-fondateur de l'œuvre de presse Salaberry et du journal hebdomadaire *Salaberry* (1942-1945) ; animateur et scripteur à la radio et à la télévision (R.C.) (1939-1965) ; fondateur et président national de l'Ordre de Bon Temps (1946-1954) ; auteur et directeur de spectacles en plein air ; actuellement éditeur et publiciste chez les Artisans Coopvie.

39.   Claude Melançon (1895-1973), journaliste ; homme de lettres ; courriériste parlementaire à Ottawa (1919-1923) ; censeur adjoint de la presse et directeur conjoint du Service de l'information à Ottawa (1939-1945) ; directeur adjoint des relations publiques des Chemins de fer nationaux du Canada (1923-1956). Auteur de nombreux ouvrages sur les sciences naturelles.

40.   Séraphin Marion (1896-   ), archiviste ; professeur de français au Collège militaire royal de Kingston (1920-1923) ; directeur des publications historiques et chef du Service de la traduction aux Archives publiques du Canada, Ottawa (1923-1953) ; secrétaire de la Société Royale du Canada (1945-1952) ; président de la Société des conférences de l'Université d'Ottawa pendant 13 ans ; écrivain. Auteur de nombreux ouvrages.

Melançon a passé sa vie au service des Anglo-Canadiens. Il s'est facilement découvert la vocation d'un propagandiste de guerre. Et il s'est bien promis de me convertir à sa foi militante. Je dois parler à la jeunesse, m'assure-t-il avec aplomb, et le plus tôt possible. Il faut l'avertir de ses impérieux devoirs. La liberté, l'avenir de la France, du monde, se joue en Europe. La jeunesse a droit de le savoir. Il faut empêcher qu'un jour elle ne se retourne vers ses aînés et leur jette au visage ce cinglant reproche: « Tel était le grand enjeu de la guerre ! Et vous autres, vous ne nous l'avez pas dit ! » Je résume aussi fidèlement que possible le laïus de M. Melançon débité avec moins d'aisance que profonde conviction. Je laisse dire et l'on devine à peu près ma réponse. C'est la première fois que je subis pareil assaut. A cette pressante, impérieuse invitation, je réponds carrément: non ! « Je ne proférerai certainement pas une parole, pas une parole, vous m'entendez, pour envoyer notre jeunesse au secours d'un Empire croulant. Qui donc, du reste, si ce n'est lui, avec tant d'autres naïfs, par trop intéressés, a bêtement relevé l'Allemagne de son désastre de la première Guerre ? Et ce, d'ailleurs, aux dépens de la France et contre son gré. La liberté ! Je convierais plutôt mes compatriotes à la défendre en leur propre pays où partout leurs droits sont indignement violés... » Et je continue sur ce ton. Piqué au vif, je me sens en verve. Au reste, la mine déconcertée, déconfite de mon interlocuteur, me fouette. Mais il se ressaisit. Le débat devient un moment fort orageux. Je dois avertir ce M. Melançon qu'il s'est sûrement trompé d'adresse, et que si vraiment il s'est flatté d'inscrire mon nom sur son carnet de chasse, il n'a pas encore passé l'âge des illusions. Quant à mon ami Marion, il n'y comprend rien. Il se sent gêné, on ne peut plus mal à l'aise. Il n'a pas prévu pareille tempête. Il me dira quelque temps plus tard, aux Archives d'Ottawa où il occupait le poste de chef de la traduction: « Je ne me suis jamais senti si humilié que cet après-midi-là. » M. Melançon, revenu de sa stupéfaction, revient à la charge. Alors, je lui fais observer qu'il n'appartient pas à un simple prêtre, un sans-grade, d'aller jeter à la jeunesse une consigne en une affaire aussi grave. Il me rétorque: « Mgr Gauthier va parler; et s'il parle, parlerez-vous ? » Je réponds: « Si Mgr Gauthier parle, ce dont je doute fort, je parlerai peut-être, mais je ne vous dis point quel discours je ferai. » Ce cher M. Melançon dut s'en retourner bredouille, fort scandalisé de mon intransigeance. Sur les intentions de Mgr Gauthier en cette affaire de guerre, je savais pertinemment à quoi m'en tenir. Georges Pelletier du *Devoir* m'avait mis au courant de sa récente entrevue avec l'Administrateur apostolique du diocèse de Montréal. Pelletier était allé lui dire:

— Excellence, nous sommes en guerre. *Le Devoir* va prendre la même attitude qu'en 1914. Mais, en ce temps-là, notre attitude nous attira d'assez vifs désagréments de la part de notre épiscopat. Je souhaiterais savoir, si vous daignez m'en faire part, quelle sera cette fois l'attitude de nos évêques. Je voudrais autant que possible éviter les chocs trop pénibles.

L'Administrateur, c'est toujours Pelletier qui raconte, se renfrogna quelque peu, puis, de sa voix qu'il avait parfois rude, il répondit:

— Mon cher fils, Mgr Bruchési a perdu l'esprit à la suite de la première Grande Guerre, pour s'être fait tromper par les politiciens. Je n'ai pas envie de courir les mêmes risques (textuel).

Visite du Père Paré, s.j.[41]

Un autre fait divers se rapporte aux mêmes événements. Une élection partielle de juridiction fédérale a lieu à l'automne de 1942. Le major général R. Laflèche, D.S.O., attaché militaire du Canada en France, en 1939, nommé, de retour au Canada, sous-ministre conjoint des Services nationaux de guerre, puis, en 1942, ministre des Services armés, pose sa candidature dans Montréal-Outremont. Un jeune avocat, Jean Drapeau, alors l'un des dirigeants de *L'Action nationale,* décide de faire la lutte au nouveau ministre, à titre de « candidat des conscrits ». On avait espéré, pour le nouveau ministre, une élection par « acclamation ». La candidature de Jean Drapeau déplaît fort aux « of-

---

41. Joseph-Ignace Paré (1882-1955), jésuite ; professeur ; préfet de discipline ; directeur de théâtre aux Collèges Sainte-Marie et Jean-de-Brébeuf ; aumônier général de l'ACJC (1930-1942) ; supérieur de la Villa Manrèse, Québec (1943-1949) ; recteur du Collège Sainte-Marie de Montréal (1949-1952).

ficiels », et même, à ce qu'il semble, à quelque haut personnage du clergé. Le bruit s'était répandu d'une conscription possible des clercs dans l'armée. Le major général Laflèche que je tenais alors pour une *nouille quintessenciée*, s'était promené par les évêchés, se disant l'homme fort qui empêcherait cette conscriptions des clercs. Il aurait convaincu quelques naïfs. Quoi qu'il en soit, *L'Action catholique*, journal de Québec, ose recommander l'élection par « acclamation ». Léopold Richer lui riposte dans *Le Devoir*. Par quel hasard un journal d'Action catholique prend-il sur lui de s'immiscer dans une question politique ? Tout aussitôt Richer s'attire un *monitum* sévère du cardinal Villeneuve, dans sa *Semaine religieuse*. En ces jours-là, je reçois la visite du Père Paré, s.j., aumônier général de l'ACJC. Ame candide que ce cher Père qui s'essayait dans la diplomatie, laquelle n'était pas faite pour lui pas plus qu'il n'était fait pour elle. Le Père se dit l'envoyé du général Laflèche. Le ministre l'aurait chargé d'une mission auprès de moi. Et le général sollicite une entrevue. Que me veut-il ? Le Père me le laisse entrevoir. Il s'agirait de calmer, d'amadouer certains groupes de jeunesse et de les amener à se désister de toute opposition à la candidature du général dans Montréal-Outremont. Le bon Père me glisse même à l'oreille que mon intervention en l'affaire plairait fort à Son Eminence le Cardinal. Je commence à comprendre.

Catégoriquement je refuse l'entrevue. « Pas avant ni pendant l'élection, dis-je au Père. Après, peut-être; mais je doute qu'alors lc général y ressente le même intérêt. En outre, je vous prie de faire savoir à M. Laflèche que je n'ai rien d'agréable à lui dire. » Et je continue: « Je refuse l'entrevue parce que jamais — je l'ai dit assez de fois — je ne me laisserai prendre la phalange du petit doigt, dans quelque aventure électorale que ce soit. Je suis prêtre. Je reçois tout le monde. Je reçois même les hommes politiques qui me font l'honneur de me demander mon sentiment sur certains problèmes politiques. Je ne vais pas et je ne veux pas aller au-delà. Du reste, mon Père, à vous parler net, je ne vois guère en quoi la présence du général, dans le cabinet de M. King, peut nous être, à l'heure actuelle, de quelque service. Le général a la réputation bien établie d'un conscriptionniste. La rumeur publique, rumeur qui ressemble à un fait bien accrédité, attribue son entrée dans le ministère à l'espoir de faire accepter plus facilement à la province de Québec, la conscription pour outre-mer. Mesure extrême sur laquelle, j'en reste persuadé, les Canadiens français ne cèderont point. Je ne crois pas, au surplus, que Monsieur Laflèche, brave homme, je l'admets, soit de personnalité assez dynamique, assez vigoureuse, pour jouer, dans le cabinet King, à l'heure actuelle, un rôle éminent, ni même un rôle modérateur. D'après tout ce que l'on me dit et tout ce que je sais de l'homme, il n'est pas de taille ni d'humeur à donner, quand il le faut, le coup de poing sur la table. Dans ces conditions, j'estime, avec bien d'autres, qu'en ces heures difficiles, une représentation canadienne-française, dans le cabinet d'Ottawa, loin d'être une force pour nous, n'ajoute qu'à notre faiblesse. Notre véritable force, ce serait, pour les nôtres, de constituer un bloc à l'extérieur, un bloc solide qui ne pourrait manquer d'agir sur la politique de guerre de M. King. On peut bien se vanter, à Ottawa, de se passer du Québec. On ne s'en passe pas si facilement. Un mauvais ministre dans un cabinet, c'est comme un mauvais curé dans une paroisse. Mieux vaut se passer de curé que d'y laisser un mauvais sujet. »

Le cher Père écoute mon petit discours, un peu déconfit. Je me permets, du reste, de lui glisser un conseil, à savoir: dans les présentes circonstances, les ecclésiastiques feraient acte de sagesse en se tenant prudemment à l'écart de toutes ces combinaisons politiques. Une indiscrétion, une fausse démarche, appuyai-je, aurait tôt fait de déchaîner, surtout dans les milieux de jeunesse, un mouvement anticlérical. Et là-dessus je lui rapporte un propos d'André Laurendeau tenu devant moi, en ces tout derniers jours: « Nous sommes prêts à nous battre jusqu'au *coton* pour empêcher la conscription des clercs; mais si les évêques prétendent nous troquer, nous les jeunes laïcs, contre les clercs, ce sera une autre affaire. » Le Père n'insista point.

VII

COURTE HISTOIRE
DU BLOC POPULAIRE CANADIEN

En quelle forme et en quelle mesure raconterai-je l'histoire de ce mouvement politique ? Mon propos est de m'en tenir aux faits dont j'eus connaissance et à ceux-là qui, malgré moi, m'ont mêlé à ce qui, hélas, par la faute des hommes, ne fut qu'une aventure. Triste aventure de tous les mouvements nationalistes, depuis le temps de Louis-Joseph Papineau, et par la faute d'un petit peuple, le plus routinier en politique, incapable d'échapper aux politiciens qui vivent de sa chair et de son sang. Peuple velléitaire qui voudrait bien être sauvé, mais qu'on le sauvât malgré lui.

Cette histoire du Bloc débute, pour moi, à Vaudreuil. Le 1er juillet 1942, une visite impromptue m'arrive, celle de René Chaloult, de Paul Gouin, d'André Laurendeau. J'ai noté la chose dans mon *Petit journal des Rapaillages*. René Chaloult est d'excellente humeur. Il sort victorieux du procès que lui a intenté le ministre de la Justice, M. Louis-S. Saint-Laurent. Un renard qui vient de berner un lion. Nous causons, nous soupons ensemble dans le solarium. Je fais visiter mon jardin, mes fleurs, en particulier mes lis royaux, « d'une hauteur prodigieuse sur tige: cinq pieds quelques-uns. Et quelques tiges chargées d'une douzaine de fleurs ». Mais les trois sont venus pour bien autre chose qu'admirer mes lis et autres fleurs. Je note, en mon *journal*, qu'ils sont venus « m'entretenir d'un vaste et bien important projet ». Et quel était ledit projet ? Ressaisir le mouvement nationaliste, tenter la formation d'un nouveau parti, renflouer l'idéal, les espérances naufragées en 1936. L'éternelle et dolente tentative ! Le récent succès de la Ligue pour la défense du Canada a surpris, ranimé les endormis. La Ligue ne pourrait-elle être l'embryon d'un nouveau parti ? Ainsi se le demande René Chaloult. Mais où trouver le chef ? On le cherche. Mes trois visiteurs ont jeté leur choix sur Maxime Raymond, alors le nationaliste le plus en vue et dont la réputation ne cesse de grandir. On me croit donc l'intermédiaire tout désigné pour offrir à M. Raymond ce rôle de chef et le prier de l'assumer. A Valleyfield n'a-t-il pas été, en Rhétorique, mon élève ? Mission qui ne m'agrée nullement. La moindre immixtion dans les aventures politiques, même les plus louables, m'a toujours répugné. On le sait. Et j'en ai tant vu de ces sursauts qui ne sautent pas haut. Je dis donc à mes jeunes amis: « Non, ce n'est pas ainsi qu'on traite avec Maxime Raymond. Dites-lui simplement pour quelles fins vous trois êtes venus me rendre visite, et s'il sent le besoin d'un conseil, il viendra de lui-même. Alors je verrai ce que la prudence et le sens du devoir m'inspireront de lui dire. »

Le 13 juillet, Maxime Raymond arrive aux *Rapaillages* vers deux heures et demie; il ne repart que le soir, à huit heures et demie pour Ottawa. Je me garde bien de le pousser vers le nouveau rôle. Mais puisqu'il sollicite et insiste, je me contente de lui rappeler que certains discours, certains gestes exigent parfois un dépassement; il est bon aussi, ajoutai-je, de consulter la Providence; il advient qu'elle nous indique où conduisent ses voies. Le 17 août, un mois et quatre jours plus tard, Maxime Raymond reparaît à Vaudreuil. Je note encore dans mon *Petit Journal des Rapaillages*: « L'affaire du parti qui s'appellerait le parti de la *Rénovation,* paraît décidée. Il (Maxime Raymond) songe même à jeter sa décision devant le public plus tôt qu'il ne l'avait pensé. Léopold Richer quitterait Ottawa prochainement pour prendre au *Devoir...* la responsabilité ou la fonction du propagandiste politique. » Et j'ajoutais, avec mon incorrigible enthousiasme: « Dieu soit loué ! Serions-nous enfin à la veille d'une politique de régénération ? Pour la première fois peut-être, dans notre histoire, depuis 1867, un groupe d'hommes aussi sincères et aussi considérables auront tenté l'aventure. » Le nouveau chef surtout m'inspirait cette confiance. Dans ce monde boueux de la politique, rencontrer un homme propre; dans cette cohue où la ligne sinueuse est la voie coutumière, trouver un homme de toute franchise, n'aspirant qu'à la ligne droite, n'est pas bonheur de tous les jours.

L'avenir me réserve-t-il une autre déception? A force de querelles stupides et de faillites accumulées, j'entretiens un tel scepticisme sur ces sortes de réveils nationaux. Pour ce coup toutefois, et bien qu'à la tête du mouvement, j'aperçoive un homme d'un magnifique caractère, je me pose une question: Maxime Raymond est-il vraiment l'homme de l'heure? Du chef, quelques qualités peut-être lui manquent. L'homme est de santé délicate. Il songe, au surplus, à quitter la politique, dégoûté de la comédie d'Ottawa, affligé surtout de la pitoyable conduite de notre représentation canadienne-française, confrérie de paresseux et d'insignifiants à la Chambre des Communes aussi bien qu'au Sénat. Il n'est pas loin de partager l'opinion de son ancien condisciple de collège à Valleyfield, Jules Fournier, qui avait écrit, dans l'ancien *Nationaliste*: « Rien n'est plus lâche à Ottawa qu'un député canadien-français. » Indépendant de fortune, déjà fort mêlé aux grandes affaires, en compagnie de ses frères, Maxime Raymond peut, sans forfaire, s'accorder une retraite honorable et porter son activité en d'autres domaines que la politique. Du chef, il n'a pas reçu, non plus, le don de l'éloquence populaire. C'est un logicien plus qu'un orateur. Il rachète heureusement ces faiblesses par une dignité impeccable, ce reflet de franchise et de noblesse qui jaillit de la personne et d'une parole humaines. Ajouterai-je que Raymond était avocat: ce qui veut dire un peu lent de décision. Comme beaucoup trop de ses confrères de robe, il aimait, avant d'agir, retourner en tous sens une question, scruter les mots presque avec une loupe, dépenser trop de réflexion, trop de temps, où il faut la réflexion rapide et la promptitude du geste. Mais, en dépit de ces quelques lacunes, je dois cet hommage à l'homme que je connus écolier et dont j'ai pu suivre toute la vie, qu'en cette affaire du nouveau parti, pour la première fois, je crois bien, en notre histoire, je me trouvai en présence d'un homme qui renonçait à un repos bien mérité et qui allait de nouveau se jeter dans la fondation aventureuse d'un parti politique, sans le moindre intérêt personnel, sous la simple dictée de sa conscience, pour s'acquitter de ce qu'il croyait, en toutes lettres, *une mission*. Combien sont-ils, dans notre passé, les hommes politiques qui aient accroché leur rôle à si haute étoile ?

Le nouveau chef se mit tout de suite à la tâche. Il a tenu, dès le début, à s'assurer l'appui d'un journal quotidien, *Le Devoir*, il va de soi. La réponse de Georges Pelletier a été prompte, nette: « Aussi longtemps, Maxime Raymond, que vous serez chef du nouveau parti, *Le Devoir* sera avec vous. » Mais de quel nom décorer la nouvelle formation politique? Après beaucoup de recherches on finit par s'arrêter à cette appellation: *Le Bloc populaire canadien*. Car on veut agir sur les deux théâtres: le fédéral et le provincial. On rêve de rassembler, sous la nouvelle étiquette, tous les nationalistes du pays et tous les Canadiens français capables d'indépendance d'esprit et désireux de secouer le joug des vieux partis. Un bureau s'ouvre à Montréal. André Laurendeau en devient le secrétaire. Puis, il faut procéder à la rédaction d'un programme. On y met le temps qu'il faut. Maxime Raymond réunit en comité d'étude ce que nous possédons alors de sociologues et d'économistes réputés et libres d'esprit. Et l'on en revient, en somme, avec quelques nuances et quelques additions commandées par les contingences, au programme si odieusement trahi en 1936. Tout semble marcher à merveille. Dans les cercles, les clubs des vieux partis, la nouvelle formation politique éveille de l'inquiétude. Inquiétude qui se manifeste vive. Des forces jeunes, brillantes se rallient à ce Bloc, le solidifient. Les politiciens, maîtres de la place, devront-ils affronter une fois de plus ce nationalisme toujours renaissant, comme le foie de Prométhée? Pourtant les vautours croient l'avoir dévoré depuis longtemps et pour jamais. Hélas, il était écrit que l'histoire du Bloc ne serait rien d'autre qu'un épisode mélancolique et même désolant. Episode propre à tous les mouvements nationalistes du Canada français qu'on dirait victimes implacables d'une sombre fatalité. A peine l'œuvre mise en train, le chef, Maxime Raymond, se voit frappé d'une thrombose coronaire, à bord du train qui l'emporte vers Ottawa. Force lui est de s'arrêter en route et de se faire hospitaliser à Valleyfield en attendant de l'être, pour près de six longs mois, à l'Hôtel-Dieu de

Montréal. La disparition du chef ne favorise guère l'organisation d'un parti à peine en marche. L'occasion s'offre on ne peut mieux aux intrigues, sinon même à quelques ambitions. A Montréal, André Laurendeau, bouillant de la fièvre de l'action, me confie déjà ses premières inquiétudes. Paul Gouin ne manifeste rien des qualités du chef; il manque d'initiative, ne trouve rien à faire, à entreprendre. Et selon l'habitude de tous les inactifs qui boudent facilement les hommes trop remuants, Gouin prend ombrage de l'activité généreuse du jeune secrétaire. A Québec, les choses apparemment vont mieux. Le Dr Philippe Hamel s'est d'abord montré hésitant. Il a gardé plus qu'une amère amertume de l'affreux marché de dupes de 1936. Il n'entend pas se laisser prendre de nouveau en semblable aventure. Une visite chez M. Raymond et un échange de vues entre les deux hommes ont tôt fait de rassurer l'intransigeant docteur. Dans la vieille capitale, nombreux ceux-là qui saluent le Bloc comme un espoir de délivrance. Des assemblées dans la région et jusqu'au Lac-Saint-Jean attirent des foules. Mais voilà que soudain un nuage se lève.

Le cas Lacroix

Comment démêler ce cas Lacroix plus qu'embrouillé ? L'une des misères du Bloc, mouvement politique indépendant, privé des larges souscriptions des grosses compagnies et des opulents millionnaires, aura été de n'être financé que par deux hommes: le chef, Maxime Raymond, et Edouard Lacroix [42], député à Ottawa, riche industriel de la Beauce. Ainsi s'affirme, dès le début, une lourde dépendance du nouveau parti à l'égard de ces deux hommes. En outre, entre les deux, un lien s'est formé peu facile à rompre. Aux Communes d'Ottawa, Edouard Lacroix s'est rangé courageusement aux côtés du député de Beauharnois dans sa lutte contre la politique de guerre de MacKenzie King. Fidélité que Maxime Raymond ne peut oublier. Devenu partisan du Bloc, Edouard Lacroix a-t-il abusé de sa position de privilégié ? Nourrissait-il de secrètes et tenaces ambitions ? La

---

42. J.-Maurice-Édouard Lacroix (1889-1963), marchand ; président de Madawaska Co. of Maine (1920) ; de St. George Pulp & Paper Co. (1932) ; député fédéral de Beauce (1925-1944) ; député provincial de Beauce (1944-1945).

maladie du chef s'est prolongée; sa convalescence va du même train. Edouard Lacroix aurait-il espéré, dans l'intérim, prendre la tête du mouvement ? Et pendant que cet espoir grandissait en lui, aurait-il même rêvé du haut poste de premier ministre de sa province ? Les soupçonneux l'accusent de ces rêves. A vrai dire, le député de la Beauce fait de son mieux pour écarter de son entourage tous ceux-là qui lui pourraient barrer le glorieux chemin. Il multiplie envers Hamel, Chaloult et Gouin, tracasseries et dédains; il feint de les ignorer; il tient des assemblées sans les convoquer; par toutes sortes d'intrigues, il tente même de ruiner la réputation de Chaloult dans son comté de Lotbinière; il aurait multiplié contre ses collègues québécois, contre Madame Chaloult et autres dames, médisances et calomnies. Pendant ce temps l'organisation à Québec tombe à bas. Le petit groupe Lacroix ne parle plus que devant des salles à demi désertes ou vides. Hamel, Chaloult, Gouin se refusent à paraître aux côtés d'un homme qu'ils déclarent « ignare », sans autre valeur que celle de ses piastres. Et les plaintes, les dénonciations pleuvent chez M. Raymond. On le prie, on le supplie d'intervenir, de débarrasser le Bloc de l'intrigant, du maladroit, de l'impuissant, en train de mener le mouvement à sa perte. Querelle infiniment malheureuse qui fait la joie des vieux partis. Leurs intrigues y seraient-elles étrangères ? Auraient-ils, de quelque façon plus ou moins sournoise, suscité, attisé cette désunion ? Je ne le crois pas, ou plutôt je n'en sais rien. Le semeur du vent et de la tempête ne le faudrait-il chercher au sein même du Bloc ? Hamel, Chaloult auraient-ils subi inconsciemment la pression d'un ambitieux ? Bien des fois je me le suis demandé. Edouard Lacroix pouvait être un ambitieux; l'était-il moins que Paul Gouin ? M. Raymond n'avait pas oublié une confidence de ce dernier qui, franchement, lui avait avoué un jour: « Je ne vous le cache point, je nourris le désir d'atteindre si possible au poste de premier ministre du Québec. » Et je me souvenais moi-même d'une parole de Gouin, lors de sa visite à Vaudreuil avec René Chaloult et André Laurendeau: « Vous pourrez dire à M. Raymond, s'il hésite à prendre la direction du parti pour des raisons de santé, que nous désirons surtout son nom, son prestige. Pour ce qui est du travail, nous nous en chargerons. » Parole que je me rappelai quelques mois plus tard, qui me laissa songeur et m'amena à me poser bien des questions sur les motifs peut-être secrets de la querelle. Il entre souvent tant d'inconscience dans les actes de l'homme le plus conscient.

On aperçoit l'embarras du convalescent, réfugié à sa maison de campagne, à Woodland. M. Raymond n'aura-t-il pas sous-estimé lui-même le prestige de l'ancien trio québécois ? Il hésite, je m'en souviens, à remettre la direction de son mouvement entre les mains d'hommes qui ont déjà subi tant d'échecs politiques. Duplessis les a roulés; pour se reprendre, ils ont tenté la fondation d'un parti dit « national »; la tentative a échoué. Retiré à Woodland, le chef du Bloc suit, comme il peut, les phases de cette querelle, lit les longues lettres chargées des doléances des deux camps. Sa santé, encore mal rétablie, l'empêche de voyager, de se rendre sur place, de se renseigner à bonnes sources. Un voyage à Québec, je l'ai toujours pensé, lui aurait révélé le prestige d'Hamel, de Chaloult, prestige resté grand, dans la province, malgré les mésaventures de ces deux hommes. Pendant ce temps, Gouin, pressé de se mettre en évidence, exigeait qu'on l'instituât premier lieutenant de M. Raymond dans Montréal; le Dr Hamel exigeait le même poste dans la région de Québec. Autant inviter le chef à se séparer d'Edouard Lacroix. Mais jeter Lacroix hors des rangs, geste coûteux que Maxime Raymond se sent incapable de poser. En tout cas, il entend qu'on lui fournisse d'autres motifs que des antipathies de personnes. Il croit à l'aide nécessaire de Lacroix pour financer un parti sans ressources; il croit aussi à la sincérité du nationalisme de son ancien collègue d'Ottawa qui ne l'a suivi qu'aux dépens de ses intérêts d'industriel. Ainsi va-t-on retourner cette question presque insoluble où les esprits ne peuvent que s'aigrir chaque jour davantage et les passions s'envenimer. De part et d'autre l'on en viendra aux ultimatums, à la rupture.

Mon amitié pour tous ces hommes, ma participation quoique modeste à la naissance du Bloc m'auront fait le confident des uns et des autres et, même entre les deux groupes, presque un agent de liaison. Rôle, je l'avoue, qui me répugne instinctivement, mais à quoi je me prête trop volontiers. J'espérais tant de ce mouvement qui aurait pu être enfin une renaissance au Canada français, espoir, rêve suprême de toute ma vie. Un incident précipite soudain la crise. A l'été de 1943, deux élections, aux Communes, ont lieu dans la province, l'une dans le comté de Cartier à Montréal, l'autre dans Stanstead. Le Bloc y fera-t-il la lutte ? M. Raymond, quoique impuissant à y prendre sa part, décide d'y envoyer ses troupes. On se battra surtout dans Stanstead. Et les « protestataires » Gouin, Hamel et Chaloult, quelle conduite sera la leur ? Resteront-ils inébranlables dans leur obstination ? Gouin et Chaloult me rendent visite. Le premier me reproche mon peu de connaissance des mœurs politiques. « Lacroix, me dit-il, détient la caisse; donc il est le maître. » Chaloult, lui, plus qu'ébranlé, me confie: « Si je ne devais tant au Dr Hamel, j'irais me battre dans Stanstead. » A lui comme à Gouin, je dis: « Vous me demandez conseil; votre avenir politique m'intéresse. Voulez-vous tuer le Bloc et vous tuer vous-mêmes politiquement ? Vous choisissez la bonne méthode. Vous tablez sur une défaite du Bloc dans Stanstead, mais s'il allait l'emporter ?... Que deviendriez-vous ?... » Citerai-je ici une lettre que j'écris, le 5 août 1943, à René Chaloult ? Elle exprime, ce me semble, au plus juste, les sentiments qui m'animent à l'heure critique de cette querelle:

Vaudreuil, 5 août 1943

Cher monsieur Chaloult,

Vous ne m'en voudrez pas si je me dérobe à toute nouvelle intervention auprès de Monsieur Raymond. J'ai déjà trop ennuyé cet homme. Laissez-moi vous dire, néanmoins, que je trouve bien inopportun, votre projet de dénoncer Monsieur Lacroix après l'élection de Stanstead. Si le candidat du Bloc est vaincu, vous vous donnerez l'air, devant le public, d'accabler un chef malheureux, puisque votre dénonciation atteindra, que vous le vouliez ou non, Monsieur Raymond. Si le candidat est vainqueur, on dira que vous cédez à un mouvement de dépit. L'effet serait autre si vous aviez participé à la bataille et si votre candidat avait été défait. Vous auriez pu vous en prendre, en ce cas, à l'influence funeste de Monsieur Lacroix, influence qui aurait tué la confiance du public dans le nouveau mouvement.

Si vous faites votre dénonciation, laissez-moi également vous le dire, je doute que Monsieur Raymond se porte à la défense de Monsieur Lacroix. Il se portera à sa propre défense et vous entrevoyez d'ici les conséquences. J'en puis dire autant d'André Laurendeau. Rien ne pourra l'amener à se faire l'apologiste du député de la Beauce, mais il défendra le mouvement et son chef. Vous apercevez encore les suites de la scission.

Vous prétendez, me dites-vous, accomplir cette dénonciation et rester du Bloc. Selon mon modeste avis, c'est la mort du Bloc que vous allez consommer, surtout dans le cas d'une défaite à Stanstead. Après votre abstention, jamais le groupe de Montréal et les groupes de quelques autres parties de la province n'accepteront de suivre votre triumvirat. Il y aura peut-être alors deux Blocs, autant dire qu'avant peu, il n'y aura plus rien.

J'ai lu votre lettre à monsieur Raymond. Elle ne manque point de force. En beaucoup de ses parties, elle me paraît justifiable. Comme je l'ai écrit au Docteur Hamel et à Monsieur Trépanier [43], il me semble néanmoins que vous posez mal la question. Monsieur Raymond ne préfère pas Lacroix à votre groupe. Je puis même dire qu'il n'a pas d'illusion sur le député de la Beauce. Il a peut-être tort, mais il voudrait concilier les deux factions. Vous représentez Monsieur Lacroix comme un agent de la haute finance. Et ce serait là, la raison principale de votre opposition à cet homme. N'est-ce pas une autre faiblesse de votre attitude ? On me dit, d'un peu partout, que vous seriez bien en peine de faire la preuve de cette accusation contre le député de la Beauce. Et pour une affaire aussi grave, de simples soupçons ne sont pas recevables.

Pardonnez-moi mon illusion ou ma naïveté. Je persiste à croire que vous auriez dû faire la lutte dans Stanstead et dans Cartier. Vous vous seriez mis en bien meilleure posture pour tenir tête à celui que vous considérez comme votre ennemi. Si Monsieur Choquette [44] sort vainqueur de la lutte, Monsieur Lacroix ne pourra-t-il dire, avec un semblant de raison, que

---

43. Victor Trépanier (1908-   ), avocat ; secrétaire particulier du Père Georges-Henri Lévesque (1938-1939) ; professeur à la Faculté des sciences sociales, économiques et politiques de l'Université Laval ; directeur du journal *Le Bloc* (1944) ; secrétaire du Conseil supérieur de la Société Saint-Vincent-de-Paul du Canada ; conférencier ; écrivain ; pratique sa profession d'avocat à Québec.

44. Joseph-Armand Choquette (1905-   ), secrétaire-trésorier de la municipalité de Katevale (1936) ; président de l'Union catholique des cultivateurs, district de Sherbrooke (1940) ; député du Bloc populaire canadien, comté de Stanstead, à Ottawa (1943-1945).

le Bloc peut gagner des élections sans le triumvirat Hamel-Cha-loult-Gouin. Si, au contraire, la défaite survient, l'on vous en tiendra responsables, pour une grande part, et je connais bien de vos amis qui ne vous pardonneront jamais cette erreur.

Je n'ai nulle prétention, cher monsieur Chaloult, de vous tra-cer une ligne de conduite. Je vous écris comme un vieil ami qui vous a toujours cru capable d'accomplir de belles choses, et qui s'afflige profondément de voir l'issue malheureuse où votre carrière d'homme politique paraît devoir aboutir.

Cordialement vôtre,
Lionel Groulx, ptre

L'élection de Stanstead tourna contre les prévisions du trio québécois. Le candidat du Bloc l'emporta. Toute la jeunesse du Bloc s'y était jetée avec un entrain irrésistible. Le candidat Paul Tassé échoua dans Cartier, un peu peut-être parce qu'espérant trop peu une victoire, André Laurendeau l'avouera, l'on avait négligé Cartier, pour porter tout son effort dans Stanstead. Victoire qui n'allait pas guérir le mal interne du Bloc. Chaloult m'écrit le 26 août 1943: « Comme vous, j'espérais la paix après Stanstead. Mais Hamel et Gouin ne songent nullement à revenir au Bloc. Ils en ont assez et je les comprends. » Une visite de Chaloult à Wood-land n'arrange en rien les choses. La rupture s'en vient. Chaloult ne l'accepte pas de gaîté de cœur. D'une de ses lettres à M. Raymond, celle du 31 août 1943, j'extrais ce passage: « Une fata-lité s'acharne, c'est évident, contre les nationalistes. L'histoire se continue. J'entrevois ce qui va se produire et je le regrette infiniment. Au-dessus des personnes, il y a notre pauvre peuple que nous allons jeter dans la confusion et la désespérance. Lui, au moins, il ne méritait pas cela. » Le Dr Hamel ne tarde pas à suivre l'exemple de son ami Chaloult, si même il ne l'a précédé. Le 28 juin 1943, il m'envoyait copie d'une lettre qu'il venait d'adres-ser à M. Raymond. Elle contenait à peu près ce qu'il m'écrira à moi-même:

Vous me demandez d'accepter comme supérieur, un ignare, et de collaborer avec lui pour une restauration sociale. S'il est mon supérieur au départ, il le sera davantage après la lutte, car son argent exercera une influence contre moi qui serai devenu sans importance, une fois la victoire gagnée. Ce sera la répé-tition de 1936...

Ne me demandez pas, je vous prie, de travailler à un Ordre nouveau à Québec, sous les ordres d'un fourbe, un salisseur de réputation non seulement de ses compagnons de lutte, mais de grandes dames...

Je refuse catégoriquement d'être commandé directement ou indirectement par M. Edouard Lacroix. Je réclame une main sur les leviers de commande. Si M. Raymond refuse de m'accorder cette confiance, il portera la responsabilité, et non moi, de ce qui adviendra du Bloc...

Je ne vois pas M. le chanoine Groulx écrivant l'histoire sous la dictée de M. l'abbé Maheux, parce qu'il y a des ententes impossibles, même si on a le cœur plein de pardon...

Je ne répondis qu'un mois plus tard, le 25 juillet, à cette lettre de mon ami. Je me sentais tellement déçu, dégoûté de cette lutte pénible entre de parfaits gentilshommes, effrayé surtout des suites désastreuses de cette désunion. Et j'avais hâte de me tirer les mains de cette controverse politique où j'avais conscience de m'être laissé prendre plus qu'il ne fallait. Voici quelques extraits de ma lettre au Docteur:

Ne m'en voulez pas de n'avoir point répondu à votre dernière lettre. Je ne me suis pas senti le courage de le faire. Jamais dans ma vie, si pourtant pleine de déceptions, — pardonnez-moi de vous le dire —, les hommes ne m'auront paru si incompréhensibles, ne m'auront tant déçu. L'histoire des nationalistes au Canada depuis quarante ans se continue, semble-t-il, avec ses infinies tristesses. Ils ont compté, dans leur rang et à leur tête, de nobles caractères, de grands esprits, de magnifiques propagandistes d'idées. Dès qu'ils ont abordé l'action politique, ils se sont révélés d'une étrange impuissance, pour ne pas dire davantage. Leur talent a surtout consisté à faire les affaires de l'adversaire. Hélas, voilà quarante ans que les Canadiens français s'abandonnent éperdument au démon de la chicane. Tout porte à croire que l'heure de l'exorcisme n'est pas encore venue.

Non, mon cher Docteur, et je vous l'écris moins fâché qu'affligé, je ne crois pas que l'Histoire vous pardonne votre attitude présente. Elle la jugera sévèrement, comme la jugent déjà la jeunesse et bien d'autres. Votre argument qu'il vous est aussi impossible de collaborer avec M. Edouard Lacroix, en politique, qu'il me le serait de collaborer avec l'abbé Maheux, en histoire, porte à faux. Je ne vous ai point demandé de collaborer avec M. Lacroix. Je vous ai demandé de collaborer avec M.

Raymond, ce qui est toute la différence du monde. Si vous et vos amis aviez accepté cette collaboration, vous auriez pu faire élire, à Ottawa comme à Québec, de quoi écraser, si nécessaire, vingt Lacroix...

La défaite et la mort du Bloc, ce serait, en outre, une et peut-être deux générations de Canadiens français replongées dans la morne passivité et le dégoût des hommes politiques... Par son aspect tragique, votre fin de carrière me rappelle la triste fin de M. Bourassa. Encore M. Bourassa, vieilli, fait-il le possible pour se ressaisir...

Mais non... Pardonnez-moi, je vous écris des choses que je ne voulais pas vous écrire, que je voulais garder pour moi seul. Et permettez à un homme qui n'abandonne pas ses amis, surtout dans le malheur, de vous serrer cordialement la main.

                                        Lionel Groulx, ptre

Gentilhomme jusqu'à la fin, le Dr Hamel avait pris congé de M. Raymond avec une grande dignité. Sa dernière lettre au convalescent de Woodland se terminait par ces mots:

Le jour où vous constaterez avoir eu tort de ne pas entendre nos griefs, pour nous donner justice et surtout pour nous permettre de lancer ce mouvement à fond, votre conscience que je sais délicate et très belle en souffrira profondément. Hélas ! vous ne pourrez plus alors réparer le mal fait à la cause, certes, avec les meilleures intentions du monde, mais par manque de confiance dans le jugement de vos plus solides partisans.

Restons quand même amis. Je ne vous garde aucune amertume; au contraire, je vous le répète, je vous estime. Vous avez une conception différente de la mienne sur ces questions. Vous ne voyez pas venir les échecs là où ils me crèvent les yeux. Vous avez la conviction de bien faire, j'en reste persuadé, et comment, en ces circonstances, pourrais-je vous en vouloir ? Cette situation, par votre indécision, vous tourmente. J'en suis peiné, parce que vous méritiez plus de tranquillité d'esprit en ces longs jours de convalescence.

Tous deux nous avons voulu ardemment le bien des nôtres. Malheureusement un misérable s'est glissé entre nous. Il a manœuvré perfidement. Sa tâche est accomplie. Que Dieu lui pardonne d'avoir tant nui à une cause sacrée !

Je forme des vœux pour votre prompt retour à la santé et vous serre cordialement la main.

Mon dessein n'était pas de raconter en son entier l'histoire du Bloc. Je m'en tiens aux circonstances où souvent, malgré moi, je fus entraîné. Un seul et dernier incident me revient en mémoire. A quelque temps de là, en 1944, le Bloc tenait à Montréal, son Congrès. On y élit André Laurendeau chef provincial du mouvement. Pendant ce même temps, les dissidents, en petit nombre, siégeaient dans un hôtel du voisinage. Sur la fin de l'après-midi, j'étais sorti, selon mon habitude, marcher un peu et prendre l'air dans le petit parc de la rue Elmwood, voisin de mon chez-moi. Un jeune avocat du nom de Lussier surgit devant moi, à ma recherche. Etait-il l'envoyé des dissidents ? Je n'en sais rien. Il me supplie, avec force et objurgations, de tenter encore une fois une réconciliation du trio avec le groupe Raymond-Laurendeau. Si je n'agis point, il me tient responsable de ce qui pourra s'ensuivre. Ennuyé, déçu de tous mes échecs, je me refuse énergiquement à cette dernière démarche et réponds à mon interlocuteur: « J'ai dit ce que j'avais à dire; j'ai fait ce que j'avais à faire; si vos amis veulent encore parlementer, ils n'ont qu'à s'en charger eux-mêmes. » On sait le reste. Après d'apparents succès le Bloc ne peut faire élire, en 1945, que deux députés à Ottawa, son chef, Maxime Raymond, et René Hamel [45] dans Saint-Maurice-Laflèche. Aux élections provinciales de l'année précédente, il n'a guère été plus heureux; son seul et vrai succès: l'élection d'André Laurendeau au parlement québécois. Deux autres compagnons de lutte d'André Laurendeau parvenaient à se faire élire: Albert Lemieux [46], avocat, dans Beauharnois et Ovila Bergeron [47] dans Stan-

---

45. René Hamel (1910-   ), avocat ; député du Bloc populaire canadien, comté de Saint-Maurice-Laflèche, à Ottawa (1945-1949) ; député provincial (1952-1960) ; ministre du Travail (1960-1963) ; procureur général (1963-1964) ; juge de la Cour supérieure (1964).

46. Albert Lemieux (1916-   ), avocat ; président de la Société Saint-Jean-Baptiste de Valleyfield (section Ste-Cécile) (1941-1942) ; président diocésain (1942-1944) ; député du Bloc populaire canadien à l'Assemblée législative de Québec (1944-1948) ; juge (1966, démissionnaire en 1970).

47. Ovila Bergeron (1903-   ), chef ouvrier ; à l'emploi de Dominion Textiles, Magog ; l'un des fondateurs du Syndicat catholique des ouvriers du textile (1937) ; occupe les postes de trésorier, secrétaire, vice-président et président ; député du Bloc populaire canadien à la Législature de Québec (1944-1948) ; secrétaire de la Commission scolaire de Magog (1948-1970) ; retiré.

stead. André Laurendeau — il paraît bien que c'est lui — a publié une petite brochure: *Le Bloc à Québec — session provinciale 1945.* Il faut lire ces quelques pages, témoignage affreux sur la politique nationaliste à la Maurice Duplessis. Histoire du politicien se traînant péniblement les pieds dans la glaise épaisse de la routine.

Devrais-je noter ici un autre incident ? Lors des élections fédérales de 1945, M. Arthur Cardin, ministre démissionnaire à Ottawa, aurait souhaité, avec le Bloc, une alliance électorale. L'un de ses émissaires me fut même dépêché à ce sujet. Je reçus un appel téléphonique de M. Cardin, me priant de lui « arranger » une rencontre avec M. Raymond. Conséquent avec ma tactique coutumière, je refusai de me mêler à ce manège électoral. Intransigeant, M. Raymond entendait refuser au surplus cette alliance. M. Cardin lui-même se désista d'ailleurs presque aussitôt de toute intervention dans l'élection. Il le fit pour des raisons qu'il ne mit point dans le public. On parla de fortes pressions d'ordre financier.

Déjà gravement atteint par ses dissensions intestines, le Bloc, en proie à d'autres misères, finira par lentement se dissoudre. Aurait-il été victime de la trop longue maladie de Maxime Raymond ? Le chef, resté dans l'action, aurait-il empêché la querelle Lacroix ? Il se peut. Nulle barque ne se passe longtemps de gouvernail. Le Bloc aurait-il péché par stratégie ? Aurait-il eu tort de mener la lutte sur les deux terrains à la fois: le fédéral et le provincial ? Serait-ce pour cette raison qu'il aurait déchaîné contre lui l'opposition virulente de Maurice Duplessis ? Je ne le crois pas. Duplessis se serait vigoureusement opposé à tout mouvement franchement nationaliste. Les chefs du Bloc s'étaient, au surplus, persuadés de cette vérité solide à leurs yeux, que seul un Québec restauré, ramené à son rôle normal, Etat organique et puissant, pouvait exercer une forte influence à Ottawa, parce qu'alors, il aurait puissance d'imposer ses directives aux ministres et parlementaires canadiens-français dans la capitale fédérale. Etait-ce une illusion ? Il ne semble pas. Echec malheureux, pour longtemps irréparable. Pas de mouvement nationaliste possible, dans le Québec, avant un quart de siècle, avais-je prédit aux dissidents.

M. Raymond inscrira l'échec, en sa mémoire, comme un amer souvenir. Il s'était soumis à ce rôle comme à un devoir, il faudrait même dire comme à une mission dont il ne pouvait se dispenser. Et il sortait de l'aventure si terriblement frustré. Frustration comme beaucoup, hélas ! en portent dans cette pauvre vie, plaies profondes qui n'achèvent jamais de saigner. Le mouvement aura d'assez tristes épilogues. J'avais dit un jour aux dissidents: « Vous voulez tuer le *Bloc*; vous y réussirez; mais, en même temps, vous vous tuerez politiquement. » La carrière politique du Dr Hamel prit fin pour toujours. Celle de Paul Gouin s'arrêta là. Chaloult seul surnagea, à titre de député indépendant, s'accrochant tantôt au Parti libéral, tantôt à l'Union nationale, mais pour succomber enfin dans un lâche abandon et un vol d'élection présumément commandé par Duplessis.

Quant à Paul Gouin, il devait finir par une triste reddition entre les mains de l'homme qu'il avait tant combattu. Il s'en alla solliciter un emploi de haut fonctionnaire auprès de Duplessis. Celui-ci se garda bien de refuser. Il nomma Paul Gouin conseiller artistique du gouvernement, mais en tenant à préciser, et publiquement, que M. Gouin serait rattaché immédiatement au cabinet du premier ministre. Reddition qui rappelait, hélas, celle des anciens rois vaincus traînés vers le Capitole derrière le char du triomphateur romain.

VIII

TRAVAUX D'HISTOIRE

Ai-je pour tout cela abandonné ou même négligé l'Histoire ? Pieuvre, ai-je déjà dit, qui ne lâche plus son homme quand une fois elle l'a bien enserré. Y a-t-il eu vraiment, dans ma vie, une période, où j'aie plus donné de moi-même à l'exigeante *magistra vitae* ? En 1940 il y a déjà vingt-cinq ans que je m'efforce à redonner aux miens le goût de l'Histoire, que je leur en distribue des miettes. On me fait tenter une nouvelle forme d'enseignement: l'enseignement populaire. A parler vrai, c'est un peu la forme de mes cours publics à Montréal, à Québec, à Ottawa, même si ces cours prennent forcément une allure universitaire. Mais, pour ce coup, l'on veut un enseignement qui se rapproche davantage de l'auditoire populaire: des leçons plus parlées que récitées, un enseignement familier, donné à l'aide de notes et sur le ton du pédagogue sans pédantisme.

Le professeur nouveau-genre débute aux Trois-Rivières, en novembre 1943. Des jeunes y ont organisé une série de ce qu'ils appellent: *Conférences-Reflets*. Je figure parmi les conférenciers. Quelle partie de l'histoire canadienne y ai-je abordée ? Encore un souvenir qui ne me revient plus. Aurai-je servi à mes auditeurs quelque forme de synthèse ? Un article de Clément Marchand [48] (*Le Bien public*, 10 novembre 1943) me décerne le mérite « d'embrasser tout le problème de l'histoire canadienne dans sa com-

---

48. Clément Marchand (1912-   ), journaliste ; propriétaire du journal, *Le Bien public*, Trois-Rivières, depuis 1932 ; directeur du *Mauricien* (1937-1939) ; directeur des Éditions du Bien public ; écrivain. Auteur de nombreux ouvrages.

plexité ». Le professeur « n'envisage jamais un fait isolément, mais corollairement avec tous les autres auxquels il est lié. De là ces fresques d'idées étonnamment cohésives, ces tableaux fouillés où les accessoires, quoique toujours tenus en laisse, prennent un intérêt presque aussi grand que l'idée principale ». Clément Marchand me sait gré de ne jamais exploiter « l'histoire à des fins nationalistes », et dans les luttes de mon temps, de « ne jamais descendre dans l'arène », de « rester au-dessus de la mêlée », cherchant à jouer de préférence un « rôle de direction intellectuelle et sociale plutôt que politique ». Je livre ces observations d'un critique à ceux-là qui parfois me font l'honneur de m'interroger sur la forme ou le caractère de mes cours d'histoire.

Cours au Manitoba

Mon deuxième essai de ces sortes de cours « pour tous », je le tenterai au loin, là-bas, à Saint-Boniface, au Manitoba. Mon ami, l'abbé Antoine d'Eschambault [49], chargé d'une œuvre d'éducation pour adultes, m'y appelle. Je donnerai quelques leçons sur l'évolution constitutionnelle du Canada. En outre le Manitoba français s'apprête à célébrer je ne sais quel grand anniversaire de Louis Riel. J'y prononcerai une conférence sur les « Evénements de la Rivière-Rouge en 1869-1870 ». Donc, au début de novembre 1944, le train me dépose à Winnipeg. Ici se place un petit épisode qu'il me faut raconter, au risque d'une longue digression.

A peine ai-je mis le pied sur le quai de la gare qu'un reporter du *Winnipeg Free Press* me prend d'assaut. Le reporter est une femme. Poliment je refuse: « Madame, je viens à Saint-Boniface donner quelques cours d'histoire. Je n'ai rien à dire aux journaux. » J'ai grande envie d'ajouter: « Pas surtout au *Free Press* ». J'avais gardé plus qu'un mauvais souvenir d'une entrevue qu'était venu

---

49. Antoine d'Eschambault (1896-1960), ptre ; p.d. ; secrétaire, puis chancelier de l'évêque de Saint-Boniface (1921-1947) ; secrétaire (1926-1933), président de la Société historique de Saint-Boniface (1933-1960) ; membre (1938), président de la Commission des Sites et Monuments historiques (1958) ; membre de l'Advisory Board du département de l'Éducation du Manitoba ; visiteur des écoles françaises ; fondateur du poste français CKSB ; historien.

me demander, chez moi, à la fin de la guerre, un jeune Sifton [50], alors attaché à la haute direction du journal. Encore une entrevue acceptée de mauvais gré, par complaisance pour mon ami Victor Soucisse, apôtre non encore déçu du rapprochement entre les deux races. Je n'ai pas oublié ce jeune Sifton, beau grand garçon, frais émoulu d'Oxford, avec la prestance et le charme dont se pare parfois la race conquérante. Sur ma demande expresse, mon ami Soucisse l'avait accompagné. Il me plaît toujours d'acculer ces sortes d'interlocuteurs devant un témoin. Car, avec ces Messieurs, je prends volontiers l'offensive. L'entrevue se déroule selon le rite uniforme en pareil cas. M. Sifton fait naturellement allusion au nationalisme québecois et au mien. Je lui réponds, toujours selon le rite habituel: « Oui, Monsieur, nous sommes nationalistes et je le suis. Mais, moins que vous, Anglo-Canadiens. » Constatation ou affirmation toute simple, mais qui a le don, une fois de plus, d'interloquer singulièrement mon visiteur. Et je reprends: « Eh oui, vous êtes nationalistes et plus que nous. Et je m'en vais vous le prouver. Jamais, vous, Anglo-Canadiens, vous n'avez sacrifié vos droits de race par fidélité à un chef ou à un parti politique. Nous, Canadiens français, nous ne comptons plus les sacrifices que nous ont arrachés nos chefs politiques, sacrifices des droits les plus sacrés consentis à la bonne-entente, à l'unité nationale, fins plus qu'illusoires. Vous nous reprochez parfois ce que nous appelons « l'achat chez nous », forme de solidarité économique. Mais vous, Anglo-Canadiens, que faites-vous ? La seule différence entre vous et nous, c'est que vous, et sans qu'il soit besoin de vous prêcher la solidarité économique, d'instinct vous achetez chez les vôtres, vous allez à vos banques, à vos sociétés d'assurance, etc., pendant que nous, même prêchés, même exhortés, nous sommes peut-être le peuple le plus indifférent du monde à sa solidarité économique. » Ainsi embarqué, je dis pourtant à mon monsieur Sifton: « Notez-le bien, je ne vous reproche point votre nationalisme. Souvent je vous ai proposés en exemple à mes compatriotes. Le nationalisme, quoi que prétendent trop de pédants, est une idéologie saine pour tout peuple; il faudrait même

---

50. Clifford M. Sifton, « Nationalist Aims-Quebec Arguments are Outlined » — « Gandhi of Quebec-National Unity defined by Groulx », *Winnipeg Free Press* (janvier-février 1944).

dire une vertu, quand il se maintient dans les limites du droit et
de la justice. Et dites-moi donc quel est le peuple, en ce bas monde,
qui pourrait se prétendre non infecté de nationalisme ? » Dans
mon offensive contre le jeune rédacteur du *Free Press*, je ne
m'arrête point là. J'ai devant moi l'un des fils du pire persécuteur
des Canadiens français de l'Ouest, Clifford Sifton [51]. Je ne rate
point l'occasion d'aborder la question scolaire. « Ainsi, lui dis-je,
l'abolition du français dans vos parlements, et de même l'enseignement de la langue maternelle consenti au petit compte-gouttes dans
les écoles des minorités canadiennes-françaises, qu'est-ce que tout
cela, si ce n'est du nationalisme et du moins recommandable ? »
Cette fois, mon homme n'y tient plus. Il invoque, en démocratie,
les droits de la majorité. « Fort bien, lui répliquai-je, mais la
démocratie existe ici au Québec. Et si nous, Canadiens français,
80% de la population dans notre province, décidions tout à coup
d'imposer à notre petite minorité anglo-canadienne, votre système
scolaire de l'Ouest, que penseriez-vous de cet exercice du droit
majoritaire ? » Pour ce coup, ce cher M. Sifton se sent touché;
il se démène, gesticule, devient éloquent. Et je l'entends qui répète: « Les situations ne sont pas les mêmes. Dans tout le Canada,
nous sommes la majorité, l'immense majorité... » J'ai beau lui
répéter la question: « Si nous faisions comme vous faites, que
penseriez-vous et qu'auriez-vous le droit de penser ? Et la majorité a-t-elle tous les droits et surtout le droit de violer le droit des
autres... ? » Point de réponse qui vaille. Enfin, après plus d'une
heure de cette escrime, mon visiteur se lève, guilleret, en apparence rasséréné. Et je l'entends qui dit à mon ami Soucisse:
« Wonderful interview ! Wonderful interview ! » Je m'en aperce-
vrai dans la série d'articles que M. Sifton, quelques semaines plus
tard, fera passer dans son journal, à propos de son voyage dans
le Québec où il avait conversé avec d'autres Canadiens français.
Tout y était, y compris notre inintelligence des problèmes du Cana-

---

51. Clifford Sifton (1861-1929), avocat ; député du comté de Brandon
à l'Assemblée législative du Manitoba (1888-1896) ; procureur général et
ministre de l'Éducation du Manitoba (1891-1896) ; député du comté de
Brandon à la Chambre des Communes, Ottawa (1896-1911) ; ministre de
l'Intérieur et surintendant des Affaires indiennes (1896-1905) ; président de
la Commission canadienne de la conservation (1909-1918). Il se sépara de
Laurier sur des questions d'éducation (1905).

da et notre incurable étroitesse d'esprit. Une fois de plus, je m'étais donc promis de ne plus recommencer ces sortes d'expériences ou de dialogues de sourds. Le monde « libre » d'aujourd'hui reproche au monde communiste de parler un langage différent du sien. Les mots « liberté », « colonialisme », « droit », « justice » varieraient de sens, non plus en deçà ou au-delà des Pyrénées, mais de chaque côté du rideau de fer. Ce n'est pas d'aujourd'hui que ces oppositions de langage à double sens règnent au Canada. Rien n'est plus difficile à l'Anglo-Saxon, resté insulaire jusqu'en son tréfonds, d'entrer dans la pensée ou dans les sentiments d'un autre que soi-même. Sans doute, ai-je rencontré, dans ma vie, quelques universitaires de plus d'envergure d'esprit, plus noblement compréhensifs. Mais, même en ces milieux, ils sont rares les esprits ouverts et généreux, tels les Rothney, les Stanley, les Burt, les Morton [52].

Une fois de plus, ma résolution est donc prise: je ne perdrai plus mon temps en ces stupides dialogues. Mon ami, l'abbé d'Eschambault, me force à ravaler ma décision. Pendant mon séjour à Saint-Boniface, un reporter du *Winnipeg Tribune* vient à l'Archevêché solliciter une entrevue. L'ami d'Eschambault me trouve plus qu'hésitant, mais me presse d'accepter. « Je crois ce Monsieur loyal, m'assure-t-il; l'occasion est belle pour vous de faire passer bien des choses. » En rechignant j'accepte. Et me voici en présence d'un grand Irlandais, débonnaire, l'air satisfait

---

52. Gordon O. Rothney, voir la note 16 de ce volume. — George F. G. Stanley (1907-   ), professeur d'histoire à la Mount Allison University, N.-B. (1936-1946) ; doyen des Arts et chef du département d'histoire au Collège royal militaire de Kingston (1949-1969) ; professeur d'Études canadiennes et conservateur de la collection Davidson, Mount Allison University, Sackville, N.-B. (1969-   ) ; lieutenant-colonel de l'armée canadienne (1940-1946). Auteur de nombreux ouvrages d'histoire.—Alfred Leroy Burt (1888-   ), professeur et directeur du département d'histoire, University of Alberta (1913-1930) ; professeur à l'University of Minnesota (1930-1957) ; à la Carleton University, Ottawa (1957-1958) ; à l'University of Chicago (1959-1960) ; à l'University of Manitoba (1960-1961). — William Lewis Morton (1908-   ), professeur d'histoire aux Universités Trent, Winnipeg, Manitoba et au Brandon College (1938-1950) ; chef du département d'histoire, Université du Manitoba (1950-1963) ; professeur titulaire, Champlain College, Trent University (1963-   ) ; éditeur de « The Canadian Centenary Series ». Auteur de nombreux ouvrages d'histoire.

de soi-même, tête blanche qui arbore le glorieux panache de l'assimilé. L'abbé d'Eschambault est présent. J'y tiens et je pose mes conditions: « Monsieur le reporter ne me fera rien dire d'autre que ce que je lui dirai, mais il me fera dire tout ce que je lui dirai. Et il rédigera et me laissera lire, avant son départ, le texte de l'entrevue. » Car j'ai la ferme intention de lui servir ma riposte accoutumée à propos de « nationalisme » s'il aborde la question. L'entrevue paraît dans le *Winnipeg Tribune* du 9 novembre 1944. Mes opinions sur les relations entre les races, sur la Confédération, le « séparatisme », sont rapportées assez fidèlement. Point d'unité nationale, y peut-on lire, qui aboutirait à l'absorption de la race minoritaire par l'autre. Absorption, du reste, impossible et plutôt nuisible qu'avantageuse au Canada en son entier. Le « séparatisme », « last resort », aurais-je dit. Le jour, en effet, où les Canadiens français seront convaincus qu'ils ne peuvent demeurer dans la Confédération sans y perdre leur identité ethnique, le séparatisme restera leur dernière ressource. Toute cette partie de l'entrevue est fidèlement rapportée. Mais, du nationalisme anglo-canadien et de sa réalité nocive, de mes affirmations et de ma démonstration sur ce point, pas un mot, rien; tout cela avait été biffé ! Des propos aussi scandaleux n'étaient point faits apparemment pour les purs du *Winnipeg Tribune*. Et j'avais raison contre l'ami d'Eschambault.

Sur le sujet épineux, un seul journaliste anglo-canadien — je lui dois cet hommage — un monsieur Johnstone [53], rédacteur du magazine hebdomadaire du *Standard*, de Montréal, tint loyalement sa parole. Son entrevue parut dans le *Standard* du 8 juin 1946. Tout l'article est conforme, ou peu s'en faut, aux propos échangés entre nous. Et j'y relève, entre autres, ce court passage, de ce qui serait ma philosophie politique: « Since it places French

---

53. Kenneth Johnstone (1909-   ), journaliste à la pige à Londres, Angleterre, puis correspondant du *Time* magazine (1935-1938) ; correspondant en Europe de *Africopa* et de *Picture Post* (1938-1939) ; à la pige, à Toronto, à Montréal (1939-1943) ; à l'Office national du Film (1943-1944) ; au *Standard* (1944-1950) ; traducteur et scripteur de pièces de théâtre pour la télévision et la radio (1950-1964) ; au département des relations publiques, Expo 1967 (1964-1966) ; fondateur et propriétaire de Informedia (1966-1970) ; prépare des études spéciales sur le système pénitencier, sur les pêcheries, etc.

Canada before Canada as a whole (Canon Groulx points out with considerable truth that English Canadians put English Canada before Canada as a whole)... »

■ ■ ■

Longue digression peut-être que celle-là. Mais c'était le lieu, ce me semble, où l'inclure. Et elle explique, pour une part, quelques-uns de mes sentiments, au cours de ma carrière d'historien et de conférencier. Et je reviens à mes cours d'histoire au Manitoba. Passons rapidement. Les cours ont lieu dans la belle salle de l'Académie des Sœurs des Saints Noms de Jésus et de Marie. Le fait important, c'est l'auditoire: un auditoire d'une moyenne de 200 personnes: couventines, collégiens, religieux, prêtres, laïcs, auditeurs venus de Saint-Boniface et des environs. Le professeur y donne cinq cours sur « l'Evolution constitutionnelle du Canada jusqu'à nos jours ». Le *Winnipeg Free Press, La Liberté* et *Le Patriote* donnent de ces cours un bon résumé. Une sorte de forum, après chaque cours, où pleuvent les questions, me démontre l'intérêt que l'on prend à ces problèmes de l'histoire canadienne.

Ces leçons d'histoire, ai-je dit, coïncident avec le centenaire de la naissance de Louis Riel et l'on a voulu que le 11 novembre, dans l'après-midi, je prononce une conférence sur « Louis Riel et les événements de la Rivière-Rouge » devant l'élite manitobaine, au Collège des Jésuites. Dans une entrevue donnée au *Devoir*, à mon retour de l'Ouest, je note: « Nous n'imaginons guère dans l'Est, le regain de popularité que prend au Manitoba l'infortuné Riel, même dans les milieux anglophones. Singulière revanche de l'Histoire. » Le Père Recteur du Collège m'arrache aussi une causerie devant les collégiens. A ma question: De quoi leur parlerai-je ? il me répond en ponctuant ses mots: « Parlez-leur du Québec, de la vieille province, qu'ils ne connaissent guère. » Une fois de plus, devant ces jeunes gens qui m'écoutent avidement, je constate combien peu la « vieille province » rayonne en dehors de ses frontières, ne soigne guère sa publicité, même parmi ses fils exilés. En ce Manitoba de 1944, je découvre encore une volonté de survivance. L'espoir n'est pas éteint. On s'efforce de s'organiser, de s'entraider même économiquement par le moyen des coopératives.

Vitalité émouvante que j'allais découvrir, encore plus volontaire, sur le chemin de mon retour, à Sudbury. Les Pères Jésuites m'y guettaient à mon passage pour une autre conférence à leurs élèves. Au Collège, ce soir-là, grande affluence aussi de prêtres, de professionnels des environs. Hélas, j'arrivais à Sudbury éreinté, fourbu par mon séjour au Manitoba et par trente-six heures de chemin de fer. Cependant, devant cet auditoire, mon discours aurait pour thème: « Confiance et espoir ». Tout de suite, il faut le dire, je me suis senti dans une atmosphère de chaude sympathie. A cette jeunesse, à ces compatriotes lointains, ai-je dit un tant soit peu de neuf ? Je ne le crois pas. Pourtant, de mes jeunes auditeurs de ce soir-là, rencontrés sur le chemin de la vie, m'ont plus tard avoué combien mes paroles les avaient remués. Preuve que, pour relever un peuple, même s'il lui faut parler franc, les motifs d'espoir valent encore mieux qu'un amer étalage de ses misères. Au surplus, pour prolonger, à Sudbury, l'écho de cette causerie, la Société historique du Nouvel-Ontario la publie en brochure. Encore un de ces opuscules qui, à l'âge où je suis parvenu, me rappellent le sort de la parole humaine, semence souvent restée sans germe, feuille morte, pousses avortées, charriées par le vent d'automne.

Cours à Saint-Jean-sur-Richelieu

Cette expérience de cours d'histoire populaire, les Sociétés Saint-Jean-Baptiste de Saint-Jean et d'Iberville me permettront de la tenter sur un plus large plan. Mon bon ami, Mgr Chaussé [54], supérieur du Collège de Saint-Jean, s'est fait le promoteur de cette tentative. Je donnerai à Saint-Jean vingt cours, cette fois, répartis sur deux ans, ou comme on l'écrit: deux « saisons », celle de 1944-1945, celle de 1945-1946; la première consacrée au Régime français; la seconde au Régime britannique. Les cours ont lieu à la « Centrale catholique de Saint-Jean », le dimanche soir, mais d'assez bonne heure, pour ne pas déranger les projets de veillée. Chaque auditeur peut assister à l'une des séries, moyennant une carte au coût d'un dollar. *Le Richelieu*, journal de la ville, publie, sur feuille volante, un résumé de chaque cours, qu'on distribue dans l'auditoire. Il note, le 2 novembre 1944, que « près de 600

---

54. Armand Chaussé, voir la note 99 du deuxième volume.

personnes ont suivi très attentivement, dimanche soir dernier, le
deuxième cours d'Histoire du Canada... » Chaque fois, une voiture
vient me prendre à Outremont et m'y ramène dans la soirée. Et
pourquoi rappeler ces souvenirs ? Parce que ces cours sollicités,
promenés en tant d'endroits, expliquent, ce me semble, la soif
d'une époque, le besoin de se découvrir, de se mieux connaître
dans son être ethnique, le besoin de se rapprocher de son passé.
Disons en d'autres termes, qu'on veut ajouter aux raisons qui font
se cramponner à sa culture, à ce qui confère à tout peuple,
surtout aux petits, le droit de vivre.

Le manuel unique

Des mêmes sentiments, des mêmes motifs, procède ce refus
d'un enseignement uniforme de l'histoire canadienne d'un bout à
l'autre du pays, enseignement uniforme par le moyen d'un manuel
unique, « from coast to coast ». Eternel débat, au Canada français, entre deux forces divergentes, l'une qui se laisse leurrer par
le mirage d'un canadianisme où le faible que nous sommes dilue-
rait son âme, ainsi que se décomposent, dans l'atmosphère des
déserts ou même aux horizons des grandes prairies de l'Ouest,
tant de fantômes mystifiants; l'autre, passionnée d'intégrité, ob-
sédée, effrayée par les toutes-puissantes séductions du milieu,
jalouse de ses moindres ressources, de toutes les parcelles de son
être, ni sclérosée, ni repliée sur elle-même, mais persuadée que
le faible contre le fort doit jouer, lui aussi, la partie du fort.

L'Institut d'histoire de l'Amérique française aborde la question à sa réunion générale de 1950. En mon allocution au banquet
du soir, je résume mon opinion qui a été celle de l'Institut. Pourquoi ce souhait d'un enseignement uniforme de l'histoire canadienne ? On voudrait cimenter davantage l'unité nationale. Or
l'Histoire ne doit servir à nulle propagande, pas même à celle
qu'on prétend lui assigner. Les saines méthodes historiques n'ad-
mettent ni d'autres normes ni d'autres fins que la recherche et,
si possible, la possession de la vérité. Il résulte de là qu'on ne
saurait traiter l'enseignement de l'histoire comme celui des mathé-
matiques ou de la chimie. L'objet qui se présente au chercheur,
n'est pas un objet nu; c'est un objet d'un autre ordre, c'est un fait
humain. Il ne saurait se présenter sous le même aspect, avec le

même contenu, selon qu'il tombe sous l'observation d'un historien chrétien ou d'un historien agnostique ou protestant. Donc la neutralité ne peut être absolue; elle se révèle impossible dans les sciences qui touchent à l'homme. La dualité nationale ou ethnique ou culturelle au Canada évoque une philosophie différente, de part et d'autre, de la vie, de l'homme, de la liberté, du droit. Des deux côtés de la barrière, l'on n'attache pas égale importance à ces biens fondamentaux pour tout peuple. Preuve en est le sort fait aux minorités dans le Québec et dans les autres provinces canadiennes. Que l'on entend peu, d'un certain côté, l'attachement que portent les Canadiens français à l'école confessionnelle, à leur langue, à leur culture originelle. Mais alors comment un manuel unique d'histoire pourrait-il concilier ces divergences fondamentales ? Un manuel unique serait inutilement désagréable à tous. Il ne rendrait justice ni aux uns ni aux autres. Et alors quel facteur d'unité pourrait bien constituer un enseignement d'histoire qui ne plairait à personne ? A quoi tendre pratiquement ? A nous efforcer de comprendre nos points de vue, mais à nous mettre bien en tête qu'il existe, au Canada, des diversités foncières, diversités religieuses, nationales, que l'histoire n'est pas en puissance de supprimer, et qu'il n'est pas souhaitable qu'elle les puisse jamais supprimer.

L'Action nationale (mai 1950) reproduisit, sur le sujet, l'opinion de plusieurs historiens anglo-canadiens. « On remarquera avec surprise, y lit-on, que tous les historiens anglo-canadiens consultés s'opposent au manuel unique. » Débat clos, pensera-t-on. Hélas, l'engeance des esprits chimériques ne cessera jamais de renaître comme certaines têtes de l'hydre. Il y aura toujours des Canadiens français friands du plat de lentilles.

Ma trentième année d'enseignement à l'Université

Les années passaient. En 1945 j'atteignais ma trentième année d'enseignement à l'Université de Montréal. Tenterai-je d'expliquer ces manifestations suscitées par l'anniversaire, ce concert d'hommages que l'on fera pleuvoir sur ma pauvre tête ? Une seule explication se présente, à mon sens, et toujours la même, si fastidieux qu'il soit de le répéter: joie, reconnaissance d'un peuple à qui l'on a réappris quelque peu son histoire. Histoire en passe de devenir à la mode, pas loin de la vogue. On l'enseigne à Montréal, mais aussi à Québec, à l'Université d'Ottawa. J'ai promené un peu partout, dans presque toutes les petites villes du Québec, mon modeste flambeau. Dans les collèges, les couvents, les écoles primaires, l'enseignement de l'histoire canadienne s'améliore. De nos étudiants formés aux universités y prolongent l'enseignement de leurs maîtres. Nombre d'ouvrages ont paru qui n'ont pas manqué de lecteurs. Combien, dans la jeunesse et même parmi les aînés, se plaisent à me remercier de leur avoir restitué leur nation, leur pays ! Encore récemment, dans *Le Nouveau Journal* (31 mai 1962), Victor Barbeau donnait son propre témoignage: « ... sans le chanoine Groulx, j'en serais encore à me chercher nationalement parlant. J'avais besoin de lettres de naturalisation, et c'est lui qui me les a données. J'étais un voyageur sans bagages, et c'est lui qui m'a révélé que je portais mes morts. S'il ne s'agissait que de moi, le fait serait indigne de mention, mais à combien de milliers d'autres n'a-t-il pas découvert la patrie charnelle ! » Joie profonde que j'ai de la peine à comprendre, tant nous échappe l'envolée de ces ondes qui charrient une pensée, une doctrine.

La Société Saint-Jean-Baptiste de Montréal a déclenché le branle-bas de 1945. Dans une sorte de manifeste, d'un ton par trop pompeux, le président de ce temps-là, M. Charles-Auguste Chagnon [55], rappelle l'anniversaire, la carrière de l'historien, et termine par cette sorte d'appel: « Les directeurs généraux de la Société souhaitent vivement voir s'organiser au sein de toutes les sociétés de chez nous, des célébrations qui soulignent cet événement important pour notre race et qui rendent un hommage plus que mérité à notre historien national. » Appel solennel, fatalement entendu. Cinq jours plus tard, le 20 novembre 1945, toutes les Sociétés Saint-Jean-Baptiste du Canada font écho au vœu de la Société de Montréal. Les journaux entrent dans le concert: *Le Quartier latin, La Boussole, Le Salaberry de Valleyfield* qui rappelle, celui-là, le temps où les collégiens copiaient à la main mon manuel d'histoire du Canada, *Le Mégantic, La Patrie*, et naturellement *Le Devoir* où M. Héroux raconte mes laborieux débuts d'historien et parle d' « hommage national » (20 juin 1946).

---

55. Charles-Auguste Chagnon (1896-1953), homme d'affaires ; président de la Société Saint-Jean-Baptiste de Montréal (1945-1946).

Entre toutes ces manifestations de gratitude et d'amitié, il y aurait peut-être lieu de rappeler celle du « Bon parler français » où l'ami Jules Massé [56] joint à un banquet une émission spéciale au poste CKAC. Deux autres de ces manifestations m'ont laissé les souvenirs les plus émouvants: celle de Shawinigan et celle des Jeunesses laurentiennes. A Shawinigan, il y a dans l'air de quoi me prendre moi-même pour un héros de légende ou un politicien victorieux: réception municipale, signature dans le Livre d'or, banquet, force discours, et dans l'après-midi, dévoilement d'une plaque-souvenir, à l'Ecole supérieure de l'Immaculée-Conception; le soir, conférence, mais avant la conférence, présentation de cadeaux de la part des Cercles de Fermières du Christ-Roi, de Saint-Marc, d'Almaville, de la baie de Shawinigan, jolis petits objets d'artisanat à me charger plus que les bras: peintures, coussins, horloge en bois sculpté figurant une roue de pilote, nappe de lin, volume relié, etc. Tout le monde est sur pied: officiels et autres. Et ce qui frappe et m'émeut, en cette manifestation, c'est la ferveur, la sympathie joyeuse de toutes ces petites gens du peuple qui, pour la plupart, me voient et que je vois moi-même pour la première fois. Sans doute, à l'école ou par leurs journaux, ont-ils appris quelque chose de leur histoire, entendu quelques bribes de ce que j'appellerais ma « prédication patriotique », et ils se croient tenus de m'en dire leur merci. Aux discours que l'on me tient ce jour-là et que l'on me tient depuis longtemps, l'on me sait gré également, je le sens, de quelques thèmes qu'en mes écrits et discours, je n'ai cessé de développer. Et, par exemple, j'aurais tant voulu faire des miens, une race forte, forte de toutes les vertus humaines, de toutes les forces de la race, forte aussi et surtout des vertus de sa croyance, de tout ce que Dieu peut ajouter à l'homme. Une éducation catholique, me semblait-il, éducation intégrale par essence, devait aboutir à cette fin, à cette beauté ou confesser faillite. Que de fois je suis revenu sur le sujet, ai-je crié ces vérités ! Et c'est peut-être par là que j'ai pu obtenir quelque prise sur l'âme de la jeunesse et une portion des nôtres restés fidèles à l'idéalisme français et chrétien.

Les Jeunesses laurentiennes, section masculine et section féminine, y vont aussi de leur banquet. Je crois avoir déjà dit quels

56. Jules Massé (1902-1951), professeur ; fondateur de la Société du Bon Parler français et premier président général (1924-1951).

Remise de la première médaille du Conseil des Arts du Canada, le 19 février 1962. Parmi les récipiendaires, citons Wilfrid Pelletier, Marius Barbeau, Lionel Groulx, Brooke Claxton, Lawren Harris, A.Y. Jackson, l'hon. Vincent Massey, E.J. Pratt, Healey Willan et Mme Ethel Wilson.

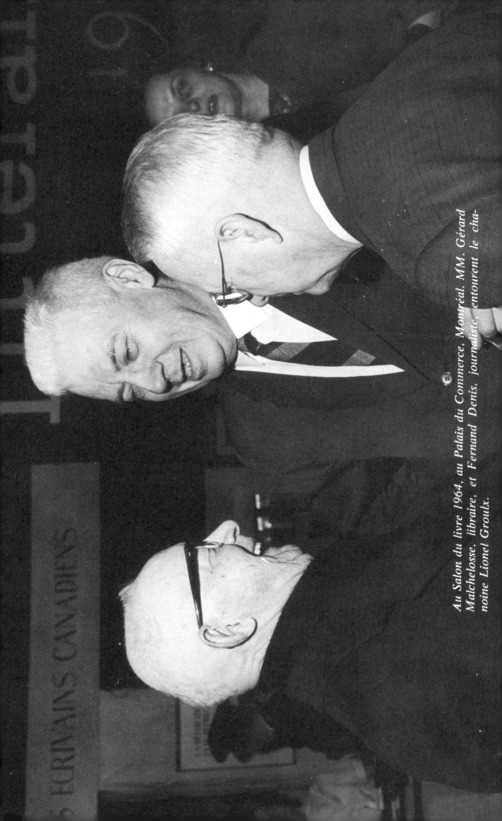

Au Salon du livre 1964, au Palais du Commerce, Montréal. MM. Gérard Malchelosse, libraire, et Fernand Denis, journaliste, entourent le chanoine Lionel Groulx.

liens m'attachent à cette jeunesse. Elle appartient à la petite classe moyenne, classe de petits commis, de petits employés, mais qui me charme par le réalisme de sa foi et de son action, et par un extraordinaire dévouement aux idées maîtresses de son groupement. J'en suis devenu l'aumônier attitré. Et ça n'a pas été sans peine. Ces jeunes garçons et jeunes filles ne s'étaient pas laissés embrigader dans l'Action catholique de ce temps-là, qu'ils estimaient trop « détemporalisée ». A l'Archevêché, on leur a d'abord refusé un aumônier. Je dus intervenir et tenir, en ce haut lieu, à peu près ce langage: « La jeunesse nous échappe. En voici une qui vient à nous et qui nous demande un conseiller, un prêtre. Elle est toute proche du peuple. Commettrons-nous la maladresse de lui opposer un refus ? »

Les Jeunesses laurentiennes entendent fêter leur aumônier. Et comme elles ne manquent ni de hardiesse ni même de cran, c'est au Cercle universitaire de Montréal et à un banquet qu'elles se donnent rendez-vous, et convient leurs amis le 28 février 1946. On a pu lire, au début de ce volume, quelques extraits du discours que je prononçai ce soir-là. N'y revenons pas. La pièce de résistance, un autre que moi la sert à l'auditoire: mon jeune assistant à l'Université, hier un de mes étudiants à la Faculté des lettres, Guy Frégault [57]. On parlerait pour ce coup d'apologie et le mot ne serait pas trop fort. Apologie de ma conception de l'histoire en général, de ma conception de l'histoire canadienne; plaidoyer pour l'aspect souvent héroïque du passé des ancêtres, pour le rôle de l'histoire, maîtresse de vie, pour le droit d'en tirer les leçons qu'elle nous jette à l'esprit. « Diminuer l'histoire... c'est manquer de réalisme tout autant que de créer des mythes. Il est aussi erroné de concevoir trop petit que de concevoir trop grand. » Enfin le jeune historien me décerne le mérite d'une « renaissance de la culture

---

57. Guy Frégault (1918-   ), historien ; professeur d'histoire (1942-1950) ; directeur de l'Institut d'histoire de l'Université de Montréal (1946-1959) ; vice-doyen de la Faculté des lettres de la même université (1950-1959) ; directeur de la section d'histoire de l'Université d'Ottawa (1959-1961) ; sous-ministre des Affaires culturelles du Québec (1961-1968) ; président de l'Institut d'histoire de l'Amérique française (1968-1970) ; commissaire général de la Coopération avec l'extérieur pour le gouvernement du Québec (1968-1970) ; de nouveau sous-ministre des Affaires culturelles du Québec depuis 1970.

historique » au Canada français. Et il termine par cette dernière affirmation:

> Parce qu'il a orienté ses recherches dans une certaine direction qu'il décrivait, au début de sa carrière, comme « la route peut-être la plus longue, mais la plus sûre, vers les causes historiques souveraines », notre maître, le chanoine Groulx, a produit une œuvre grandiose, contemplée avec audace, édifiée avec science; une œuvre de haut style et de grande droiture, dont les lignes élégantes et sévères se profilent nettement au-dessus de notre littérature, comme la croix blanche sur le bleu royal de notre drapeau.

Aujourd'hui, en l'année 1962, Guy Frégault écrirait-il les mêmes lignes ? Il se peut que non. Et il aurait sans doute raison. Après 1946, même resté imberbe, le jeune historien avait, comme l'on dit, pris du poil au menton. Encore qu'il me donnât du « cher ·maître », le disciple était devenu maître à son tour. Il n'empêche qu'à l'époque son apologie venait fort à point.

■ ■ ■

J'ai gardé pour la fin l'une de ces manifestations. Et je lui assigne ce rang, non seulement pour sa particulière solennité, mais pour l'engagement que j'y ai pris et qui aurait, sur le reste de ma vie d'historien, des suites que je puis dire considérables. La Société Saint-Jean-Baptiste de Montréal a déclenché ce rappel d'un 30e anniversaire d'enseignement. Elle se réserve d'y fournir sa part à l'occasion de la fête nationale du 24 juin 1946. Elle fait les choses royalement. Le programme de son banquet du soir à l'Hôtel Windsor porte en dédicace: « Au plus vivant historien du Canada français ». Des discours prononcés, ce soir-là, on me permettra de ne rien dire, même de la généreuse présentation d'Esdras Minville. Je souhaiterais, pour ma part, résumer et très brièvement mon discours, ne serait-ce le devoir de gratitude que l'occasion me permet d'accomplir. Il est des heures, dans la vie, où l'on est forcé, dirais-je, de s'*inventorier*. Peut-être a-t-on pu accomplir une œuvre quelconque. Mais qui nous a permis de l'accomplir ? Que serions-nous, sans ceux-là que la Providence a mis sur notre chemin et qui nous ont donné les petites et les grandes poussées, se sont mêlés à notre existence, comme l'humus, le soleil, l'eau du ciel se mêlent à la germination d'une plante et la font éclore. Qui peut dire de quoi est faite la substance de son esprit ? Bien des noms sont remontés ce soir-là en ma mémoire: Mgr Bruchési qui m'avait accueilli à Montréal, m'avait ouvert les portes de l'Université, y avait fondé la chaire d'histoire du Canada; Mgr Philippe Perrier, qui, par son hospitalité généreuse en son presbytère, avait donné logis et couvert au professeur incapable de se payer ce nécessaire; Mgr Myrand, curé de Sainte-Anne d'Ottawa, qui, lui aussi, avec sa générosité de grand seigneur, m'avait, pendant ces trente ans, ouvert son presbytère, facilitant ainsi mes recherches aux Archives d'Ottawa, pour une moyenne de deux mois par année; mon grand ami Antonio Perrault, lequel, en une circonstance qui pour moi aurait pu tourner au tragique, avait sauvé ma liberté de professeur d'histoire contre une offensive des politiciens de l'Université; M. Omer Héroux qui, dès l'annonce de mes premiers cours, s'en était constitué le publiciste et ne cessera plus de me prodiguer le même service jusqu'à la fin de mon enseignement. Souvenir cher de tous ces hommes qui m'avaient entouré d'une émouvante amitié. Mais pouvais-je ne pas remonter plus haut: « ... à mon père, disais-je, que je n'ai pas connu, à l'orphelin abandonné qui, à l'âge de dix-huit ans, prenait le chemin des chantiers, afin d'acheter, de son gagne de jeune bûcheron, la terre où nous sommes nés et d'où une douzaine d'enfants ont pu tirer leur vie et leur avenir; à la petite fille de sept à huit ans, fille d'illettrés, qui, matin et soir, se faisait transporter d'une île sur la terre ferme, puis marchait ses trois milles et demi pour se rendre à l'école du village afin, sans doute, d'ouvrir à ceux qui viendraient après elle, le chemin du savoir. C'est encore elle qui, plus tard, sur la fin de sa vie, me disait: « Ne travaille donc pas tant, pauvre enfant ! A quoi bon ? Tu en as bien assez fait pour faire rire de toi après ta mort. » Et c'est à elle que je répondais: « Vous n'oubliez qu'une chose, vieille mère, et c'est le mauvais exemple que, pendant 94 ans, vous m'avez donné. » — » Que ne doit-on point, en effet, à nos mères qui, petites filles, ont mis tant de courage dans leur vie ?

Il me fallait pourtant en revenir à l'histoire. On fêtait ma trentième année d'enseignement. Les convives attendaient, à

coup sûr, quelques confidences. Et, par exemple, par quels attraits l'histoire m'avait conquis, comment l'avais-je conçue ?
J'atteignais la fin de ma carrière; que ferais-je de tous mes cours,
de toutes mes écritures ? Avais-je des projets d'avenir ? Je transcris encore quelques extraits de ce discours et d'abord ceux-là
où je révèle, une fois de plus, sans doute, par quels attraits
puissants l'histoire canadienne m'avait saisi, passionné, et par
lesquels de ses aspects. « Cela remonte, avouais-je, à l'époque
lointaine de mon enseignement à Valleyfield. Dégoûté des manuels du temps, je m'essayais à rédiger un manuel moins mépri-
sable pour mes collégiens. Manière alors comme une autre d'apprendre ce qu'on ne savait pas. Avais-je besoin d'une intuition
de génie pour discerner que notre histoire est, au premier chef,
l'histoire d'un peuple catholique ? Premier trait ou caractère qui
m'a paru et qui me paraît encore un trait de noblesse au Canada, tout autant qu'un trait d'originalité. Si nous tenons notre catholicisme pour un ferment de quelque valeur dans la pâte humaine, il ne se peut qu'un peuple qui l'a admis joyeusement dans
sa vie, qui l'a laissé libre d'agir, qui a pu lui opposer parfois,
je le veux bien, le vieux levain de sa chair, mais qui n'a jamais
ni rejeté, ni trahi sa foi et qui, pour la garder, a consenti même
quelques sacrifices; il ne se peut, dis-je, que le passé d'un tel
peuple, que sa vie intime et publique, ses institutions, ses traditions ne soient marquées de quelque grandeur, et qu'une histoire
bâtie à l'échelle de la foi catholique ressemble totalement aux
autres. »

Et cet aspect, j'y reviens, parce que peu souvent, ce me semble, je l'aurai mis en relief. Cet autre aspect m'avait séduit.
« Cette histoire catholique, continuais-je, ne pouvait non plus
manquer de m'apparaître, et sans que j'y eusse grand mérite, comme une histoire française. Et voici bien, et dans l'histoire du Canada et dans l'histoire des Amériques, et dans l'histoire générale
des colonies, un autre trait d'originalité. La France aura étonné le
monde par son expansion intellectuelle, par la puissance propul-
sive de sa pensée. Il y eut un siècle où l'on put dire qu'elle avait
conquis l'Europe à sa langue et à sa culture. Aujourd'hui encore,
une royauté reste à la France républicaine, malgré qu'elle en ait,
la royauté de son esprit. Chose indéniable néanmoins, ce peuple

à tant d'égards prolifique, a peu émigré, ou du moins, peu projeté, hors de soi, sur d'autres points du monde, de vraies images
de soi-même, d'authentiques jeunes Frances, issues de son sang,
de sa culture, de son histoire. Perspective où la Nouvelle-France
nous apparaît comme une entreprise coloniale d'exception. Après
le Portugal, après l'Espagne, en même temps que l'Angleterre,
la France a tenté ici, en Amérique du Nord, non seulement de
prendre, comme les autres, sa part des nouveaux mondes, mais
d'y graver son empreinte; elle a voulu y « provigner » une Nouvelle France, comme on disait alors, en y exportant sa foi, son
droit, sa langue, sa culture, ses institutions, mais surtout sa race.
Elle n'a pas voulu que le Canada fût seulement une colonie, sa
colonie ; elle a voulu qu'il fût une colonie française, fondée,
peuplée par des gens de sa terre, par des fils de France, par des
« naturels Français catholiques », avait décidé Richelieu. Et si
vous y faites attention, cette œuvre coloniale ou ce peuplement
à la française, la France ne l'a tenté qu'une fois, sur un seul point
du monde: en Amérique du Nord, sur les bords du Saint-Laurent,
autour des grands lacs, sur les chemins de la Louisiane. Un jour
viendra, ce sera après 1760, où l'on déplorera, à Versailles, que
les colonies de la France équinoxiale soient trop peu peuplées de
Français ou d'hommes blancs. Et l'on attribuera à cette indigence
l'esprit révolutionnaire de ces colonies. Que la France ait colonisé
le Canada à l'apogée de sa grandeur en Europe, à son point de
maturité comme nation, laisse ensuite à penser de quelle empreinte
vigoureuse elle a pu marquer cette portion du continent. On n'est
pas pour rien fils de la grande France du 17e siècle. « Vous êtes
hors de France, me disait l'autre jour un jeune journaliste de
Paris, le groupe français le plus français et le plus considérable. »
« Le Canada, disait en 1926 le futur cardinal Baudrillart[58], du
haut de la chaire de Notre-Dame de Paris, est ce que la France
a projeté de meilleur hors de soi. »

Un troisième aspect m'apparaissait enfin de cette histoire:
celui d'après la conquête anglaise. « Une poignée de 65,000
âmes, de quelque chose comme 10,000 familles, qui se jure de
subsister dans son être ethnique et culturel, en face de l'Améri-

---

58. Henri-Marie-Alfred Baudrillart, voir la note 68 du cinquième
volume.

que toujours grandissante, en face du vaste et tout-puissant empire. Presque une gageure contre le destin... » Existence tragique, comme nul peuple des trois Amériques n'en a vécue et que je résume en cette image: « Barque à la dérive qui ne parvient à tenir le fond qu'en usant de toutes ses ancres. » Et c'est alors que je confie à l'auditoire mon grand projet: « Ne vous étonnez pas que, pour fouiller davantage cette histoire et la sortir de ses cendres ou de sa pénombre, j'aie projeté depuis longtemps, mes amis le savent, la fondation d'un Institut d'histoire de l'Amérique française. J'ai souhaité former ici, dans Montréal, une équipe de chercheurs et d'écrivains d'histoire qui s'emploieraient tout spécialement à l'étude du passé français de l'Amérique. Seuls, mes amis le savent aussi, le manque de ressources, les conditions misérables où mon collègue, M. Frégault et moi-même continuons à travailler, m'ont empêché de fonder cet Institut. Mais s'il le faut, je le fonderai dans la pauvreté, puisqu'il n'y a que ces fondations, chez nous, qui réussissent. Je le fonderai dans notre Université, si elle le veut, pour que nous soyons plusieurs à travailler méthodiquement; pour que cette histoire, avec sa vérité et son prestige, pénètre dans toutes nos écoles, dans tous nos foyers; pour que cesse l'ignorance inconcevable de ceux-là qui en sont les héritiers. »

Fondation de l'Institut d'histoire de l'Amérique française

Je tenais ces propos le 24 juin 1946. Les choses ne vont pas traîner. Les vacances passées, dès le 26 octobre, dans une entrevue donnée au *Devoir*, je puis annoncer la « bonne nouvelle »: l'œuvre est en marche. Elle a trouvé son nom: *Institut d'histoire de l'Amérique française*. On ne veut « ni faire double emploi avec aucune Société historique au Canada, ni marcher sur les brisées d'aucune ». Le Canada français obtiendra, sans doute, dans les travaux de l'Institut, la plus large part; il le mérite et il s'impose par son importance. Mais on travaillera aussi « avec autant d'ardeur, à la recherche et à la révélation de tout le fait français dans le Nouveau-Monde ». C'est plus qu'un squelette, c'est presque une institution qui, déjà, en cette entrevue, nous apparaît, avec ses organes vitaux: équipe de chercheurs, en voie de formation; sections de l'Institut, dans chacune des régions de son champ d'histoire; choix de membres correspondants où la section se révèle impossible; projet de sections juvéniles ou de sections d'étudiants; constitution d'un fonds d'archives au siège de l'Institut; échange de documents et de conférenciers d'une section à l'autre; réunion plénière, une fois l'an, pour la mise au point des travaux de chaque année, pour l'étude en commun de questions d'histoire; édition d'études ou d'ouvrages des membres de l'Institut; cours annuel de cinq à six leçons à l'Université de Montréal, sur un sujet ou l'autre de l'histoire de l'Amérique française. Ce même jour, le fondateur précise nettement le caractère de l'Institut:

Institut d'histoire « scientifique », affirme-t-il, même si le mot, pour son imprécision, ne lui a jamais plu. Donc point d'histoire-propagande, même nationale. Cette propagande se fera d'elle-même, par le prestige de l'œuvre, sans que l'on y songe. A une question, en effet, du reporter du *Devoir* qui lui demande:

— Vous avez dû songer, sans doute, qu'un Institut de cette espèce et de cette envergure qui suscitera la collaboration de tant de fils de la famille dispersée, et qui les fera travailler sur une matière aussi dynamique que l'Histoire, leur propre Histoire, vous avez dû penser, dis-je, qu'un pareil travail en commun fortifiera grandement la fraternité française en Amérique ?

Le fondateur répond: « Oui et non. Les historiens, vous ne l'ignorez pas, doivent s'interdire toute fin utilitaire, quelque noble soit-elle. Mais encore que leur travail exclue tout pragmatisme et n'ait le droit de s'en inspirer, pas plus que d'autres ils ne peuvent empêcher que leurs actes les suivent, je veux dire que leurs œuvres ou leurs travaux ne se prolongent dans le temps et la vie. Oui, je le crois, l'Institut d'histoire servira notre communauté française; je crois même qu'il servira une communauté plus large. Plus j'étudie le fait français dans notre monde américain, plus je me convaincs qu'il fut éminemment, et sur tous les points, un fait de civilisation. Pourquoi en laisser perdre ou tomber dans l'oubli les moindres parcelles, alors que la civilisation du Nouveau-Monde a tant besoin de conserver toutes ses valeurs ?... »

Aujourd'hui, quand je cherche, en ma mémoire, les raisons déterminantes qui m'ont amené à fonder cet Institut d'histoire, deux de ces raisons émergent avec relief. Tous les pionniers, quels qu'ils soient, inclinent à gémir sur l'imperfection de l'œuvre qu'ils laissent après eux. Qu'une ambition les hante, celle de préparer un achèvement de leur ébauche, quoi de plus naturel ? Ce fut là, je le crois bien, la première raison de ma fondation. En outre, et c'était là ma seconde raison, en mes recherches d'histoire, une constatation m'avait toujours douloureusement impressionné: l'impuissance de l'historien à cerner le moindre fait dans sa totalité, en raison des marges indéfinies qui l'enveloppent: perspectives ouvertes sur l'inconnu. Mon enseignement bientôt terminé à l'Université, j'espérais, sur certains faits plus passionnants, d'une valeur explicative souvent considérable, me livrer à mon gré à des études patientes, fouillées. Du moins toute l'équipe groupée autour de l'Institut, espérais-je, pourrait se vouer à ces indispensables recherches.

Le 13 décembre 1946, l'Institut prend naissance, à mon domicile du 261 rue Bloomfield, à Outremont. Le Comité de direction se compose de MM. Antoine Roy [59], archiviste de la province de Québec, de Léo-Paul Desrosiers [60], conservateur de la Bibliothèque municipale de Montréal, de Gordon O. Rothney [61], professeur au Sir George Williams College, de Gérard Filteau [62], de Shawinigan, auteur de *La Naissance d'une nation* et de l'*Histoire des patriotes* (1837-1838), de Guy Frégault, professeur à l'Université de Montréal, docteur en histoire de la Loyola University (Chicago, E.-U.), du Frère Antoine Bernard, c.s.v. [63], professeur d'histoire de l'Acadie à l'Université de Montréal, de Maurice Sé-

---

59. Antoine Roy (1905-   ), archiviste en chef de la province de Québec (1941-1963) ; directeur et éditeur-propriétaire du *Bulletin des recherches historiques* ; écrivain.

60. Léo-Paul Desrosiers, voir la note 71 du deuxième volume.

61. Gordon O. Rothney, voir la note 16 de ce volume.

62. Gérard Filteau (1906-   ), professeur (1924-1930) ; inspecteur d'écoles (1930-1960) ; directeur de l'extension de l'enseignement, département de l'Instruction publique, Québec (1960-1964) ; retiré.

63. Antoine Bernard (1890-1967), c.s.v. ; professeur (1907-1915) ; étudiant en Europe (1920-1924) ; professeur d'histoire de l'Acadie à l'Université de Montréal (1926-1949) ; membre du Conseil de la Vie française (1940-1958). Auteur de nombreux ouvrages sur l'Acadie.

guin [64], licencié en lettres-histoire de l'Université de Montréal, des Pères Léon Pouliot, s.j. [65], Thomas Charland, o.p., Conrad Morin, o.f.m. [66], tous trois spécialistes en histoire, et enfin du fondateur. Par choix du Comité, les trois membres suivants, Lionel Groulx, Guy Frégault, Maurice Séguin, se voient investis respectivement des postes de président, vice-président, secrétaire-trésorier. L'Institut a déjà recruté une première phalange de membres correspondants dans les diverses parties de l'Amérique française.

Revue d'histoire de l'Amérique française

Le président a toujours aimé aller vite en besogne. Dès les premières réunions, il soumet à ses collègues, quelque peu sceptiques, un projet de revue. L'Institut que l'on fonde, il y insiste, ne doit pas être un Institut sur papier. Tout de suite il importe qu'il pose des actes, des actes de vie. La revue sera une revue de belle taille, une revue trimestrielle, en état de concurrencer, par sa mine et son contenu, la *Canadian Historical Review*. Le temps ne serait-il pas venu, pour les Canadiens français, d'affirmer leur présence, au moins dans un domaine de la recherche scientifique: l'Histoire ? Une équipe d'historiens, c'est ma conviction, existe en Amérique française, assez maîtresse du métier, pour assurer la vie d'une pareille revue et l'imposer au public. Et le président détaille le sommaire de chaque livraison, tel que déjà il l'a conçu. Sommaire varié: quatre ou cinq grands articles de rédaction, rien que de l'inédit et de bonne main d'ouvrier;

64. Maurice Séguin (1918-   ), historien ; professeur d'histoire du Canada à l'Université de Montréal depuis 1948 ; secrétaire-trésorier de l'Institut d'histoire de l'Amérique française (1947-1970) ; directeur (1970-1971).

65. Léon Pouliot (1898-   ), jésuite ; professeur d'histoire ecclésiastique au Scolasticat de l'Immaculée-Conception, Montréal (1935-1947) ; recteur de ce Scolasticat (1942-1947) ; provincial de la Province du Bas-Canada (1947-1953) ; archiviste adjoint, Maison des Pères Jésuites, St-Jérôme ; écrivain ; l'un des premiers directeurs de l'Institut d'histoire de l'Amérique française (1947).

66. Thomas-Marie Charland, voir la note 35 du sixième volume. — Conrad-M. Morin (1906-   ), o.f.m. ; archiviste ; professeur à l'Université de Montréal ; promoteur de la cause de Mère Marie-Rose, fondatrice des Sœurs des Saints Noms de Jésus et de Marie ; séjourne plusieurs années à Rome ; retiré.

puis quelques documents inédits; une bibliographie sur divers sujets d'histoire, à l'usage particulier des étudiants; une « revue des livres et des revues », comptes rendus critiques pour renseignements sur la production historique, articles ou volumes, et en vue de relever le niveau de cette production ; enfin, pour susciter, autour de l'Institut et de ses œuvres, un certain esprit de famille, une chronique qui en relatera faits et gestes. L'exposé parut plaire au Comité de direction; il ébranla même le scepticisme. Le président, du reste, n'abdique point toute prudence. Compte fait des historiens et des chercheurs de métier et aussi des institutions et amateurs d'histoire en Amérique française, et par-dessus tout du caractère de la revue, il ne croit pas établir à plus de 500 exemplaires le premier tirage.

Deux graves questions toutefois restent à résoudre: les a-bonnés et le financement de l'entreprise. Dans *Le Devoir,* M. Héroux, toujours diligent et généreux, fait à la *Revue,* comme à l'Institut, une publicité qu'on eût pu dire de grand orchestre: « La revue de l'Institut vaudra par les textes qu'elle publiera; elle vaudra par l'élan nouveau qu'elle imprimera aux études historiques, par les liens qu'elle créera ou resserrera entre les chercheurs. »

« Elle portera au loin l'écho de la vie française de notre continent. On la trouvera sûrement dans la bibliothèque des grandes maisons d'étude du monde. Quelles curiosités, quelles recherches peut-être n'y suscitera-t-elle pas ! » C'était presque parler en prophète. Publicité éloquente, appels pressants qui nous vaudront, en quelques semaines, une avalanche d'abonnés. Si bien que le directeur prend peur. Ces abonnés ne cèdent-ils pas à quelque illusion ? Se rendent-ils bien compte du caractère de la *Revue,* de la forme d'histoire qu'elle leur réserve, forme quelque peu sévère, revêche ? D'un tirage de 500 exemplaires, il n'en faut pas moins passer au millier, puis bientôt dépasser ce millier, le porter à 1300, quand le président de la biscuiterie Stuart, M. Alfred Allard, nous paie, à lui seul, 100 abonnements destinés à ses principaux clients.

Reste la finance. Au soir de notre fondation, notre caisse ne connaît encore que le vide absolu. Pas le moindre sou. Nous parions sur l'avenir et sur la Providence. Mais le jeune Institut se remue, donne plus que l'illusion de la vie. Il ne s'arrête pas à la fondation d'une grande revue. Il tient ses promesses, annonce, pour avril 1947, une première série de cours à l'Université: un spécialiste de grande classe, le Père Jean Delanglez, s.j.[67], de Loyola University (Chicago), nous entretiendra de Louis Jolliet. Bientôt aussi, sous le patronage de l'Institut, Léo-Paul Desrosiers publiera le premier tome de son *Iroquoisie*. Conquises par tant de bonne volonté, des bourses se délient. Mme Adélina-R. Labelle, mon ancienne voisine de Vaudreuil, nous adresse un chèque de $500. Si bien qu'il nous faut instituer une catégorie de « membres bienfaiteurs », titre honorifique destiné à ceux-là qui débourseront au moins cent dollars. Douze de ces généreux figureront bientôt au verso de la couverture de la première livraison. Mais, dès le début, notre monde de politiciens nous avait préparé un petit épisode d'opéra-comique on ne peut plus savoureux. On m'en voudrait de ne pas le raconter. Il illustre si magnifiquement une époque de notre histoire politique. Or donc, un de ces jours, mes collègues, éplorés devant notre caisse trop vide de pièces sonnantes et trébuchantes, me tiennent ce discours:

— Pourquoi ne pas demander une subvention au gouvernement de Québec ?

— Je n'ai jamais rien demandé à ces gens-là. Et chaque fois que mes éditeurs ont voulu leur vendre de mes livres, ils n'ont jamais reçu que de ces refus qu'on dit « polis ».

— Mais enfin, vous ne demanderez pas pour vous-même. Vous solliciterez pour une œuvre.

Après un discours aussi persuasif, je me risque, à moitié convaincu, à une démarche auprès du Secrétaire de la province, distributeur de la manne ministérielle, et qui est alors M. Omer

---

67. Jean Delanglez (1896-1949), jésuite ; professeur d'histoire à l'Université Loyola de Chicago (1936-1949) ; membre fondateur de l'Institute of Jesuit History (1936). Auteur de plusieurs études historiques. Voir la notice nécrologique de Guy Frégault, dans la *Revue d'histoire de l'Amérique française*, 3 : 165-171.

Côté [68]. M. Côté, avant d'être ministre, me manifestait presque de l'amitié. S'il m'apercevait sur la rue, il me faisait monter dans sa voiture pour me ramener chez moi. Il me donne rendez-vous à sa résidence d'Outremont, chemin Sainte-Catherine. M. le Ministre me reçoit, avec une grande amabilité, presque avec pompe. Il fait même venir son jeune fils, enfant d'une dizaine d'années, me priant de le bénir; il entend que l'enfant garde un souvenir impérissable de cette rencontre et de cette bénédiction. Et j'expose le sujet de ma visite.

— Si je vous offrais un chèque de $500, cela vous aiderait-il ? me répond M. le Ministre, spontanément.

— Assurément, M. le Ministre; mais je ne puis vous cacher que la seule impression de notre première livraison nous coûtera au moins mille dollars.

— Oui... je vais examiner mon budget. Et je vous dirai si je puis faire davantage.

Et l'inévitable question suit:

— Où ferez-vous imprimer ?

Je songeais alors à l'Imprimerie du *Devoir* et à celle de Thérien Frères. En parfait devin ou diplomate, je réponds:

— Chez Thérien !

— Magnifique ! s'exclame M. le Ministre qui m'avoue, ce que j'ignorais, en être à *tu* et à *toi,* avec son ami Thérien [69].

Pour le coup je me crus quelque chose du flair divinatoire du parfait diplomate de carrière. Et j'attendis le chèque qui me devait arriver la semaine suivante.

Et la semaine passa et j'attendis.

---

68. Omer Côté (1906-   ), avocat (1929-1956) ; échevin de la ville de Montréal (1936-1940) ; député de Montréal-Saint-Jacques à la Législature de Québec (1944-1956) ; secrétaire de la province de Québec (1944-1956) ; juge (1956).

69. J.-Alexandre Thérien (1891-   ), imprimeur ; typographe à *La Patrie* (1905) ; assistant surintendant au *Devoir,* puis surintendant de la Montreal Printing & Publishing Company Limited ; gérant d'Arbour & Dupont, imprimeurs ; président-fondateur de la maison Thérien Frères Limitée (1927-   ).

Une autre semaine passa à son tour et j'attendis. Mais après quinze jours, j'avertis mon ami Thérien qui me demandait de la copie, que je me refusais à marcher si vite avec lui. Si je vais au *Devoir,* lui dis-je, *Le Devoir* me fera une publicité qui me vaudra bien $500. Si vous m'obtenez la somme équivalente de votre ministre, j'irai chez vous.

Et j'attendis.

Un jour pourtant j'avertis franchement l'ami Thérien:

— J'ai promis que ma revue paraîtrait le 15 juin. Je tiens à cette date. Donc, si d'ici huit jours, vous n'avez rien reçu de Québec, je le regrette, mais j'irai au *Devoir.*

— Mais le ministre m'a promis que l'affaire serait réglée cette semaine, me répondit l'ami Thérien.

Et j'attendis.

Mais comme Sœur Anne ni moi-même ne voyions rien venir, j'allai au *Devoir.* J'en avais fini d'attendre. Mais nous ne sommes pas au dernier acte de la comédie.

Ma visite chez M. le ministre Côté remonte au début de 1947. Presque deux ans passeront. Le 2 décembre 1948, je reçois du secrétaire du sous-ministre, c'est-à-dire le secrétaire de M. Jean Bruchési, la lettre stupéfiante que voici:

Monsieur le Chanoine,

Le 11 février 1947, monsieur Jean Bruchési vous transmettait un chèque portant le no 258793, au montant de $500.00, en paiement d'un octroi spécial accordé par le Secrétariat de la province à l'Institut d'Histoire de l'Amérique française.

Or, d'après les livres du Département du Trésor, le chèque qui vous a été envoyé apparaît comme étant encore en circulation. Auriez-vous l'obligeance de me dire, par un prochain courrier, à quelle date et à quelle banque vous avez déposé ou encaissé ledit chèque afin que nous puissions communiquer ces renseignements à qui de droit ?

Recevez, monsieur le Chanoine, l'assurance de mes sentiments les meilleurs.

Le secrétaire du sous-ministre,
Charles-Eugène Bélanger

Le 4 décembre 1948, je réponds, de ma plus belle encre, à M. Bélanger:

....

Je regrette de vous dire que ce chèque, no 258793, au montant de $500.00, n'est jamais parvenu à l'Institut d'Histoire de l'Amérique française. Et voilà pourquoi il serait encore en circulation. Veuillez croire, du reste, que si l'Institut d'Histoire de l'Amérique française eût jamais reçu cet « octroi » spécial, il se serait fait un devoir d'en remercier le Ministre et le Sous-Ministre. Et la lettre apparaîtrait dans vos dossiers.

Avec l'espoir qu'on pourra retrouver ce chèque ou nous en expédier un duplicata, je vous prie d'agréer, cher Monsieur, l'expression de mes meilleurs sentiments.

Et j'attendis encore. Las d'attendre, je décidai, après trois semaines, de m'adresser directement au ministre. Je lui envoyai copie de la lettre de M. Bélanger et ma réponse à ce dernier. Et j'ajoutai:

Depuis lors [soit depuis le 4 décembre 1948], je n'ai reçu aucune nouvelle de Monsieur Bélanger. Je n'ignore point, Monsieur le Ministre, que l'Institut d'Histoire de l'Amérique française vous doit ce généreux « octroi ». L'Institut peut-il espérer qu'on finira par retrouver ce chèque no 258793, ou qu'on lui en fournira un duplicata. Je n'ai pas besoin de vous dire que l'« octroi » lui serait extrêmement profitable.

Le 12 janvier 1949, les vacances du Jour de l'An terminées, M. le Ministre m'adresse, avec notation « Personnelle », cette réponse à la fois embarrassée et maladroite dont je cite le dernier paragraphe:

....

En réponse, je dois vous dire que tout ce qui est mentionné dans votre lettre n'est pas exact. En premier lieu, monsieur Bélanger n'a jamais été autorisé à vous transmettre un tel chèque et, en second lieu, aucun octroi n'a été accordé à l'Institut précité.

J'espère que ces renseignements seront trouvés satisfaisants.

Ni mes collègues, ni moi-même ne trouvons malheureusement ces renseignements « satisfaisants ». Mais comme l'affaire peut, dès lors, tourner à la polémique, je passe la plume à notre secrétaire, M. Maurice Séguin, qui adresse au ministre cette mise au point:

> Monsieur le Ministre,
>
> A sa réunion du 21 janvier dernier, le Comité de direction de l'Institut d'Histoire de l'Amérique française a pris connaissance de votre lettre adressée à son président, le 12 du présent mois.
>
> Nous vous faisons observer que la lettre de notre président ne contient rien d'inexact. Il n'est dit nulle part, dans la correspondance échangée entre le Président de l'Institut et M. Charles-Eugène Bélanger, que ce dernier nous ait transmis un chèque, mais bien que ce chèque nous a été transmis par votre sous-ministre, M. Jean Bruchési. Du reste, M. le Ministre, il appert que ce chèque a bel et bien été émis, puisqu'il porte un numéro officiel, le no 258793, et qu'au surplus, d'après les livres du Département du Trésor, le chèque... apparaît (le 2 décembre 1948), soit deux ans après, comme étant encore en circulation.
>
> En outre, M. le Ministre, nous ne pouvons considérer comme « personnelle », votre lettre du 12 janvier dernier. Il ne s'agit aucunement, dans le cas présent, d'un échange de lettres à titre privé, mais d'un échange entre le Président de l'Institut d'Histoire de l'Amérique française et le Secrétaire de la Province de Québec. D'ailleurs, comme le Président de l'Institut ne saurait se laisser soupçonner d'avoir encaissé le chèque personnellement, il a été bien obligé de nous donner connaissance de toute la correspondance échangée avec votre ministère. Et notre Institut qui vit de dévouement et de la charité de quelques amis, n'entend point passer pour émarger au budget de la Province, alors qu'il n'en reçoit pas un sou.

Que va répondre M. le Ministre à cette riposte qui ne lui laisse pas beaucoup de portes de sortie ? Va-t-il garder un diplomatique silence ? Ce qui eût été sagesse pour un homme aussi mal pris. Après quinze jours de réflexion, le 16 mars 1949, M. le ministre choisit de répondre. Il le fait sur le ton altier, le ton du politicien décidé à faire le bravache, dans l'espoir d'intimider l'adversaire:

> Cher Monsieur,
>
> Je suis un peu étonné de la façon cavalière avec laquelle vous avez rédigé votre lettre du 25 février 1949. L'expérience des

ans vous apprendra sans doute à réfléchir un peu plus avant d'écrire.

J'ai toujours considéré qu'une lettre personnelle doit garder un caractère personnel. A tout événement, vous n'avez aucune raison de penser que le président de l'Institut a été soupçonné d'encaisser un chèque qu'il n'a jamais reçu. Pour retirer un chèque, il faut l'endosser; et le président de l'Institut n'a pas apposé sa signature. En conséquence, il ne peut être soupçonné d'avoir retiré un montant du Gouvernement.

Je tiens à vous faire part d'une autre inexactitude de votre lettre: vous dites au paragraphe deux que ce chèque vous a été transmis par le sous-ministre, monsieur Jean Bruchési. Je dois vous informer que le sous-ministre de la Province n'a jamais été autorisé à transmettre un tel chèque, et comme question de fait, ne l'a jamais transmis. Qu'un chèque ait été émis au Trésor, cela est une affaire interne et ne regarde nullement votre Institut.

Je considère inutile de vous envoyer cette lettre à titre personnel et confidentiel, assuré à l'avance que vous ne saurez respecter ce caractère.

Autre lettre maladroite que le secrétaire de l'Institut ne laissera pas sans réponse. Donc, le 18 mars, il rappelle une fois de plus M. le Ministre au respect de certains aveux du personnel de son ministère:

Monsieur le ministre,

Nous ne pouvons accepter le reproche d'inexactitude que vous persistez à nous adresser. Personne, à l'Institut d'Histoire de l'Amérique française, n'a jamais affirmé ni juré que M. Jean Bruchési nous avait transmis un chèque — en l'espèce le chèque no 258793. Nous avons seulement affirmé et nous maintenons — relisez, s'il vous plaît, la lettre du secrétaire de votre sous-ministre en date du 2 décembre 1948 — avoir reçu l'avis suivant:

« Le 11 février 1947, M. Jean Bruchési vous transmettait un chèque portant le no 258793, au montant de $500.00, en paiement d'un octroi spécial accordé par le Secrétariat de la province à l'Institut d'Histoire de l'Amérique française. »

Où est, en tout cela, l'inexactitude ? Il peut être faux que Jean Bruchési nous ait transmis un chèque. Il n'est pas faux qu'on nous ait avisés de l'envoi de ce chèque no 258793.

André Laurendeau et le chanoine Lionel Groulx, dans les bureaux de la Société Saint-Jean-Baptiste de Montréal, lors de la remise du prix du journalisme à Jean-Marc Léger (mars 1965).

Son Excellence Mgr Joseph Charbonneau, archevêque de Montréal (1940-1950).

Me Maxime Raymond, chef du Bloc populaire canadien ; président-fondateur de la Fondation Lionel-Groulx (1956).

Votre protestation au sujet du caractère « personnel » de votre lettre du 12 janvier 1949 au Président de notre Institut, n'est pas davantage recevable. A la réception de la lettre de M. Charles-Eugène Bélanger, notre président — rien ne le lui défendait — a fait part de l'heureuse nouvelle à notre Comité de direction et à nombre de nos amis. Là-dessus nous est arrivée votre lettre du 12 janvier dernier. Pour les raisons que nous vous avons données et qui sont des raisons de gens d'honneur, force a bien été de donner connaissance de votre lettre à tous ceux qui avaient d'abord appris « l'heureuse nouvelle », et de leur faire savoir que le chèque no 258793 avait pris un autre chemin que celui de notre caisse. Dans ces conditions, votre lettre ne pouvait rester « personnelle ». Nous croyons, du reste, que ce caractère « personnel » d'une correspondance n'a jamais existé simplement que pour cacher quelque chose de gênant, non plus que pour se couvrir aux dépens des autres.

Vous me reprochez, M. le Ministre, le ton cavalier de ma dernière lettre. Relisez, s'il vous plaît, la vôtre du 12 janvier au Président de l'Institut d'Histoire de l'Amérique française. Et vous constaterez peut-être que nous n'avons pas inventé le ton cavalier, assez peu coutumier dans la correspondance officielle.

Quelques jours plus tard, le 26 mars 1949, M. le Ministre, d'une seule phrase, mettait fin à cette correspondance qui devenait plus que gênante:

Cher Monsieur,

Pour faire suite à votre lettre du 18 mars, je me permets de vous aviser que je considère l'incident clos.

Et le mystère ? L'émission du chèque ne fait point de doute. M. le ministre Omer Côté avait voulu tenir sa promesse. Et il convient de lui en donner le crédit. Qui avait intercepté ou déchiré le chèque ? Sur ce point, il me faut m'en tenir à des renseignements que m'ont alors fournis Esdras Minville et Victor Barbeau. Ces renseignements, de qui les tenaient-ils ? Voici, en tout cas, ce qui a pu percer des secrets officiels. Victor Barbeau vient de fonder *Liaison*, revue de littérature. Pour son premier numéro, il me demande un portrait littéraire de Thomas Chapais. Le sujet ne me tente guère; j'y aperçois même une sorte d'inconvenance. Je le fais observer à Barbeau: M. Chapais et moi-même avons enseigné, en même temps, l'histoire du Canada, lui à Laval, moi à Montréal. Nous avons échangé nos ouvrages. Vrai gentilhomme, M. Chapais ne paraissait point s'offenser de nos dissentiments. Il m'écrivit même un jour: « En histoire, vous savez, il y a souvent place pour deux opinions. » Or, dis-je à Barbeau, M. Chapais n'est plus. Si j'entreprends de définir l'homme et l'historien, je ne puis le faire sur le ton de la nécrologie. Il me faudra juger. J'aurai l'air de diminuer un concurrent. Mais Barbeau insiste si bien que je finis par rédiger le portrait. Je le fais aussi consciencieusement que possible. Y ai-je jeté quelques traits trop malicieux ? L'article paru, je rencontre mon bon ami Alain Grandbois[70], Québécois authentique. Il me dit: « J'ai craint un moment ce portrait. Barbeau m'avait dit: « L'abbé Groulx *descend* Chapais. » Non, vous ne l'avez pas descendu. Vous avez été sévère, mais juste. » Seulement, il y avait alors à Québec, un haut fonctionnaire officieux, très officieux, qui ne s'était trouvé ni de l'Académie canadienne-française, ni de l'Institut d'histoire de l'Amérique française. Or, vous n'ignorez pas, me raconteront dans le temps Minville et Barbeau, que ce personnage n'aime guère les œuvres dont il n'est point. Il connaissait le faible du premier ministre Duplessis. Celui-ci avait voué à M. Chapais, conservateur et *bleu* de la vieille école, une dévotion, un culte presque de dulie. Or le personnage ci-haut désigné, bien au courant du chèque de $500, émis en faveur de l'Institut d'histoire de l'Amérique française, aurait cru, sans doute, de bonne politique de faire voir à M. le Premier Ministre, l'article de *Liaison*. M. Duplessis, on le sait, ne lisait rien. Mais mis au courant de l'affreux contenu de l'article, le brandit, m'ont encore raconté mes deux informateurs, en plein Conseil de ses ministres, en s'écriant, la face presque crispée: « Ecrire des choses comme ça, quand on tend la main ! » Et les augustes mains de M. le Premier auraient, séance tenante, déchiré le chèque de $500. Et voilà comment, deux ans plus tard, les fonctionnaires du Trésor recherchaient encore ce no 258793. Ma tentation fut grande, à l'époque, je le confesse, de passer tout le dossier de l'amusante affaire, au journal *Le Devoir*. Voit-on un peu la tête du

---

70. Alain Grandbois (1900-   ), licencié en droit ; écrivain ; a consacré vingt ans de sa vie à voyager ; prix David (1941, 1947) ; prix Duvernay (1950) ; médaille Lorne Pierce (1954) ; membre-fondateur de l'Académie canadienne-française.

public et de Messieurs les ministres, devant une interrogation comme celle-ci, interrogation prolongée pendant quelques semaines: « Et le chèque no 258793, qu'est-il devenu ? » Les sages de l'Institut, avec raison, je le pense bien, me conseillèrent de n'en rien faire.

Sans l'aide officielle, la *Revue d'histoire* continua quand même son petit bonhomme de chemin. Elle le suit depuis bientôt dix-sept ans [71]. Ses abonnés lui restent fidèles; la mort seule ou peu s'en faut, les lui enlève. Et c'est toujours, pour le directeur, une petite scène émouvante que celle d'humbles amis, ni riches, ni apparemment grands intellectuels, qui viennent d'eux-mêmes, avec joie, payer leur abonnement, parce qu'ils aiment la *Revue, leur Revue.* Les collaborateurs n'ont pas cessé de lui fournir régulièrement et gratuitement petits et grands articles. Nombre de jeunes débutants briguent l'honneur d'y collaborer, comme si la *Revue* allait lancer leur nom dans le public. Que d'autres, et non des moindres, ont sollicité l'honneur de figurer parmi ses membres correspondants ! Exemple: M. W. L. Morton, historien de l'Ouest canadien. Des collaborateurs, il lui en est venu et il lui en vient d'un peu partout: du Canada anglais, des Etats-Unis, des Antilles, de France, d'Espagne. Et il y a cette étonnante expansion que l'humble périodique s'est taillée à travers le monde. La *Revue* n'a pu s'offrir avec réclame aux grandes bibliothèques ou universités étrangères, n'ayant pas les moyens de se payer cette propagande. On est venu la chercher; et après réception du premier numéro, on a réclamé la collection complète. Et comment n'être pas un peu touché quand, sur la liste de nos abonnés, nous voyons figurer, non seulement le British Museum, les Universités de Londres et d'Oxford, mais encore, la Bibliothèque nationale de Paris, plusieurs universités de France, en particulier la bibliothèque de la Sorbonne, la librairie Cox de Bruxelles, la bibliothèque d'Amsterdam, la bibliothèque Det Kongelige de Copenhague, la bibliothèque de l'Université de Helsinki (Finlande), la bibliothèque du Vatican, la Biblioteca dell' Universita' Cattolica de Milan, l'Internationale Buchhandlung de Wiesbaden (Allemagne), Otto Rasch de Marburg Lahn (Alle-

---

71. La *Revue d'histoire de l'Amérique française* en est actuellement à sa 28e année.

magne), la bibliothèque de l'Université de Dakar (Afrique); des abonnés, la *Revue* en possède au Mexique, au Venezuela, en Colombie, à Bogota, à Haïti, à la Martinique. On trouve encore la *Revue* en six ou sept ambassades canadiennes: à Paris, à Rome, à Bruxelles, à Genève, à Buenos Aires, à Rio de Janeiro, à Port-au-Prince, à Mexico, à Caracas, à Berne (Suisse), à Santo Domingo, à Yaoundé (Cameroun). Sa diffusion la plus étonnante toutefois, la *Revue* l'a peut-être obtenue où on le soupçonnerait le moins: chez nos voisins des Etats-Unis; au-delà de quarante universités ou bibliothèques, de toutes les parties de la République américaine, à commencer par la bibliothèque du Capitole (Washington).

Après seize ans, la *Revue,* pas plus qu'à son départ, ne prend rang parmi les publications cossues. Elle ne peut rétribuer ses collaborateurs, ni même son directeur qui lui aura donné les dernières années de sa vie. Chaque année, elle boucle tant bien que mal son budget. Heureusement la liste de ses bienfaiteurs s'allonge un peu d'une année à l'autre. Et quelques amis professionnels, hommes d'affaires, s'intéressent si fortement à l'œuvre que, pour assurer la survivance de l'Institut et de sa *Revue,* quand je ne serai plus là, ils ont fondé ce qu'ils appellent la « Fondation Lionel-Groulx * » dans l'espoir d'amasser un capital d'au moins $100,000.

---

* La Fondation Lionel-Groulx se compose actuellement : du Dr Jacques Genest, président, voir la note 3 de ce volume ; — de
Roger Charbonneau, vice-président (1914-   ), comptable agréé ; professeur (1941-1948), à temps partiel (1948-1962), directeur adjoint (1959-1962), directeur (1962-1972) à l'École des Hautes Études commerciales ; comptable vérificateur associé dans la firme Charbonneau et Murray (1945-1954) ; copropriétaire, administrateur et trésorier de Radio Nord Inc. et de la Rouyn Noranda Press (1948-1956) ; président de la Chambre de Commerce de Montréal (1964-1965) ; administrateur de plusieurs compagnies ; — de
Joseph-A. Dionne, secrétaire-trésorier (1896-   ), B.Sc., I.E. ; a occupé durant 45 ans, plusieurs postes importants dans les services du génie et dans les cadres administratifs de Bell Canada (1916-1961) ; président de La Familiale de Montréal (1960-1966) ; vice-président des Habitations Saint-Sulpice (1964-1966) ; de l'Interprovincial Cooperatives de Winnipeg (1968-1970) ; président général de la Fédération des Magasins CO-OP (1945-1951, 1965-   ) ; président des Constructions de La Familiale Limitée (1966-   ) ; de la Caisse populaire d'Outremont (1954-   ) ; adminis-

Mon départ de l'Université

Y aurait-il, dans la vie, un moment presque tragique où tout à coup surgirait le sentiment ou la crainte d'un vieillissement de l'esprit ? Serait-ce pure fatigue ? Serait-ce apparition de ce nuage envahissant qui, certain soir, annonce un couchant prématuré ? Car enfin d'où nous vient soudain cette lancinante pensée de n'être plus au niveau de sa tâche, d'en être dépassé ? Etat d'âme qui est le mien à la fin de l'année universitaire 1948-1949. Je ne fais plus mes cours, me semble-t-il, avec la même aisance qu'auparavant, disons le même « brio », puisqu'on prononçait ce mot. J'allais atteindre bientôt ma soixante et onzième année et ma trente-quatrième d'enseignement à l'Université. Je songe tout de bon à prendre ma retraite. J'ai horreur de me cramponner à une tâche, mes forces n'y suffisant plus.

D'ailleurs je m'étais préparé un et même deux successeurs. Et je m'y étais pris de loin. Au souvenir de mes misères de débutant, je voulais préserver ceux qui prendraient la relève, leur épargner la corvée de l'improvisation en un métier où l'on n'improvise point. Le premier à qui je tendis la perche fut, je crois, André Laurendeau. Il a dit lui-même, dans sa brochurette *Nos maîtres de l'heure,* le vif intérêt qu'il avait pris à l'histoire. Pendant deux ans, avec sa fiancée, Mlle Ghislaine Perrault, et quelques autres couples de « Jeune-Canada », il avait suivi mes cours à la Faculté des lettres (rue Saint-Denis). L'histoire l'avait conquis. Je lui proposai ma succession. C'était, je crois, vers 1934.

trateur de l'Institut de protection des intérêts des consommateurs (1972-) ; de l'Association d'Investissement du Québec (1966-) ; membre du Conseil canadien de la Consommation, Ottawa (1970-1973) ; aviseur financier de l'Institut d'histoire de l'Amérique française ; — de
Richard Arès, directeur (1910-), jésuite ; professeur à Saint-Boniface, Man. (1940-1941) ; au Collège Jean-de-Brébeuf, Montréal (1936-1947) ; à l'Université de Montréal (1951-1952) ; membre de la Commission royale d'enquête sur les problèmes constitutionnels (1953-1956) ; directeur de *Relations* ; écrivain ; — de
Rosaire Morin, directeur (1923-), assureur-vie agréé de La Sauvegarde ; président des Jeunesses laurentiennes (1943-1947) ; vice-président des États généraux du Canada français (1966-1969) ; directeur de l'Action nationale, de *La Prospérité* ; président et directeur général du Conseil d'expansion économique (1969-). Auteur de *Réalités et perspectives économiques, L'immigration au Canada, Répertoire de l'ICAF,* etc.

Il accueillit mon offre par un sourire. Le jeune étudiant, très intelligent et déjà fort cultivé, me paraissait peut-être d'esprit subtil, même trop subtil. L'austère discipline historique, me disais-je, aura tôt fait de corriger ce penchant. La subtilité, au surplus, peut servir à quelque chose dans l'élucidation des problèmes complexes de la science historique. Le style de l'écrivain d'histoire ne souffre guère le raffinement. Mais il n'est pas si mal que le raffinement soit dans l'esprit et conduise à l'art des nuances. André Laurendeau, alors de santé frêle, mis au courant des terribles exigences du métier d'historien, exigences qui, en mon cas, m'avaient fortement accablé, me déclare net un jour: « L'histoire m'a séduit; le métier est beau; il serait, je le sens, trop dur pour ma santé. » André allait, du reste, au lendemain de son mariage, partir pour Paris, y étudier les sciences sociales et politiques.

Trois ou quatre ans plus tard, je me retourne vers un autre de mes étudiants: Jacques Le Duc. D'après une de ses lettres, ce serait en septembre 1936 que je l'aurais rencontré, tout à fait par hasard. Il m'arrive alors assez souvent, d'aller faire ma promenade du dimanche du côté du chemin Sainte-Catherine et d'arrêter, en passant, à l'église Saint-Viateur d'Outremont. Un de ces dimanches, vers les quatre ou cinq heures du soir, je rencontre, sur le perron de l'église, à peu près désert, un beau et grand jeune homme, d'allure et de figure ouvertes. Me connaît-il ? Il vient à moi. Nous causons. Il sort du noviciat des Dominicains où il n'a pu s'acclimater. Il ne sait encore que faire de sa vie. Je lui dis: « Pourquoi ne pas tenter un essai à notre Faculté des lettres ? » Ma proposition lui sourit. Etudiant régulier, il suit tous les cours de la Faculté, y compris ceux d'histoire du Canada. Après un an, il semble qu'il soit gagné à l'Histoire. Dès le 14 mai 1937 il m'écrit: « Vous vous proposiez... de me prêter quelques-uns de vos manuels de méthodologie... Il ne dépendra pas de moi que nous ne puissions réaliser mes projets d'initiation historique... Dans l'espoir que tout s'arrangera le plus tôt possible, je demeure toujours à votre disposition; et plus que jamais je songe à l'Histoire du Canada. » Trois mois plus tard, une autre lettre aussi encourageante: « Tranquillement, je lis vos bouquins de méthodologie. De plus en plus, ils m'intéressent et me découvrent des richesses insoupçonnées. Je puis donc le dire carrément aujourd'hui: L'Histoire m'attire, comme une vocation véritable. » Pourtant, en mai 1938, je le sens inquiet. Il m'écrit, pour cette fois: « Plus j'approche de la fin — vous savez que tous mes examens seront une affaire bâclée le 14 mai — plus je m'inquiète de l'avenir... Je ne connais donc aucunement mon avenir, ni lointain, ni prochain... » Il souhaiterait une bourse d'études en Europe; sur ce point, peu de nouvelles du gouvernement de Québec, peu du gouvernement français. A ce moment il paraît hésitant. Choisira-t-il l'histoire ou la littérature ? A l'Université, ceux qui ont remarqué son talent le voudraient pousser vers l'Ecole normale supérieure de Paris. Il serait le premier Canadien français à s'en faire ouvrir les portes. Un jour, ce jeune homme bouillant d'activité me tient ce propos: « L'Histoire m'attire; mais parfois j'ai peur de la vie de bénédictin qu'est la vôtre. Je me sens né plutôt pour l'action extérieure, de plein air, et la littérature, je le pense, m'ouvre un plus vaste champ. » A la revue « Bleu et Or » des étudiants de l'Université, il a fait jouer une petite comédie en deux ou trois actes, intitulée, autant que je me souviens: *La Famille moderne*. Histoire d'une famille campagnarde transportée d'un bloc dans Montréal et que la grand-ville désagrège affreusement. Comédie d'une criante vérité, comique et tragique, et fort bien charpentée. A sa demande expresse, j'ai voulu assister à l'une des représentations. Edouard Montpetit disait à la sortie: « Un vrai petit chef-d'œuvre ! » Pourtant, en ce même printemps de 1938, il accepte de prononcer à la radio, à Ottawa, une causerie sur le sujet suivant: « M. Groulx et son œuvre ». Il vient chercher chez moi quelques détails biographiques; il se plonge dans mes ouvrages. Et le voilà regagné à l'Histoire, ainsi que me le prouve cet extrait d'une lettre du 4 juillet 1938: « Vous avez lu ma petite causerie. Vous n'en semblez pas trop mécontent... Pour ma part je ne suis pas satisfait tant de mon texte que des lumières dont il m'a ébloui, lumières sur votre œuvre, et lumière peut-être, sur ma vocation. Franchement, cette brève incursion parmi les documents m'a donné le goût des véritables recherches historiques. Au lieu de cette espèce d'odeur moisie, funèbre, dont je redoutais les effluves léthargiques, on rencontre de la vie, dans les archives, de la vie, de l'action, de l'humain. »

Il partirait pour l'Ecole normale supérieure de Paris. Il s'y abîmerait de travail. Au cours de ses vacances de Pâques, il entreprendrait son petit tour de France à bicyclette; il s'y fatiguera le cœur. A l'automne, on le ramènera au Canada, épuisé, brûlé. Ce sera, après quelques semaines, hélas, la mort de ce jeune homme qui emportera avec lui, de si hautes espérances.

Sur ce, Mgr Georges Gauthier me propose un troisième candidat, l'abbé Wilfrid Morin [72], récemment de retour de Paris et qui vient d'y publier *Nos droits à l'indépendance politique*, thèse de doctorat ès lettres. Mgr Gauthier me dit : « L'abbé Morin a étudié cinq ans là-bas. Il doit y avoir appris à travailler. Il prépare un ouvrage sur Maisonneuve. Voulez-vous le guider dans ce travail ? A la fin de l'année, si vous le jugez apte à prendre votre succession, je m'en rapporterai à votre jugement. En attendant, je vais m'efforcer de lui trouver un emploi temporaire. » A quelques jours de là, l'abbé Morin m'apprend sa nomination de professeur d'histoire du Canada au Petit Séminaire de Montréal. Il me paraît décontenancé. Cette nomination l'humilie. Il la refuse. Il va de soi que je ne pouvais le mettre au courant des propos de Mgr Gauthier. Je ne pouvais lui avouer que j'étais chargé de le surveiller. Je m'efforce pourtant de remonter ce M. Morin. Je lui dis : « C'est un pied dans l'étrier; vous aurez plus de temps pour la préparation de votre *Maisonneuve...* » Inutiles propos. J'ai beau lui offrir mes services en ces travaux, jamais plus je n'entendrai parler de l'abbé Morin. Il devait trouver la mort dans un terrible accident de voiture où succomberait Louis Francœur. A la fin de l'année universitaire, je fis mon rapport à Mgr Gauthier sur l'abbé dont je n'avais eu aucune nouvelle. Monseigneur se contenta de dire: « Le maladroit ! » Alors je présentai à Monseigneur mon quatrième candidat: Guy Frégault. « Très bien, me répondit l'Evêque; occupez-vous de celui-là. » Je connais le jeune homme depuis 1937; en ce temps-là encore collégien, je crois, il rêve, avec quelques-uns de ses jeunes camarades, d'une « Révolution laurentienne ». Né dans l'est montréalais, d'un milieu pauvre, grand lecteur de Péguy, de Jacques Rivière, du Daniel-

---

72. Wilfrid Morin (1900-1941), ptre ; écrivain ; prix David (1935).

Rops des *Eléments de notre destin,* la lettre qu'il m'écrit en juillet 1937 déborde d'élans généreux, quelque peu naïfs; mais en même temps j'y retrouve des vues fort précises sur la « Révolution laurentienne » dont s'entretiennent ces jeunes gens à peine sortis de l'adolescence. Je suis frappé de la maturité précoce de leur esprit. Guy Frégault, qui tient la plume, m'a déjà rendu visite. Pour ce coup, en son épître, il veut m'exposer plus clairement ses idées et celles de ses camarades, idées qu'il n'a qu'ébauchées en notre première rencontre. De leur « Révolution personnaliste », ces jeunes collégiens ne parlent que sur le mode grave. Une maladresse insigne serait de ne les point prendre au sérieux. « C'est donc d'un respect absolu de l'homme — de ses réalités les plus humbles comme les plus sublimes — que part la Révolution laurentienne », m'écrit le jeune Frégault. Et encore: « Nous nous battrons jusqu'au bout de nos énergies pour la libération intégrale de l'homme laurentien. Nous nous battrons *sur tous les fronts...* En un mot nous voulons être d'un peuple libre globalement dans un pays politiquement libre; mais cela ne nous suffit pas... Nous voulons encore (et surtout), à l'intérieur de ce pays et de cette collectivité libérés en bloc, être *personnellement* libres. Vivre libres dans un pays libre... On craint que [notre révolution] soit sanglante. On ne l'imagine que mêlée à des scènes d'anthropophagie. Nous, nous croyons qu'une révolution n'est sanglante que si elle est mal préparée. Que si elle éclate dans les faits sans procéder d'une intention et d'une préparation spirituelles. Alors quoi, la chose est simple: préparons-la... Nous croyons que si la préparation spirituelle des Laurentiens est suffisante, leurs institutions révolutionnaires s'instaureront pour ainsi dire d'elles-mêmes. » Guy Frégault ajoutait en terminant sa lettre de neuf longues pages: « Ce ne sont là que les quelques grands linéaments de la Révolution laurentienne. Ce sont les idées dont mes amis et moi nous vivons. Parce que j'ai une absolue confiance en vous, je vous les soumets. Trouverez-vous qu'elles manquent de précision ? » Et mon jeune correspondant avait ajouté en dernière page, sur deux lignes, ces acclamations qui disaient son enthousiasme juvénile:

Vive la vie !
Vive la Révolution de l'Ordre laurentien !

et tout au bas de cette 9e page, ces mots bien détachés de Charles Péguy: « Nous ne voulons pas que nos fils après nous restent commandés éternellement par cette génération de capituleurs. »

C'est là ma première rencontre avec le jeune Frégault. On comprendra que je me sois vivement intéressé à lui. L'année suivante, il entre à l'Université de Montréal pour une préparation de la licence lettres-histoire. Il suit mes cours d'histoire du Canada. Sa réputation s'établit vite d'étudiant intelligent. Ses remarquables succès en littérature induisent Mgr Chartier [73] à le pousser de ce côté-là. Il souhaiterait l'envoyer à l'Ecole normale supérieure de Paris. Pour ma part, je m'efforce de le pousser vers l'histoire. Mais vint la guerre. Impossible de prendre le chemin de Paris. Guy Frégault, d'abord séduit par le projet de Mgr Chartier, m'écrit en juin 1940: « Quant à votre projet de Loyola, il m'enthousiasme. J'ai toujours eu un goût très vif de l'histoire: je crois que c'est là que je pourrais servir le moins inutilement. Mais il serait véritablement désastreux pour moi, que ce projet s'écroulât par suite de retards. » J'avais dit, en effet, au jeune étudiant: « Si vous optez pour l'Histoire et que je vous obtienne une bourse, vous pourriez aller à Harvard. Mais là, je le crains, vous seriez perdu dans la cohue des étudiants. Or, à mon sens, le métier d'historien est si exigeant, si subtil, qu'il faut l'apprendre sous la direction immédiate d'un maître. Je vous enverrais plutôt au Loyola Institute de Chicago. Là, je vous recommanderais à un véritable maître: le Père Jean Delanglez, s.j. Il vous serait d'un grand profit. » Mais il fallait, avant tout, obtenir une bourse d'étude à mon jeune candidat. Heureusement, mon bon ami et voisin d'en face sur la rue Bloomfield, M. Henri Groulx occupe alors, dans le ministère Godbout, le poste de secrétaire de la province, de qui relève l'attribution de ces bourses. M. Henri Groulx, qui n'est que mon cousin très lointain, tous les Groulx ne descendant que du seul petit émigré de 1665, m'a toujours manifesté la plus généreuse amitié. Tout le temps de mon enseignement à l'Université, il a voulu qu'on m'y conduisît

---

73. Émile Chartier, voir la note 54 du premier volume. Mgr Chartier est alors doyen, secrétaire, directeur des études, professeur de littérature canadienne à la Faculté des lettres de l'Université de Montréal, en même temps que vice-recteur et aumônier général.

à mes cours et qu'on m'en ramenât en sa magnifique voiture. Je vais donc lui présenter mon candidat. Il me promet de le faire sien. A la réunion du cabinet, M. Godbout pose à son ministre la savoureuse question: « Vous êtes-vous bien enquis de sa famille, de... ? » Le Ministre répond: « C'est mon candidat, et c'est le seul que je recommande. » Guy Frégault peut partir pour Chicago. Il s'y plaît extrêmement. Il m'expose ses travaux, me demande de la documentation. Le Père Delanglez sera son guide, son conseiller, son « adviser », comme tout étudiant là-bas s'en doit choisir un. On propose tout de suite à l'étudiant pour sujet de thèse: « La carrière de Pierre Le Moyne d'Iberville ». Son conseiller l'a conquis: « Le Père Delanglez — à qui j'ai transmis vos hommages — est un type réellement merveilleux: il est à la fois original, violent, savant et très bon pour moi; il a un sens critique d'une acuité et d'une pénétration singulières; il donne à ses opinions un tour très abrupt qui me fait apprécier particulièrement la soirée que je passe avec lui chaque semaine... comme vous pouvez le voir, je n'ai rencontré jusqu'ici aucune déception. Je suis de jour en jour plus heureux que vous m'ayez aiguillé vers l'histoire. »

Après deux ans, Guy Frégault revient du Loyola Institute avec un doctorat en histoire et un *Pierre Le Moyne d'Iberville* qu'il achèvera bientôt. Malheureusement je ne puis encore abandonner l'Université. J'ai besoin de mon traitement pour faire aller ma maison. Au reste, je songe à solliciter une autre bourse pour le jeune docteur en histoire. Je lui dis: « Vous avez appris là-bas votre méthode; il vous faut maintenant acquérir la science de l'Histoire. Je me propose de vous ménager deux ans de séjour aux Archives de Québec; aussitôt que la chose me sera possible, je vous passerai mes cours publics d'histoire canadienne. » Mais un grave obstacle se dresse: M. Groulx n'est plus secrétaire de la province. Il a dû partager, en faveur de M. Hector Perrier [74], une

---

74. Hector Perrier (1895-   ), avocat ; c.r. ; professeur de législation industrielle, Faculté des sciences sociales, Université de Montréal (1930-1950) ; président du Comité de législation, Commission des Écoles catholiques de Montréal (1928-1932) ; président de la Jeunesse libérale de Montréal (1920-1933) ; député provincial de Terrebonne (1940-1944) ; secrétaire de la province de Québec (1940-1944) ; juge de la Cour supérieure (1947).

partie de ses fonctions ministérielles. Je n'ai rien à attendre de M. Perrier, libéral à tous crins, ennemi violent de tout ce qui peut sentir le nationalisme. D'autre part, M. Perrier doit quelque reconnaissance à M. Groulx qui lui a cédé une partie de ses fonctions. J'interviens une fois de plus auprès de M. Groulx. Et Guy Frégault peut partir pour les Archives de Québec. Il y ébauchera, si même il n'y achève, son deuxième ouvrage: *La Civilisation de la Nouvelle-France*. Dans l'intervalle, je lui ai passé mes cours publics. Malheureusement nous ne sommes plus sur la rue Saint-Denis. L'Université de la Montagne est pratiquement inaccessible, surtout le soir. L'auditoire du jeune historien se révèle plutôt maigre. Il laisse tomber ces cours publics. Mais à son retour de Québec, après deux ans, j'obtiens qu'il entre à l'Université en 1943-1944, à titre de chargé de cours d'histoire du Canada. En 1948, Maurice Séguin, l'un de mes étudiants, soutient sa thèse de doctorat en histoire. Pour lui faire une place à la Faculté des lettres, je décide de m'en aller.

Prudent, je ne donne point de démission; j'autorise tout au plus Guy Frégault à m'obtenir, par l'intermédiaire de la Faculté des lettres, une pension. Il s'agit pour moi de rester en état de vivre, de garder ma maison, près de mes archives et de ma bibliothèque. Mon ferme dessein est bien de continuer mes travaux d'histoire, et en particulier, de mettre au point nombre d'études que, faute de temps, je n'ai pu achever. Après trente-quatre ans d'enseignement, sans rien d'autre qu'un salaire dérisoire, et après 1927, à peine suffisant, l'Université, en honnête institution, me semble-t-il, n'estimera point ma supplique inacceptable. Hélas ! pourquoi a-t-il fallu que mon départ s'accompagnât de beaucoup d'amertume ? Au Conseil de la Faculté des lettres, à l'administration, on s'accroche à toutes sortes d'arguties; on oublie mes vingt-cinq ans d'harassants cours publics que je n'abandonnai qu'en 1940; on nie mes droits ou ma qualité de professeur « à plein temps », pour ne me servir qu'une petite pension risible de $75.00 par mois. Les choses s'embrouillent si bien qu'à la fin, le recteur Mgr Olivier Maurault, et le Chancelier me proposent tout bonnement de reprendre mes cours. Proposition qui me paraît si opportuniste que, de Vaudreuil, le 13 août 1949, j'écris une lettre d'un ton plutôt sec à mon Recteur, brave homme, resté l'un de mes

bons amis et qui ne commit jamais que le péché de faiblesse par
excès de gentilhommerie.

Cher Monseigneur,

Pardonnez-moi de vous importuner de nouveau avec la question de ma pension. Ce sera la dernière fois.

La solution que vous me proposez vous-même et Mgr le Chancelier: reprendre mon enseignement, est, pour moi, absolument inacceptable. On a déjà pourvu à mon remplacement; le
budget de la Faculté des lettres en serait bouleversé; au surplus
la raison pour laquelle j'ai sollicité un arrangement de retraite
par pension, c'est précisément la volonté ferme de ne pas empêcher l'avancement ou la rentrée à l'Université d'un ou deux
jeunes. Or je ne pourrais retourner à mon enseignement sans
les obliger à battre la semelle à la porte de la Faculté. Je cher-
cherai donc autre chose et ailleurs. Il est un peu pénible, à mon
âge, après trente-quatre ans de services, d'en être réduit à
cette nécessité. Mais enfin, si, au cours de ma vie, j'ai perdu
foi en bien des choses et en bien des hommes, j'ai gardé une
foi intacte en la Providence.

Maintenant, voici deux points que j'aimerais préciser. Le premier — pour empêcher toute légende — je n'ai jamais sollicité moi-même de pension, pas plus que je n'ai démissionné.
Sachant mon grand désir, depuis deux ans, de ne pas nuire à
de plus jeunes, M. Frégault s'est offert à négocier pour moi
une pension convenable. Je lui ai écrit une lettre à lui-même où
je lui faisais deux observations: la 1ère, qu'après trente-quatre
ans de services, j'espérais une pension qui me permît de continuer en paix mon travail; la 2e, que je sollicitais cette pension, non pas à l'âge réglementaire de 65 ans, mais de 72 ans
tout près.

En second lieu, je ne sais sur quelle base ou fondement, ces
Messieurs de l'Administration ont distingué mes services *à la
leçon* de mes services à plein temps à l'Université. En réalité,
j'ai toujours servi l'Université à plein temps. Depuis 1915,
date de mon entrée jusqu'à 1940, j'ai donné presque tout mon
temps à l'Université, tout en étant obligé, faute de traitement, de
gagner ma vie en dehors d'elle. De 1915 à 1940, et d'abord de
1915 à 1920, alors que la Faculté des lettres avait un public
d'auditeurs, mais point d'étudiants en histoire, l'on m'a imposé
la corvée de cinq, et même de six conférences publiques d'his-

toire du Canada, c'est-à-dire la composition, chaque année, d'un volume d'histoire et toutes les recherches d'archives à cet effet. Corvée dont aucun de mes successeurs n'a voulu ni ne voudra. M. Frégault, alors qu'il travaillait aux Archives de Québec s'y est essayé un an, mais n'a pas voulu recommencer. Ensuite, à partir de 1926, alors que pour recueillir ma vieille mère infirme, j'ai pris maison, sur le conseil de Mgr Gauthier, l'Université — après la querelle que vous savez — s'est déterminée à me payer un salaire: $2,400, ce qui n'était pas exorbitant pour tenir maison. En retour, je renonçais à la direction de *L'Action française,* qui me donnait mes moyens de vie et je m'engageais à donner tout mon temps à l'Université. Je ne sais s'il existe dans vos archives des documents justificatifs de ces faits. Mais un témoin existe: M. Antonio Perrault qui, de sa propre initiative, négocia toute l'affaire avec le recteur du temps et l'Administration. J'ai continué alors à donner des cours, et à faire quand même les conférences publiques d'histoire du Canada, jusqu'en 1940. C'est alors que, pour faire entrer M. Frégault à la Faculté, j'ai proposé à Mgr le Chancelier, qui l'a agréé, de céder mes conférences à mon successeur. Même si l'on veut se montrer exigeant en comptabilité, c'est donc depuis 1926, à tout le moins, que je travaille à plein temps à l'Université. J'ai gardé ce que l'on appelle quelques « activités extérieures ». Je ne crois pas en avoir commis beaucoup plus qu'un certain nombre de mes collègues qui osent croire que certaines « activités » ne nuisent point au rayonnement d'une institution universitaire.

Mais au fait, toute cette exposition de faits ne rime à rien si l'Université a décidé de verser à ses anciens professeurs, quels que soient leurs années de services et l'âge de leur retraite, le tiers, et pas un sou de plus, de leur traitement. La chose ne me surprend pas plus qu'il ne faut de la part d'une institution catholique, étant bien connu que c'est en ces milieux qu'on pratique le plus chichement la justice sociale. Mais j'ose espérer que les jeunes aspirants à l'enseignement universitaire seront mis au courant, afin qu'ils sachent quel sort les attend à la fin de leur vie.

Pardonnez-moi, cher Monseigneur, cette longue lettre que j'espérais faire plus courte. Mon dessein n'était pas de faire à l'Université de Montréal des adieux si longs.

Bien à vous en N.-S.,

Lionel Groulx, ptre

Je citerai encore, en dépit de sa longueur, le mémoire que, sur le conseil de mes amis, j'adressai au Secrétaire de la Faculté des lettres. Il faisait partie avec l'abbé Deniger [75] et le Dr Wilbrod Bonin [76], du Comité spécial de la Commission d'administration, lequel ne comprenait pas grand-chose à mon histoire de pension. On avait cru calmer toutes mes réclamations en me nommant « professeur émérite » et en donnant mon nom à la chaire d'histoire du Canada.

Outremont, le 10 novembre 1949.

Monsieur Jean Houpert [77], secrétaire
La Faculté des Lettres,
Université de Montréal.

Monsieur le Secrétaire,

J'ai reçu votre bonne lettre du 24 octobre dernier. C'est un profond merci que j'adresse à la Faculté des Lettres de Montréal pour les honneurs qu'il lui plaît de me conférer. Ces honneurs, je l'écris sans fausse modestie, sont bien au-dessus de mes mérites. Et je prie la Faculté d'accepter l'expression de mon entière gratitude.

Me permettrez-vous de profiter de l'occasion pour rouvrir la question de ma pension et m'exprimer là-dessus en toute franchise ? J'allais précisément vous écrire à ce sujet, lorsque votre lettre m'est arrivée.

Le 3 mars 1949 j'autorisais, par écrit, M. Guy Frégault à négocier, en mon nom, une pension de retraite auprès de la Société d'administration de l'Université de Montréal. Cette façon

---

75. Georges Deniger (1904-   ), ptre ; p.d. ; vicaire à Sainte-Madeleine d'Outremont (1928-1931) ; aumônier des étudiants de l'Université de Montréal (1931-1944) ; vice-recteur de l'Université de Montréal (1944-1961) ; curé de la paroisse Saint-Nicolas d'Ahuntsic (1961-1963) ; visiteur des registres paroissiaux (1963-1970) ; retiré.

76. Wilbrod Bonin (1906-1963), médecin ; carrière consacrée entièrement à l'enseignement médical à l'Université de Montréal : professeur (1932) ; directeur du département de l'histologie (1935) ; doyen de la Faculté de médecine (1950-1962) ; membre du Conseil de l'École d'hygiène (1932-1962) ; retiré (1962) ; prix David (1940).

77. Jean Houpert (1907-   ), professeur à la Faculté des lettres de l'Université de Montréal (1943-1961) ; secrétaire de la Faculté des lettres (1944-1961) ; directeur des cours d'été (1945) ; directeur de l'expansion de l'enseignement (1962-1966) ; doyen de la Faculté des arts, Université de Sherbrooke (1966-1972) ; retiré.

de procéder avait été indiquée oralement à M. Frégault par
M. Maximilien Caron, puis par une lettre de Me Gérard Trudel, en date du 26 mars 1949. Dans sa réponse à M. Trudel,
M. Frégault fit valoir, en particulier, deux considérants que je
lui avais soumis: je demandais cette pension après trente-quatre
ans de services et non pas à l'âge réglementaire de 65 ans, mais
à 71 ans passés; je la demandais, non pour rentrer dans une
retraite qui serait l'inaction, mais *pour continuer et achever,
avec l'aide de Dieu, des travaux d'histoire restés en plan* par
suite des conditions défavorables où il m'avait fallu travailler.
Continuer mes travaux d'histoire, je m'en expliquai à M. Frégault, cela voulait dire: garder les moyens de rester chez moi,
près de ma bibliothèque et de mes archives, avec l'aide de mon
personnel.

Après avoir pris connaissance de ma pétition, présentée le
29 mars 1949, par M. Frégault, M. Trudel parut se raviser et
informa mon négociateur, le 14 avril 1949, que la supplique
« devrait être présentée par le Conseil de la Faculté ». J'ignore ce qui s'est passé depuis cette date: la première nouvelle
que j'en eus, fut, à la fin de juillet dernier, au lieu du chèque
ordinaire de $250.00, un chèque de quelque $75.00 que me fit
parvenir l'administration de l'Université et qui devait être effec-
tivement le montant de ma pension. Je ne puis m'empêcher de
regretter qu'en toute convenance, ce me semble, l'on ne m'ait
soumis, au préalable, aucune proposition ni demandé mon avis
sur cette solution. Mis au courant en temps opportun, j'eusse
tout simplement repris mon enseignement à l'Université. Ce
fut d'ailleurs le parti qu'à la suite de mon immédiate protestation, Monseigneur le Recteur et Son Excellence le chancelier
de l'Université me conseillèrent de prendre le 8 août 1949
(lettre de Mgr le Recteur), « jusqu'à ce que, m'écrivait-on, nous
trouvions une solution plus favorable ». Il est bien évident, en
effet, par ma lettre du 24 octobre 1949 à M. Frégault, que je
n'ai jamais, ni oralement ni par écrit, démissionné de ma chaire
d'histoire et que mon départ de l'Université se subordonnait au
paiement d'une pension convenable. Or, il faut bien s'en rendre
compte: non seulement la pension moins que congrue qu'on me
paie, ne me permet pas de rester chez moi et de continuer mes
travaux; au coût actuel de logement et de pension que chacun
connaît, je pourrais à peine me réfugier dans un hospice.

Après une enquête menée de sa propre initiative, par un avocat de mes amis, auprès de la Société d'Administration de

l'Université, voici ce dont il m'informe: la dite Société « n'a adopté aucune résolution spéciale relativement à votre mise à la retraite et à votre pension. Cette Société s'est bornée à adopter le budget qui lui a été soumis, budget venant de la Faculté des lettres et comportant la mention suivante, pour l'année 1949-1950: « Pension à M. le Chanoine Lionel Groulx, $945.00 ». — » De son côté Mgr Maurault m'écrivait, le 8 août dernier: « On me dit que les calculs ne pourront porter que sur les années où vous avez été professeur plein-temps à l'Université et non pas sur celles où l'on vous payait à la leçon. Ce sont ces calculs, — à l'avenir, appliqués à tous les cas, — qui ont produit la somme que vous savez. »

Je vous le confesse: j'ai lieu de m'étonner de ces calculs. Qui a renseigné la Société d'administration ou le « Comité spécial » ? Je veux bien croire qu'on l'a fait en toute bonne foi. La vérité stricte n'en reste pas moins que jamais je n'ai été payé à la leçon à l'Université de Montréal. On voudra bien noter tout d'abord que, depuis 1926, soit depuis vingt-trois ans — date où, pour recueillir ma vieille mère infirme et sur le conseil de Son Excellence Mgr Georges Gauthier, recteur alors de l'Université, — j'ai décidé de tenir maison, l'Université m'a accordé un salaire global de $2,400, puis de $2,600, et qui, depuis deux ans, sans que je l'eusse sollicité, avait été porté à $3,000. D'autre part, dans les années antérieures, soit de 1915 à 1920, pour un enseignement que je définirai tout à l'heure, je n'ai reçu qu'un salaire nominal, soit $50, la première année, pour la raison que le budget de l'Université ne disposait d'aucun crédit pour l'enseignement de l'histoire. Il n'existait de crédit que pour la chaire de littérature dont au surplus les Messieurs de Saint-Sulpice faisaient les frais. Pour maintenir la chaire d'histoire canadienne, fondée de par l'initiative de Mgr Paul Bruchési, Mgr Dauth, le recteur du temps, m'envoya gagner ma vie à l'Ecole des Hautes Etudes commerciales de Montréal où l'on me surchargea d'un triple enseignement: Histoire du Canada, Histoire universelle, Histoire du commerce. En 1920, avec la réorganisation de l'Université, la Faculté des Lettres, réorganisée elle-même, me confia des cours fermés, pour lesquels elle m'attribua un traitement qui n'a jamais dépassé, autant que je me souviens, $300. par année. Mais je fais observer qu'en même temps, et depuis 1915, date où j'occupai la chaire d'Histoire du Canada, on m'imposait, chaque année, cinq à six conférences publiques d'histoire du Canada, c'est-à-dire que, tout en m'obligeant à travailler principalement pour l'Université, je manquais des moyens de m'acquitter convenablement de ma tâche.

Et c'est ici, je le crains, que confusion a été faite entre *Leçons* et *conférences publiques*: ce qui n'est pas tout à fait la même chose. Les gens du métier vous diront qu'on peut trouver des professeurs qui s'engageront à faire 50 à 60 cours d'histoire, mais qu'on n'en trouverait guère pour accepter de faire cinq à six conférences publiques d'histoire par année. Préparer aux archives, puis écrire ces cinq ou six conférences, cela veut dire préparer et écrire par an un volume d'histoire d'environ 300 pages. Corvée harassante, à laquelle je me suis pourtant prêté pendant vingt-six ans, de 1915 à 1941, tout en gardant, à partir de 1920, mes cours fermés, et sans recevoir avant 1926, soit pendant onze ans, qu'on veuille bien le noter, aucun salaire pour ces conférences. *Il serait donc inouï que l'administration de l'Université qui, pendant ces onze ans, ne m'a pratiquement rien versé pour une corvée exceptionnelle, fît maintenant entrer en ligne de compte ces années de services impayés pour diminuer la moyenne de ma pension.*

Certes, je ne me fais pas illusion sur la valeur de cette littérature historique. Elle ne pouvait valoir davantage dans les conditions défavorables où l'on m'a contraint de travailler. Me permettra-t-on de faire remarquer toutefois que j'ai publié huit volumes de ces conférences publiques, et que, à la demande expresse du doyen de la Faculté, l'un de ces volumes, *L'Enseignement français au Canada*, m'a servi de soutenance pour un doctorat ès lettres ? Je ne crois pas, à tout prendre, et en dépit de tout, que mon enseignement ait nui au prestige de l'Université de Montréal, si j'en juge par l'appréciation qu'en faisait, il y a peu d'années, Mgr le recteur actuel, lorsque l'Université, de son propre et unique mouvement — on le sait — me décernait un diplôme de doctorat en droit *honoris causa*. C'est, pour le même enseignement, donné pendant deux ans chez elle, que l'Université d'Ottawa me décernait, en 1934, le même doctorat en droit. Et c'est un peu pour le même enseignement, sans doute, que l'Université Laval m'accordait, en 1937, le titre de docteur ès lettres *honoris causa*. Me permettra-t-on encore d'ajouter que l'ancien professeur d'histoire du Canada compte parmi les trois ou quatre professeurs de l'Université de Montréal que l'Institut scientifique franco-canadien envoya donner des cours en Sorbonne et que ces cours, de par l'initiative de France-Amérique — et sans que j'y fusse pour rien — ont été publiés à Paris, chez Delagrave ? Ajouterai-je enfin que, pour l'un de ces volumes, la Société historique de Montréal m'accordait sa médaille Vermeille, et que, l'an dernier, la Société Royale du Canada me décernait, pour l'ensemble de mon œuvre d'histoire, sa médaille Tyrrell ? Pour le reste, je renvoie au témoignage bienveillant que M. Guy Frégault voulait bien me rendre dans sa lettre du 29 mars 1949 à M. Gérard Trudel.

Ce n'est qu'avec infiniment de répugnance, on est prié de le croire, que je décline tous ces pauvres titres. Je ne le fais que pour obéir à ceux qui me guident en cette affaire. Et que ceux-là qui me contraignent à cette pénible nécessité, en portent la responsabilité.

Je réclame donc une pension convenable qui me permette de continuer en paix des travaux d'histoire restés en plan par la faute des conditions de travail qui furent les miennes. Je demande cette pension, non comme une faveur, mais comme un dû en toute justice, ce me semble, après trente-quatre ans de service. Je demande le traitement que toute institution, qui a quelque souci de la justice sociale, accorde généralement à ses vieux employés.

Je prie en conséquence le Conseil de la Faculté des Lettres, ou de vouloir bien inclure cette pension dans son budget, ou de présenter ma supplique aux administrateurs du fonds de pension de l'Université de Montréal qui, eux, me dit-on, seraient disposés à me faire justice. Et comme ce système de pension pourrait être établi dès janvier 1950, je prierais encore le Conseil de la Faculté des Lettres de prendre une décision, le plus tôt possible.

Veuillez croire, Monsieur le Secrétaire, que j'ai écrit ce mémoire sans la moindre acrimonie. Il va de soi que je tiens à quitter l'Université et la Faculté des Lettres en toute paix et cordialité.

Lionel Groulx, ptre

261, avenue Bloomfield,
Outremont (8), P.Q.

P.S. — Je vous fais savoir, en toute loyauté, que copie de ce mémoire a été adressée à Son Excellence le Chancelier, à Mgr le Recteur et à M. Antonio Perrault, avocat.

L. G.

De guerre lasse et plutôt que de m'escrimer plus longtemps avec les petits avocats et les ronds-de-cuir de l'administration, j'ai recours, une fois de plus, à mon ami Antonio Perrault. Son prestige de grand avocat impressionnerait, j'en étais certain, les bonzes récalcitrants de la Montagne. Perrault se met en campagne avec toute la ferveur de son amitié; il voit le Chancelier, les gouverneurs de l'Université. Il emporte le morceau. On me consent une pension de $2,000. par année. Dans l'intervalle, pour m'amadouer un peu, sans doute, je l'ai écrit plus haut, le Conseil de la Faculté des lettres m'avait décerné le titre de « professeur émérite » de la Faculté, et avait donné mon nom à la chaire d'histoire du Canada. Le 6 décembre 1949, le recteur, Mgr Olivier Maurault, toujours gentilhomme, s'emploie à me faire oublier ces derniers désagréments. Il m'écrit:

> Cher monsieur le Chanoine,
>
> Je vous souhaite une bonne, heureuse et sainte année 1950.
>
> Celle qui s'achève aura été bien mêlée de joies et de peines, au moins pour moi. Votre démission en particulier m'a été pénible.
>
> Je ne vois jamais, d'une âme égale, partir de la maison des hommes qui s'y sont dévoués de longues années et qui en ont fait l'honneur. Quelle qu'ait été l'attitude de l'Administration à un certain moment, vous ne pouvez ignorer que l'Université — ce qui s'appelle l'Université — vous portait la plus haute estime et s'afflige profondément de la lourde perte qu'elle fait en vous perdant. Vous étiez — permettez-moi cette expression — une de nos *vedettes,* et je ne me faisais pas faute de le dire, lorsque j'avais l'occasion de parler de l'Université en dehors de Montréal. Vous avez fondé et illustré votre chaire d'Histoire du Canada. Personne ne vous contestera ce mérite. De plus, vous avez voulu pourvoir à votre succession, donnant ainsi un exemple salutaire à notre communauté universitaire.
>
> Pour ce dernier service, comme pour ceux que vous nous avez prodigués depuis de si longues années, je vous prie d'agréer l'expression de ma fraternelle gratitude et de celle de toute l'Université.
>
> Malgré les griefs que vous pouvez avoir contre certains membres de l'Université, qui n'ont pas toujours compris la portée de votre œuvre, j'espère que vous ne garderez pas un trop mauvais souvenir de l'Institution que vous venez de quitter.

Se souviendra-t-on que votre désistement a été un geste de générosité envers les jeunes ?

Encore une fois merci !

Le Recteur

Olivier Maurault, p.s.s., P.D.

Mes cours d'histoire à la radio

Ma réponse à Mgr Maurault (13 décembre 1949) lui confiait,
entre autres choses: « Il m'eût été plus agréable, à coup sûr, de
quitter l'Université avec d'autres sentiments que ceux dont je ne
puis me défendre. Mais la vie m'a quelque peu habitué à la con-
tradiction. Et la Providence qui ne m'a jamais manqué est en
train, je crois, de me faire des conditions de vie qui me dispense-
ront, au moins pour un temps, et partiellement, d'aller quémander
à la porte que vous savez. » Un soir que je causais, en toute intimité, chez le notaire Athanase Fréchette, presque mon voisin, l'on
en vint à parler de l'emploi possible ou probable de ma vie nouvelle. Est-ce lui ? Est-ce moi qui pensai à une centaine de cours
d'histoire du Canada à la radio ? Dans *Le Devoir* du 18 novembre
1949, M. Héroux, ce promoteur de tant d'œuvres, — a-t-il pris
langue auprès de quelqu'un ? il semble bien — lance, à son tour,
l'idée de ces cours et l'appuie fortement. Le projet me tente beaucoup. J'y vois le moyen de présenter au public une synthèse de
tout mon enseignement à l'Université: cours publics et cours fermés. Le notaire Fréchette s'entremet auprès de la Société Saint-
Jean-Baptiste de Montréal. D'emblée, elle accepte de patronner
cet enseignement au grand public de la radio et elle entreprend des
démarches auprès de Radio-Canada. Celle-ci, où règne M. Marcel
Ouimet, éprouve une peur bleue de ces cours. L'historien, pour lui,
sentait le « fagot »: c'était, disait-on dans les milieux officiels, un
criminel séparatiste et un anglophobe. Ces cours peuvent-ils ne pas
heurter violemment l'opinion officielle, l'opinion anglo-canadienne ? Elle refuse net de les émettre. La Saint-Jean-Baptiste se
tourne vers le poste CKAC qui accepte. Emise par ce poste, la
diffusion des cours courait le risque d'en être fort réduite. Qu'à
cela ne tienne. Pressée par nombre de postes régionaux, la Saint-
Jean-Baptiste fait enregistrer mes cours sur dix-sept disques. Et

voilà ces leçons portées sur les ondes, non seulement dans toutes les parties de la province, mais dans les postes français du Nouveau-Brunswick, de l'Ontario et même ceux de l'Ouest canadien, à Saint-Boniface, à Edmonton (Alberta). D'ailleurs l'entreprise obtient bonne presse. Ces cours, pense-t-on, vont combler un vide dans les esprits. Et d'aucuns ne sont pas fâchés de faire une « nique » à Radio-Canada. Je donne mon premier cours, cours d'un quart d'heure, le 4 décembre 1949. Et les cent, au rythme d'un par semaine, ne s'achèveront qu'après deux ans tout proche. Sans l'avoir précisément voulu, j'aurai écrit une véritable synthèse de toute l'histoire du Canada français « depuis sa découverte jusqu'à nos jours »: la première et la seule écrite depuis Garneau. On veut bien me rendre cette justice que j'ai donné à la radio plus que de la vulgarisation. En somme, c'est ramassé, synthétisé, tout le résultat de mes recherches et de mon enseignement depuis quarante ans, qui y a passé. On peut lire, dans *Le Devoir* (22 avril 1950), ce bloc-notes:

> Des personnes qui n'ont pu suivre les cours d'histoire nous demandent s'il s'agit de vulgarisation pure et simple, ou de « l'histoire définitive » du chanoine Groulx. Celui-ci protesterait assurément contre l'idée d'une histoire qui pourrait s'appeler *définitive*. Chose certaine, il faut écarter l'idée d'une simple vulgarisation. M. Groulx entendait conclure son œuvre historique par une synthèse générale de l'histoire du Canada français — tentative analogue à celle de Jacques Bainville pour l'Histoire de France ou d'André Maurois pour l'Histoire d'Angleterre. C'est cette histoire qu'il coule dans le moule de la leçon radiophonique. Il suffit, du reste, d'en avoir écouté une pour comprendre qu'il ne s'agit pas d'un quelconque manuel ou d'un aimable résumé à l'usage des écoliers. Le Chanoine Groulx s'adresse à l'homme cultivé, à celui qui possède au moins quelques rudiments d'histoire, à l'étudiant, aux plus âgés des collégiens. Les quatre séries terminées, nous serons en présence d'une synthèse de toute notre histoire: première entreprise du genre depuis Garneau.

On ne sera pas lent à me demander la publication de ces cours en volume. Le 25 avril 1950, *Le Devoir* annonce que le premier tome de ces cours — il y en aura quatre tomes — paraîtra au début de mai aux Editions de l'Action nationale. *L'Action catholique* donnera aussi la nouvelle. Le 11 mai 1950, dans une réunion d'intimes, je présente ce premier tome à la Société Saint-Jean-Baptiste de Montréal qui a fait les frais de ces cours à la radio. On ne m'en voudra point de reproduire ici le petit discours de remerciements que je prononçai ce jour-là. Il explique et l'origine et le caractère de l'ouvrage:

Monsieur le président,

Mes chers amis,

C'est une bien grande manifestation pour un bien petit objet.

Mais je me rappelle que nous sommes d'un peuple qui réserve aux nouveau-nés, quels qu'ils soient, petits ou grands, laids ou beaux, le même et chaleureux accueil.

De ce nouveau-né, du reste, vous êtes encore plus responsables que votre humble serviteur. Le premier responsable, c'est d'abord la Société Saint-Jean-Baptiste de Montréal à qui je suis heureux de le dédier. C'est elle qui a eu l'idée de ces cours à la radio, et c'est elle qui en a fait généreusement tous les frais. Elle a même appris en son aventure que si les ondes ne sont pourtant point difficiles, il y a des auteurs qu'elles acceptent difficilement de porter.

Je dois, en second lieu, ce livre à l'Action nationale, qui, avant même qu'il fût né, et avant de s'assurer s'il ne serait pas infirme, borgne, boiteux ou mort-né, a accepté le risque de le pousser dans la vie, même s'il arrive au monde, ainsi qu'il apparaît à la couverture, sous le signe du bleu et du noir, symbole de l'espoir et de la résignation.

Je le dois, en troisième lieu, à tant d'amis qui m'ont aidé dans ma carrière d'historien, qui ont même raffermi ma chaire d'histoire lorsque des orages accourus, comme dans la fable, « du bout de l'horizon », tentaient de l'ébranler et qui, encore en ces tout derniers temps, m'ont assuré les moyens de continuer mes travaux. De mon cordial merci puissent tous les amis généreux apprendre et retenir que les historiens, ces farouches distributeurs de justice, restent quand même capables de la plus chaude gratitude.

Et qui est-il ce nouveau-né, le 22ème d'une famille tout à fait canadienne ? Depuis trente ans au delà, que je le porte, celui-là, en mon cerveau, depuis tant d'années que je remue les faits et les idées qui en font le corps et l'âme, ne me demandez pas

si cet enfant a encore le don de m'impressionner, tant je me per-
suade qu'il me ressemble.

Tout ce que je sais et puis dire, et je m'en explique dans mon
Avertissement, c'est qu'il n'est pas le grand fils ou le grand ouvrage qu'en ma jeunesse j'avais témérairement rêvé. Il n'est point,
non plus, un simple ouvrage de vulgarisation, si l'on entend par
là une substance historique mise à la portée de tout le monde,
ou un livre bâti avec des matériaux de démolition ou avec les
matériaux des autres. Il ne vaut que ce qu'il vaut; mais même
sans indication de sources ou références, et sans rien de l'appareil scientifique, je puis assurer qu'il est fait de matériaux neufs
et uniquement de pièces d'archives. Je dois avouer, en effet, que
je n'ai guère lu mes prédécesseurs, non, certes, par dédain ou
mépris de ces méritants ouvriers, mais par souci de ne me laisser
imposer ni leur façon de présenter ou d'interpréter les faits.

En résumé, et je l'ai déjà dit, c'est tout au plus, sur papier
bleu, les lignes blanches de l'édifice qu'il arrive à tant d'hommes de ne pas bâtir. C'est un simple effort de synthèse historique, un essai d'explication de notre passé. Je souhaiterais toutefois qu'en cette image de lui-même que je suis allé chercher aux
Archives, un petit peuple qui est le mien eût la joie de se reconnaître.

Les trois autres volumes suivront à un rythme assez rapide.
En octobre 1951, l'on annonce le deuxième. Le 6 novembre 1952
un vin d'honneur est servi, au Cercle universitaire de Montréal,
par la Ligue d'Action nationale, à l'occasion de la parution du
troisième volume. Le 26 novembre, c'est le tour du quatrième
volume. En deux ans et demi la synthèse a paru. A mesure que
mes cours passent à la radio, cours que je ne donne jamais en
entier dans les treize minutes qui me sont allouées, je n'ai qu'à
revoir mes textes et à les expédier à mes éditeurs. La presse, il
faut le dire, se montre on ne peut plus bienveillante. On croit
posséder enfin une histoire du Canada, incomplète, imparfaite,
sans doute, mais fruit de longues années de travail et qui apporte
des vues originales sur maints aspects. L'auteur ne se fait point
illusion sur la valeur de cette synthèse. Lorsque la maison Fides
réduira les quatre petits aux deux grands volumes de sa collection
Fleur de Lys, je le dirai en toute et franche sincérité: « La seule
valeur de cette synthèse est qu'il n'en existe point d'autre et qu'il
n'y en aura pas d'autre d'ici longtemps. » Je m'en étais expliqué,

de façon plus expresse, dès l'*Avertissement* placé en tête de mon premier volume:

> Ce livre n'est pas l'ouvrage que j'avais rêvé d'écrire. Jeune, manquant de métier et d'expérience, j'avais conçu le projet d'une Histoire du Canada en dix à quinze volumes. Et je me jetai à corps perdu dans la vaste exploration. Je m'aperçus tôt, en cours de route, que l'entreprise dépassait les forces d'un seul homme, surtout dans les conditions défavorables où il me fallait accomplir mon travail.
>
> Je me rabattis sur un projet d'histoire synthétique en un ou deux volumes, à la manière des *Grandes Etudes historiques* d'Arthème Fayard. J'y dessinerais les lignes maîtresses, la toile de fond de l'histoire canadienne. On y verrait comment, à travers les documents, elle m'était apparue, selon quelle logique interne elle avait pris telle ou telle allure, subi ses principales courbes ou évolutions.
>
> J'avais commencé ce travail lorsqu'on me proposa ce cours d'histoire à la radio en quatre-vingt-dix à cent lecons...
>
> Ce livre est donc loin de l'œuvre rêvée. On y trouvera, sur papier bleu, les lignes blanches de l'édifice qu'il arrive à tant d'hommes de ne pas bâtir. Je me flatte toutefois que ces lignes blanches indiqueront les chemins souvent rudes et fléchis par où a cheminé, pendant trois siècles, une ancienne colonie de la France. Peut-être aussi y découvrira-t-on l'originalité attachante d'un petit peuple qui, par son aventure historique, et par l'âme et le visage que lui ont faits sa culture et sa foi, ressemble à peu d'autres dans les Amériques.

J'ai quand même conscience et satisfaction d'avoir achevé quelque chose. La part de l'inachevé dans ma vie m'a toujours impressionné. Il y eut de l'inachevé dans mes études de collégien. Je portais, ce me semble, à vingt ans, un bagage intellectuel fort léger. Il y eut de l'inachevé dans ma formation sacerdotale, quelque huit mois à peine de Grand Séminaire, à peu près sans maître en théologie à Valleyfield. Encore de l'inachevé dans mes études en Europe alors que la maladie m'empêcha de continuer mes études à Fribourg. Toujours de l'inachevé à Valleyfield où de sourdes hostilités brisèrent mon rêve de prêtre-éducateur. De l'inachevé aussi à Montréal. La publication de chacun de mes ouvrages d'histoire me laissait invariablement le remords d'avoir publié trop tôt, d'être resté trop en deçà de la vérité historique. Enfin, avec ma petite synthèse, la joie m'assaillit d'avoir tout de même donné la substance de quarante ans de recherches et de réflexions sur le passé de mon pays.

A l'occasion du « Prix Duvernay »

La Société Saint-Jean-Baptiste de Montréal, toujours généreuse, n'en décide pas moins de me décerner son « Prix Duvernay », prix d'action intellectuelle accordé chaque année à l'œuvre la plus méritante ou la plus serviable à la collectivité canadienne-française. La remise du prix ne s'accompagne point, à cette époque, de l'éclat dont elle se pare aujourd'hui. La cérémonie a lieu dans le salon de la Société en présence d'une cinquantaine d'invités. Reproduirai-je cette fois encore mon petit discours ? Il a valeur, ce me semble, de document historique sur les misères d'un historien à l'époque où j'ai vécu:

Le 10 décembre 1952

A L'OCCASION DU PRIX DUVERNAY

A la veille de mes soixante-quinze ans, j'aurai signé l'acte de naissance de mon 25e enfant. Les malins parleront, sans doute, de fécondité sénile et ce n'est pas votre humble serviteur qui leur donnera tort. Une circonstance atténuante apaise toutefois ma conscience ou mes scrupules, et c'est, oserai-je dire, en cette « prolificité intellectuelle », la complicité d'une grande dame, elle-même depuis déjà assez longtemps bellement centenaire. En avril 1950, j'écrivais à la première page du 1er volume de cette *Histoire du Canada français,* cette dédicace:

A la Société Saint-Jean Baptiste
de Montréal
qui a eu l'idée de ce cours d'Histoire à la
radio et qui en a fait généreusement
tous les frais.

Aux dernières pages du 4e volume du même ouvrage, j'ai encore écrit: « ... cette synthèse de l'histoire du Canada français, je n'avais pas songé à l'écrire, du moins telle qu'en ces quatre volumes on l'aura pu lire. Elle est le fruit de circonstances fortuites. Un mécène, la Société Saint-Jean-Baptiste de Montréal, a sollicité cette œuvre et l'a rendue possible. »

Je viens de vous dénoncer mon illustre complice, et naturellement la plus coupable des deux.

Elle a voulu, ce soir, doubler son mécénat en m'offrant sa plus grande récompense: le prix Duvernay. Je sais la compétence de son jury. Je sais aussi que la très noble et très vénérable baronne Du Vernay marche sans béquilles et lit sans lunettes. Et certes, mon intention n'est pas de la féliciter de voir encore si clair à son âge et jusqu'à savoir choisir entre tant d'œuvres; mais il me sera bien permis de lui adresser mon plus cordial merci pour son extrême et magnifique indulgence.

* * *

On a souhaité qu'en cette circonstance je vous entretienne quelque peu de certains aspects de ma vie d'historien. On connaît l'œuvre, m'a-t-on dit; parlez-nous plutôt de l'auteur, de quelques-uns au moins de ses rapports avec son œuvre d'histoire, parlez-nous des circonstances qui l'ont dirigé de ce côté. Que vous dirai-je, que je ne vous aie déjà dit et qui ne risque, par conséquent, d'être doublement banal ? C'est d'ailleurs, m'obliger à vous parler du *moi*, haïssable pour tout le monde, mais qui l'est doublement pour les gens de mon métier. Ceux qui m'ont fait l'honneur de me lire, l'auront peut-être remarqué: j'interviens le moins possible avec le *je* ou le *nous* dans mes exposés ou explications historiques. Je ne dis jamais par exemple: *notre histoire, notre pays, notre province, notre peuple, nos gens, notre race*. Je dis *l'histoire du Canada français, le Canada, la province de Québec, le peuple canadien-français, la race canadienne-française*. Sans me dépouiller de toute sympathie pour mon sujet, estimant impossibilité psychologique l'absolue impassibilité, j'ai tenu toutefois, par tendance ou du moins par aspiration à la plus stricte objectivité, à m'efforcer d'écrire l'histoire des miens, comme le ferait un homme de l'extérieur qui refuserait de s'engager subjectivement.

* * *

Mes premiers rapports ou contacts avec l'histoire du Canada, à titre de professeur ou d'écrivain d'histoire, remontent assez haut, à dix ans à tout le moins avant ma venue à l'Université Laval de Montréal. Quels motifs m'ont fait entreprendre, le 18 septembre 1905, pour mes rhétoriciens de Valleyfield, la rédaction d'un manuel d'Histoire du Canada que je devais terminer l'année suivante ? Pour quels motifs également, ai-je sollicité le privilège d'ajouter l'enseignement de l'Histoire du Canada, à raison de deux cours par semaine, à ma besogne déjà assez chargée de professeur de latin et de littérature, puis de directeur d'Académie, d'impresario et de répétiteur au théâtre collégial ? Pour quelles raisons ?... J'avoue que je n'en sais rien. En sont cause probablement mes mauvais souvenirs de collégien, l'enseignement déficient que j'avais reçu de l'histoire de mon pays, l'absence alors persistante de manuels pour l'enseignement secondaire, trop facilement satisfait des manuels de l'école primaire; puis, en regard de cette misère, le réveil nationaliste dans la province, l'irruption de Bourassa dans notre vie politique et nationale, la fondation de la Ligue nationaliste et de son vivant journal aux mains d'Olivar Asselin, la fondation aussi en 1903 et 1904, de l'Association catholique de la jeunesse canadienne-française qui, pour bien servir son catholicisme et l'Eglise, ne se croyait pas obligée de se forger nationalement une âme neutre; et, sans doute enfin et pour une grande part, la participation très active de la jeunesse de Valleyfield à la jeune ACJC. Autant de souffles qui avaient réussi à passer à travers les fenêtres du Collège, à moins que ce ne fût par le trou des serrures.

De ce manuel, resté heureusement en *manuscrit,* manuel en 3 cahiers de 160 pages chacun, je ne vous dirai rien, parce que le mieux que j'en puisse dire, c'est de n'en rien dire. Je constate néanmoins qu'à la première page, je faisais à mes rhétoriciens cette recommandation entre autres: « Etudiez votre histoire ni en *badaud* ni en *chauvin.* Pas en *badaud,* c'est-à-dire sans le magnifique détachement qu'y pourrait apporter un Hindou. Ne soyez pas l'Hermagoras de La Bruyère, fort instruit des histoires étrangères et grossièrement ignorant de l'histoire de son pays. *Pas en chauvin.* Après cette phrase en exergue empruntée, je crois, à Alphonse Daudet: « En France tout le monde est un peu de Tarascon », j'ajoutais: « Ne nous faisons pas un patriotisme provocateur. Défendons-nous avec une égale surveillance et une égale énergie du pessimisme et de l'optimisme radical. »

Mon deuxième contact avec l'histoire s'établit sept ans plus tard, alors que j'écrivais *Une Croisade d'adolescents,* qui parut en 1912. Monographie d'une tranche de vie collégiale, histoire d'un mouvement de jeunesse, entreprise d'apostolat catholique et national au Collège de Valleyfield entre les années 1901 et 1906.

Puis l'année suivante, soit en 1913, j'écrivais, au jour le jour, pour l'*Echo du bazar*, petite feuille éphémère publiée et vendue au cours d'un bazar au profit des Sœurs de la Providence de la petite ville où je me trouvais alors, une *Petite Histoire de Salaberry de Valleyfield*, étude assez superficielle, parue à la Librairie Beauchemin, Montréal, 1913, en une brochure de 31 pages, qui fut publiée, sans doute, à l'instigation de ces chaleureux et imprudents amis qu'on trouve sur son chemin, et pas toujours par hasard, quand on veut s'excuser de publier quelque chose qu'il vaudrait mieux garder dans ses tiroirs.

* * *

Le contact définitif avec l'Histoire s'accomplit en 1915, alors que je quitte Valleyfield pour m'en venir à Montréal. C'est un incident assez connu de mes amis. Je vous en fais grâce. De mon accession à la chaire d'Histoire du Canada, je tiens d'ailleurs responsable, après M. Henri Bourassa, mon petit manuel de Valleyfield qui assurément, en sa parfaite innocence, ne s'en doutait guère. Menus faits, du reste, qu'à propos du rôle de M. Bourassa en cette affaire, je raconte et vous invite à lire dans la livraison de décembre de la *Revue d'Histoire de l'Amérique française*.

J'aime mieux vous dire les difficultés ou épreuves que devait affronter en 1915, un professeur à qui l'on imposait de relever une chaire tombée en déshérence, dans nos universités françaises, depuis cinquante ans, soit depuis les jours lointains de l'abbé Ferland et qui aurait à opérer cette relève pratiquement sans salaire, professeur au surplus d'une Faculté des Lettres encore inorganique elle-même, sans budget ou qui n'en avait que pour son professeur de littérature d'ailleurs payé par Saint-Sulpice; professeur d'histoire qui aurait encore à se faire un auditoire pour cours publics, puisqu'il faut bien savoir qu'avant 1920 il n'existait, à notre Faculté des Lettres sur papier, ni cours privés ni étudiants en histoire.

Ce professeur d'une faculté sans budget et sans étudiants aurait donc à opérer un premier miracle: se constituer les deux instruments de travail indispensables pour un historien: une documentation ou des archives, et une bibliothèque. Une documentation ! Pour peu que l'on aborde l'histoire générale du Canada, cela veut dire aller se documenter aux grands dépôts d'Archives: à Ottawa et à Québec, à moins que ce ne soit à Paris, à Londres, ou à Washington, accomplir ce travail sans salaire ou sans fortune personnelle — et de fortune l'on n'en possède guère quand, pendant les quinze ans de sa vie antérieure, l'on a enseigné dans un collège au taux de $40, puis de $100 par année. Je ne me rappelle pas sans un peu d'amusement, qu'à des écoliers tels que Maxime Raymond et Jules Fournier, j'ai enseigné, encore jeune séminariste, le grec, le latin, la littérature, et voire un peu de philosophie à $40 par année. S'il vivait encore, je croirais entendre Jules Fournier me demander, avec son petit rire narquois: « A parler franc, M. l'abbé, est-ce que ça valait davantage ? » Mais il reste qu'à ce salaire à tout le moins minimum, l'apprenti historien que j'étais a dû poursuivre ses recherches, seul, sans les services d'une dactylo, encore moins d'un secrétaire. Jusqu'en 1937, soit pendant vingt-deux ans de ma carrière d'historien, je n'ai pu rapporter d'Ottawa ou d'ailleurs que ce que j'avais le temps de copier ou de résumer à la plume, ou ce que je pouvais obtenir par faveur spéciale des archivistes qui sont quelquefois venus à mon secours. En 1922, je suis allé passer l'année à Paris et à Londres, poursuivre mes recherches. Mais j'y suis allé à mes frais et sans autre moyen de transcription que ceux que je viens de vous indiquer.

Enfin en 1937 — dans l'intervalle, après des incidents assez orageux dont je vous fais encore grâce, l'on m'avait consenti un rajustement de salaire — la Providence m'a fait don d'une secrétaire, aussi diligente à son travail que condescendante à mon caractère, et qui, pour une rétribution toujours inférieure à celle d'une femme de ménage, est restée la fidèle et dévouée compagne de mes travaux.

Malheureusement nous n'en étions pas encore à l'âge du film, âge que nous n'avons connu qu'en ces toutes dernières années. Avec quelle joie cependant nous contemplions et soupesions notre butin, quand après y avoir sacrifié nos vacances de Noël, de Pâques, et six semaines des vacances d'été, nous revenions d'Ottawa avec 1800, 2000, 2500 pages de documents transcrits au dactylo, sans compter les petites fiches ou notes que je continuais de recueillir à la plume. Mais 2,500 pages, qu'était-ce à côté des 15,000 ou 20,000 pages que, dans le même espace de temps, les heureux chercheurs d'aujourd'hui peuvent accumuler ?

Dans le même temps, l'historien de 1915 avait à se pourvoir de ce second instrument de travail que j'ai appelé une bibliothèque. L'histoire a pour source première et principale le document d'archive ou la source manuscrite; elle ne saurait pour autant négliger la source imprimée. Donc instrument indispensable qu'une bibliothèque à qui n'est pas attaché à une institution en état de l'en fournir. Instrument indispensable qui évite les énormes pertes de temps qu'occasionne une course aux bibliothèques publiques pour la consultation d'ouvrages de fond, ou de spécialistes, parfois même pour la simple vérification d'une date ou d'un prénom. D'autre part, une bibliothèque d'historien doit être assez considérable depuis que se sont notablement élargies les perspectives de l'histoire, et qu'obligé à la reconstruction intégrale du passé, l'historien est presque tenu à une sorte d'érudition encyclopédique. Or, à Montréal, en 1915, il faut bien se rendre à cette triste ou bizarre réalité, qu'un professeur d'histoire à l'Université enseignait dans une université encore sans bibliothèque ou médiocrement équipée, tout au plus, de quelques rayons de livres pour le professeur de droit et le professeur de littérature. Une seule bibliothèque publique s'offrait au chercheur, celle de Saint-Sulpice, qu'Aegidius Fauteux s'efforçait d'équiper de son mieux. Je revois encore, à gauche, dans la salle d'étude, le petit enclos mis à ma disposition et où, descendu du presbytère de Saint-Jean-Baptiste, puis du Mile-End, j'ai passé tant de jours et tant de soirées à excursionner dans l'immense friche de l'histoire canadienne. M. l'abbé Adélard Desrosiers, il me faut aussi lui rendre ce témoignage, me ménageait le plus cordial accueil à la bibliothèque de l'Ecole Normale Jacques-Cartier, fort convenablement pourvue jadis par les abbés Verreau et Dubois.

Entre-temps, avec les modestes ressources que me rapportait mon enseignement à l'Ecole des Hautes Etudes commerciales, où, selon la mode d'alors, réputé omniscient, j'enseignais l'Histoire du Canada, l'Histoire universelle et l'Histoire du commerce à travers les âges, je m'employais à constituer ma bibliothèque. Travail forcément lent, par la rareté, sur le marché, des vieux *Canadiana* ou *Americana*. Il faut guetter, attendre l'occasion. Et aussi parce qu'avec le réveil de la curiosité publique pour l'histoire, une inflation se produisit, une hausse des prix sur cette sorte de marchandises. Toutes circonstances qui permirent à la Librairie Ducharme de s'ouvrir et au bon M. Ducharme de se montrer très condescendant pour le débutant que j'étais. Je me rappelle qu'un jour il consentit à me vendre la précieuse collection Thwaites des *Relations* des Jésuites, 73 vol., un peu endommagée, il est vrai, par le feu, à un prix de rabais de $300, somme que je lui payai fidèlement à la petite semaine, comme un frigidaire ou une machine à laver.

* * *

Je ne pousse pas plus loin le récit de ces petites misères dont je ne garde nulle amertume et que je ne veux pas, du reste, exagérer. Mon enseignement a pu me valoir quelques oppositions et même quelques inimitiés. Je n'ai jamais pu conquérir, par exemple, la faveur des gouvernants que je confesse d'ailleurs n'avoir que sobrement recherchée. En revanche, que de ferventes amitiés m'ont apporté leur appui, d'un peu partout, à travers le Canada français. Je ne puis pas ne pas tenir compte d'une manifestation telle que celle de ce soir. Je ne puis oublier, non plus, ce geste d'un groupe d'amis qui, tout autant pour assurer la sérénité de mon travail que pour parer à l'embarras où je me trouvais de loger mes paperasses et ma bibliothèque passée à quelque six à sept mille volumes, achetaient pour moi, aux jours de 1939, dans l'aristocratique Outremont, le logis 261 de la rue Bloomfield, sans autre obligation, pour votre humble serviteur, que de prendre la clé et d'y entrer.

Mes compensations je les ai trouvées aussi dans la joie de mon travail et de mon métier. On m'a demandé parfois si j'écrivais facilement l'histoire. Ma secrétaire ne se pose pas pareille question, elle qui n'a pas trop de sa patience pour se débrouiller à travers mes grimoires, mes ratures, mes mots et phrases numérotés, mes crochets, mes lignes en flèche, tombantes, montantes, mes renvois au verso, mes retours au recto, etc., et qui, au dernier moment, doit reprendre au dactylo des pages entières qui paraissaient pourtant bien définitives. Je crois d'ailleurs qu'aucun historien n'écrit facilement l'histoire. Le genre laisse part trop avare à la spontanéité de l'écrivain, à ce que d'autres appellent l'inspiration. La réalité historique est trop complexe, trop difficile à saisir pour que l'historien puisse avancer autrement qu'à tâtons, ou à pas menus, constamment tenu en laisse par une vérité capricieuse et fugace, autant que par la recherche d'une forme insatiable de nuances et de précision. Cependant je crois l'avoir déjà dit, il y a trois moments dans le travail historique, et si le deuxième, l'entredeux, le moment de la critique et de l'utilisation du document, s'avère extrêmement pénible, en revanche, le premier et troisième s'accompagnent souvent de grandes joies. Moment de la recherche, des fouilles où, dans l'immense et muette nécropole, l'on croit entendre des voix, et, lambeaux par lambeaux, ressaisir une vie. Moment du travail achevé, joie suprême de l'historien où, comme dans la vision d'Ezéchiel, des ossements, semble-t-il, se sont rapprochés, un squelette s'est articulé, s'est recouvert de muscles et de chairs neuves; un vivant, au souffle de l'homme, s'est dressé sur ses pieds.

Joie aussi peut-être d'avoir fait œuvre qui ne sera pas absolument vaine. Tout au long de son labeur l'historien doit se défendre, sans doute, de préoccupations intéressées ou pragmatistes. Il ne lui appartient pas de travailler pour une fin, ou avec des soucis qui pourraient brouiller son objectivité, infléchir son jugement critique. Mais, son œuvre terminée, faut-il qu'il joue naïvement à l'inconscient et qu'il ignore l'influence de tout livre qu'on lit et surtout le rôle, dans la vie d'un peuple, du magistère de l'histoire ? Je le confesse ingénument, après ces quarante ans tout près de mes durs travaux, je garde l'illusion d'avoir rendu quelques services aux miens. Le Père Richard Arès apercevait l'autre jour notre ligne de vie sous l'aspect « d'une rude et poignante montée vers l'autonomie ». C'est bien ainsi qu'au cours de ces quatre derniers volumes cette histoire m'est apparue, surtout depuis 1760. Vous connaissez le tourment du Sisyphe de la fable condamné à rouler, sur une pente escarpée, un pan de roc qui éternellement retombait sur lui. Plus heureux, ce me semble, que le forçat de la mythologie, le rocher de notre destin, nous l'avons roulé victorieusement, d'étape en étape, jusqu'à un premier faîte. Aujourd'hui, — c'est l'heure tragique de notre histoire —, il est là, dans un moment d'arrêt, ou plutôt en oscillation. De quel côté retombera-t-il ? M'est-il interdit d'espérer qu'après avoir aperçu de nouveau la ligne magnifique et montante de son histoire, notre petit peuple trouvera le courage d'empoigner encore à pleines mains l'implacable rocher pour le hisser vers d'autres sommets ?

IX

ACTIVITÉ SACERDOTALE

Est-ce Claudel ? Est-ce Henri Massis ? Est-ce Barrès ? — C'est plutôt Barrès, je crois, — qui nous a décrit quelque part les tiraillements intérieurs et même l'angoisse d'un prêtre contraint à choisir ou à ne pas choisir entre son métier d'intellectuel et son activité sacerdotale. Je le confesse sans pudeur: j'ai connu quelque chose de cette angoisse. J'ai toujours gardé une profonde nostalgie de mes années de Valleyfield où, à mon enseignement, je pouvais joindre la direction spirituelle de beaucoup de jeunes gens. Pour une joie pleine et même surabondante, quoi de comparable au spectacle d'une jeune âme qu'on voit s'épanouir, de jour en jour, dans la foi et l'amour du Christ ! J'ai connu là ce que l'on peut appeler la culture des âmes: occupation normale du prêtre. Entré à Montréal en 1915 et pour y accomplir les fonctions que l'on sait, je me suis senti fortement désorienté; il me semblait qu'on m'arrachait un peu à mes racines. Ma seule consolation fut de m'acquitter en définitive d'un devoir d'état que je n'avais pas choisi: celui-là que m'avaient imposé mes chefs ecclésiastiques. Autant que je l'ai pu, dans mes nouvelles fonctions, je me suis efforcé de ne jamais oublier — hommage qu'on m'a quelquefois rendu — ma qualité de prêtre. Je ne l'ai pas oubliée, même en mes travaux d'historien, bien persuadé que cette qualité n'entrave en rien ni l'objectivité, ni l'impartialité historiques, quoi qu'en ait pensé récemment un religieux qui voudrait bannir les prêtres de ce métier où ils ne pourraient qu'infléchir dangereusement l'histoire, comme si le laïc, l'agnostique, l'athée n'en pourraient faire autant !

En vérité cependant, et je le dis dans toute la sincérité de mon âme, je ne me suis jamais senti si heureux qu'aux rares, trop rares moments de ma vie où l'occasion me fut fournie d'aborder directement le problème religieux, de parler du Bon Dieu, de Notre-Seigneur Jésus-Christ, de l'Eglise. Quelques invitations viennent au-devant de mes désirs. J'écris des articles, je prononce des sermons ou conférences; je prêche quelques retraites. Cette dernière forme de prédication m'enchante: trois jours, huit jours passés à ne prononcer que la parole de Dieu, à ne vivre qu'en pleine atmosphère surnaturelle. Sur la fin de ma vie, souvent ai-je souhaité que, ma carrière achevée à l'Université, je me donnerais enfin à cette forme d'action; je rachèterais tant d'efforts perdus, tant de pas courus en dehors de la voie sacerdotale. Hélas, le Bon Dieu l'entendait autrement. Des accidents de santé trop vite redoublés m'enlevèrent les moyens et les forces d'un tel ministère.

Articles de caractère religieux

Parmi les écrits ou articles de caractère religieux que je retrouve en cette période de 1940-1950, il en est un du *Quartier latin*, journal des étudiants de l'Université de Montréal, qui paraît être de l'année 1940. Le croira-t-on ? On m'avait proposé ce sujet: *Catholicisme, principe d'avant-garde.* Eh oui ! dans ce temps-là, l'on était catholique à l'Université de Montréal, même chez les étudiants. Je citerai quelques parties de cet écrit pour l'accent de modernité qu'à mon sens il a gardé. Pouvais-je d'abord ne pas louer les jeunes gens qui m'avaient assigné tel sujet ?

> Je ne chicanerai pas le *Quartier Latin* pour ce titre d'article qu'il me propose. Voici des étudiants qui n'acceptent point de rapetisser leur catholicisme. En face du monde d'idées et de réalités si considérables et si vivantes qu'étiquette le nationalisme, ils refusent de n'assigner à leur foi, à leur doctrine religieuse, qu'un rôle négatif: celui d'un garde-fou ou celui d'une sentinelle au « Garde à *v*ous ! »

Après ce début, j'en viens à dénoncer une forme d'éducation, forme malheureuse et par trop « négativiste » qui enseigne plutôt à ne pas faire ceci ou cela qu'à faire ceci et cela. Forme d'éducation qui s'allie par trop naturellement à une école d'autres « négativistes » qui, sous prétexte d'épurer notre catholicisme, le voudraient en divorce total avec tout ce qui est national. « D'aucuns s'étonnent, disais-je, qu'en dépit de notre catholicisme, religion de vie, religion de force, nous soyons un peuple si veule, si dénué de fierté. Quelle méthode plus apte que celle de nos « négativistes », à développer dans l'âme collective, un sentiment national timide, anémique, à nous prostrer dans un dégradant « complexe d'infériorité » ! Etre de sa petite patrie, de sa province, de sa nationalité, de sa culture, partout dans le monde, sentiment tenu pour légitime, naturel, auquel on se livre sans scrupule, d'une foi confiante, sentiment qui dilate. Chez nous, sentiment dénoncé, anathématisé par une nuée de faux théologiens et de folliculaires; sentiment tenu pour une étroitesse d'esprit, pour un élan mesquin, suspect, auquel l'on peut à la rigueur s'abandonner, mais avec d'infinies précautions, comme à une occasion de péché... Jamais à peuple moins national l'on n'aura tant appris à se méfier du national. »

Que le catholicisme fût « principe d'avant-garde », il m'était facile de le démontrer à cette jeunesse:

> Assurément le catholicisme est le suprême régulateur. Il règle, dans l'ordre parfait, la justice, le droit entre les hommes et les peuples. Il défend le culte idolâtrique de la nation, le culte de l'Etat qui refuse les limites de la morale. Il règle, selon le même ordre, jusqu'à la vie intérieure de l'homme, ses idées et ses sentiments les plus intimes. Dans l'ordre national, il pose les bornes du nationalisme, comme il les pose à toute forme de l'activité humaine. Il indique où ne pas aller; en revanche il dit aussi jusqu'où aller. Et voilà ce qu'on oublie trop.

L'on oublie trop, en effet, jusqu'où s'incarne dans l'histoire et dans chaque vie d'homme, le catholicisme. Qui pourra dire jusqu'à quelle profondeur il atteint l'esprit et quelquefois le cœur des grands acteurs du drame humain et quelle part d'efficience il faut lui attribuer dans les suprêmes décisions ? Je reprends donc:

> Catholiques, nous ne sommes point des anges; faire l'ange, chacun le sait, ne va pas pour l'homme sans un certain risque. Notre salut, nous avons à le faire, non dans un monde imaginaire, abstrait, mais dans un milieu strictement particularisé, délimité par des lignes géographiques et voire par certains graphiques ou signes stellaires. Sur cette portion du globe nous sommes nés, nous avons grandi; à notre naissance, il n'était point une *terra incognita*, un espace vierge, vide, dénué de toute empreinte hu-

maine. Nous y avons trouvé des institutions, un état économique, social, politique, une culture, une civilisation, un climat moral. Entre ce milieu et nous, un peu d'observation et de réflexion nous aurait même révélé de puissantes affinités électives... Bref, nous avons des racines terrestres; nous respirons une atmosphère terrestre. Le milieu national est un lieu de vie humaine, qui importe aux dimensions de notre personnalité.

Or, en présence de ces attaches terrestres de l'homme, quelle attitude prend le catholicisme ? Il accepte les nations, les petites comme les grandes. Il les accepte, non seulement comme des fatalités, ou, si l'on préfère, comme des résultats géographiques et historiques; il les accepte comme des entités juridiques et morales dont le droit à l'existence ne se discute point. Ce droit, le philosophe le fonde sur un droit éminent de la personnalité humaine: droit à son milieu culturel, éducateur. Le catholicisme, lui, transpose ce droit sur un plan supérieur: le droit du baptisé, du prédestiné à l'éternel, encore et toujours homme, de rester en possession de ses supports humains: milieu, climat ou atmosphère qui, par l'agrandissement de l'homme, facilitent l'agrandissement du chrétien...

Entre [le] naturel et le surnaturel, quels rapports impérieux l'on commence déjà d'entrevoir ! Dans son Incarnation, le Verbe a assumé tout l'humain. Nul n'a le droit de limiter son humanisation, pas même sous prétexte de ménager la transcendance de Dieu. Rappelons-nous le mot si absolu de saint Jean: *Le Verbe s'est fait chair*. De même, le catholique, fils de Dieu par la grâce, n'a-t-il le droit de rejeter aucun de ses éléments constitutifs, de ravir à l'influence de la vie divine aucune part de sa structure d'homme. Le catholicisme ne dissocie point l'humain et le divin, le naturel et le surnaturel; il les dispose dans une hiérarchie. Or hiérarchiser, c'est placer les êtres selon une ligne, selon l'échelle de leurs valeurs, ligne ascendante, sans doute, mais non ligne coupée, disjointe, mais ligne continue où tout s'attache, se soutient, dans la loi d'une harmonieuse unité. En regard de la sanctification de l'homme, ou, si l'on veut, de son élévation au plan surnaturel, le devoir du catholique ne saurait donc consister à s'évader de l'homme, mais, à l'exemple de l'Incarnation, de permettre à la grâce d'assumer l'homme. Et, par homme, il faut entendre, cela va de soi, non seulement l'individu, mais bien tout ce qui conditionne son être, sa personnalité, son progrès. Et l'on aperçoit jusqu'où cela s'étend. Nous y avons assez appuyé : l'homme ne vit pas à l'état d'individu, sur une terre anonyme. Etre social de par nature, il vit dans un milieu social et national, où, quoi qu'il fasse, son être, sa perfection sont fortement engagés. C'est un axiome de philosophie rudimentaire: la perfection de l'homme se conquiert socialement. Nulle nécessité d'être si grand clerc pour discerner, par exemple, jusqu'à quel point notre manque d'assises économiques, certain état social et politique désagrègent, à l'heure actuelle, chez nous, non seulement notre personnalité nationale de Canadiens français, mais tout d'abord notre personnalité humaine... Plaignons ces pauvres esprits qui se montrent incapables de faire la synthèse du naturel et du surnaturel, du temporel et de l'éternel. Parce qu'ils prétendent se cantonner dans la transcendance de la foi, ils se croient de grands théologiens; ils ne savent même pas leur petit catéchisme. Parce qu'ils s'évadent de l'humain, ils se croient des catholiques plus purs; ils ne sont que des catholiques infirmes. Nier la patrie, le milieu national, ou simplement se comporter comme s'ils étaient choses indifférentes, négligeables, ce n'est pas seulement acte d'ignorance, vaine sottise; c'est ravir à l'action de la grâce tout un ordre de valeurs morales, rejeter en dehors de la loi de l'Incarnation, toute une tranche de l'humanité; c'est prétendre sauver l'homme, sans, en même temps, sauver son milieu, abandonner ce milieu comme une proie fatalement vouée à l'infection païenne. Peut-on, de façon plus déplorable, manquer de foi en sa foi, assumer, à l'égard de sa vocation de chrétien, pire rôle de fuyard ? ...

Que pouvais-je ajouter d'autre que ces lignes ? Ceci peut-être:

Au surplus, il n'y a pas tout à fait de notre faute si le patriotisme serein, bourgeois, ne saurait être pour nous un état de tout repos. Infime minorité sur ce continent, aux prises avec un destin exceptionnel, notre peuple n'aura jamais chance de survie, à ce qu'il semble bien, qu'au prix d'un patriotisme sans cesse en éveil, souvent militant: ce qui est la définition même du nationalisme. Qu'y pouvons-nous ? Retenons l'essentiel: nous ne sommes ni des Russes, ni des Allemands, ni des Anglais, ni des Américains. Par origine, par histoire, par culture, par droits politiques, nous sommes des Canadiens français. Admettre ces réalités indiscutables n'implique nullement, de notre part, le noir dessein de nous diminuer, de nous isoler, comme s'évertuent à le crier tant d'inconscients. En cet univers si lié, de facture si communautaire, quel peuple, au reste, a bien les moyens de s'isoler ? Nous ne dynamitons les ponts avec personne, ni avec notre pays, ni avec l'Amérique, ni avec le monde. Tout uniment restons-nous ce que nous sommes, parce que nous n'avons ni le pouvoir ni le devoir d'être autre chose. Canadien français, chacun de nous peut l'être et peut l'être intégralement, intrépidement, sans péché. Il y aurait plutôt péché à ne pas l'être.

D'avoir retrouvé ces lignes que j'avais complètement oubliées, me rend aujourd'hui heureux. C'est pour s'être appuyées sur cette philosophie, et j'oserais dire sur cette théologie, sur cette dimension sociale de la morale, à mon sens orthodoxe, que mes convictions nationales se sont toujours senties à l'aise dans ma foi religieuse.

Accent de modernité, ai-je écrit plus haut, en cet article au *Quartier latin*. Le même accent, m'est-il défendu de le retrouver et même de plus forte résonance, sept ans plus tard, en un autre article paru dans *Notre Temps* (hebdomadaire de Montréal), le 21 juin 1947 ? Notre problème religieux, avec tout ce qu'il traîne de trouble, une jeunesse d'aujourd'hui qui ne doute de rien, surtout pas de soi-même, croit l'avoir découvert. Hélas, on en dissertait déjà, il y a plus de quinze ans ! Qui m'avait demandé cet article ? Le directeur du journal, mon ami Léopold Richer ? Peut-être... Tout ce que je sais, par sa correspondance, c'est qu'il en fut très content. On en parla dans les milieux de jeunesse catholique. Vais-je reproduire cet article au complet ? J'hésite. Mais je cède à ce que je crois en être la valeur documentaire, sinon même la vivante actualité.

Notre problème religieux

Notre problème religieux ! Problème d'adaptation, pourrait-on dire, comme de tous les problèmes des Canadiens français. Problème de tous les peuples jetés trop brusquement dans un internationalisme à l'échelle de la planisphère. Tout se mélange et ne peut éviter de se confronter: doctrines, philosophies, croyances; et, ce qui est peut-être pis, mélange de toutes les mœurs. C'en est fait du mur de Chine et de bien d'autres. La foi du charbonnier ne suffit plus, si tant est qu'elle ait jamais suffi. Les croyants du vrai Dieu ne garderont eux-mêmes l'intégrité de leur foi que s'ils revisent leurs attitudes devant la question religieuse.

*   *   *

C'est dire que chez nous, comme ailleurs, le mal nous paraît d'abord dans l'esprit. Notre intention n'est pas de faire ici le procès de la foi canadienne. Essayons plutôt d'en saisir les faiblesses ou les périls. La foi catholique apporte des certitudes et une vie. Le malheur de nos compatriotes aura été, semble-t-il, d'avoir encaissé les certitudes et de faire bon marché de la vie. Et encore, dans les certitudes, aura-t-on moins cherché la possession solide et joyeuse de la vérité transcendante, de la vérité pleine et pure, que le confort bourgeois où l'on se dispense de l'inquiétude et de la recherche laborieuse.

Au Canada français, la foi n'est pas assez, dans la mesure où elle peut l'être, une conquête individuelle; elle est par trop une vérité traditionnelle, un héritage de tout repos, transmis presque automatiquement. On ne s'explique pas d'autre façon la ferveur médiocre de nos étudiants et de nos étudiantes de collège ou d'université pour la doctrine religieuse, non plus que la tiédeur encore plus prononcée, pour ces mêmes études, de nos classes professionnelles et de notre intelligentzia. Dans ce monde où l'on se passionne facilement pour toute manifestation de l'esprit, il semble que l'on ne se sente ni saisi ni attiré, ne serait-ce que par la grandeur de l'architecture intellectuelle que représente la synthèse des dogmes catholiques. Il y a là un édifice impressionnant, une construction de génie, fruit des plus hautes intelligences humaines, et qui, à ce seul titre, eût si vivement ému, s'ils l'avaient pu entrevoir, des païens comme Platon ou Aristote, ou les plus modestes disciples de Socrate. La majestueuse construction n'émeut point nos beaux esprits pourtant élevés dans le culte de la scolastique.

Dans le peuple qui aime tant écouter parler, et qui écoute si souvent de si vides parleurs, tout aussi inexplicables l'indifférence grandissante envers la prédication des églises, la course aux messes les plus courtes, aux sermons les plus courts, la popularité des prédicateurs aux sermons en comprimés, et parfois les distances parcourues pour attraper les messes sans sermon. On parlera, tant que l'on voudra, de légèreté ou d'irréflexion. Une bourgeoisie, un peuple ne traitent point, avec cette désinvolture, une doctrine tenue pour essentielle et à qui l'on confère, dans son esprit et sa vie, une incontestable primauté.

Qui s'étonnera, dès lors, qu'une possession si incomplète et si superficielle de la vérité n'ait pu révéler les sources, les puissances de vie du catholicisme ? Que dis-je ? Entre certitude et vie comment saisir l'étroite relation ? Aussi est-il arrivé que,

dans la liturgie, dans les offices religieux, dans l'usage des sacrements, dans tout ce que l'on appelle, avec plus ou moins de
propriété, la pratique religieuse, bien loin de discerner des
moyens pour transmission ou accroissement de vie spirituelle,
le catholique n'a voulu voir trop souvent qu'un mécanisme tournant dans le vide, une routine bonne à garder pour s'accorder
au milieu, une prime d'assurance contre les terribles aléas de la
mort.

Ici encore, il resterait à expliquer, par d'autres raisons, et si
tôt après le collège ou le couvent, la rupture partielle et souvent
plus que partielle, avec la pratique religieuse ? Il faudrait rendre
raison de ces propos désolants d'anciens collégiens ou collégiennes qui, pour justifier le rationnement spirituel auquel ils se
laissent aller, invoquent l'indigeste gavage de messes et de prières qu'ils auraient subi dans leur jeunesse ? Nous verrons une
autre énigme et tout aussi déconcertante, dans la funeste coupure entre les actes proprement dits de la pratique religieuse et
le reste de l'existence. Combien rares aujourd'hui ces vies chré-
tiennes organiques où tout s'inspire du même esprit, de la même fin, où les moindres actes, les plus profanes en apparence,
prennent une valeur surnaturelle, et s'enrichissent par la part
d'influence de la vie de prière sur la vie d'action et de la vie
d'action sur la vie de prière. Au lieu de cette féconde unité de
la vie humaine, l'habitude s'établit d'un dualisme désastreux où
la zone neutre de l'existence occupe le plus de place.

Ces attitudes religieuses, n'eût-ce pas été miracle de ne les point
transporter dans notre vie sociale ? Hélas ! le grand scandale
de notre prochaine histoire, ce sera bien que nos classes ouvrières, c'est-à-dire, à l'heure actuelle, presque les deux-tiers de
la nation, aient pu se laisser embrigader dans un syndicalisme
à peu près étranger à leur idéal religieux. Et le malheur, ce
n'est pas seulement que notre prolétariat en arrive à constituer
ainsi, dans la vie nationale, une structure d'une singulière faiblesse, extrêmement compromettante pour tout l'édifice; c'est
que, pour la conquête de ses droits et pour le redressement de
sa misère, l'ouvrier canadien-français ne fasse confiance ni à sa
foi, ni à la sociologie catholique. Et le scandale s'aggrave de
cette autre tristesse qu'il aura pu commettre cette erreur, sans
s'en rendre compte trop souvent, sans avoir été prévenu ou
averti par les classes dirigeantes qui avaient charge de l'éclairer.
Ces classes dirigeantes lui donnaient d'ailleurs le mauvais exemple, s'enrôlant elles-mêmes, avec une légèreté morbide, dans des

sociétés ou des clubs dits « sociaux », dont la moindre malfaisance est d'afficher la neutralité religieuse. En l'espèce rien ne sert de se leurrer: le péché bourgeois n'est pas moins grave que le péché ouvrier.

Chacun peut d'ailleurs mesurer les conséquences du divorce entre la doctrine et la vie: dédoublements de conscience, dissonances trop fréquentes et complètes entre la vie privée et la vie publique; existences de catholiques qui se déroulent pareilles presque en tout à des existences d'incroyants ou d'agnostiques; mœurs de chrétiens qui ne font que reproduire le paganisme ambiant. Le catholique incline à devenir dans le monde, un sel affadi. Le rôle exceptionnel que lui confèrent son caractère de baptisé, son appartenance à l'Eglise, on pourrait croire qu'il n'en veut plus ou ne s'en soucie guère. Et de prétentieux docteurs pourront même affirmer qu'une race catholique n'a pas plus de mission qu'une autre.

* * *

Dans ce diagnostic moral, je ne relève, faut-il le répéter, que les déficiences. Et ces déficiences, bien d'autres catholiques les pourraient partager avec nous. Le clergé y cherchera quand même loyalement sa part de responsabilités. Il doit être plus que le sel incorruptible. Le peuple fidèle attend de lui qu'il soit le ferment au sein de la pâte, la cellule vivante qui travaille énergiquement la masse. Sa tâche ne s'arrête pas à empêcher ou à circonscrire la corruption humaine. On exige qu'il soit un semeur de vie, et que, pour semer la vie, il la porte en lui. Sa prédication, toujours la même en sa substance, il la voudra renouveler dans la forme, l'adapter si exactement aux besoins, aux exigences de l'âme contemporaine, lui donner un tel sens de l'actualité qu'elle atteigne à un empire irrésistible sur les auditoires chrétiens. Peut-être faudrait-il une prédication pour l'élite, de vrais carêmes de Notre-Dame, où la parole de Dieu, solide, éloquente sans doute, prendrait la couleur, l'accent de chez nous, foncerait droit sur nos problèmes et nos misères à nous, pour les embrasser, les saisir corps à corps, apaiser nos doutes et nos fièvres. Peut-être aussi faudra-t-il créer ce que l'on a déjà appelé un « nouveau style » de vie religieuse, faire un effort continu vers la beauté dans le chant, la musique, l'architecture, la parure des temples, ne rien négliger, en somme, de ce qui peut accroître les prises de la foi sur l'homme. Car enfin il n'y a pas de raisons pour que des catholiques s'ennuient à l'église, pas plus qu'il n'y a de raisons pour certains offices, d'être nécessairement ennuyeux.

Insisterons-nous pour que le peuple catholique retrouve surtout le sens de la vie, la notion de la vie chrétienne? Si haut que soit l'idéal de vie qu'on lui propose, sait-il assez que des moyens proportionnés existent de l'atteindre? Sait-il que le Christ, *cause exemplaire* de la perfection chrétienne, en est aussi, comme disent les théologiens, la *cause efficiente*, c'est-à-dire, en d'autres termes, que celui-là qui assigne l'idéal à conquérir est aussi celui qui peut y porter de sa main toute-puissante? Alors que, dans la misère contemporaine, l'on parle tant de la dégradation du type humain, comme il importe de faire voir, en toute sa beauté et grandeur, le type chrétien: l'homme rectifié dans son être et ses facultés, dans sa structure morale et intellectuelle, plus que décuplé en ses énergies natives, atteignant à une plénitude de vie inespérée qui est littéralement l'aube de la vie de l'au-delà dans la possession de Dieu.

Vie chrétienne! Vie qui produit les grands vivants, les personnalités puissantes, riches en capacités créatrices; qui peut faire, du plus modeste, du plus petit des hommes, un héros de volonté; vie que l'on peut vivre enfant, adolescent, aussi pleinement que jeune homme ou homme fait, où il n'y a coupure ni entre les âges, ni entre les actes de l'existence. Vie aussi puissante dans le corps social que dans l'individu, qui pourrait régler la société, les Etats comme elle règle l'homme, qui y introduirait l'esprit de fraternité, l'esprit de justice, la paix tant cherchée et si peu trouvée, parce qu'on la cherche où elle n'est point.

Puissent enfin les catholiques de chez nous retrouver le sens de l'histoire telle qu'elle se déroule depuis deux mille ans. Ils ne savent pas ou savent trop peu dans quel drame transcendant ils sont engagés. Ont-ils appris à voir, dans l'Incarnation du Verve, la suprême tentative de Dieu pour ressaisir le cours de l'histoire, redresser l'homme, redresser la ligne d'une civilisation criminellement fracassée par le premier chef de l'humanité? Et pourtant l'histoire du Christ, l'histoire de l'Eglise ont ce sens ou elles n'en ont point. Quel sera le sort de cette autre intervention de Dieu dans la vie du monde? Finira-t-elle par un triomphe ou par un autre échec? Notre univers était-il fatalement condamné à cette régression vers la barbarie, à ce crépuscule de civilisation vers lequel il semble qu'il s'en aille, tête baissée? La réponse, Dieu l'a laissée à la liberté humaine. Mais qui voudra croire que le Fils de Dieu soit mort sur la croix pour une faillite ? Les peuples catholiques ont donc une mission. Et leur mission, c'est d'assurer l'avenir de la Rédemption. Ils ont à décider du dénouement de ce drame souverain de l'histoire. Et c'est pourquoi nous sommes tentés de conclure que le peuple canadien-français a peut-être besoin de demander humblement l'intelligence de sa foi.

Lionel Groulx

Retraites prêchées

Ecrasé souvent par ma besogne, je ne me refuse point, tant l'attrait est puissant, à d'autres formes d'activité sacerdotale. On trouvera dans mes manuscrits bien des textes ou des plans de sermons. J'aurai prêché aux jeunes des collèges de la région de Montréal, je ne sais combien de retraites de vocation. J'aime surtout, et l'on devine pourquoi, parler à des séminaristes, à des prêtres. Je prêche une retraite aux séminaristes du Grand Séminaire de Sherbrooke, aux jeunes ordinands du Grand Séminaire de Rimouski. De passage au Manitoba, l'Archevêque de Saint-Boniface m'invite à parler aux prêtres de son diocèse; il me faut faire de même au Collège d'Amos. La plus marquante de mes conférences à des prêtres pourrait bien être celle prononcée en 1950, le 30 janvier au soir, à l'ouverture de Journées d'études sacerdotales, sous le patronage de la Commission épiscopale d'Action catholique. J'avais, devant moi, des représentants de vingt-deux diocèses. J'y notais en mon début l'accent mélancolique du prologue de l'Evangile de saint Jean: « Les ténèbres n'ont point voulu de la lumière... Il est venu parmi les siens, et les siens ne l'ont point reçu... » Puis, j'entreprenais d'exposer, en ses traits majeurs, la révolution déjà en cours au Canada français: évolution d'une civilisation de type rural en civilisation de type urbain, évolution de la famille canadienne-française, de l'école, de la paroisse. Conclusion: fini notre petit monde clos, à l'abri des mauvais courants d'air, heurt des doctrines et des mœurs dans le rapprochement des peuples et des continents, mêlée des philosophies, des religions, des nouveaux moyens de propagande qui se disputent les esprits et dans tous les milieux sociaux; donc naissance d'un homme nouveau, surtout dans les milieux ouvriers, naissance d'un homme proprement déshumanisé. Comment réadapter le clergé à ce temps nouveau et à ce peuple lui-même nouveau ? J'indiquais quelques moyens. *Relations* de mars 1950 reproduit quelques parties de cette conférence. Les Pères du Saint-Sacrement en publient le texte intégral dans leurs *Annales*. On me reprocha, dans le temps, de n'avoir vu que le paysage de Montréal et de m'être arrêté au milieu urbain, comme si le milieu urbain n'envahissait pas le milieu rural jusqu'à se confondre avec lui.

Mes meilleurs souvenirs de cet apostolat me viennent pourtant de mes retraites aux prêtres-éducateurs. Là je me sens davantage sur mon terrain. A Valleyfield, j'ai acquis quelque expérience de l'éducation des collégiens; je me flatte même d'avoir pu me forger une doctrine de formation intégrale de l'homme. Il m'est agréable d'en faire part à mes confrères éducateurs. Je prêche une de ces retraites à Sherbrooke, d'autres à Montréal, à Valleyfield, à Rimouski, cette dernière en août 1942. Neuf ans plus tard, de l'un de mes retraitants, l'abbé Pierre Bélanger [78], du Séminaire de Rimouski, une confidence m'arrive qui me cause joie et surprise. « Le soussigné, entre autres faveurs spirituelles de ces jours, a gardé un attachement à la grande âme de saint Paul que vous nous aviez si bien montrée. » Avais-je si chaudement parlé de saint Paul qui fut toujours, il est vrai, le grand maître spirituel pour moi ? Un autre, l'abbé Gérard Lalonde [79], de Montréal, un soir, à la télévision, me fera l'amabilité de compter ma retraite de Montréal parmi celles « qui l'ont marqué ». Mystère de ces paroles qui tombent, en bonne terre, sans que nous y soyons pour grand-chose, comme ces graines emportées par le vent et qui trouvent, comme par hasard, la terre féconde.

78. Pierre Bélanger (1911-   ), ptre ; professeur au Petit Séminaire de Rimouski (1937-1957) ; aumônier diocésain et propagandiste de l'Oeuvre des vocations, desservant à Rivière-des-Trois-Pistoles (1958-1967) ; vice-supérieur et directeur des services administratifs, Séminaire de Rimouski (1968-1969) ; procureur (1971-   ).
79. Gérard Lalonde (1920-   ), ptre ; professeur (1943-1946) ; vicaire à Saint-Vincent-Ferrier (1946-1953) ; aumônier diocésain de la JICF et de l'AC (1953-1956) ; missionnaire diocésain (1956-1963) ; directeur de l'Action catholique (1963-1965) ; curé de Saint-Jacques de Montréal (1965-1968) ; curé de Sainte-Jeanne-de-Chantal, Pointe-Claire (1969-1973) ; professeur de sciences religieuses à la Commission scolaire des Mille-Îles (1973-   ).

Deuxième entrevue avec le Délégué apostolique

Serait-ce le lieu de consigner ici le souvenir d'une entrevue qui m'échut, à l'été de 1945, avec le délégué apostolique, Son Excellence Mgr Ildebrando Antoniutti ? Occasion fortuite où j'aurai pu peut-être rendre quelque petit service à mes compatriotes, dans le domaine religieux. C'est la seconde fois * que je me présente chez le diplomate romain. On se rappelle cette autre entrevue sollicitée par le même en 1940 à propos de réformes dans notre enseignement. Cette seconde entrevue, je la sollicite de mon propre chef. Son Excellence avait coutume de m'accueillir avec la plus souriante figure. Deux ou trois fois, en ces derniers temps, lors de nos rencontres, le diplomate m'avait montré son visage le plus glacial. Changement soudain. Pourquoi ? Sur ce, Son Excellence fait savoir à Mgr Perrier, grand vicaire de Montréal, qu'il ne peut renouveler mon privilège d'oratoire personnel, privilège dont on m'a gratifié depuis 1939, soit depuis mon arrivée à Outremont. Refus qui me laisse plus que songeur. Son Excellence me croirait-elle mêlée à une récente démarche de la Société Saint-Jean-Baptiste de Montréal ? J'en étais alors, par autorisation hasardeuse de Mgr Charbonneau, vice-président: vice-président malgré moi, et par intérim, m'avait-on assuré, le temps de barrer le chemin à un autre personnage peu désiré de la part de ces Messieurs de la Société. Or la Saint-Jean-Baptiste avait fort mal accueilli la nomination d'un évêque irlandais, à Montréal, à titre d'auxiliaire de Mgr Charbonneau. On avait même rédigé un mémoire à l'adresse de l'épiscopat canadien-français et du Délégué. Respectueusement la Société exprimait sa surprise d'une telle nomination et osait formuler l'espoir qu'à Rome les autorités manifesteraient autant de générosité pour les minorités canadiennes-françaises, plus importantes que la minorité catholique anglaise de Montréal, et qui, d'un bout à l'autre du pays, avaient à subir la politique anglicisatrice d'évêques irlandais. Je dois toutefois rappeler qu'en la rédaction de ce mémoire les directeurs de la Société Saint-Jean-Baptiste n'avaient consulté ni l'aumônier général, Mgr Olivier Maurault, ni le vice-président. « Nous ne voulons compromettre aucun ecclésiastique », me dit-on dans le temps; le mémoire serait

---

* Voir pages 68-69 de ce volume.

affaire de laïcs. Mgr Charbonneau et surtout le Délégué prirent très mal la chose. Entre ce mémoire et le refus de mon privilège, y aurait-il relation de causalité ? J'ai quelque raison de le penser. Cette privation de mon oratoire, ai-je besoin de le dire, me cause de graves ennuis. Que faire ? Solliciter une entrevue du Délégué ? Lui demander et lui fournir des explications ? Un soir qu'en séjour à Ottawa j'en cause avec Mgr Myrand, il me dit dans son langage pittoresque: « Si j'étais toi, je demanderais une entrevue au Délégué et je descendrais à pic chez lui. Et tu aurais la plus belle occasion du monde d'aborder toute notre question religieuse et nationale. » Le conseil me paraît bon. Son Excellence me reçoit — c'est au début de l'été de 1945 — de la façon la plus charmante. Après les propos banals, j'en viens sans tarder à la raison de ma visite. Je dis mon regret de la perte de mon précieux privilège et j'exprime mes soupçons sur les motifs qui m'auraient attiré ce désagrément. J'évite de me prononcer sur l'opportunité du mémoire de la Société Saint-Jean-Baptiste, puis j'affirme avec force à Son Excellence: « Je n'ai rien eu à faire avec ce mémoire; on ne m'a pas consulté, on n'a sollicité de ma part, aucun conseil ni assentiment; et on a procédé ainsi, délibérément, déterminé à ne faire, de ce document, qu'une démarche de laïcs. » Le Délégué me répond gentiment: « Le mémoire n'est pour rien en l'affaire. Mais il arrive que les motifs invoqués par Mgr Perrier au sujet de votre privilège ne sont plus recevables à Rome. » (Je dois noter en passant, qu'en sa réponse à Mgr Perrier, le Délégué s'était gardé de fournir la moindre raison de son refus.) Et comme je lui fais observer qu'il y a pour moi des raisons de santé et que je lui apporte une attestation de mon propre médecin, le Dr René Dandurand, il refuse de prendre connaissance de l'attestation et continue, toujours charmant: « Dites simplement à Mgr Perrier de changer les motifs de votre supplique; pour des raisons de santé, Rome ne refuse jamais ce privilège. »

— Et en attendant ? lui dis-je.

— En attendant, usez de votre privilège.

— A Vaudreuil comme à Outremont ?

— A Vaudreuil comme à Outremont.

Et il continue:

« Pour ce qui est de la nomination de Mgr Whelan [80] à Montréal, voici qui la justifie. L'on compte près de 100,000 catholiques anglophones dans la province de Québec. Or, dans les réunions des évêques de la province, ces catholiques ne possèdent aucun porte-parole. Vous ne pouvez pas vous plaindre du même grief dans les autres provinces. Dans l'Ontario, vous avez l'archevêque d'Ottawa, l'évêque d'Alexandria; au Manitoba, le vicaire apostolique de Le Pas, au Keewatin, l'archevêque de Saint-Boniface; en Saskatchewan, Gravelbourg et Prince-Albert, d'autres évêques; et dans l'Alberta, encore l'un des vôtres à Rivière-à-la-Paix. Il n'est que juste qu'on accorde aux 100,000 catholiques anglophones de votre province un évêque auxiliaire à Montréal, alors que l'Archevêque a déjà pour l'aider en sa tâche, un auxiliaire de langue française. »

Là-dessus je ne peux m'empêcher de faire observer à Son Excellence:

— Si Rome avait toujours traité les minorités canadiennes-françaises avec la même justice, sinon avec la même générosité; si partout où la chose s'imposait, on leur avait accordé des évêques auxiliaires; et si l'on avait toujours vu, en ces minorités, non seulement des minorités religieuses, mais des minorités possédant, en leur pays, des droits politiques et constitutionnels, croyez-m'en, Excellence, beaucoup de malaises n'existeraient pas au Canada. Et j'ajoutai: Pour ne citer qu'un exemple, si nos minorités de l'Ontario et de l'Ouest canadien avaient eu en partage les heureuses faveurs dont Rome a comblé la minorité acadienne, que d'injustices auraient pu être réparées !

Son Excellence reprend:

— Bien, en Acadie, il y avait là plus qu'une minorité, il y avait un peuple qui méritait de vivre. Et nous avons voulu lui donner les moyens de vivre: ce qui lui manquait affreusement.

---

80. Lawrence Patrick Whelan (1899-   ), ptre ; professeur au Collège de Montréal (1925-1930) ; vicaire à Saint-Augustin (1930-1932) ; vice-chancelier de l'archevêché de Montréal (1932) ; vicaire général pour les fidèles de langue anglaise (1940) ; évêque auxiliaire de Montréal (1941-   ).

— Serait-ce à dire, Excellence, que le droit à vivre des minorités canadiennes-françaises vous paraîtrait moindre ?...

Avec un petit grain de malice, il me fait cette première réponse:

— Je crois que vous avez moins à vous plaindre des évêques d'origine anglaise ou écossaise, que d'autre origine.

Et il continue:

— Voici d'ailleurs, à l'égard des minorités, ce que sera désormais la politique de Rome: dans les diocèses où les catholiques seront en majorité de langue anglaise, ne serait-ce que de quelques unités, nous nommerons un évêque de langue anglaise, mais nous exigerons qu'il soit bilingue. Et vice versa: dans les diocèses où les catholiques seront en majorité de langue française, ne serait-ce que de quelques unités, nous nommerons un évêque de langue française, mais nous exigerons qu'il soit bilingue.

Une question me vient, malgré moi, à l'esprit:

— La décision de Rome est-elle entrée en ligne de compte dans la récente nomination à l'évêché de Pembroke ?

— Voici: j'inclinerais fort à penser que les catholiques d'*origine* française forment la majorité dans le diocèse de Pembroke; mais il nous faut nous en tenir aux recensements officiels. Or les catholiques *parlant* le français forment une minorité... Mais, reprend encore Son Excellence, avez-vous lu mon discours au sacre de Mgr Smith [81] ? Au banquet, et devant tous les collègues de langue anglaise, j'ai dit au nouvel évêque: « N'oubliez pas, Mgr Smith, que si vous n'étiez pas un bilingue, vous ne seriez pas évêque de Pembroke. »

Et l'entretien se clôt par ces autres paroles du Délégué: « Dans vingt-cinq ou cinquante ans, M. le Chanoine, les archives de la Délégation seront ouvertes aux historiens. Vous y constaterez que Rome et la Délégation apostolique se sont toujours

---

81. William Joseph Smith (1897-   ), ptre ; p.a. ; vicaire à Glen Nevis, Ont. (1927-1928) ; secrétaire de Mgr Couturier (1928-1932) ; chancelier du diocèse d'Alexandria (1935-1944) ; curé de la cathédrale d'Alexandria (1940-1944) ; curé de St. Columban, Cornwall (1944-1945) ; évêque de Pembroke (1945-1971) ; retiré.

montrées généreuses à l'égard de vos compatriotes canadiens-français. »

Pourquoi Son Excellence, à propos de la nomination des évêques au Canada, m'a-t-il mis au courant de la récente décision de Rome ? Quelques jours plus tard, je causai de la chose avec Mgr Courchesne, Mgr Langlois de Valleyfield, Mgr Chaumont, Mgr Perrier. Personne n'en savait rien.

X

MES DERNIÈRES RELATIONS
AVEC LE CARDINAL VILLENEUVE [82]

Je n'aborde ce chapitre de mes *Mémoires* qu'avec beaucoup de mélancolie: mélancolie que l'on éprouve au souvenir des grandes amitiés brisées. En ma vie, j'ai compté ma bonne part de ces brisures. Nulle ne m'a laissé trace plus profonde ni plus amère que cette amitié-là qui fut si longue et que j'avais crue imbrisable.

Entre nous deux, nos bonnes relations se maintiennent pendant longtemps. Il veut toujours rester pour moi, et il y tient, le « Petit Père Villeneuve ». Aussi loin qu'en 1930, pour me réconforter contre un petit accès de pessimisme, il m'adresse ces lignes de grande amitié: « Je crois bien tout de même qu'un certain ferment est en travail et qu'il fera lever la masse. En tout cas vous aurez fait votre belle part pour l'activer... Si, à de certaines heures, vous songez que votre vie s'avance, et que tous vos rêves n'entrent point dans la réalité, rassurez-vous tout de même. Vous avez mis en branle des forces qui ne s'arrêtent point. » Un jour, il n'est pas encore évêque, il me prie de corriger le manuscrit d'un petit livre qu'il va publier: *L'un des vôtres*. Je taille audacieusement dans sa prose. Loin de s'en offenser, il me prie d'y aller avec encore plus de franchise:

« A la vérité, m'écrit-il le 24 juillet 1927, je suis... confus de vous avoir présenté un texte aussi touffu et négligé. Je le sentais, j'attendais qu'on vînt me fouetter un peu pour me remettre

---

82. J.-M.-Rodrigue Villeneuve, voir la note 109 du premier volume,

en train de faire le brossage... Vous avez voulu vous astreindre au labeur d'un maître qui corrige ses copies. Je vous en dois une très vive reconnaissance et qui l'emporte sur mon humiliation... »

En 1930 un événement de conséquence se produit en sa vie; il devient évêque de Gravelbourg, en Saskatchewan. Je tiens d'une confidence très intime, que cette nomination le troubla gravement. Autant qu'il peut, il s'y refuse. Il dit même au Délégué apostolique: « Vous savez que je suis nationaliste. Avez-vous lu tout ce que j'ai écrit ? » Le Délégué lui répond: « Nous savons tout cela. » Une lettre de lui, du 12 juillet 1930, me confie les angoisses par lesquelles il est passé: « Ce qu'on dit de moi m'épouvante; en effet, on voudrait me mettre dans la lignée des caractères de la trempe des Taché et des Langevin, et l'évidence est là qui me crève les yeux... Tout de même, maintenant que le Ciel a marqué son dessein, et malgré les inquiétudes et les combats des huit jours qui ont précédé la nouvelle officielle, je vous avoue que je me sens déterminé et courageux et que je veux essayer de faire mon devoir, devoir épiscopal, devoir *catholique*, sans abdication ni amoindrissement tout de même de ce qui m'a été cher et auquel je me suis dépensé. J'ai la consolation de n'avoir point demandé pardon du passé et de savoir que tout ce que j'ai fait et écrit — même dans *L'Action canadienne-française* — a été lu et jugé. On m'a pris tel quel, ce qui veut peut-être dire qu'on peut encore penser dans notre pays sans être nécessairement écarté de ceux qui font l'avenir... Votre amitié n'aura certes pas été étrangère au semblant de renom qui m'a été fait, et à certaines audaces d'idées au bout de ma plume. Merci. » Malgré sa nomination à l'évêché de Gravelbourg, il avait accepté de prêcher la retraite d'été aux prêtres de Montréal. Il ne voulut point se déprendre de cet engagement. Nous eûmes, tous deux, au cours de la retraite, une assez longue conversation. Je lui dis entre autres choses: « Je me réjouis de votre élévation à l'épiscopat. Vous ne resterez pas longtemps là-bas. [Je ne croyais pas être si bon prophète.] Vous reviendrez dans l'Est. Et pourtant dans la joie de vous voir élevé à la haute dignité, il entre chez moi un peu de tristesse. »

— Vraiment ? me dit-il. Et pourquoi ?

— Voici, osai-je lui répondre avec un demi-sourire, j'ai constaté que deux choses m'enlèvent mes meilleurs amis: la politique et l'épiscopat.

Je faisais allusion — et il le comprit bien — à la fatale distance qui s'établit entre le compagnon, ami d'hier, et l'autre, promu évêque... L'élu de Gravelbourg sourit de ma malice et me dit en me prenant les mains: « Jamais je ne vous lâcherai ! » Entre l'évêque de là-bas et l'ami d'hier la correspondance continue aussi confiante, aussi amicale qu'à ses débuts. Puis voici qu'à peine un an après son départ pour l'Ouest, Mgr Rodrigue Villeneuve est rappelé dans l'Est. Le 28 décembre 1931, il devient archevêque de Québec. J'assiste, en grande joie, aux côtés de mon ami Lebon, à son intronisation dans la basilique québécoise. Cette nouvelle dignité, je puis l'assurer, il ne l'avait pas non plus désirée. Dix-huit jours avant son intronisation, n'en sachant encore rien, il m'écrit de Gravelbourg, où une fièvre typhoïde l'a immobilisé pendant sept semaines: « La question du messie de Québec n'en est pas une dont je sois désintéressé. Depuis juin, j'ai essayé de loin de dire et faire ce qui m'a semblé bon. Mais, entre nous, ne souhaitons Québec à personne de nos amis. Celui qui y montera devra bien songer à quelle roche tarpéienne il s'installera, à côté du Capitole. Y en a-t-il qui ont envie de ces choses-là ?... Je compte pouvoir aller vous voir en janvier... Nous causerons du diocèse de Gravelbourg où, malgré la pauvreté, je m'obstine à cultiver et à cueillir de l'espoir. »

L'Archevêque de Québec ne change point de manière ni de mœurs. Il garde toute sa simplicité. Au mois d'août 1932, il m'annonce sa visite à Saint-Donat, à ma maison de campagne de ce temps-là. Et il le fait à son ancienne manière: « En tout cas je vous demeure le même « petit Père » que toujours. Donc, à bas les cérémonies. L'amitié suffira. » Il y vient accompagné de Mgr Courchesne, de Mgr Cyrille Gagnon, recteur de l'Université Laval, et de mon ami Wilfrid Lebon. C'est le soir, ou le lendemain soir de son arrivée, qu'à la demande de l'Archevêque, je lis à mes hôtes le manuscrit d'*Au cap Blomidon*, en voie de paraître. Petit roman qui ne pouvait que vivement lui rappeler notre voyage de 1915 en Acadie. Le lendemain, dans l'avant-midi, nous avons, l'Archevêque et moi, une longue conversation au sujet de notre enseignement secondaire. Je lui expose mon projet de réforme que l'on connaît déjà: recrutement, dès le collège, de vocations d'éducateurs; première formation spécialisée au Grand Séminaire; fondation d'une Ecole normale supérieure pour la formation des maîtres; envoi pour perfectionnement en Europe ou ailleurs des plus brillants des jeunes maîtres; retraites spéciales pour prêtres-éducateurs. Mon projet intéresse au plus haut point l'Archevêque. Je le lui répète à satiété: nos anciens professeurs n'ont pas été des coupables, mais des victimes, victimes de leur temps, de la pauvreté, victimes des autorités religieuses trop lentes à comprendre une situation inexcusable. J'ose même ajouter: les évêques, dans leurs discours académiques, répètent volontiers que leurs collèges ou séminaires sont la prunelle de leurs yeux. Mais que font-ils pour y mettre un personnel compétent ? L'Archevêque me demande un mémoire sur ces problèmes et il se propose de les aborder franchement dans les milieux des éducateurs religieux. Le mémoire ne sera point perdu. Une lettre du 15 août 1934, et écrite du Collège de Sainte-Anne-de-la-Pocatière, en fait foi:

> Usant de la liberté coutumière entre gens qui veulent le bien, j'ai transcrit littéralement, à vingt lignes près, tout votre mémoire et m'en suis fait une conférence que je donne demain à nos prêtres de Ste-Anne [La Pocatière] en retraite de huit jours... Je la répéterai la semaine prochaine à ceux de Lévis, et, un peu plus tard, j'entrerai le dire au Séminaire de Québec.
>
> Sans chauvinisme, je crois la situation meilleure dans les collèges du côté de Québec que de Montréal. En tout cas, depuis plusieurs années, on y a, à Lévis, une retraite spéciale — que j'ai rendue annuelle de semi-annuelle qu'elle était —, et depuis deux ans la chose se fait ici. A Québec même, c'est encore la retraite commune du clergé. Mais je rumine des plans...
>
> Il n'empêche que le mal que vous m'avez décrit, je le sentais, j'en ai moi-même parlé déjà quoique d'une façon moins vive, et, en tout cas, je veux m'employer à le démasquer, à le corriger. Ainsi l'idée d'un *Séminaire d'éducation* me frappe, et je me demande si des circonstances favorables ne me permettront point de le réaliser peut-être avant trop d'années, pour nous mettre d'accord avec la constitution *Deus scientiarum Dominus*.

En un mot je prie et je veux travailler. En septembre, je veux aussi aborder — auprès de NN.SS. d'abord cette question — puis au Conseil de l'Instruction publique celle de l'Enseignement primaire sous l'angle *éducation.*

Quant à l'Ecole normale supérieure, Son Eminence craint, pour le moment, de heurter l'opinion de Mgr Camille Roy: celui-ci tenait sa Faculté des lettres de Québec pour une sorte d'Ecole normale supérieure. Cette année-là ou l'année suivante, le Cardinal répétera sa conférence à Joliette, devant un Congrès de prêtres-éducateurs. Hélas ! en ces temps-là, rien de plus difficile que de persuader les professeurs de leur incompétence, même s'il n'y avait pas de leur faute. A la suite de cette conférence, un religieux, aux airs de pontife, ne trouve rien de mieux que de s'écrier: « Voilà la récompense de deux cents ans de dévouement ! »

Et notre intimité demeure toujours. J'envoie mes ouvrages à mon grand ami, au fur et à mesure qu'ils paraissent. Chaque fois il trouve les mots les plus élogieux pour m'en remercier et m'encourager. A propos, par exemple, du 2e tome de *L'Enseignement français au Canada — Les écoles des minorités,* je trouve ces lignes dans une lettre du 5 janvier 1933:

> Je voulais plus tôt et mieux vous remercier de votre hommage *L'Enseignement français au Canada* que j'achève presque de lire, à travers mes tracas. Mes félicitations et ma gratitude pour ce beau livre encore qui, comme plusieurs de ses aînés, est un bienfait pour le Canada français. Il ne sied pas que j'abonde en détails. Mais je le trouve très bien, émouvant, suggestif, fortifiant. Et j'ai éprouvé une joie secrète à penser que je suis lié si étroitement avec l'auteur. Ça ne paraît peut-être pas. Ce n'est certes pourtant point que je m'isole sur les hauteurs, mais la vie emporte. En tout cas, je vous garde toute mon affection, suivant avec intérêt ce que les journaux disent de vos travaux.

En 1938, il me fait hommage lui-même de l'un de ses livres: *Quelques pierres de doctrine,* recueil de ses principaux discours. A la première page, il écrit cette dédicace que je ne puis m'empêcher de trouver excessive et de le lui dire: « *A M. l'abbé L.-A. Groulx, l'un de mes maîtres* ». Ce recueil contient, entre autres pièces oratoires, sa conférence prononcée au Cercle universitaire de Montréal, le 13 janvier 1934: « L'Université, école de haut savoir et source de directives sociales ». C'est en cette conférence, qu'après avoir déploré notre manque d'esprits vraiment universitaires, il trouve à n'en nommer que quatre qui feraient voir cet esprit: Mgr L.-A. Paquet en théologie, Edouard Montpetit en économie politique et sociale, l'abbé Lionel Groulx en histoire canadienne, le Frère Marie-Victorin en botanique. Petite bombe qui fit sursauter bien des auditeurs fort chagrins de n'appartenir point à la très petite confrérie. Ce doit être, vers le même temps, qu'il me fait cadeau de l'un de ses portraits en grand apparat de vêtement cardinalice: portrait que je fais encadrer et qui porte cette dédicace: « A l'ami fidèle de 1910, le très cher abbé Groulx, apôtre de l'Eglise et de la Patrie ». En 1937, le Cardinal se laisse entraîner à une partie de sucre, à Vaudreuil, à l'érablière de l'un de mes frères, à quelques arpents de ma petite maison de campagne. J'ai invité à l'accompagner un bon nombre de ses amis: Mgr Melanson [83] de Moncton, Mgr Courchesne [84], l'abbé Philippe Perrier, le Père Papin Archambault, l'abbé Lucien Pineault et quelques autres. Nous étions au-delà du milieu d'avril. Mon frère avait retardé la fermeture de sa sucrerie pour recevoir ces rares et grands visiteurs. La Providence nous avait réservé une journée de printemps et de soleil à ravir. Je vois encore Mgr Courchesne et Mgr Melanson, en longue conversation, assis sur le mur de pierre, au bord du lac. Le reste du groupe s'est installé sur la véranda des *Rapaillages,* en plein air. Le Cardinal se sent en verve, en veine de causer. Heures qui parurent des minutes. Nous allons dîner à la sucrerie. Le Cardinal s'amuse à taquiner deux de mes petites nièces, enfants de sept à huit ans. Le soir, il consent à faire quatre milles pour aller bénir ma vieille mère, en séjour chez l'une de ses filles, dans le rang de Quinchien.

■   ■   ■

---

83. Louis-Joseph-Arthur Melanson (1879-1941), ptre ; p.a. ; vicaire à Campbellton (1905-1907) ; curé de Balmoral (1907-1919) ; curé de Campbellton (1919-1933) ; vicaire général de Chatham (1919-1933) ; évêque de Gravelbourg (1932-1936) ; premier archevêque de Moncton (1937-1941).

84. Georges-Alexandre Courchesne, voir la note 36 du deuxième volume.

Y eut-il, après Gravelbourg, évolution dans son esprit, dans ses attitudes nationales ? Quelques actes ne laissent pas d'inquiéter ses amis. Peu de temps après son arrivée à Québec, il décide avec ses collègues de l'épiscopat, de rattacher l'ACJC à l'Action catholique et d'en faire la clef de voûte de tous les groupes de jeunesses catholiques spécialisés. Je l'ai déjà dit et trop dit, l'Action catholique d'alors œuvre dans la stratosphère parfaitement indifférente, sinon même hostile, à tout ce qui est national. Elle oublie cette vérité affirmée avec force par Mauriac, dans *Ce que je crois,* qu'il ne faut point « séparer la recherche du royaume de Dieu de son accomplissement en ce doux royaume de la terre, comme disait Bernanos, qui serait déjà le royaume de Dieu si les hommes avaient accepté l'enseignement qui leur a été donné sur la sainte montagne ». Au nom de l'Eglise *universelle* on vide les jeunes générations de tout sentiment national, on jette dans la vie des catholiques déracinés, autant dire d'un catholicisme irréel, magnifiquement préparés à se transformer, dès les premiers contacts avec la vie, en petits esprits forts, prêts à se révolter contre les mauvais maîtres qui les ont désadaptés de leur milieu. Ce qui ne manque pas d'arriver. Un homme intelligent comme l'archevêque de Rimouski, Mgr Courchesne, a douloureusement prévu cet échec et ce péril. On s'en aperçoit tôt, du reste, au foisonnement de sociétés de jeunes qui s'organisent en dehors des cadres de l'Action catholique, jeunesse pétulante, telles les « Jeunesses patriotes », qui n'entendent que trop se passer de la direction du clergé. Les évêques se hâtent, en 1941, de rendre l'ACJC à ses fins premières. Mais qu'est-elle devenue ? Un squelette, sans cadres, sans finances; elle est plutôt suspecte aux groupes d'Action catholique, dans les collèges et les grandes écoles, quand ce n'est pas aux autorités collégiales elles-mêmes. Il est même question de lui enlever son titre d'association « catholique » qu'on finira, du reste, par lui ravir. Cependant, dans une lettre de Mgr Perrier, vicaire général de Montréal, lettre du 21 septembre 1942, je lis ces lignes: « Elle [l'ACJC] doit à tout prix conserver son nom d'Association *catholique.* On ne sépare pas chez nous religion et patriotisme. On veut que le catholicisme impose ses règles à l'économique, au social, au national. » L'ACJC ne peut que végéter; elle végétera longtemps, pour finalement mourir de langueur, vers 1960, si bien qu'aujourd'hui en 1963, aucune association puissante, pas même l'Action catholique, n'a pu encore regrouper les meilleurs éléments de la jeunesse canadienne-française. La nation manquera d'une école comme celle de 1904 où former une élite pour l'action temporelle, nationale, politique, économique, sociale, culturelle et même catholique au vrai et beau sens du mot. De la part de nos chefs religieux ce fut une erreur qui n'a pas fini de produire ses mauvais fruits. Comment le petit Cardinal si clairvoyant avait-il commis ce mauvais pas ? Pourtant il ne partageait point sur certaine formule radicale d'Action catholique, l'opinion de quelques extrémistes, plus férus d'angélisme que de bon sens. C'est lui, en effet, qui m'écrit, en janvier 1936:

> La controverse *Action catholique* et *Action nationale* m'a, en effet, rejoint en France et en Italie. J'ai bien vu qu'en tout cela, il y avait beaucoup d'équivoque et pas mal de personnalités ou du congrégationisme. Je reprendrai peut-être quelque jour le sujet. A mon sens, on ne saurait isoler les deux actions, mais il faut les subordonner. Les subordonner dans leur valeur abstraite d'abord, les subordonner aussi dans leurs organes. Ce qui n'empêche point qu'il puisse y avoir des organisations formelles distinctes. Mais les groupements d'action nationale devront s'inspirer profondément des directives catholiques et d'une vie intérieure la plus catholique au monde; et les groupements d'Action catholique ne devront point, non plus, se défendre de toute influence sociale, nationale, etc. Ils pourront même, en une certaine mesure, se livrer subsidiairement à certaine action nationale. Mais puisqu'en effet celle-ci devient de plus en plus mêlée au politique, il n'est pas mal qu'il y ait des groupements d'action nationale distinct, par exemple des jeunesses nationales, patriotes, etc., lesquels cependant, encore une fois, vivent un catholicisme profond et en pénètrent la *nation*.

Le Cardinal n'en pose pas moins un autre geste aussi discutable. Nous avions essayé d'emprunter au scoutisme une bonne part de ses méthodes d'éducation. On l'a vu en un autre volume de ces *Mémoires* *, le premier responsable ou coupable n'était autre que l'auteur de ces *Mémoires*. Mais nous voulons alors d'un scoutisme qui soit nôtre, conforme à nos traditions.

---

* Voir *Mes Mémoires*, II : 320-325.

Nous le voulons autonome. Et il le sera dans sa mystique et jusque dans son nom: « Eclaireurs canadiens-français ». Nous étions alors quelques-uns à penser et à croire fortement que, sans s'isoler, le Canada français devait s'attacher à ses institutions originales. En fortifiant puissamment son particularisme, il pourrait réaliser sa mission de peuple catholique. Plutôt que de courir le risque de se diluer en copiant le voisin, sa tâche serait de sauvegarder son entité propre, dans ses essentielles caractéristiques. Et c'est ainsi qu'il lui serait possible de se donner une culture et une civilisation en état de démontrer la vigueur et la santé d'un peuple fidèle à sa foi et à ses traditions culturelles. Le mouvement scout prend bien vite de l'envergure et de la force. Quels mauvais génies ont pu alors circonvenir le Cardinal? Lui-même se laissa-t-il gagner peu à peu par l'idéologie du large canadianisme alors fort à la mode dans le monde des politiciens? Un jour l'on apprend qu'il négocie la fusion des « Eclaireurs » avec le scoutisme international de Baden-Powell. Ai-je déjà raconté cette histoire plus haut? Je sais de bonne source que l'Archevêque de Montréal, d'autres évêques s'opposaient fermement au projet. On rédigea des mémoires à l'encontre. Le scoutisme venait d'être promu au rang de groupe d'Action catholique. Et l'on choisissait ce moment-là pour l'intégrer au scoutisme international. L'intégration n'offrait nul intérêt financier, ni nul autre avantage que d'arborer désormais l'Union Jack et d'accepter le costume kaki. Le Cardinal n'en imposa pas moins sa volonté. Et la fusion s'accomplit. Il prononçait, nous l'avons vu, le 18 avril 1941, à Toronto, devant l'« Empire Club », un discours où, à côté de revendications courageuses, il exprimait avec ferveur sa « loyauté profonde envers notre Souverain, le Roi George VI et envers ce vaste Empire dont nous sommes fiers et heureux de faire partie ».

Y a-t-il dès lors et depuis quelques mois, évolution dans l'esprit du Cardinal? On se prend à le soupçonner, même parmi ses contemporains de l'Ordre des Oblats. Céderait-il à la prudence des habiles, à certain goût de la popularité dans le grand monde officiel? Le soir où il prend le train à la gare Windsor, pour se rendre à Rome, recevoir le chapeau de cardinal, le Père

Verreault [85], aumônier de l'Association canadienne-française de l'Ontario, me dit: « Vous avez de l'influence auprès de l'ancien « Petit Père Villeneuve »; n'allez-vous pas lui dire qu'il pourrait sortir de sa neutralité, dégainer de temps à autre ? Maintenant que le voici cardinal, qui peut-il craindre ? » La guerre de 1939 s'en vient qui va gravement troubler le nouveau Cardinal. La guerre, surtout nos guerres mondiales, épreuve suprême pour l'épiscopat de tous les mondes. On dirait que les évêques ont de la peine à s'arracher de l'esprit l'image d'un pape Jules II, le pape à cheval, guerroyant comme tout bon paladin. Détruire dans l'Eglise l'unité de sentiment est pourtant chose dangereuse, quand l'unité de pensée lui est si difficile. Pourquoi ne pas s'en tenir à la neutralité au moins officielle du Pontife suprême de l'Eglise ? Je me le demande humblement: les évêques ne devraient-ils pas être plus que personne, des hommes de paix, eux les ministres du Roi de la paix ? Les évêques ne seraient pas nécessairement d'un côté ou de l'autre; ils ne prêcheraient ni ne pécheraient contre le patriotisme; ils se tiendraient au-dessus. Et l'on épargnerait au monde le triste et ruineux spectacle de ces épiscopats qui, des deux côtés de la ligne de feu, vocifèrent, si même ils ne s'injurient. On se rappelle le parti que choisit le cardinal Villeneuve. Quoi donc le fit pencher du côté de la guerre et avec la fougue que l'on sait ? Mystère encore mal éclairci. Attitude qui suscita de la stupeur chez tous ceux qui l'avaient suivi et aimé et même et surtout parmi ses frères et ses contemporains en religion. Que de fois amis et contemporains m'ont posé l'embarrassante question: « Vous qui connaissez de près le Cardinal, que pensez-vous de son évolution ? » Hélas, depuis l'été de 1941, je ne connaissais plus de si près mon ancien et grand ami. Pour expliquer son évolution, que d'hypothèses explicatives n'a-t-on pas mises de l'avant ! Pour mon ami Antonio Perrault, un seul homme aurait pu retenir le Cardinal, Mgr Georges Gauthier, évêque-administrateur de Montréal. Hélas, l'ami Perrault se trompait de date; Mgr Gauthier vivait encore lorsque le Cardi-

---

85. Georges Verreault (1885-1973), o.m.i. ; professeur ; économe dans plusieurs résidences oblates, région d'Ottawa (1912-1920) ; conseiller administratif et vérificateur au journal *Le Droit* (1920-1938) ; conseiller d'institutions hospitalières (1934-1938) ; économe général adjoint des Oblats de M.-I. (1938-1969).

nal avait levé haut sa visière. Pour un autre, M. Charles Hazlitt Cahan, ancien secrétaire d'Etat dans le cabinet Bennett, à Ottawa, l'explication serait tout autre. Et je la tiens encore de l'ami Perrault: « Dans le cabinet, aurait raconté M. Cahan, nous voulions que le chapeau restât à Québec. Mais il fallait trouver quelqu'un qui le pût porter. Notre choix se porta sur le jeune évêque de Gravelbourg. Mais lors de son passage à Londres, en 1939, nous avons trouvé le moyen de faire savoir à l'Archevêque de Québec qu'il tenait son chapeau de la diplomatie canadienne et londonienne agissant de concert. De là... » Mgr Courchesne, fort attristé du comportement du Cardinal pendant la guerre, y voyait l'influence du Père Georges Simard, o.m.i., impérialiste reconnu et grand lecteur de saint Augustin; le Père Simard croyait discerner, dans l'Empire britannique, le successeur de l'Empire chrétien de Constantin, protecteur international de l'Eglise, par sa forte présence partout et par son besoin de la paix. A ce propos, Mgr Courchesne me dit un jour, à la façon que l'on sait: « Aurais-tu jamais pensé ça, toi, que notre petit Cardinal si fin se serait laissé *blouser* par un esprit de sixième ordre, tel que Georges Simard ? » Je me contentai de lui répondre: « Et pourtant, ce n'était pas de fervents amis; j'en sais quelque chose. » Un jour qu'à l'Archevêché d'Ottawa je causais de la question avec Son Excellence Mgr Alexandre Vachon [86] et l'abbé Paul Bernier [87], ancien secrétaire et favori du Cardinal, aujourd'hui archevêque de Gaspé, l'abbé Bernier risque cette très simple explication: « Il a voulu tout au plus se conformer à la politique des anciens évêques de Québec, depuis Mgr Briand. »

---

86. Alexandre Vachon (1885-1953), ptre ; p.a. ; professeur de chimie et de géologie au Petit Séminaire de Québec (1910-1911, 1912-1918) ; directeur de la Maison des étudiants de l'Université Laval (1918-1924) ; directeur de l'École supérieure de chimie, Université Laval (1926-1939) ; supérieur du Séminaire de Québec et recteur de l'Université Laval (1939) ; évêque coadjuteur d'Ottawa (1939) ; archevêque d'Ottawa (1940-1953).

87. Paul Bernier (1906-1964), ptre ; secrétaire à l'archevêché de Québec (1928-1932) ; chancelier du diocèse de Québec (1935-1944) ; secrétaire de la Conférence catholique canadienne à Ottawa (1944-1947) ; attaché à la secrétairerie d'État du Vatican à Rome (1947-1948) ; chargé d'affaires à la Nonciature apostolique de Panama (1948-1952) ; nonce apostolique à Costa Rica (1952-1957) ; secrétaire (1944-1947) ; président du Conseil d'administration de la Conférence catholique canadienne (1958-1960) ; évêque de Gaspé (1957-1964).

— « Non, répliquai-je, et non sans quelque vivacité. Peut-être, monsieur l'abbé, ai-je connu mieux et plus que personne le cardinal Villeneuve. Je sais de quelle doctrine politico-nationale il s'est toujours nourri; il était trop intelligent pour ne pas s'aviser que la conduite d'un évêque canadien d'après le Statut de Westminster, évêque d'un pays au moins théoriquement indépendant, ne pouvait être, à l'égard de l'Angleterre, l'attitude d'un pauvre évêque de la colonie conquise d'hier. »

Non, à mon sens, l'explication n'est pas là. Mais alors, et encore une fois, où la trouver ? Aurait-il cédé à la vanité de jouer le grand personnage international, de humer l'encens capiteux des politiciens de tous les pays en guerre ? On l'a tant dit, tant colporté à l'époque. Je connais de mes bons amis de Québec, excellents chrétiens, qui ne démordent pas de cette explication. Un bon « Israélite » tel que M. Omer Héroux me dira un jour et à ce même propos: « Peut-être n'est-il pas bon qu'on aille chercher les cardinaux en de trop humbles classes sociales ? » Encore cette fois, je dirais: non. Le cardinal Villeneuve était un homme de grande foi et de grande piété. Le cardinalat ne lui a pas tourné la tête. Mais l'homme était fort impressionnable. Et peut-être, de ce côté-là, faut-il chercher un commencement d'explication. Légat du pape aux fêtes de Domrémy en France, il s'est trouvé là-bas, au moment où Hitler, ôtant le masque, s'est jeté à la gorge de la Tchécoslovaquie. Et le Führer menace la Pologne. Secousse terrible en Europe. Le spectre de la guerre prochaine se lève dans l'esprit de tous. Déjà l'on perçoit le branle-bas préparatoire. Le Cardinal débarque à Québec portant en lui cette image obsédante de la frayeur européenne. Quelques officiels et amis se portent au-devant de Son Eminence, parmi lesquels M. Charles Gavan Power, ministre du cabinet King, de 1935 à 1944. Le Cardinal, fort ému, dit au groupe: « De graves événements se passent en Europe; il s'en prépare de plus graves. Devant pareille situation, je suis surpris que le gouvernement canadien n'ait encore pris attitude. » Parole, certes, risquée, imprudente, mais qui peut se défendre de toute gravité. A la rigueur, tout au plus pouvait-elle signifier la surprise du Cardinal, surprise de toute absence de protestation de la part du gouvernement de son pays, devant le suprême déni du droit.

Lancement du Canada français missionnaire (28 mai 1962) : M. Paul Gérin-Lajoie, ministre de la Jeunesse, l'auteur, le cardinal Paul-Émile Léger, Mgr Damase Laberge, évêque du Haut-Amazone, Me Daniel Johnson, chef de l'Opposition du Québec.

Dîner-hommage aux missionnaires, à l'occasion du lancement du Canada français missionnaire, le 28 mai 1962. Me Jean Drapeau, maire de Montréal, S.E. Mgr André Makarakiza, Mbr...

Cette parole, hélas, n'en restera pas là. Le soir même, M. Power
téléphone le mot du Cardinal à son chef, M. MacKenzie King.
Impérialiste camouflé, s'enroulant volontiers, selon l'heure et le
profit, dans le drapeau nationaliste, le premier ministre canadien,
au fond impérialiste à tous crins, brûle d'envie de jeter son pays
dans la guerre. En bon protestant, parfaitement convaincu que
le Québec en est toujours à la « ridden priest province », il se
dit: « Si nous allions en guerre, le Québec serait avec nous, le
Cardinal et son clergé en tête. » Le soir même, il convoque à
son bureau son secrétaire aux Affaires étrangères, M. David O.
Skelton, et lui dicte cette dépêche à Neville Chamberlain [88]: « Si
l'Angleterre entre en guerre, le Canada sera derrière elle. » M.
Skelton n'envoie pas la dépêche. Le lendemain, il se rend chez
le premier ministre et lui confesse: « Je ne sais pas si vous vous
rendez compte que vous posez là l'acte le plus grave peut-être
de votre vie politique. Et vous posez cet acte sans consulter un
homme dont, en pareille circonstance, vous avez coutume de
prendre avis, M. Ernest Lapointe. » Le premier ministre répond,
le sourcil froncé: « Je ne puis consulter M. Lapointe; il est à
Genève, à la Société des Nations. — Mais vous pouvez lui téléphoner », hasarde M. Skelton. M. King accepte de téléphoner.
M. Lapointe assiste, en effet, à Genève, à ce qui sera la dernière
réunion de la Société des Nations; et il a pour secrétaire M. Joseph Thorson, Finlandais, député de l'Ouest, nationaliste canadien, qui avait même accepté de participer à notre première
célébration de l'indépendance canadienne et qui deviendra membre du cabinet King de 1941 à 1942. « Durant la conversation
téléphonique, raconte M. Thorson, M. Lapointe devient stupé-
fait; il me glisse même en aparté: « Je me demande s'il perd la
tête. » Et M. Lapointe répond à son chef: « N'allez pas envoyer
une dépêche de cette espèce; ou dites au moins que vous consul-
terez le parlement. » Et Thorson de souffler à l'oreille de Lapointe:
« Et dites-lui donc que si la proposition est soumise au parlement,
moi, pour ma part, je voterai contre. » M. King n'envoya point de
dépêche. Mais, de retour au Canada, M. Thorson raconte toute

---

88. Arthur Neville Chamberlain (1869-1940), homme d'État anglais ;
ministre des Finances à Londres (1931-1937) ; premier ministre (1937-
1940).

cette histoire à son ami M. Maxime Raymond, député de Beauharnois, et lui dit:

— Ne connaissez-vous personne qui pourrait avertir votre
Cardinal des effroyables conséquences que peuvent provoquer
quelques-unes de ses paroles ?

— Oui, répond M. Raymond. Je connais quelqu'un.

Et c'est ainsi que mon ami Raymond m'arrive un jour, me
raconte cet incident et me prie de porter le tout à Québec, à Son
Eminence. J'hésite. Le Cardinal, il faut bien le dire, toujours
charmant, amical pour moi, n'est plus tout à fait le même depuis
son accession au cardinalat, au moins depuis quelque temps. Je
le sens plus guindé, plus distant. Sur l'opportunité du voyage à
Québec, je consulte M. l'abbé Philippe Perrier, bien au courant
des mœurs de ces grands personnages. M. Perrier me dit, avec sa
franchise coutumière: « Vous perdriez votre temps. » Donc, point
de voyage. Quelques mois plus tard le Canada s'oriente visiblement vers la guerre. De passage à l'Oratoire Saint-Joseph du
Mont-Royal, le Cardinal, abordé par quelques-uns de nos députés en quête d'une ligne de conduite, leur donne des réponses plutôt évasives. Je suis alors aux Archives d'Ottawa. Une lettre
m'arrive de Montréal, me suppliant une fois de plus de mettre
en garde Son Eminence contre une participation trop fervente
de l'épiscopat à la guerre nouvelle: danger d'une crise d'anticléricalisme surtout dans les milieux de jeunesse. Que faire ?
Cette fois, non plus, je n'ai envie de faire le voyage à Québec.
La nuit porte conseil. J'attends au lendemain. Le lendemain,
n'osant dicter à ma secrétaire, encore jeune, une lettre de cette
nature, j'écris à la plume à Son Eminence, sans garder copie de
ma lettre malheureusement. Je prends d'abord sur moi d'envoyer
au Cardinal la lettre de nos deux amis de Montréal, bien que no-
tée « personnelle »; je prie mon correspondant de me renvoyer
cette lettre, dont les signataires, je le sais, ne manqueront point
de l'impressionner. Et alors, de la même plume, je lui fais part
des instances multipliées auprès de moi, tout juste quelque six
mois auparavant, pour lui porter certain message. Et, de fil en
aiguille, je lui raconte l'incident Lapointe-King-Skelton-Thorson.
Et je termine à peu près comme ceci: « Eminence, j'ai alors refusé de vous porter ce message. Si je me décide aujourd'hui à tout

vous révéler, je le fais au nom de notre vieille amitié, et avec l'espoir que vous ne m'en voudrez point. »

Le 7 septembre 1939, je reçois ce bout de lettre:

> Monsieur l'abbé et cher ami,
>
> Je vous ai fait une réponse que je ne crois pas pouvoir envoyer. On travestit tellement tous les gestes et on sollicite tellement tous les textes que je n'ose rien écrire. Quand je vous verrai, je vous expliquerai *viva voce* mes sentiments et attitudes, et peut-être jugerez-vous que je ne suis digne ni de haine ni de suspicion.
>
> Croyez à mes fidèles amitiés en N.S.
>
> J.-M.-Rodrigue, Card., Villeneuve, o.m.i.
> Arch. de Québec.

Le mot « haine » dans cette lettre du Cardinal m'étonne, me laisse plus que perplexe. Rien, dans la lettre des amis que je lui ai fait parvenir, lettre des plus respectueuses, ne justifiait telle expression. Evidemment Son Eminence maîtrisait mal ses nerfs. Un peu embarrassé par cette réponse du 7 septembre et par d'autres nouvelles qui m'arrivent de Québec, je ne fais rien pour hâter mon entrevue avec le Cardinal. Mais il se trouve que je donne alors des cours d'histoire au Palais Montcalm de Québec. Et comme j'arrive dans la capitale souvent la veille, pour me ménager quelques heures de recherches aux Archives si riches du Séminaire, j'ai, depuis longtemps, l'habitude d'aller prendre chambre à l'Archevêché. Or, depuis quelques mois, l'aumônier des Ursulines, M. l'abbé Miville-Déchêne [89], aussi aumônier de la Saint-Jean-Baptiste québécoise, m'entraîne plutôt chez lui. Ancien confident de Son Eminence, l'abbé comprend de moins en moins les attitudes de son Archevêque. Il le trouve fermé, hésitant. Néanmoins, en février 1940, pris de scrupules, je décide d'aller frapper à la porte de Son Eminence. Toute sonnerie, tou-

---

89. Guillaume Miville-Déchêne (1897-1966), ptre ; p.d. ; professeur de philosophie au Séminaire de Québec (1924-1929, 1931-1938) ; aumônier diocésain de l'ACJC et assistant-directeur de l'Action catholique, aumônier des Dames Ursulines (1938-1944) ; curé du Sacré-Cœur-de-Jésus, Québec (1944-1950) ; curé de Saint-François-d'Assise, Québec (1950-1966) ; aumônier de la Société Saint-Jean-Baptiste de Québec (1947-1950) ; prédicateur du carême à Notre-Dame de Montréal (1944-1945).

te communication avec l'extérieur sont interrompues. L'un des secrétaires vient à moi; le Cardinal, m'apprend-il, prépare son carême. « Mais repassez donc dans une demi-heure; j'ai quelque raison de penser qu'on sera très heureux de vous voir. » Une demi-heure plus tard, je suis dans le cabinet de travail du Cardinal. Il me reçoit en franche cordialité, comme aux anciens jours; nous sommes à deux pas, presque en face l'un de l'autre. Pas un mot de l'incident Lapointe-King-Skelton-Thorson ne passe les lèvres de Son Eminence; tout au plus une courte allusion à la lettre « personnelle » de mes correspondants de Montréal; puis, appuyé sur le coin de son bureau de travail, et penché vers moi, il me dit, scandant bien ses mots: « Rassurez nos amis; les politiciens ne me feront pas parler. Je l'ai dit l'autre jour à M. Power: la guerre, cela vous regarde, vous les politiques et les militaires. A nous, la prière pour le succès de nos armes, et si les circonstances l'imposent, rappeler peut-être à notre peuple, son devoir. » Sur quoi, M. Power lui aurait répondu: « J'en suis fort aise, Eminence, désormais quand on me pressera d'obtenir de vous une approbation de la politique de guerre du gouvernement, je pourrai répondre: « Il n'y a rien à espérer de ce côté-là. » — »

Le 15 septembre 1939 une lettre de Mgr Courchesne me laissait encore espérer que l'épiscopat ne bougerait point: « Je n'ai rencontré aucun évêque depuis la déclaration de guerre, m'écrit l'ami de Rimouski. Le ton du *Devoir* et de *L'Action catholique* m'a donné à penser que les deux archevêques avaient dû être approchés. Il y a visiblement le souci de laisser aux politiciens leurs responsabilités et de ne pas les couvrir du manteau de l'autorité ecclésiastique. Je crois donc que, s'il est question d'un document collectif à la suite de la prochaine réunion, ce document ne contiendra que des appels à la pénitence, à la prière, à la tempérance, au travail et à l'épargne. C'est du moins tout ce que je traite dans le diocèse et il faudra de gros arguments pour m'amener à signer d'autres déclarations. »

Hélas, mon entrevue de février 1940 devait être la dernière avec mon grand ami. Quelques mois plus tard, à la procession en plein air, à Québec, le soir de la fête du Sacré-Cœur, le Cardinal brûlait tous ses vaisseaux et lançait à la foule une sorte d'appel aux armes. Plusieurs, entre autres le Dr Philippe Hamel,

ce soir-là, éteignirent leurs flambeaux et rentrèrent chez eux
consternés. Non seulement les politiciens feront parler le cher
petit Cardinal; ils le feront marcher. Il se prêtera à toutes leurs
volontés, à toutes leurs manifestations, publiera leurs ordonnan-
ces, multipliera lettres et circulaires pour « l'obscuration » des
villes, pour la coupe du bois destiné à chauffer les camps militaires, etc., etc. Lors du plébiscite de M. King, aurait-il incliné
vers le *oui* et penché vers une directive de l'épiscopat québecois
en ce sens, à la population de la province ? Un évêque se chargea de trancher la question dans une réunion épiscopale: « Un
homme qui ne parle jamais en nos réunions, Ross [90] de Gaspé,
m'a raconté Mgr Courchesne, s'écria d'un ton péremptoire: « Les
politiciens se sont mis dans le pétrin; ce n'est pas à nous de les
en tirer. » Et l'affaire en resta là. Mais on verra le Cardinal se
prêter à une solennelle cérémonie de propagande de guerre, à
Notre-Dame de Montréal, cérémonie organisée à grand tapage,
et avec déploiement militaire où figuraient la plupart des officiels
du pays, militaires et politiques. Beaucoup, hélas ! n'y virent
qu'une sorte de mascarade religieuse. M. Ernest Lapointe lut à
la balustrade une prière appropriée à la circonstance; le Cardinal prononça un discours. Interrogé le lendemain par Maxime
Raymond, sur ses impressions, un député de l'Ouest, un M.
McIvor[91], pasteur protestant qui ne manquait pas d'esprit, répondit: « Cérémonie splendide; une chose pourtant m'a surpris:
c'est Lapointe qui a fait la prière, et c'est le Cardinal qui a fait
le discours politique. » A la sortie de Notre-Dame, sur la place
d'Armes envahie par des bataillons de toutes armes, le Cardinal
commet l'imprudence de se laisser pousser *au volant* d'un char
d'assaut. Déclic instantané. Et le voilà photographié, dans la
formidable machine de guerre, le sourire aux lèvres. Quelle magnifique photo pour cartes de propagande ! Mgr Joseph Charbonneau qui ne goûtait point, oh ! point du tout, ces gestes guer-
riers de son collègue, pas plus, du reste, que la plupart des évêques de la province, me dira un jour, fâché rouge et brandissant

---

90. François-Xavier Ross, voir la note 39 du deuxième volume.

91. Daniel McIvor (1873-1965), ministre presbytérien ; ministre de
The First Church United, Fort William, Ont. (1927) ; député libéral de
Fort William, à Ottawa (1935-1958).

au bout de son bras l'une de ces cartes: « M. l'abbé, l'on m'a envoyé deux cents de ces cartes ! »

Etranges errements d'un homme que tous vénéraient. De cette évolution, qui dira jamais le dernier mot ? Mystère des hommes et de l'homme ! Qui l'a jamais sondé jusqu'au fond ? Obsession d'images européennes, ai-je dit, à la défense du Cardinal. Mais combien je sens mon explication insuffisante. Sans doute faut-il aussi faire sa part à l'exemple de l'épiscopat américain. Il s'est abrité lui-même derrière cet exemple. Relisons sa causerie à Radio-Canada, un dimanche soir, au début de février 1943. Il tente de justifier son attitude. Il ne cache point, pour la guerre, la répugnance de l'Eglise: « société de paix, de concorde, de charité ». Il ne cache point, non plus, les premières hésitations, ni même, au début de la guerre, le penchant d'une partie de l'épiscopat américain pour l'abstention. Il ne se fait pas davantage illusion sur les visées cupides des nations « axistes » et en particulier du communisme. Quoi donc, en septembre 1942, inspire aux évêques des Etats-Unis *The Bishops' Statement on Victory and Peace* ? Rien d'autre que la soumission à ces faits: déclaration de la guerre proclamée par le gouvernement de Washington, et surtout enjeu de cette guerre: l'intérêt de l'univers entier, « indubitablement l'issue morale la plus grave de l'heure présente »; le sort de la dignité de l'homme, de la liberté humaine, de la liberté religieuse. « Voilà pourquoi, conclut le Cardinal de Québec, dans notre pays, les Evêques ont accepté la guerre, une fois qu'elle a été décidée par l'autorité compétente. » Eh sans doute ! Mais on ne fait pas reproche à Son Eminence d'avoir acquiescé à la déclaration de guerre du gouvernement canadien. Ce que ses amis d'hier, une grande partie de l'opinion eurent de la peine à lui pardonner, ce fut la fougue avec laquelle il s'engagea et la forme avec laquelle il servit. Que n'a-t-il imité la discrétion de ses collègues de l'épiscopat québecois ? Fougue que ne lui pardonnaient point, je le sais, l'Archevêque de Montréal, ni même son bon ami de Rimouski, Mgr Courchesne, impuissant comme bien d'autres à comprendre cette ardeur guerrière.

Je ne revois plus mon grand ami après notre entrevue de 1940. Son brusque revirement m'attriste et me blesse si profondément que je décide de me tenir à l'écart. Je suis toujours resté

désarmé devant l'acte de ces hommes qui soudainement entre-
prennent de couper en deux leur vie, rupture pénible et presque ra-
geuse avec tout leur passé. On ne se permet de ces chutes qu'avec
l'entêtement d'y rester. Ai-je eu tort de garder ce long silence ?
Mgr Courchesne m'a quelquefois reproché mon excessive discrétion. Quelques lettres de ma part, quelques avis très respectueux,
croyait-il, auraient pu empêcher bien des excès. Je n'en suis pas
assuré. Ennuyé, déconcerté lui-même par la sourde résistance
de l'opinion et par la tiédeur de ses collègues, accablé surtout, me
disait-on, de lettres anonymes et souvent plus que méchantes, il
était devenu d'une extrême nervosité. Un fait le prouvera. Je
le tiens de Léopold Richer et du Père Marcel Desmarais, o.p.
Un jour, ce dernier, directeur de la *Revue dominicaine*, demande
un article à Léopold Richer. Richer accepte. « J'ai, dit-il au Père,
une prière qui me mijote dans la tête. » Et il envoya au Père
ces pages fort belles qu'il intitule: « Prière pour mes compatriotes », plaintes, adjurations d'un chrétien qui rappelle à Dieu
les bienfaits exceptionnels dont il a comblé notre petit peuple,
puis angoisse du priant devant le présent et l'avenir tous deux
menaçants. En la prière de Richer, il y avait malheureusement
ce passage: « Autrefois vos prêtres, vos représentants nous gui-
daient vers notre rude destinée. Ils n'avaient qu'un seul cœur et
qu'une seule doctrine, la même partout. Aujourd'hui leurs voix
discordantes jettent le trouble dans nos âmes. Il s'en trouve pour
tenter de répandre une sorte de patriotisme qui n'est pas l'a-
mour de notre patrie. » La prière va jouer de malheur. Un fâ-
cheux concours de circonstances empêche le Père Desmarais de
la publier en décembre 1940. Elle ne paraît qu'en une livraison
de 1941 de la revue, après, si mes dates ne me trompent point,
la fameuse cérémonie de Notre-Dame. Le Cardinal prend feu.
Il se croit visé. Sommation aussitôt faite au directeur de la *Revue dominicaine* d'avoir à faire amende honorable dans la prochaine livraison de sa revue, sous peine d'être frappé d'un *monitum*. De peine et de misère le Père Desmarais explique à Son
Eminence que la « Prière » lui a été remise bien avant la « grande cérémonie » et qu'en conséquence son collaborateur n'a pu
viser ni la présence du Cardinal à Notre-Dame, ni son discours.
L'épée menaçante n'en reste pas moins suspendue sur la tête de
ce pauvre Richer. A l'automne de 1942 a lieu l'élection à Outre-

mont du général Laflèche. *L'Action catholique* de Québec ose se prononcer pour une élection « par acclamation ». Richer, ai-je raconté, conteste publiquement à un journal d'Action catholique cette intervention dans un débat politique. Et il n'y va pas aveuglément. « J'avais pressenti le coup, m'écrit-il le 17 novembre 1942. Je l'avais dit au théologien auquel j'avais soumis mes articles avant leur publication: car vous pensez bien que je n'ai pas été assez imprudent pour me lancer à l'attaque sans un appui solide. » Un *monitum* sévère lui tombe quand même sur la tête. Et le *monitum* du Cardinal, envoyé aux journaux, n'est pas envoyé au coupable. Georges Pelletier, au *Devoir,* prend mal la chose. « J'entretenais, avec le Cardinal, me confiera-t-il, des liens assez amicaux, pour être prévenu; et j'aurais pu arranger les choses sans éclat dans le public. » Quoique profondément blessé, Richer prit bien la chose. « Nous devons... faire notre devoir, me dit-il, dans cette même lettre de novembre 1942, même s'il faut nous passer des bénédictions épiscopales. Celles-ci sont réservées à Duplessis, à Godbout, à Lapointe, à Power, à Saint-Laurent. Il n'en reste plus pour nous. Et pourtant il nous appartiendra un jour — lorsque les difficultés s'accumuleront — de courir à la défense du Cardinal... Il risque de se trouver isolé, puisque l'appui qu'il reçoit des politiciens ne sera pas éternel. Son sort sera triste. Cela me fait de la peine pour lui. L'avenir lui réserve bien peu de joie. » Le cher cardinal fera voir autant de nervosité dans le cas d'Henri Bourassa. Il frappera le vieillard, se fiant à un simple rapport de journal. En bonnes mœurs journalistiques, il est d'usage qu'on prie d'abord le coupable de s'expliquer. A-t-il vraiment dit telles choses ? A-t-on rapporté fidèlement ses paroles ?... Le Cardinal crut plus expéditif le coup de crosse.

■ ■ ■

Les dernières années approchent pour lui. Il devait succomber deux ans à peine après la guerre, le 17 janvier 1947. Sur la fin de sa vie a-t-il connu beaucoup de joie ? Les « axistes », comme on les appelait, avaient abattu Hitler, le Japon. Mais surtout n'avaient-ils pas travaillé pour la Russie ? Les maigres résultats de l'horrible mêlée, on peut même dire ses conséquences effroyables pour l'Europe et la civilisation occidentale, ne pouvaient qu'attrister un homme aussi intelligent que le cardinal Villeneuve. Puis les longues contrariétés éprouvées depuis 1940, l'éloignement d'une large partie du peuple qui jusque-là l'adorait, la perte de ses meilleures amitiés lui ont fait, sans doute, mal au cœur. On le vit multiplier les efforts pour reconquérir ses anciens amis. A Léopold Richer, reçu à l'Académie canadienne-française, il adresse une carte de félicitations. Il accorde la même faveur à François-Albert Angers, auteur, pendant la guerre, d'un article terrible: « Est-ce ainsi qu'on fait la guerre sainte ? » A Georges Pelletier, il fournit, pour aiguillonner ou corriger les politiciens, ce qu'on appelle des « tuyaux ». En visite à Sainte-Agathe-des-Monts où l'on a relégué le Père Charles Charlebois [92], il tient à dire, dans une causerie aux jeunes scolastiques malades: « C'est le Père Charles qui avait raison ! Depuis qu'il est parti d'Ottawa, nous ne faisons que perdre du terrain. » Le Père Charles me rapporte ce propos, les yeux pleins d'eau et ajoute: « Je ne lui en demandais pas tant ! * » M'avait-il gardé rancune de mon long silence et de mon apparent abandon ? Je ne reçus de lui aucune nouvelle, si ce n'est un mot assez banal de son secrétaire en réponse à une lettre que j'avais écrite au Cardinal au tout début de sa maladie. Il va bientôt s'écrouler à la suite d'une thrombose coronarienne. Après un premier séjour de repos à sa maison de Neuville, puis un traitement médical à New York, il finit ses jours en Californie.

Tous ont ressenti cette perte. Car ce fut une perte irréparable. En lui, l'épiscopat perdait un chef. Esprit vif et clair, il dirigeait magistralement un débat. On en croira Mgr Courchesne: « Nous discutons fort parfois, entre nous, les évêques, me racontait-il. Le petit Cardinal écoute; puis, le moment venu, il résume avec un art sans pareil nos débats, donne son opinion. Et tous s'inclinent et disent: « Eh bien oui, c'est ça. » — »Mgr Louis-Adolphe Paquet, bon juge, me confiait un jour: « J'attendais beaucoup de lui. Mais il donne encore plus que je n'attendais. » Il était, chez nous, de ces rares types d'hommes qu'il me plaît d'appeler « européens ». Je veux dire par là, des hommes qui, par leur culture, leur ascendant intellectuel, pouvaient se mêler

---

92. Charles Charlebois, voir la note 34 du deuxième volume.
 * Voir *Mes Mémoires*, III : 265.

aux milieux les plus cultivés du vieux monde et s'y trouver à l'aise. Bourassa était de ceux-là. Dans les milieux romains, parmi les grands des Congrégations, le Cardinal qui avait ses limites, qui n'était pas ce que l'on peut appeler un « littéraire », s'imposait par sa haute connaissance des sciences ecclésiastiques. Au Canada on lui reconnaissait cette supériorité. Sur tous nos problèmes, il a projeté et pouvait projeter d'éclairantes lumières. On notera en particulier son discours du 25 juin 1935: « Devoir et pratique du patriotisme ». Le peuple ne lui garda point rancune de ses errements pendant la guerre. Sa mort si soudaine et si lointaine toucha le cœur de la foule. A Montréal, on afflua autour de son cercueil, déposé un soir à la cathédrale. A Québec, on lui fit de splendides funérailles. Le Canada français venait de perdre sûrement l'un de ses grands fils.

Quant à celui qui écrit ces lignes, il portait déjà depuis longtemps le deuil incurable d'une longue et profonde amitié perdue.

■ ■ ■

Sur cette tombe, des pensées austères nous viennent malgré nous. Le Cardinal avait beaucoup parlé, plus encore qu'il n'avait écrit. Qu'en reste-t-il ? Pourquoi écrire ? Pourquoi parler ? Secret espoir dont l'on se défend mal, espoir orgueilleux, sans doute, qu'on ne parle point, qu'on n'écrit point pour rien. Les arbres tombent dans la forêt, même ceux-là, hautains, qui, dans le tassement des autres, ont pu hisser leur panache en plein soleil. Ils tombent pour pourrir dans la mousse, avec les plus petits, plus humbles qu'ils ont écrasés. Mais tous ensemble, ils ajoutent à l'humus de la terre féconde. Et souvent, sur leur souche en poussière, germe un surgeon qui les dépassera de toute la tête.

XI

DEUX AUTRES DEUILS

Mort de Mgr Philippe Perrier

Deux grands deuils en cette année 1947 et qui se suivent de très près. Mgr Philippe Perrier s'éteint trois mois à peine après le cardinal Villeneuve. La veille, je passe une partie de la soirée avec lui. Il est hospitalisé à l'Hôtel-Dieu de Montréal depuis quelques jours. Il doit subir une assez grave opération le lendemain. Mais je le trouve d'excellente humeur, d'un moral parfait, allongé sur une chaise longue, et naturellement un livre à la main. Nous parlons peu de son opération qui lui paraît simple incident. Malheureusement, m'a-t-on dit, ses chirurgiens qui devaient l'anesthésier, décident, la veille au soir, de procéder par injection rachidienne. L'opération réussit merveilleusement comme toujours. On avait compté sans l'affection cardiaque dont souffrait Mgr Perrier. On fut incapable de lui remonter le cœur. Il mourut la journée même de son opération.

Il n'avait que 77 ans. Il restait encore vigoureux de corps et d'esprit. Il n'était pas au bout d'une vie restée féconde. Dans un article au *Devoir,* paru le 26 avril 1947, j'ai raconté la secousse que m'apporta cette mort et l'émoi qu'on en ressentit. Il y a de ces morts qui vous laissent devant un grand vide que nul, nous semble-t-il, ne saurait combler. Quelques mois tout au plus auparavant, j'avais prêché, sur l'invitation de l'Archevêque, au jubilé d'or sacerdotal du grand vicaire, à la cathédrale de Montréal. Je me sentais heureux de rendre hommage à un homme, un de ces hommes rares que l'on peut pleinement estimer. Je

m'en explique dès mes premières phrases: « Dans un cinquantenaire sacerdotal, le prédicateur peut choisir entre deux formes
de discours: exalter le sacerdoce pour exalter le jubilaire; exalter le jubilaire pour exalter le sacerdoce. Je choisis cette deuxième forme. Nous sommes les disciples d'un Maître qui refusait
de dire son nom et qui voulait qu'on le connût à ses œuvres. A
la question: « Qui êtes-vous ? » il répondait: « Allez et dites à
Jean ce que vous avez vu. » Je raconterai brièvement la vie et
l'œuvre du cher et vénéré Mgr Philippe Perrier. » Je dirai son
ardente activité dans le domaine sacré et dans le profane.

« Vous avez toujours estimé, lui disais-je, qu'il n'y a pas de
domaines dans la vie d'un peuple catholique, où l'Eglise puisse
affecter de paraître indifférente ou étrangère, parce qu'il n'en
est point où ne se trouvent engagés de près ou de loin l'intégrité
et l'avenir de la foi. Tout votre exemple nous enseigne qu'il n'est
pas nécessaire, sous prétexte de réaction contre les courants natu-
ralistes, d'effectuer une rupture entre la nature et le surnaturel.
Leçon opportune quand Pie XII vient de rappeler cette vérité
élémentaire que « la vie religieuse elle-même suppose un sol, une
patrie, des traditions ». — »

En Mgr Perrier, je louais ensuite le professeur, puis surtout
le Curé. Même hors de sa cure, qui ne l'appelait pas communé-
ment: « le Curé » ? Je disais la fécondité de cette vie sacerdotale alimentée aux sources profondes: aux fréquents séjours à la
Trappe d'Oka, à la retraite de trente jours selon la méthode de
Manrèse. Mais comment décrire, me demandais-je, la fécondité
d'une vie de prêtre parvenu au cinquantenaire de son sacerdoce ? « Autant essayer d'exprimer ou de mesurer les grandeurs du
sacerdoce catholique. Sacerdoce ! Mot sacré qui, pour nous, évoque, entre autres, cette vérité émouvante et troublante que, par
la plupart de nos fonctions, nous sommes attachés à une œuvre
limitée, sur un point particulier du monde, mais que, par d'autres,
plus augustes, par sa prière officielle, par les sacrements, et surtout par sa messe, le prêtre à l'autel, identifié avec le Christ,
échappe au temps et à l'espace, se trouve engagé dans la vie
universelle de l'Eglise, dans le drame de la Rédemption, qui est
après tout le grand drame de l'Histoire. »

Ces morts qui se suivent de si près, longtemps elles ne cesseront de m'émouvoir. Avec elles je vois s'émietter la petite phalange de ces hommes d'Eglise, grands esprits, nobles cœurs, qui
étaient de taille à gouverner l'opinion: à Québec, Mgr Louis-
Adolphe Paquet, à Montréal, notre Mgr Perrier, l'abbé Curotte en ses meilleurs jours, l'abbé Edmour Hébert [93], grosse tête
de métaphysicien, devenu, en peu de temps, un sociologue remarquable; parmi les évêques: le cardinal Villeneuve, Mgr Desranleau de Sherbrooke, l'archevêque de Rimouski, Mgr Georges
Courchesne. Tous hommes de haute culture et qui, hélas ! n'ont
pas trouvé, ce me semble, leurs remplaçants. Sur ces fins d'hommes plane néanmoins un peu de mélancolie. C'est déjà un malheur qu'ils disparaissent, souvent trop tôt. Quel repos ce pouvait
être, en ce temps-là, pour l'esprit et pour la foi, que de savoir à
la porte de qui frapper pour calmer ses inquiétudes, pour tout
avis, toute solution des graves problèmes qui agitaient notre
temps ! Mais ces hommes, l'on se le demande aussi et malgré
soi: ont-ils été pleinement utilisés ? Ont-ils trouvé ou leur a-t-on
confié la tâche qui leur eût permis de donner leur pleine mesure ? On peut se poser la question pour Mgr Perrier. L'un de ses
amis, Athanase Fréchette, séduit tout jeune par le prestige du
« Curé », écrira au lendemain de sa mort: « Dans un monde différent du nôtre, à la fin du XIXe siècle par exemple, il eût été
un Bourget ou un Laflèche. Il fut un curé. Il avait soixante-dix
ans quand il reçut, sur sa soutane noire du liséré violet... Mgr Perrier a-t-il donné toute sa mesure ? Non. Parce qu'il eut des convictions, il fut franc; parce qu'il fut franc, on le tint pour suspect;
parce qu'on le tint pour suspect, on l'isola... » (*Notre Temps,*
26 avril 1947). Hélas, fait trop connu !

Mort de Mgr Georges Courchesne [94]

Mes relations épistolaires avec lui datent de 1914. Nous nous
étions connus, je pense, bien avant cette date, aux corrections

---

93.   Louis-Adolphe Paquet, Philippe Perrier, Arthur Curotte, Edmour
Hébert, voir les notes 50, 48, 47 et 49 du premier volume.
94.   Georges-Alexandre Courchesne, voir la note 36 du deuxième
volume.

du baccalauréat qui avaient lieu, à cette époque, au Séminaire de Québec; puis avaient suivi quelques rencontres à l'occasion parfois de congrès de l'Enseignement secondaire. En Europe, il s'était lié avec un de mes grands amis, l'abbé Antonio Hébert qui souvent me parlait de l'abbé Courchesne. On me le disait fin, extrêmement fin, d'un esprit original, distingué. Dès le premier abord, nous en étions déjà à l'amitié. L'abbé était plutôt grand, de taille mince. Au front, une mèche de cheveux noirs, des yeux étincelants, pleins d'une délicieuse malice, ornaient une belle tête, un chef à tenter un peintre ou un sculpteur, disait alors un directeur de l'Ecole des Beaux-Arts. Avec tout cela, une simplicité, une bonhomie à faire crouler tous les ponts, toutes les distances, un langage d'esprit brillant, d'un tour pittoresque, débordant d'humour. Que de mots l'on pourrait rapporter de lui, dont quelques-uns ont même fait fortune: mots fins, rarement cruels, même s'il ne s'y refusait point. Il était de la région de Nicolet, terre de plaines, de calme, de sérénité, pays quelque peu isolé, où les hommes peuvent croître dans une savoureuse originalité. Pour expliquer sa lenteur à comprendre certaines choses — lenteur moins que réelle — l'ami Courchesne aimait dire: « Tu sais, moi, je suis né au bord du Chenal Tardif. » Un jour que, sur le ton espiègle, il avait fait la leçon à un curé franco-américain irlandais, mais curé d'une paroisse franco-américaine et qui traitait ses gens un peu à l'irlandaise, il m'écrivait: « Je remercie le Bon Dieu de m'avoir donné un petit air bête, qui me permet de dire un tas de choses pendables sans paraître y toucher. » Il prit un jour, sans doute, ce petit « air bête » pour administrer une opportune leçon au délégué apostolique, Mgr Antoniutti. Le Délégué aimait beaucoup l'évêque de Rimouski. L'évêché de la petite ville lointaine lui servait de repos et d'alibi. Un jour que Mgr Courchesne avait promené Son Excellence dans ses paroisses de colonisation, lui avait montré son monde se cramponnant à la terre, dans des huttes grandes comme la main, et aussi des curés aux grosses bottes boueuses, la soutane tachée de chaux et de plâtre, en train de se bâtir une « formance de chapelle », le Délégué, ému par ce spectacle, s'était lancé dans un éloge lyrique — éloge sincère, du reste — de ces braves gens et des Canadiens français en général qui avaient fait ce grand pays du Québec et son étonnante Eglise... !

Mgr Courchesne laissa passer le flot d'éloquence, mais pour lâcher bientôt le mot audacieux: « Eh bien oui ! mais en dépit de tout cela, Rome ne nous aime pas ! » On devine le reste de la conversation et quelle litanie de nos griefs par trop légitimes, le jeune évêque y sut faire passer ! Un autre jour, il n'était pas encore évêque, il nous arrive au presbytère du Mile End. A Nicolet, on fête les noces d'or d'un personnage religieux de haute lignée. L'abbé Perrier fait mine de s'étonner de voir l'abbé Courchesne, absent de ces fêtes. Et le cher abbé de répondre: « Rien qu'à voir tant de monde tourner autour du vide, j'en avais le vertige ! »

Nous étions tous les deux professeurs de Rhétorique, lui à Nicolet, moi à Valleyfield. Nous pratiquions l'entraide. Je vois, par sa correspondance, que nous faisions l'échange de sujets de discours pour rhétoriciens. En 1914 et 1915, je lui envoie les premiers chapitres d'un Manuel d'histoire du Canada, plus développé que mon premier, je veux dire, celui que j'ai dicté en 1905 et 1906 à mes premiers élèves. Il me dit son sentiment sur ce projet qui ne verra jamais fin, par suite de mon départ de Valleyfield. Nous étions alors, et depuis 1903, quelques jeunes professeurs à rêver d'une rénovation du cours classique. Nous voulions un enseignement plus ouvert du grec et du latin, surtout dans les hautes classes. De magnifiques civilisations, un art de premier ordre se cachaient sous les textes. Pourquoi, nous disions-nous, ne pas révéler ces richesses intellectuelles à la jeunesse ? Nous voulions aussi perfectionner l'enseignement de la littérature française; moins de principes abstraits, mais plutôt des principes tirés de l'explication des auteurs, explication alors par trop réduite à la portion congrue. Pour ma part je souhaitais et même préconisais l'abandon du discours ou de la dissertation hebdomadaire: procédé on ne peut plus propre, me semblait-il, à développer l'habitude du verbalisme et du verbiage, en l'esprit d'écoliers trop pauvres d'idées, de vocabulaire, pour s'astreindre à cette écrasante besogne. Nous désirions aussi un enseignement plus adapté de la philosophie aux problèmes de notre temps, une philosophie qui eût collé davantage à l'esprit des jeunes collégiens. Jusqu'où n'allaient pas nos audacieuses intentions de réforme ? L'enseignement de la religion n'échappe point à nos sou-

cis; celui-là, nous le souhaitons moins formaliste, moins schéma-
tique, plus vivant, en relations plus intimes avec la vie du Christ
présent en l'âme de chacun. Un livre, déjà à sa 8e édition en
1913, nous avait tous marqués d'une empreinte profonde: l'« Enquête d'Agathon »: *Les jeunes gens d'aujourd'hui,* d'Henri Massis
et d'Alfred de Tarde. Ce souffle si frais, si nouveau, qui passait
sur la jeunesse de France, ce printemps de résurrection de la vieille
foi, nous avaient touchés au plus profond de l'âme. Impressions
et émotions qui ont amené l'abbé Courchesne à ébaucher, dès ce
temps-là, son beau et grand livre qui ne verra le jour qu'en 1927:
Nos humanités, ouvrage, petite Somme trop oubliée par les novateurs d'aujourd'hui, où pourtant ils auraient tant à prendre à titre
de boussole, autre instrument, comme l'on sait, très démodé.

L'abbé était malheureusement de complexion fragile. Trop
de travail finit par l'écraser. Il avait prêché aux autres la modération dans le travail. Il m'écrit, par exemple, en octobre 1915:

> Tâchez de ménager vos forces. Cet idiot de Chartier vient de
> sortir de ma chambre. Il est assez mal équipé, à ce qu'il me dit.
> Mon heureuse insignifiance me sauve de la fatigue, je pense.
> Ma santé est outrageusement prospère. Quelle affaire s'il me
> fallait finir mes jours dans la graisse.

Puis, brusquement, la grande fatigue s'abat sur lui. Une autre
lettre de l'année suivante, datée de Salem, Mass., me l'apprend:

> Mon cher ami, voici comment ça m'est arrivé. Je m'obstinais à
> finir un assommant rapport de conférence ecclésiastique; j'avais
> refusé toute invitation, même celle d'aller à la Blanche où il
> y avait de très aimables gens; après ce rapport je devais entre-
> prendre une couple de corvées semblables: en un mot j'étais à
> me casser la tête avec méthode. Ça y était presque: je dormais
> tard le soir et m'éveillais tôt le matin et le cervelet me chucho-
> tait le bruissement de quelque chose qui mijote sur un poêle
> surchauffé... Et c'est ainsi que je prêche aux « Canayens » de
> Salem, une neuvaine à Sainte-Anne, pour me reposer les mé-
> ninges.

Le séjour aux Etats-Unis et la période de repos se prolongent
plus qu'il ne l'avait pensé. En 1917 et 1918, on le trouve à Bour-
bonnais, Illinois, où les Viateurs canadiens-français tiennent encore un collège. Les Franco-Américains ont gagné son affection.
Il ne cessera plus de s'intéresser à leurs problèmes, aux Francos

Quelques personnalités, à la cérémonie qui marquait la restauration et l'aménagement de l'immeuble La Sauvegarde, en Centre d'art et de culture (mai 1965). On reconnaît MM. Pierre Canu, Victor Barbeau, Lionel Groulx, Paul Gouin, Alfred Rouleau, Léon Trépanier, Cyrille Vaillancourt et Émile Girardin.

À l'inauguration du pont de l'Île-aux-Tourtes, le 18 juillet 1965, à Vaudreuil, Mgr Percival Caza, évêque de Valleyfield, et le chanoine Lionel Groulx dans la calèche de M.H.J. O'Connell, industriel

du Centre et à ceux de l'Est. Ses lettres sur la situation aux Illinois ont valeur de document. En 1919 il revient au pays. Son
évêque le nomme principal de l'Ecole normale de Nicolet. Il
avait déjà, depuis quelque temps, repris le travail. De Bourbon-
nais ou de Manchester, il m'envoie des articles que je lui arrache
pour *L'Action française* qui vient de voir le jour. Il en signera
quelques-uns du pseudonyme de « François Hertel »; car il fut
le premier à l'utiliser. Je note l'un de ses mots, dans une lettre où
il m'annonce l'envoi d'un article: « Mais que c'est donc difficile
d'écrire du français ! »

Et voici que tout à coup, en 1928, on le fait évêque de Rimouski. Depuis longtemps je demande au Bon Dieu de nous accorder de grands évêques, d'avoir pitié de notre petite Eglise et
de lui donner des chefs. Beaucoup de bonnes âmes ont dû prier
et mieux que moi, puisqu'en deux ans nous obtiendrons Mgr
Courchesne et Mgr Rodrigue Villeneuve. L'épiscopat a pris par
surprise mon ami de Nicolet. Il s'en va trop loin. Il a peur de se
sentir isolé. Avant même son sacre, l'une de ses lettres trahit
son inquiétude:

> Garde-moi ta sympathie et prie pour moi. Puis-je espérer que
> tu viendras me voir à Rimouski ? Ce n'est tout de même pas en
> Pologne. Et j'aurai bien besoin de parler et d'entendre parler.

Une peine ne le quitte pas: celle de renoncer à son rôle d'enseignant. « Il faut que je réfléchisse, m'écrit-il encore, pour me rendre compte que c'est là une joie d'un passé qui ne reviendra plus.
J'ai promis de ne pas me lamenter et j'ai décidé qu'on ne me
verrait pas pleurer. »

Quelle sorte d'évêque deviendra-t-il ? Un évêque quelque peu
original. Il ne se départira ni de sa bonhomie, ni de ses bons
mots. Il restera simple, accueillant. Ses amis le retrouveront tel
qu'ils l'ont connu; la mitre ne lui a pas exalté le cerveau. A
Rimouski où il pouvait paraître étranger, quelques-uns eurent de
la peine à s'accoutumer à ses manières. Le nouvel évêque, homme sensible, devina, en certains quartiers, une sourde opposition. Il en souffrit longtemps. Il entretenait involontairement cet
état d'esprit par des mots caustiques dont il n'était pas toujours
assez le maître. On le trouvait impénétrable; on ne parvenait pas

à l'analyser. Pourtant comme il aime son peuple, ses curés surtout, ainsi qu'on le verra dans une prochaine citation. Il écrira
d'ailleurs en son testament: « J'ai aimé profondément le clergé,
les communautés religieuses, le peuple du diocèse que l'Eglise
m'a confié en 1928. »

Un problème le préoccupe plus que tout autre: en un pays
surtout agricole, même pays de colonisation, le problème de ses
agriculteurs l'obsède. Il se rallie délibérément à la politique
du nouveau ministre de l'agriculture, Léonide Perron[95], reconnu pour son esprit d'initiative et sa poigne solide et qui prend
énergiquement l'audace d'un novateur. Sursaut étonnant dans la
politique de l'époque. L'évêque de Rimouski adhère « sans ar-
rière-pensée » à la nouvelle politique:

> Je préfère proposer à mes curés de prendre position hardiment
> et de pratiquer tout le temps une politique de présence. J'estime
> que nous aurons là-dedans [c'est-à-dire coopérative et cercles
> agricoles] toute la place que nous voudrons bien prendre. J'esti-
> me qu'il ne sert de rien de nous tenir là les bras ballants à pré-
> voir des catastrophes et à ne rien faire. Dans la partie éduca-
> tive, en résumé, nous sommes seuls. Le Ministre supprime ses
> cercles pour nous laisser seuls à l'œuvre et il nous accorde,
> comme instrument de travail ajouté à la *Terre de chez nous,* le
> *Journal d'Agriculture.*

> Dans la partie technique de la tâche de rénovation agricole,
> application pratique des principes de l'économique aux situa-
> tions diverses de notre pays et de la classe agricole, j'estime
> que l'intervention de l'Etat est chose légitime. Ici elle ne se
> substitue pas aux initiatives des groupements locaux, elle les
> encourage et se dispose à ne reconnaître de cas où elle subven-
> tionne, que les cas où les initiatives auront été groupées pour
> la coopération. Pas d'octrois aux individus.

> Je ne sais si je me trompe, mais il me semble que tout cela
> est fort clair et conforme à tout ce que nos sociologues ont ré-
> clamé depuis longtemps. Maintenant si nous nous reposons là-
> dessus pour ne rien faire et tout attendre des bienfaits de la
> Coopération, je crois bien que les fonctionnaires du Ministère

---

95. Léonide Perron (1872-1930), avocat ; député de Gaspé à l'Assemblée législative de Québec (1910) ; de Verchères (1913) ; ministre sans
portefeuille (1920) ; ministre de la Voirie (1921-1929) ; ministre de l'Agriculture (1929-1930).

finiront par retomber dans les ornières du régime précédent: des Caronneries. Mais il me paraît qu'il y aura dans notre organisation coopérative de l'avenir ce que nous y mettrons.

Voilà pourquoi je vais de l'avant et y lance mes curés superbes types, je t'assure, et qui connaissent le tabac. Il y a un magnifique entrain dans le bas du fleuve. Mes agronomes sont enchantés que nous prenions les devants. Ils respirent, Caron [96] parti. Et ils nous supplient de marcher afin de constituer des précédents qui les libèrent à l'avance des lisières d'un autre ministre moins intelligent.

Celui-ci veut notre concours et se recule de nos jambes en tout ce qui est œuvre d'éducation post-scolaire... parce que tous ses agronomes lui ont dit qu'il était inutile de parler d'organiser la classe agricole si les curés ne sont pas avec les techniciens pour les accréditer et pour rallier les cultivateurs.

Que n'a point fait l'évêque Courchesne pour sa chère classe d'agriculteurs ? Il adressera un mémoire au cardinal Villeneuve pour supplier l'épiscopat québécois d'intervenir dans la solution du problème agricole qu'il estime capital. Dans ce mémoire, il en revient à son idée d'une association professionnelle des agriculteurs. Il voudrait qu'on fît examiner « par quelqu'un de compétent la question de la coopérative fédérée. J'ai toujours cru, écrira-t-il, que cet organisme, même mal né, devrait devenir l'organisme coopératif central de l'association professionnelle libre. » C'est le même évêque qui, dans un congrès d'agriculteurs, leur clamera ce mot d'ordre resté célèbre: « Mêlez-vous de vos affaires, mais mêlez-vous-en ! » Et dire qu'aujourd'hui il y a des braillards pour soutenir que les évêques d'autrefois n'ont pas fait appel à l'action laïque, ni ne se sont occupés des intérêts matériels ou sociaux de leur peuple !

Après son départ pour Rimouski, nous nous voyons moins souvent. Notre correspondance se fait un peu plus rare; mais il m'invite à prêcher deux retraites chez lui: l'une à ses prêtres du Séminaire; l'autre à ses ordinands. Et nous continuons à nous consulter sur quelques problèmes qui l'inquiètent autant que moi. En 1935, il me fait part de ses craintes au sujet de l'orientation

96. Joseph-Édouard Caron (1866-1930), député des Îles-de-la-Madeleine et ministre de l'Agriculture à l'Assemblée législative du Québec (1909-1927).

de l'Action catholique. Il la croit trop désincarnée, trop angélique, sans vraie prise sur la jeunesse. Ses grandes filles, interrogées par lui, sur l'abandon de l'Action catholique, après leur départ du couvent, lui répondent: « Nous n'y avons vu que du « catinage ». — » Une de ses lettres, celle du 29 octobre 1935, en dit long sur le sujet:

> Où allons-nous ? Je me le demande comme toi. Il me semblait que le discours du Cardinal, le 25 juin [discours où il avait justifié le patriotisme canadien-français], avait exposé une doctrine qui s'impose à tous. Et voilà que pour faire pièce aux Jésuites, Oblats, C. de Ste-Croix et régents de collège se donnent la main pour saboter pieusement plus de 25 ans de bon ouvrage. Le Congrès récent de Québec est une gageure. Je sais que Mgr des Trois-Rivières [Mgr A.-O. Comtois [97]] trouve que le titre *canadienne-française* doit disparaître du nom d'une Association catholique. Il donne comme raison la défiance du Délégué et de Rome à ce sujet. Je me demande si tu ne ferais pas bien d'écrire au Cardinal à Rome une lettre où tu exprimerais tes inquiétudes en le priant de poser la question de l'éducation au Pape même. Autrement on nous mène à faire les petites affaires des Anglais sous couleur de catholicisme et l'on demande à celui-ci de faire le miracle de nous empêcher de mourir au moment où nous décidons de nous suicider.

Dans une autre lettre datée du 15 décembre de la même année, il s'emploie à calmer mes inquiétudes:

> Tu peux être certain que ni Mgr Gauthier, ni Mgr Ross, ni moi nous ne mordons à ces distinctions théoriques qui veulent tourner en séparation pratique de ce qui doit rester uni dans la réalité. Mgr Gauthier a lui-même demandé à l'auteur de ne pas publier cet article alors qu'il a une attitude à prendre à l'égard des associations de jeunesse. Il ne veut pas que le Père Roy [98]

---

97. Alfred-Odilon Comtois (1876-1945), ptre ; professeur au Séminaire des Trois-Rivières (1900-1906) ; aumônier du Monastère du Précieux-Sang (1904-1906) ; principal de l'École normale des Trois-Rivières (1906-1926) ; évêque auxiliaire (1926-1934) ; évêque des Trois-Rivières (1934-1945).

98. Henri Roy (1898-1965), o.m.i. ; fondateur et directeur de la revue *L'Apostolat* ; fondateur de la JOC (1932) et de la JECF ; aumônier national (1932-1939) ; aumônier des mouvements de jeunesse au New Hampshire (1940-1947) ; fondateur de l'Institut séculier Pie X et directeur (1947-1960).

[alors aumônier de la JOC] continue de parler intégrisme et il
l'a prié de vouloir bien comprendre que nous ne pouvons pas,
gens d'église, expulser de nos programmes d'éducation la formation patriotique. Il se demande si le mot nationalisme ne devrait pas être sacrifié comme mis à trop de sauces suspectes.
Mais il pense que sous le mot éducation du patriotisme, nous
avons à maintenir tout ce que notre vrai et traditionnel sentiment national comporte. Mgr Ross se sent crispé devant ces mises en question et se demande si cela ne va pas finir une bonne
fois. J'espère bien que le Cardinal saisira quelqu'autre occasion de se prononcer. Je vais essayer de l'y amener, ne serait-ce
que pour obtenir que ces philosophes en chambre n'aggravent pas
nos misères. A tout prendre, il est mieux que Mgr G.[authier]
ait laissé discuter ces choses et ne se soit pas imposé tout de suite
d'autorité. Tu vois donc que tu peux être tranquille. Ton archevêque n'est pas à la veille de te bâillonner.

■ ■ ■

J'appris sa mort à Paris en 1950. Il souffrait du cœur depuis
longtemps. Deux vastes incendies qui avaient détruit en quelques
mois un quartier de la ville de Rimouski, menacé sa cathédrale,
et presque détruit Cabano, l'un des villages de ses terres de colonisation, lui avaient porté un dur coup. « Châtiment de la Providence ! » s'étaient empressées de proférer les mauvaises langues qui le tenaient responsable de la déposition récente de l'Archevêque de Montréal. Vieilles femmes qui croient aux gazettes.
A ceux qui le transportaient à l'hôpital, le mourant dira: « Pourquoi pleurez-vous ? Vous savez bien que je m'en vais vers mon
Père ! » Il pouvait y aller avec confiance. Il mourait à une heure
où, dans son clergé, l'unanimité s'était faite autour de lui, surtout parmi les jeunes. « Ceux de ma génération, m'écrit l'un
d'eux, nous l'avons aimé, admiré à cent pour cent. Nous lui avons
obéi avec notre cœur, notre intelligence... Ses paroles, son intelligence nous dominaient tous de cent coudées... Nous étions
fiers de son rayonnement extérieur. »

Que de fois, en nos misères de ces derniers temps, où les
Canadiens français se sont mis à construire leur petite Babel,
que de fois, dis-je, aurai-je regretté l'absence de ces hommes tels
que Mgr Perrier, Mgr Paquet, Mgr Courchesne, Mgr Desran-

leau, le cardinal Villeneuve. Hommes d'autorité, ils auraient
su prononcer les mots qui s'imposent. Ils auraient au moins contraint au silence tant de bavards, même parmi les clercs, qui se
sont employés à brouiller les esprits. Mgr Courchesne, esprit si
délié, si ouvert, si fin, de si grand bon sens et qui possédait à
un si haut point le sens de la vérité, aura été de ces hommes irremplaçables dont j'ai parlé tout à l'heure.

XII

DÉPOSITION DE
MGR JOSEPH CHARBONNEAU

Ce soir-là du 30 janvier 1950, je donne, à l'Ermitage Saint-Sulpice, la conférence d'ouverture des Journées d'études sacerdotales: journées qui devaient réunir des représentants de vingt-deux diocèses canadiens. A mon départ de chez moi, on me chicane quelque peu, à propos de ma soutane noire. On me dit: « Vous aurez devant vous votre Archevêque; il vous a fait chanoine. Faut-il avoir l'air de mépriser sa décoration ? » La réflexion me touche. Je revêts mon costume de chanoine dont, grâce à Dieu, je n'ai jamais abusé. Arrivé devant mon public, je suis étonné d'y apercevoir si peu d'évêques: deux auxiliaires tout au plus: Mgr Percival Caza de Valleyfield et Mgr Jetté [99] de Joliette. Pour représenter l'archevêché de Montréal, rien qu'un grand vicaire, Mgr Laurent Morin [100]. L'Archevêque ne s'y trouve point. A cette heure même, un avion l'emporte par-dessus les Rocheuses, vers le Pacifique, à l'autre bout du Canada. Il ne reverra plus Montréal qu'aux jours de ses obsèques. Rome l'avait déposé de son siège archiépiscopal. Drame affreux dans la vie

---

99. Édouard Jetté (1898-   ), ptre ; chan. ; professeur au Séminaire de Joliette (1923-1926, 1931-1943) ; missionnaire diocésain (1926-1928) ; curé de la cathédrale de Joliette (1943-1948) ; évêque auxiliaire de Joliette et administrateur apostolique (1962-1968) ; retiré.

100. Laurent Morin (1908-   ), ptre ; p.a. ; vicaire (1938) ; aumônier (1939-1941) ; assistant-directeur de l'Action catholique diocésaine et aumônier national de l'Action catholique au Canada (1941-1947) ; vicaire général (1947-1955) ; évêque auxiliaire du diocèse de Montréal (1955-1959) ; évêque de Prince-Albert, Sask. (1959-   ).

d'un homme ! Chapitre inattendu, presque bouleversant dans
l'histoire de l'Eglise canadienne. Quoi donc avait amené les autorités romaines à prendre si grave décision ?

Dirai-je, avant toute chose, en quel esprit j'ai voulu écrire
ces pages de mes *Mémoires* ? Je n'eus nullement à me plaindre
de mes relations avec Mgr Charbonneau. Toujours il me mani-
festa une extrême bienveillance. Après notre entrevue de septembre 1940, presque au lendemain de son arrivée à Montréal —
entrevue que j'ai racontée plus haut — il m'écrit le 20 du mois
cette lettre autographe dont je garde l'original:

> Cher Monsieur Groulx,
>
> Je me contente aujourd'hui de vous remercier bien sincère-
> ment et pour l'envoi des précieuses notes sur notre enseigne-
> ment et pour les suggestions concernant notre projet d'Ecole
> Normale Supérieure.
>
> Ce m'est un grand réconfort de savoir que je pourrai toujours
> compter sur votre bienveillance et votre aide pour mieux résou-
> dre ces problèmes qui nous tiennent tant à cœur.
>
> Votre tout dévoué en N.S.
† Joseph Charbonneau,
Arch. de Montréal.

Sa bienveillance l'entraîne encore plus loin. Il me nomme
chanoine honoraire de l'Eglise métropolitaine, persuadé de me
causer grand plaisir. Nomination qui me vaut une lettre que je
reproduis, non sans quelque gêne, tellement le cher Archevêque
l'a voulue élogieuse, même flatteuse.

> A notre bien-aimé dans le Christ
> Lionel Groulx, prêtre
> professeur d'Histoire du Canada
> à l'Université de Montréal
>
> Depuis près de trente ans vous avez enseigné avec succès
> l'Histoire du Canada dans notre Université de Montréal. Votre
> activité prodigieuse vous a permis de franchir l'enceinte univer-
> sitaire et vous avez prodigué dans tout le pays les enseignements
> de notre « Maître le Passé ».
>
> Vous avez même traversé l'océan pour donner à la Sorbonne
> des cours remarquables sur « l'Enseignement français au Ca-
> nada ».

Pour prolonger votre enseignement oral, vous avez publié vos cours et vos conférences. Ils font grand honneur à la littérature canadienne, et vous placent parmi nos meilleurs écrivains et nos meilleurs orateurs.

Historien ! Oui. Mais Apôtre aussi.

Professeur d'énergie et de fierté nationale, vous n'avez pas craint d'exprimer votre doctrine, élevée toujours, dans « Orientations ».

Modèle de prêtre-éducateur, vous avez commencé votre carrière au Séminaire de Valleyfield où vous avez fait de l'Action catholique avant le mot. Vous êtes venu à Montréal mettre au service du diocèse les dons magnifiques de nature et de grâce que la Providence vous a départis.

D'une vie intérieure intense, vous avez communiqué à vos disciples, avec l'amour de leur pays, l'amour du Christ et de l'Eglise.

Aussi bien, nous avons voulu vous donner un gage solennel de notre estime et de notre gratitude.

Du consentement unanime de nos vénérables frères les Chanoines, nous vous avons élevé et nous vous élevons au nombre des Chanoines honoraires de notre Eglise métropolitaine.

Donné à Montréal, de notre palais archiépiscopal, ce vingt et unième jour d'avril, mil neuf cent quarante-trois, sous notre seing et le sceau de nos armes, et le contreseing du chancelier de notre diocèse.

† Joseph Charbonneau
Arch. de Montréal.
Par mandement de l'Illustrissime et Révérendissime
Archevêque de Montréal,
G. Robert Mitchell, chan.,
Chancelier.

Il a tenu à venir lui-même m'annoncer la « grande nouvelle ». Hélas, le cher Archevêque a frappé, ce jour-là, ce que l'on appelle vulgairement un « nœud », et un « nœud » de quelque taille. Il paraissait si heureux. Et je m'y attendais si peu que je ne pus me défendre d'un air déconcerté, presque ahuri.

— Excellence, lui dis-je, un peu brutalement, je me suis tant moqué des chanoines, donnez-moi au moins vingt-quatre heures pour y réfléchir...

Interloqué, l'Archevêque me répond:

— Mon cher abbé, il est trop tard; il est cinq heures de l'après-midi. A ce moment même vous êtes « gazetté ». Acceptez. Cela fera tant plaisir à Mgr Philippe Perrier, mon grand vicaire.

Il me fallut m'incliner. Poussant la condescendance encore plus loin, l'Archevêque me voulut décerner les insignes, ou si l'on veut, l'investiture du canonicat à la fête patronale du Séminaire de Sainte-Thérèse, son Alma Mater et la mienne. On me permettra de passer sous silence le discours trop élogieux du prélat. Après la messe, l'abbé Percival Caza, supérieur du Séminaire, me souffle à l'oreille: « Vous lui avez arraché le discours le plus nationaliste qu'il ait jamais prononcé. » Je réponds: « Je ne lui ai rien arraché. » Au dîner, dont j'étais l'hôte d'honneur, je trouvai le moyen, au milieu de quelques petites malices, de dire tout de même mon merci à qui de droit.

> Au dehors, dis-je donc aux convives, les opinions sont assez partagées au sujet du canonicat et des chanoines. Mais s'il m'est arrivé, dans ma vie, de conquérir quelque médaille ou quelque diplôme, j'ai bien la conviction que l'on vient de me décerner l'une des décorations les plus inaccessibles. Certes, je me garderai d'interpréter le geste de mon archevêque comme une absolution générale de tout ce que j'ai pu dire ou écrire; mais il me faut bien avouer que je n'ai jamais reçu pareil certificat de bonne conduite. Et je remercie profondément celui-là qui a eu le courage d'accorder cette décoration à un homme qui a pris tant de temps à la mériter.

Noterai-je un autre geste de condescendance ? Un certain Major « ecclésiastique » — nous étions en pleine guerre — venait de prononcer, lors d'un banquet, un discours plutôt tonitruant — c'était au lendemain de cette fumisterie qu'on a appelée: « l'exploit (?) de Dieppe » —, discours de propagandiste qui avait enchanté les va-t-en guerre. Le lendemain, dans la presse « guerrière », et même au parlement d'Ottawa, le Major est porté au faîte des grands hommes. Discours malheureux qui a provoqué dans le public, et même chez une large partie des convives, une impression des plus fâcheuses. L'auxiliaire de Montréal, Monseigneur Conrad Chaumont, me dira quelques jours après: « A l'Archevêché nous avons été assommés par une tempête de téléphones et les lettres de protestations nous sont tombées dessus en avalanche. » Parmi ces lettres, il y avait la mienne. Le 30 octobre 1942, j'écrivais en effet à l'archevêque:

> Je ne vous apprends point que les discours et gestes du Major abbé S... font gloser plus qu'il ne faut dans tous les milieux, et, le plus souvent, de façon fort amère. Si nos guerriers en collet romain savaient davantage quelle peine nous avons, de ce temps-ci, à contenir, parmi les nôtres, une violente crise d'anti-cléricalisme, il me semble que ces Messieurs se montreraient un peu plus discrets... Notre peuple admet que le clergé lui rappelle son devoir, en ce temps de guerre; il ne comprend pas que des ecclésiastiques se fassent les propagandistes véhéments, provocateurs, de la politique de guerre du gouvernement, et nous prêchent, par surcroît, l'abrutissement colonial, et même, de façon assez ouverte, la conscription pour outre-mer. A la vérité, sommes-nous bien là dans notre rôle d'hommes d'Eglise ? Et avons-nous beaucoup à gagner à exaspérer, de tant de manières, les sentiments de la jeunesse ?

> Pardonnez-moi. Excellence, de vous écrire ces choses. Je crois remplir un devoir. Je suis vraiment effrayé du sentiment d'hostilité que, par les temps qui courent, je sens grandir, et dans tous les milieux, contre le clergé.

Le 4 novembre, Son Excellence me faisait répondre par son grand vicaire, Mgr Paul Touchette [101]:

> Monseigneur a reçu votre lettre et me prie de vous dire qu'il a fait venir l'abbé S... tout de suite après son fameux discours à l'assemblée de Montréal-Est.

> Dorénavant M. l'abbé restera dans son rôle d'aumônier et ne devra toucher aux questions de politique provinciale, nationale ou internationale !

Il me fallait, pour ce qui va suivre, ce début peut-être un peu long. Rien donc en moi de la moindre amertume contre mon ancien Archevêque. Si j'écris les pages qu'on va lire, on voudra bien

---

101. Paul Touchette (1909-   ), ptre ; p.a. ; professeur au Séminaire de Sainte-Thérèse (1935-1937) ; cérémonier à la cathédrale de Montréal (1937-1950) ; camérier secret (1950) ; vicaire général (1954-1959) ; directeur de l'Office du clergé (1959-1961) ; curé de Sainte-Madeleine d'Outremont (1961-   ).

se persuader que je n'entends nullement accabler l'infortuné prélat. Mon intention n'est pas, non plus, de fouiller, avec une curiosité malsaine, une conscience d'homme. Il n'entre rien d'infamant dans la déposition de l'archevêque Charbonneau. A proprement parler, je ne possède guère, non plus, de documentation sur le triste événement. Mais j'ai encore, dans ma mémoire, mes souvenirs d'une trentaine d'années de relations avec le curé de Sainte-Anne d'Ottawa, Mgr Joseph-Alfred Myrand, mon hôte si bienveillant pendant mes longues années de recherches aux Archives. Mgr Myrand, c'était, dans la capitale canadienne, l'écho sonore où rebondissaient toutes les nouvelles ou rumeurs politiques et ecclésiastiques. Je me rappelle avec autant de vivacité mes relations d'amitié avec le Père Charles Charlebois, o.m.i., directeur du *Droit* et animateur de la résistance franco-ontarienne au Règlement XVII. Puis-je oublier un autre de mes grands amis, l'archevêque de Rimouski, Mgr Georges Courchesne, presque un « copain » pour moi et qu'on a tant mêlé à « l'Affaire Charbonneau » ? Enfin j'aurai aussi compté, parmi mes amis très intimes, Mgr Philippe Perrier, grand vicaire de Mgr Charbonneau. Donc, de par ces relations, me sont venus des renseignements que je crois être seul à posséder. Et je les donne, avec l'espoir qu'ils jetteront quelque lumière sur le fait douloureux, dissipant du même coup bien des impressions fâcheuses en nombre d'esprits.

■ ■ ■

Un premier malheur pourrait bien être que l'on ignore tout des antécédents de Mgr Charbonneau avant sa promotion à l'archevêché de Montréal. Lors de mes passages à Ottawa, je l'ai connu jeune prêtre. Revenu depuis peu de son séjour d'études en Europe, le jeune homme est d'une jeunesse presque flamboyante, et déjà vicaire capitulaire après le décès de Mgr Emard [102]. La popularité du jeune Charbonneau s'affirme alors si spontanée, si chaleureuse, que le peuple et le clergé d'Ottawa l'eussent volontiers promu à la succession du siège vacant. Hélas ! à peine lui faudra-t-il quelques années pour réduire à néant cette

_____
102. Joseph-Médard Emard, voir la note 33 du premier volume.

popularité. Il choisit mal ses amis, s'il en eut jamais. Il s'entoure
de quelques membres du clergé d'Ottawa moins que brillants.
Groupe d'assez pauvres conseillers, imbus par surcroît de passions
partisanes en politique. Rappelons qu'en effet, une portion, une
petite portion du clergé ontarien, quelques vieux et quelques
jeunes abbés canadiens-français encore entichés de la cocarde
bleue, goûtaient mal la lutte de la Commission scolaire catholique
de la capitale, de l'Association canadienne-française d'Education
de l'Ontario et du journal *Le Droit* contre le gouvernement conservateur de Toronto. L'on repousse le Règlement XVII. Mais
l'on estime la bataille mal menée; l'on s'en prend à l'intransigeance
de la Commission scolaire trop composée de libéraux; l'on suspecte
le désintéressement du sénateur libéral Belcourt, ami intime de
Laurier; l'on ne pardonne point au journal *Le Droit* et surtout à
son directeur, le Père Charles Charlebois, o.m.i., la virulence déployée dans la bataille. Le Père Georges Simard, o.m.i., venu me
rendre visite aux Archives canadiennes, me dira, sans cérémonie:
« Les Oblats n'ont pas engagé de l'argent dans le journal *Le Droit*
pour s'y faire donner des coups de pied. » Un autre, un laïc celui-
là, me confie plus crûment: « Ces Messieurs de la Commission
scolaire et du *Droit* ont rendu service à la Cause, mais en même
temps, ils se sont rendus service à eux-mêmes; il n'est que juste
que, tout en servant nous-mêmes la Cause, nous en profitions à
notre tour. » On se rappellera peut-être — je l'ai déjà racontée
en ces *Mémoires* *, — la visite que me faisait, en ce temps-là, le
grand vicaire Charbonneau. Mêlé à ces quelques laïcs et abbés
bleus de la vieille école, il voulait rien moins que chasser de leurs
postes les « lutteurs », pour les remplacer par ce qu'il appelait des
« diplomates », des « parlementaires ». L'heure de la paix avait
sonné; le gouvernement de Toronto venait de reculer. Il fallait
négocier. Toronto ne s'aboucherait qu'avec des hommes de paix,
me soutenait le grand vicaire Charbonneau. Et l'on me priait,
puisque les événements m'avaient quelque peu mêlé aux « lutteurs », de ne pas nuire aux négociateurs et au besoin même de
les aider. Ai-je besoin de le dire ? Je n'écoutai ce discours qu'avec
un peu de stupeur et une mine réticente. Ma politique, — si je
puis parler de politique — a toujours été, dans le cas de nos
minorités, d'une scrupuleuse discrétion: aider dans la mesure où

---

* Voir *Mes Mémoires*, I : 360-361 ; III : 264-265.

l'on voulait bien accepter l'aide; ne jamais se permettre ni conseil, ni surtout intrusion en des affaires qui ne relevaient que des chefs de ces groupes. Quelques semaines plus tard, alors que je suis de passage au Grand Séminaire d'Ottawa, le grand vicaire me sert la même thèse avec une extraordinaire passion. Les coups de poing se succèdent sur sa table de travail, ponctuant un verbe saccadé. Le lendemain, me rendant aux Archives, j'arrête un instant aux bureaux du Père Charles Charlebois.

— Les choses ne vont point ? lui dis-je. Toronto refuse de négocier avec vous autres ?

— Qui vous a dit ça ? m'interjette le Père, les sourcils déjà en bataille.

— Un ecclésiastique éminent.

Sans ajouter un mot, le Père ouvre son tiroir, en tire une lettre. Le ministre de l'Education de Toronto sollicitait une entrevue de la Commission scolaire d'Ottawa. Dès lors, j'entrevois en quel guêpier et en quelle malheureuse intrigue, le grand vicaire se va fourvoyer. Il réussit, on le sait et je l'ai déjà écrit, à chasser les « lutteurs » de la Commission scolaire et du *Droit*. Mais il y perd à jamais la confiance et l'estime du clergé canadien-français de l'Ontario et de la plus grande partie des laïcs. Seule reste, autour de lui, ce que l'on appelait « sa petite école », plutôt pauvre de grands esprits. Soumis, non pas au scalpel hasardeux des psychanalistes ou des psychiatres, mais à l'examen d'un authentique psychologue, cette première et insigne maladresse eût préfiguré la carrière prochaine du pauvre grand vicaire.

Là, en effet, ne vont pas finir ses malheurs. Mgr Emard avait déjà ajouté à ses fonctions de grand vicaire, les fonctions de supérieur du Petit et du Grand Séminaire du diocèse. Fonctions d'importance qui font du titulaire, après l'évêque, le plus haut personnage du clergé. C'est plus que le pied dans l'étrier pour une chevauchée vers de plus hauts postes. Hélas ! encore ici la guigne va poursuivre l'infortuné supérieur. A la suite de querelles à propos de discipline et de doctrine en éducation et en spiritualité, la discorde s'infiltre dans les deux maisons. Elle tourne à la pagaille. Une délégation du clergé, m'a-t-on raconté, se rend chez l'Archevêque [103] et le prie d'obtenir la démission du supérieur: seul moyen de rétablir ordre et paix dans les deux maisons. Mgr Charbonneau subit une première dégradation. L'Archevêque l'envoie de l'autre côté de l'Outaouais; il ne sera plus que principal de l'Ecole normale de Hull.

Mgr Forbes vieillit. Quelques dirigeants du clergé songent fortement à préparer sa succession. On veut prévenir une nouvelle offensive irlandaise contre le siège épiscopal d'Ottawa. Mgr Myrand, je le tiens de bonne source, puisque je le tiens de lui-même, a déjà choisi son candidat: l'abbé Alexandre Vachon [104], professeur de sciences à l'Université Laval. Mgr Myrand me dit un jour: « Vois-tu l'heureux effet que produirait ici cet abbé, dans notre milieu mixte et notre monde politique ? Un savant, un homme de science et un mi-anglais, mais au fond de sentiment canadien-français. » Malheureusement Mgr Forbes, un faible, se défait mal d'un étrange envoûtement, en présence du principal de l'Ecole normale de Hull, resté son grand vicaire. L'Archevêque temporise, se refuse à passer par-dessus la tête de son grand vicaire. Sur ce, voici que survient, en 1939, la mort de Mgr Joseph Hallé, vicaire apostolique de Hearst, Ontario. En excellents termes avec un Mgr Mozzoni qui fait alors l'intérim à la Délégation apostolique, Mgr Myrand croit l'heure opportune: l'heure de déblayer la voie devant Mgr Forbes. Le curé de Sainte-Anne et le délégué intérimaire se disent: « Pourquoi ne pas envoyer Mgr Charbonneau à Hearst ? » Et tous deux rédigent, à l'adresse de Rome, un mémoire à cette fin. Mgr Charbonneau possède assurément de belles qualités. On ne les dissimule point. Le grand vicaire d'Ottawa, sacré le 15 août 1939, part pour Hearst. L'année suivante, après le décès de Mgr Forbes, Mgr Vachon, candidat de Mgr Myrand, prend possession du siège de la capitale. Plus tard, quand Mgr Myrand apprendra d'inquiétantes nouvelles de Montréal, je lui dirai: « Si vous n'aviez pas envoyé Mgr Charbonneau à Hearst, il ne serait pas venu à Montréal. » Mgr Myrand me répondait: « Dans le bois, là-bas, il n'était pas dangereux. »

Le nouveau délégué apostolique, Mgr Ildebrando Antoniutti, ennuyé, peut-on croire, de l'état de l'Eglise de Montréal, gou-

---

103. Guillaume-Laurent Forbes, voir la note 94 du deuxième volume.
104. Alexandre Vachon, voir la note 86 de ce volume.

vernée depuis trop longtemps par des évêques malades: Mgr Bruchési, puis Mgr Georges Gauthier, puis Mgr Deschamps l'auxiliaire, cherche un évêque jeune, valide. Son choix tombe sur l'évêque de Hearst. Le 18 mai 1940, le jeune évêque est promu archevêque titulaire d'Amorio et coadjuteur à Montréal avec future succession. Accueilli froidement à son nouvel archevêché, Mgr Charbonneau fait sur le peuple une très forte impression. L'homme est de haute stature et il en prend avantage. On admire son maintien digne, presque majestueux, sa mine ascétique. En quelques mois, la mort qui a déjà emporté Mgr Bruchési en 1939, emporte Mgr Gauthier et son auxiliaire, Mgr Deschamps. Le nouvel élu a donc, en peu de temps, devant lui, le champ libre. Il se met à l'œuvre, se dépense fébrilement. Le petit, le très petit milieu de Hearst semble avoir trop retenu ses forces, sa soif d'activité. Il se donne libre cours. Action un peu fiévreuse, désordonnée. Il voudrait toucher à tout; il va vite. Activité forcément superficielle qui fera que nulle grande œuvre ne retient son nom. Pourtant il pose un acte qui aurait pu ordonner, transformer son action d'évêque. Un homme vient de rentrer dans le diocèse de Montréal qui l'avait quitté depuis 1930. Homme de première main, de la vraie taille des chefs de diocèse: l'abbé Philippe Perrier. Homme inutilisé, toujours tenu à l'écart par ses supérieurs, on ne lui avait offert, à son retour de Joliette, que l'aumônerie des Frères de Saint-Benoît au bout de l'île de Montréal. Quand il avait quitté sa cure du Saint-Enfant-Jésus (Mile End), il avait choisi de s'en aller au Scolasticat des Viateurs, à Joliette, y enseigner les sciences ecclésiastiques. Départ inexplicable et regrettable d'un homme en état de rendre encore de si grands services à son diocèse d'origine; départ qui avait scandalisé bien des fidèles et non des moindres. Un jour, pour répondre aux critiques et en avoir le cœur net, je lui avais posé cette question:

— Quand vous avez quitté votre cure, vous a-t-on offert quelque autre poste dans votre diocèse ?

— Aucun.

— A-t-on tenté quelque effort pour vous retenir ?

— Aucun.

Avais-je attiré l'attention de Mgr Charbonneau sur l'aumônier de Saint-Benoît ? Au cours de notre conversation, à propos d'Ecole normale supérieure, on s'en souviendra, l'Archevêque m'avait dit: « Soumettez-moi deux noms de prêtres qui pourraient assumer la direction de la grande Ecole. » En tout premier lieu, je lui ai proposé le nom de l'abbé Perrier, homme inutilisé, avais-je appuyé. Un soir de 1940, peu de temps après l'arrivée de l'Archevêque à Montréal, les journaux annoncent la nomination de l'abbé Perrier au poste de grand vicaire. « Du coup, me dit, en termes de Bourse, un excellent laïc, les actions de Mgr Charbonneau ont monté de 75%. »

Période euphorique ! Que n'a-t-elle plus longtemps duré ! Que manque-t-il au nouvel archevêque ? En peu de temps, il se révèle piètre administrateur. On eût dit qu'il voulait administrer l'immense diocèse de Montréal, comme il avait administré son minuscule diocèse de Hearst. La multiplicité et la complexité des problèmes paraissent le déborder. A la vérité trop de ces problèmes, laissés en plan par ses prédécesseurs, hommes malades, attendent tous à la fois une prompte solution. L'Archevêque ne sait même pas s'organiser un secrétariat. Sa correspondance s'entasse dans les bureaux, reste trop souvent sans réponse. Un secrétariat, en sent-il même le besoin ? Un curé de ses amis, m'a-t-on raconté, lui aurait dit un jour: « Pourquoi ne point vous attacher deux jeunes prêtres, bons dactylos, qui vous aideraient en l'expédition de votre correspondance ? » Le prélat aurait répondu péremptoirement: « Personne ne mettra jamais le nez dans mes affaires ! » A l'Archevêché, tout marche au petit bonheur. Nulle distribution des tâches; nulle direction venant d'en haut; chacun y va de sa seule initiative. Un curé de Montréal, Mgr Arthur Deschênes [105], aujourd'hui curé de Saint-Stanislas, et mon ancien voisin de table au presbytère de l'abbé Perrier, l'un des rares prêtres que Mgr Charbonneau invite à venir causer avec lui à l'Archevêché, me confie, presque au lendemain du tragique départ: « Il avait nommé Mgr Perrier grand vicaire; mais il ne lui avait assigné aucune besogne et il ne le consultait guère. » On imagine un peu les

---

105. Arthur Deschênes (1886-   ), ptre ; p.d. ; vicaire (1909-1912) ; professeur au Collège de Saint-Jean (1912-1914) ; vicaire au Mile End (1914-1921) ; étudiant à Rome (1921-1924) ; chapelain (1924-1930) ; curé de Sainte-Dorothée, de Sainte-Brigide et de Saint-Stanislas (1930-1967) ; membre du conseil d'administration et d'expertise, à la Curie métropolitaine ; censeur des livres et juge pro-synodal ; retiré.

réactions du grand vicaire, homme d'ordre par excellence, jeté soudain en ce désordre.

Ce désordre, l'Archevêque, déjà malheureux, nous l'avons vu, en presque tous les postes occupés par lui, le transportera dans une sphère plus dangereuse. Que s'est-il passé entre lui et ses collègues de l'épiscopat québecois? Nous en sommes réduits aux conjectures. Fait bien connu néanmoins: il se met, en peu de temps, tous ses collègues à dos. On n'introduit point impunément, dans ces vénérables corps qui craignent moins les excès de la prudence que ceux de la pétulance, un élément trop étranger, un coureur pressé de vitesse, même au risque de rouler dans le fossé. Dans le char qui emporte la sainte Eglise, il y a toujours, et c'est heureux, une roue du char mérovingien. Mgr Charbonneau avait une mentalité d'évêque ontarien. Il n'a jamais pu ni su se donner, peut-on dire, l'esprit québecois. Il se sentait mal à l'aise, dépaysé en son nouveau milieu. Comme tous les évêques des provinces à majorités protestantes, habitués à se voir marchander la liberté, nullement chefs d'un peuple catholique vivant chez soi, en masse compacte, en pleine possession de ses droits, le nouvel Archevêque de Montréal comprend mal les institutions du Québec. Il en déteste le droit paroissial; il ne comprend point, dans l'enseignement, la large part faite à la culture française. Les traditions les plus chères de son nouveau milieu, les plus hautes exigences politiques et culturelles de ses compatriotes canadiens-français l'ont toujours trouvé peu compréhensif. De là ses heurts avec ses collègues de l'épiscopat sur maintes affaires de discipline, d'enseignement et même des questions plus graves. Grand nerveux, irritable à l'excès, il se laisse aller à des colères et aux plus déplorables excès de langage. Un homme aussi modéré que l'évêque de Valleyfield, Mgr J.-Alfred Langlois, la courtoisie et la politesse mêmes, me confiera un jour, et son sentiment, ajoutera-t-il, est aussi celui de l'évêque de Joliette, Mgr Arthur Papineau: « Pour ma part, je ne peux plus aller à ces réunions d'évêques, si l'Archevêque de Montréal s'y trouve. Entre nous, nous discutons parfois très fortement; Mgr Desranleau, de Sherbrooke, y va vigoureusement, mais toujours en gentilhomme; l'autre — et « l'autre », c'était l'Archevêque de Montréal — nous injurie si grossièrement que je sors de là énervé, malade. » A la suite de quelques-unes de ces altercations, l'Archevêque montréalais prend la résolution de se tenir à l'écart. Au moment de sa déposition, il ne fréquente plus, depuis deux ans, les réunions de ses collègues. Rome n'aime guère les querelles entre catholiques; on se figure un peu l'effet produit, dans les milieux du Vatican, par ces brouilles d'évêques et l'absentéisme de l'un d'entre eux.

L'Archevêque aurait-il eu d'autres démêlés, et aussi vifs, avec le Délégué apostolique du temps, Mgr Antoniutti ? Un jour, au Collège de Saint-Laurent — c'était, si je me souviens bien, après le sacre de Mgr Albert Cousineau, futur évêque de Haïti * — chacun avait pu observer, dans un coin du fumoir, une discussion plus qu'animée entre les deux hommes. De part et d'autre on s'emportait en toutes lettres. Gestes saccadés, figures empourprées, répliques cornéliennes. Sur quel sujet ? Personne n'en sut rien. Mais chacun se souvint longtemps de cette scène orageuse et pénible. Les sentiments du Délégué à l'égard de Mgr Charbonneau ont tôt subi une singulière évolution. Un jour Mgr Courchesne me rapporte un propos terrible de Mgr Antoniutti sur le compte de l'Archevêque de Montréal. Sur ce, je dis à mon ami de Rimouski: « Mais où donc se renseigne-t-il, le Délégué ? » Je n'ai pas oublié l'éloge sans réserves qu'il me fit un jour de Mgr Charbonneau. Il m'avait invité à dîner à la Délégation. C'était en 1940, peu de temps après l'arrivée du nouvel Archevêque à Montréal. Le premier bonjour échangé, le Délégué m'avait brusquement posé cette question:

— Comment aimez-vous votre nouveau chef ecclésiastique ?

Connaissant Mgr Charbonneau de longue date, je répondis en Normand:

— Je crois que le peuple et le clergé de Montréal vont lui ménager un excellent accueil. Il y a si longtemps que nous avons des évêques malades; celui-ci, je le présume, est en bonne santé.

Et le Délégué de me corriger tout de suite:

— M. l'abbé, le nouvel Archevêque est un homme puissant en sciences ecclésiastiques: dogme, morale, droit canonique. C'est, par conséquent, un homme qui ne vous dira point: « C'est peut-

---

* Ce serait plutôt le centenaire du Collège de Saint-Laurent en 1947. Le sacre de Mgr Cousineau n'eut lieu que le 16 mars 1951.

être ceci; c'est peut-être cela. » C'est un homme qui pourra donner des directives.

Hélas ! le Délégué ne tardera pas à changer de sentiment. Un jour, en repos à Rimouski, chez Mgr Courchesne qu'il aimait beaucoup et chez qui, je l'ai dit, il allait chercher de temps à autre, un alibi, le Délégué en vint à parler de l'Archevêque de Montréal. Et c'est alors qu'il prononça cette parole terrible: « Mon suprême remords, c'est de l'avoir promu à Montréal; et c'est un remords que j'emporterai dans la tombe ! » Parole effroyable qui annonce presque le suprême orage. Parole que je tiens de Mgr Courchesne; parole que le Délégué répétera à Mgr Philippe Perrier. C'est à ce moment-là que j'avais dit à l'Archevêque de Rimouski: « Mais où donc se renseigne-t-il, le Délégué ? » Et je songeai au mémoire de Mgr Myrand et de l'intérimaire Mgr Mozzoni pour l'envoi de Mgr Charbonneau à Hearst. A la recherche d'un coadjuteur à Montréal, Mgr Antoniutti avait trouvé ce mémoire dans ses archives. Que n'avait-il poussé plus loin son enquête !

■ ■ ■

La question demeure: ces jugements du Délégué et de bien d'autres, jugements si profondément modifiés, retournés bout pour bout, où en trouver l'explication ? Où situer le secret profond de cette vie d'homme marqué pour la suprême infortune ? Une seule explication paraît valable: l'être étrange, anormal de Joseph Charbonneau. Le personnage a quelque chose de fermé, de clos, de cadenassé. La moindre ouverture sur son intimité lui causerait, semble-t-il, un mal atroce. Ce serait violer l'inviolable, profaner le Saint des Saints. Son ancien directeur de conscience au Séminaire de Sainte-Thérèse, mon camarade de classe, devenu curé de Saint-Henri (Montréal), l'abbé Sylvio Cloutier [106], me disait un jour de son dirigé: « Quel être impénétrable, fermé sur soi, bardé de fer comme un coffre-fort. Le temps venu, à la fin de son cours

---

106. Sylvio Cloutier [ou Clouthier] (1879-1956), ptre ; professeur au Séminaire de Sainte-Thérèse (1906-1924) ; chapelain au Mont Sainte-Marie (1925) ; curé de Sainte-Monique-des-deux-Montagnes (1926-1931) ; de Saint-Jean-Damascène (1931-1938) ; de Saint-Henri de Montréal (1938-1948) ; chapelain (1950) ; retiré à Sainte-Thérèse (1954-1956).

d'étude, du choix de sa vocation, ce me fut toute une affaire. Impossible d'avoir sur lui, sur son passé, ses goûts, ses aspirations, le moindre aveu précis ! » L'abbé Percival Caza, un de mes petits dirigés d'autrefois à Valleyfield, était réputé le grand ami de Mgr Charbonneau. Le jour de l'intronisation du nouvel Archevêque à Montréal, je me trouvai tout à coup dans l'abside de la cathédrale, aux côtés de l'abbé Caza, alors professeur au Séminaire de Sainte-Thérèse. Je lui glissai à l'oreille: « Je veux vous voir, après la cérémonie. » Je connaissais déjà, et plus que passablement Mgr Charbonneau. J'étais curieux néanmoins d'obtenir, sur le personnage, le témoignage d'un homme que je savais intelligent et perspicace. Je dis donc à l'abbé Caza: « Vous allez me dire, vous, qui est Mgr Charbonneau; on vous dit son grand ami. » L'abbé me répondit avec son large sourire: « Je dois vous dire d'abord que Mgr Charbonneau n'a pas d'amis. A Rome, pendant mes études, il m'a choisi pour compagnon de promenade; ensemble nous avons causé de philosophie, de théologie, d'art, d'archéologie; il ne m'a jamais fait la moindre confidence sur lui-même. » Mgr Arthur Deschênes, le curé souvent invité chez l'Archevêque, me tiendra un propos à peu près semblable: « C'était un singulier personnage. On ne pouvait lui poser aucune question sur lui-même, s'informer même de sa santé; sa réaction était presque violente, aussi violente que si vous aviez voulu mettre la main sur son porte-monnaie. » Après ces témoignages, qui donc peut se vanter d'avoir jamais bien connu l'homme qui s'appelait Joseph Charbonneau ? Et comment mieux nous expliquer les jugements si divers et même si opposés portés sur cet homme ? Je n'hésite pas à l'écrire devant la rigoureuse évidence: cas pathologique que celui du pauvre Archevêque ! Ce repliement farouche sur soi, cette fermeture hermétique, résultat de l'on ne sait quelle frustration, s'aggrave d'un indéniable déséquilibre psychologique. Trop souvent, en cet homme obligé de commander, chargé des plus graves responsabilités, le jugement ne fonctionne pas sainement. Dès ses années de collège, il paraît avoir laissé, parmi ses camarades, le souvenir de cette déficience. L'un d'eux, homme calme, modéré, s'il en fut, le Dr Charles Bertrand, d'Outremont, me fera cet aveu un jour: « Quand *Joe* est parti pour Hearst — on l'appelait familièrement « Joe » — on se disait: Ça peut encore faire. Quand nous l'avons

vu arriver à Montréal, chacun de nous s'exclama: Mais non, *Joe*
n'a pas assez de jugement pour un poste comme celui-là ! » Il
donnait l'impression d'un homme presque constamment à bout de
forces et de nerfs. Un arc trop bandé. Qui l'a vu une seule fois
n'a pas oublié cette figure tendue, ces traits tirés, les yeux bordés
au bas d'un liséré rouge, au point de les faire croire injectés de
sang. A l'époque où mon bon ami et voisin d'en face, rue Bloomfield, Henri Groulx, alors ministre de la Jeunesse et du Bien-être
social, reçoit fréquemment chez lui l'Archevêque, il m'invite le
soir à passer de l'autre côté de la rue. J'y vais prendre le souper
et veiller un peu. Chaque fois je ne puis m'empêcher d'observer
l'extrême nervosité de l'hôte épiscopal, ses gestes saccadés, ses
trop faciles emportements contre celui-ci ou celui-là. Quel mal
à se contenir ! Quel volcan en mal d'éruption ! Chez un homme
plus pondéré, ces subites indignations eussent déjà étonné. L'homme subissait par trop son tempérament. Où il croyait être généreux, il était surtout impulsif. De cette impulsivité procéderont,
au cours de sa vie, tant d'erreurs de jugement, tant d'idées aventureuses où il va gauchir et gâcher son existence. Il donnerait, en
ses dernières années à Montréal, un triste exemple de son manque
de jugement. Le Père Georges-Henri Lévesque, o.p.[107], vient
d'amorcer, dans la revue *Ensemble*, la brûlante question de la
non-confessionnalité dans les œuvres. L'article fait du bruit. Deux
thèses s'affrontent. Sans doute, les catholiques canadiens-français
ont-ils pour mission au Canada, d'être partout les témoins de leur
foi et de se mêler à la vie canadienne, de ne se point enfermer dans
leur provincialisme. D'autre part, se disent alors les prudents, nos
institutions, nos structures se recommandent-elles d'assez de solidité
et de maturité, pour s'ouvrir, sans danger, à des éléments hétéro-
gènes, moins en état de les enrichir que de les appauvrir, pour
ensuite, à la longue, les absorber ? Le problème mérite assurément
réflexion. Il ne suffit pas d'être d'avant-garde pour être assuré
d'avancement. La thèse de la non-confessionnalité est soumise
au Délégué apostolique qui la soumet lui-même à l'Ecole sociale
populaire, laquelle, soit dit en passant, n'est point strictement
jésuite ni ecclésiastique. On y trouve des laïcs. L'Ecole juge la
proposition du Père Lévesque prématurée, dangereuse. Le Père

---

107.   Georges-Henri Lévesque, voir la note 104 du troisième volume.

provincial des Dominicains, le Père Gaudrault [108], se porte à la défense de son confrère. Et il le fait dans un mémoire adressé aux évêques où il prend vivement à partie quelques-unes de nos sociétés nationales et s'attaque surtout à la Compagnie de Jésus. Mgr Anastase Forget [109], évêque de Saint-Jean-sur-Richelieu, que je rencontre au presbytère de Saint-Germain d'Outremont, et qui vient de lire le mémoire, m'en parle avec une infinie tristesse. Pour l'heure, le document reste dans le secret. Quel mauvais génie inspira au provincial dominicain la publication en brochure de son mémoire ? L'Archevêque de Montréal, favorable à la thèse du Père Lévesque, autorise le Père Gaudrault à jeter son réquisitoire dans le public et lui accorde l'*imprimatur*. Tout ce qu'il fallait pour allumer, dans son diocèse, une fâcheuse querelle de moines. Les collègues de l'Archevêque et surtout les laïcs prennent très mal la chose. Combien de nos amis me disent alors: « Vous autres, les clercs, vous ne pourriez pas laver votre linge sale en famille ? Qu'avons-nous besoin de ces petits scandales ? » A Rome, que pouvait-on penser de ce faux pas de l'Archevêque de Montréal ? Dans une lettre au Père Lévesque (17 août 1946), le cardinal Villeneuve juge très sévèrement l'acte du Père Gaudrault: « Qu'il ait adressé aux évêques son mémoire, passe. Chacun l'eût jugé. Mais qu'il l'ait imprimé, qu'il ait procédé à porter devant l'opinion publique ses ressentiments personnels et une mesquine rivalité de moines, ça été là, au jugement des esprits les plus pondérés, un manque de tact et une impertinence peu ordinaires. La lettre de Son Excellence Monseigneur l'Evêque de Saint-Hyacinthe [110], à ce sujet, si sévère qu'elle soit, est parfaitement justifiable et exprime le sentiment à peu près général de l'Episcopat. »

Encore à propos de confessionnalité dans les œuvres, voici un incident que je tiens de Mgr Perrier. On y aperçoit jusqu'à quel

---

108. Élie Gaudrault [Père Pie] (1889-1953), o.p. ; professeur de philosophie (1920-1921, 1922-1925) ; professeur de théologie dogmatique (1925-1934) ; prieur à Ottawa (1934-1939) ; provincial (1939-1947) ; vicaire général au Portugal (1948-1953).

109. Paul-Ernest-Anastase Forget (1886-1955), ptre ; professeur, préfet des études, vice-supérieur et supérieur à L'Assomption (1910-1912, 1921-1933) ; vicaire général et directeur de l'Action catholique à Montréal (1933) ; évêque de Saint-Jean (1934-1955).

110. Arthur Douville, voir la note 17 de ce volume.

point l'Archevêque veut aller vite et fait peu de cas de l'opinion de ses collègues. Les infirmières des hôpitaux de Québec s'organisaient en association professionnelle. Les évêques, sauf *un*, et la plupart des infirmières catholiques, opinent pour deux associations, l'une catholique, l'autre protestante, quitte à constituer, pour leurs intérêts communs, un comité fédératif. L'Archevêque de Montréal en tient pour une seule association, sans caractère religieux. Le projet de loi est déposé en ce sens devant la législature de Québec. Un soir, vers onze heures, Mgr Perrier reçoit un appel téléphonique de l'Evêque de Saint-Hyacinthe:

— Je viens d'avoir une entrevue avec le premier ministre; il est prêt à faire passer la loi que nous désirons, « mais, opine-t-il, que les évêques se mettent d'accord. Je ne puis proposer un projet d'association professionnelle à double section quand l'Archevêque de Montréal où réside le groupe le plus considérable d'infirmières s'oppose à ce type d'association. » Ne pourriez-vous, suppliait l'Evêque de Saint-Hyacinthe, tenter une dernière et suprême démarche auprès de votre Archevêque ?

— Impossible, répond Mgr Perrier; il suffit que je tente la démarche pour qu'il fasse exactement le contraire.

— Ne pourriez-vous envoyer auprès de lui quelqu'un d'autre ?

« J'allai voir Mgr Albert Valois, me raconte toujours Mgr Perrier. Mgr Valois se récuse obstinément. « Je sais, dit-il, la réponse qui m'attend. » Je passe chez Mgr Laurent Morin. Il accepte, à contrecœur. Mais dans la porte entrouverte, à peine a-t-il dit le motif qui l'amène que, de sa voix la plus cassante, l'Archevêque lui crie: « Non, la loi passera telle quelle. » — »

Il me faut insister sur le caractère aventureux de cet esprit. De temps à autre, j'invitai Mgr Perrier à veiller ou même à souper chez moi. Occasion de lui faire rencontrer de ses anciens amis. Et le grand vicaire avait tant besoin de réconfort. A l'Archevêché, sans tâche définie, au sein d'une administration qui allait cahin-caha, peu consulté ou consulté pour la forme sans être jamais écouté, Mgr Perrier, je le savais, faisait du sang noir. Il se peut que je l'aie empêché de démissionner du grand vicariat. Un soir qu'il me parut plus abattu que de coutume, je lui tins à peu près ce propos: — Mais non, non, cher Monseigneur, le clergé qui ne sait où aller et qui cherche des conseils, va vers vous; les laïcs de même. Tous vous estiment et vous aiment beaucoup. Vous faites grand bien, *on me le dit* et je le sais. En raison même des circonstances, vous êtes encore plus nécessaire à votre poste... D'ailleurs, si vous partiez, en quoi votre démission arrangerait-elle les choses ? Dans le gros public où l'on ignore ce qui se passe, on vous donnerait tort. Vous donneriez raison à ceux-là qui vous ont toujours tenu à l'écart: « Rien d'étonnant, dira-t-on, qu'on n'ait pas tiré parti de cet homme; c'est un malcommode qui ne peut collaborer avec personne. » — C'est un de ces soirs, dis-je, où nous étions seuls, que Mgr Perrier s'arrêta net et, la mine attristée, consternée, me débita lentement, presque à voix basse, ces petites phrases: « J'ai déjà vu des hommes la tête pleine d'idées *croches*; je n'avais pas encore vu toutes les idées *croches* dans la tête du même homme. » Parole que je pris alors pour une boutade, pour l'explosion d'un homme exaspéré de chagrins et de déceptions. Plus tard, le drame fini, ces paroles me revinrent en mémoire; je ne les trouvai plus si exorbitantes.

■　■　■

Esprit aventureux, j'eus l'occasion, maintes fois, de m'en rendre compte. Un jour, c'est pendant une de ses retraites sacerdotales, dans une conférence à son clergé. Je ne sais trop comment ni pourquoi, sans la moindre opportunité, il entreprend tout à coup de nous présenter une apologie de la CCF, parti socialiste de l'Ouest canadien. Intention visible: nous rendre le parti sympathique. « Ce sont des socialistes, nous dit-il, non des doctrinaires à la mode française. Ils ne partent point de principes pour les enclore de force dans les faits. Ils partent des faits et, malgré eux, ils remontent vers des principes qui s'apparentent étrangement à ceux des grandes encycliques pontificales sur les problèmes sociaux. » Je résume la thèse de l'Archevêque. Ses propos, assez inattendus, ne laissent point de causer un certain émoi. Que venait faire, en une retraite pastorale, cette apologie de la CCF ? On se le demanda. A la sortie, des curés m'entourent, ne cachent point leur étonnement. L'un d'eux me dit: « Nos évêques étaient autrefois d'invétérés conservateurs; beaucoup, depuis lors, ont glissé vers le libéralisme politique; seraient-ils en train de se

convertir à la CCF ? » Le même jour, après le dîner au Grand
Séminaire et pendant la récréation du midi, encore naïf, je crois
de mon devoir d'aller faire part de mes sentiments à l'Archevêque.
Je m'autorise de la confiance qu'il m'a jusqu'alors manifestée. « Je
ne vous cacherai point, lui dis-je, l'émoi soulevé par votre causerie
de la matinée. » L'Archevêque fronce déjà les sourcils. « Bien, me
dit-il, je suis inquiet pour nos ouvriers; entre les mains de qui
vont-ils tomber ? » A ce moment, je n'y tiens plus et je lui déclare
avec peut-être trop de franchise le motif qui m'a surtout amené
chez lui: « Précisément, Excellence, voilà qui scandalise nos
meilleurs économistes et sociologues, tels qu'Edouard Montpetit,
Esdras Minville, François-Albert Angers et autres; ils n'arrivent
pas à comprendre que les catholiques canadiens se tiennent constamment à la remorque des doctrines étrangères les moins recom-
mandables et les plus aventureuses, comme si l'Eglise ne possédait
point sa doctrine sociale, capable de guérir tous nos maux. »
L'Archevêque me regarde de son air le plus glacial. Je n'ai plus
qu'à m'excuser et à prendre congé. Je risque pourtant une dernière
observation: « Excellence, j'ai peut-être commis un excès de confiance; mais si des propos de cette nature vous ennuient, ne vous
donnez pas la peine de me le faire savoir; il vous suffira de me le
faire sentir, et je n'y reviendrai plus. » L'Archevêque ne dit mot;
j'enfile la porte, me félicitant médiocrement de mon incurable
naïveté.

Un autre jour, c'est en 1943, j'entends une apologie plus
stupéfiante. Mon camarade de collège, l'abbé Sylvio Cloutier,
ancien directeur de conscience de Mgr Joseph Charbonneau à
Sainte-Thérèse, ai-je dit, nous réunit depuis quelques années, une
dizaine d'amis, à son presbytère de Saint-Henri de Montréal. Il y
a dîner et joyeuse causerie. On y fête l'anniversaire de naissance
du curé. Tout à coup, au milieu du repas, l'Archevêque, fort en
verve, se lance dans une apologie du communisme. Est-il sérieux ?
Veut-il blaguer ? Je me le demande. Mais, oui, il est sérieux, très
sérieux. Et le voilà lancé dans de larges développements empruntés
sans doute à quelque propagande insidieuse. A l'entendre, le communisme a largement évolué; il a rejeté le marxisme sanglant,
sectaire, radical de Lénine et des grands maîtres de la révolution
russe (à noter que nous sommes au temps de Staline). De gré
ou de force, il s'est orienté vers un régime plus humain, plus adapté

au monde moderne; en définitive il s'est mué en un capitalisme réformé, mitigé, nullement à craindre. Le mois précédent, j'avais lu un numéro spécial de *L'Action nationale* entièrement consacré au communisme. Certaine évolution du régime, dans le domaine économique, ne paraissait pas niable. Un venin y demeurait toujours: venin du marxisme, de l'athéisme militant, sans compter la propagande révolutionnaire à travers le monde et l'affreux mépris toujours persistant de la personne humaine, relent hérité du vieux paganisme. Ce numéro spécial contient même, de Me Maximilien Caron [111], un parallèle entre le marxisme russe et la CCF où s'affirme une parenté dangereuse. A table, je suis le deuxième voisin de l'Archevêque. J'ose interrompre sa tirade grandiloquente et lui pose la question:

— Vous avez sans doute lu, Excellence, le récent numéro de *L'Action nationale* sur le communisme ?

Un peu gêné, il me répond avec aplomb quand même:

— Oui.

L'avait-il vraiment lu ? Et s'il l'avait lu, aurait-il parlé comme il osait le faire ?

Un autre jour, ce doit être beaucoup plus tard, je reçois un coup de fil de Mgr Myrand, de passage à Montréal:

— Viens me voir au plus tôt, avant mon départ pour Québec; je suis à l'Hôtel Windsor, chambre no x.

— Mais je garde la chambre, cher Monseigneur; je garde la chambre; je suis grippé.

— Emmitoufle-toi de ton mieux; prends un taxi. Et viens. J'ai une communication pressante à te faire.

Et Mgr Myrand de me raconter une conversation toute récente de l'Archevêque de Montréal avec un très haut personnage laïque dont Monseigneur se refuse à me révéler le nom. En substance l'Archevêque se serait plaint du manque d'autorité et de

---

111. Maximilien Caron (1901-1967), avocat ; associé de Me Maxime Raymond et Me Paul Langlois (1934-1944) ; professeur de droit commercial à l'École des Hautes Études commerciales (1930-1948) ; professeur (1931-1961) ; directeur des études à l'Université de Montréal (1950) ; doyen de la Faculté de droit (1961-1967).

prestige de ses diocésains de langue française à Montréal, dans le monde des affaires et de la finance. Et ce manque de prestige, il l'attribue — ce qui est assez vieillot — à l'ignorance de l'anglais de ses compatriotes. « Leur grande misère est de n'être point des bilingues. » Donc ferme résolution de l'Archevêque, dans la mesure où il le pourra: introduction du bilinguisme dans tout l'enseignement en son diocèse, bilinguisme intégral, total. Ses écoles, collèges, ses couvents deviendront bilingues. L'Université de Montréal aussi. Avec l'assentiment de Mgr McShane [112], curé de Saint-Patrice et l'un des chefs du groupe irlandais, Loyola disparaîtra; l'Université de Montréal accueillera les étudiants de Loyola; mais il lui faudra se réformer, s'aménager à cet effet, donner des cours bilingues et se donner, en toutes les facultés, des professeurs bilingues... Faut-il souligner ce qu'auraient pu être, dans le monde québecois, les répercussions d'une aussi grave orientation de notre système d'enseignement ? « Voilà, de me dire Mgr Myrand, les derniers plans de votre Archevêque. Et il paraît bien résolu à y donner suite. »

Qu'y avait-il de fondé en cet autre projet de Mgr Charbonneau ? N'était-ce chez lui qu'une ébullition passagère ? Il paraît certain que, dans le cerveau du pauvre Archevêque, les idées, à cette époque, naissent, s'opposent, se culbutent dans un désordre absolu, au rythme de ses impulsions. En son esprit, les déclarations les plus nationalistes voisinent le plus familièrement du monde avec les pires contradictions. Au 75e anniversaire de la Maison Dupuis Frères, je l'entends prononcer sur le nationalisme économique, le discours le plus enflammé que j'aie jamais ouï. On se rappellera son discours lors de mon investiture au canonicat. Cependant cet Archevêque aux discours volontiers nationalistes est aussi le premier Archevêque de Montréal qui s'est donné un auxiliaire de langue anglaise et qui, en plus, fait bon marché de l'autonomie québécoise. Esdras Minville, François-Albert Angers, inquiets des empiétements du gouvernement fédéral dans le domaine social, s'en vont un jour le consulter, à propos des pensions de vieillesse et des allocations familiales offertes par le gouverne-

---

112. Gerald Joseph McShane (1872-1955), ptre ; vicaire à Saint-Patrick (1900-1903) ; à Notre-Dame de Montréal (1903-1907) ; curé de Saint-Patrick (1907-1955).

ment d'Ottawa. N'y aurait-il pas lieu de s'y opposer ? La réponse de l'Archevêque se fait on ne peut plus catégorique, me rapportent mes deux amis: « Il y a des misères à soulager; peu m'importe d'où l'argent viendra. » Il ne lui vient pas à l'esprit qu'on puisse obtenir le même argent par des voies plus constitutionnelles.

Ainsi vogue l'esprit de l'Archevêque, déconcertant parfois ses meilleurs amis. Où ces divagations vont-elles le conduire ? On sera peut-être surpris que deux hommes au moins, et longtemps auparavant, ont prévu le terrible dénouement. Dès la nomination de Mgr Charbonneau à Hearst, — je tiens le propos du Père Lévi Côté, o.m.i., — M. l'abbé Raymond [113], curé de Bourget, et l'un des chefs de la résistance ontarienne au Règlement XVII, se serait écrié au su de la nouvelle: « C'est un malheur ! Un suprême malheur ! Cet homme-là finira dans un drame ! » Un soir que je cause en son presbytère avec Mgr Myrand et que je lui fais part de ce qui tout de même se passe de bon à Montréal, Mgr Myrand me laisse parler, puis, tout à coup, ses petits yeux gris à demi fermés, me dit lentement: « Attends, attends ! Un jour le « grand jeune homme » — c'était le nom favori qu'il donnait à Mgr Charbonneau — prendra une tangente et rien ni personne ne l'arrêteront. Et Dieu sait comment tout cela finira ! »

■   ■   ■

Nous voici à la fin de cette analyse. Une dernière question reste à résoudre: qui, en définitive, aurait asséné le coup suprême à l'Archevêque de Montréal ? Nul autre que lui-même, aurais-je envie de répondre tout de suite. L'homme a été victime, victime fatale de son tempérament, de son esprit mal équilibré, d'une tâche disproportionnée à ses moyens. Tâche qui l'a écrasé de plus en plus. Tempérament, déséquilibre psychologique qui ne pouvaient que s'aggraver avec le temps. Mais qui donc a mis en branle les autorités, les influences qui devaient provoquer un dénouement aussi grave que celui de la déposition d'un Archevêque de Montréal ? Des journalistes plus en mal de sensation que

---

113. Léon-Calixte Raymond (1871-1944), ptre ; chanoine ; vicaire (1897-1901) ; curé de Luskville, de The Brook (1901-1934) ; de Saint-Joseph de Hull (1934-1944).

de vérité ont mis de l'avant plusieurs noms. L'on a parlé, dans le temps, d'un coup droit porté par le premier ministre de l'Etat du Québec: Maurice Duplessis. Les deux hommes, c'est connu, ne s'aimaient guère. Duplessis, paraît-il, aurait laissé circuler volontiers le racontar. Pure vantardise. L'Archevêque et le premier ministre se sont particulièrement heurtés, lors de la grève de l'amiante en 1949. L'« amiantose », dénoncée par Burton Le Doux, un Franco-Américain passionné pour nos luttes sociales, faisait suite à une dénonciation récente de la « silicose », autre mal d'un autre petit coin de la province. Les dénonciations de Le Doux ont ému l'opinion publique. Les esprits sont devenus surchauffés. Moi-même, dans *Le Devoir* (20 avril 1949), je réclame une collecte nationale pour venir en aide aux grévistes des mines d'amiante et même une campagne de prières pour vaincre l'obstination des responsables. « Ces grévistes, disais-je dans mon appel au public, on ne l'a peut-être pas assez souligné, ne sont pas des grévistes comme les autres. Ils ne se battent pas seulement pour le salaire et pour le manger. Ils se battent proprement pour la défense de leur vie et de celles de leurs filles et garçons ouvriers contre une industrie meurtrière. Ils se battent contre des compagnies qui jamais, autant que l'on sache, ne se sont engagées nettement, loyalement, à la correction du mal abominable qu'elles propagent depuis longtemps... » L'Archevêque s'est jeté corps et âme dans la bataille en faveur des grévistes. Il y eut de la casse. On imagine les réactions du premier ministre, antisyndicaliste et robin encroûté dans la légalité. Deux de ses ministres prennent à l'époque le chemin de Rome. Quelle mission leur a-t-on confiée ? Ont-ils été écoutés là-bas ? C'est plus que douteux. Aux funérailles de Mgr Charbonneau, dans la cathédrale de Montréal, chacun a pu noter, dans l'oraison funèbre de Mgr Baggio [114], la déclaration intentionnelle et très nette du Délégué apostolique: « Ce n'est pas pour ses idées sociales que Mgr Charbonneau a dû quitter Montréal. » Non, M. Duplessis n'était pas de taille à faire tomber une tête d'archevêque.

---

114. Sebastino Baggio (1913-   ), ptre ; attaché au secrétariat du Vatican, à titre de substitut de la Sacrée Congrégation consistoriale (1935-1953) ; nonce apostolique au Chili (1953-1959) ; délégué apostolique au Canada (1959-1964).

M. Duplessis écarté, le grand responsable, serait-ce l'archevêque de Rimouski, Mgr Georges Courchesne ? On l'a dit, on l'a colporté en tous lieux. Un religieux qui se disait bien renseigné m'a même décrit, un jour, par le menu, le mémoire que Mgr Courchesne serait allé porter à Pie XII: mémoire de 92 pages, pas une de moins, mémoire relié, je ne sais plus en quel cuir, etc., etc. Que penser de ces autres racontars ? J'ai peut-être connu mieux que personne Mgr Courchesne. Je l'ai écrit plus haut. Souvent l'abbé Courchesne, puis l'évêque m'ont rendu visite à mes divers domiciles, à Montréal et à Outremont. Il sera de ces rares évêques dont l'épiscopat n'altère point les vieilles amitiés. Nous continuons de nous voir et de nous parler, aussi familièrement qu'au temps de notre jeunesse. Il accepte même des conseils; il en sollicite. Je lui rendis de fréquentes visites à Rimouski. Que Mgr Courchesne, le premier, et six ans au moins avant l'événement, ait songé à une déposition de l'Archevêque de Montréal, le fait est certain. Un jour, chez lui, à Rimouski, il me confie: « Tu sais, entre nous, ton Archevêque nous cause un profond désenchantement. » Plus tard, il ajoutera: « Il n'y aura qu'un moyen peut-être d'empêcher ton Archevêque de nous faire tout le mal qu'il est en train de nous faire, et ce sera d'obtenir de Rome sa déposition. »

Habitué aux boutades de mon ami, je me récrie:

— Croyez-vous que ce soit chose si facile que d'obtenir de Rome la déposition d'un Archevêque de Montréal, chef tout de même de l'un des grands diocèses du monde ?

— Mais si. Les évêques n'auraient qu'à prier Rome d'envoyer un Visiteur apostolique. Le Visiteur fera enquête. Et il trouvera lieu, j'en suis persuadé, de réclamer une déposition.

Un Visiteur apostolique est venu. Mgr Emile Chartier qui fut l'un des interrogés, me l'a assuré. Le Visiteur n'eut rien du personnage voyant. Pour ces sortes de tâches, Rome a coutume de choisir des hommes compétents, mais qui s'en acquittent sans pompe et sans bruit. Le Visiteur est venu. Et voilà déjà qui dispose de l'obligation où en serait venu Mgr Courchesne, de présenter un rapport à Pie XII. D'ailleurs, lors de son départ pour son dernier voyage à Rome, Mgr de Rimouski vient dîner et passe la soirée chez moi. Nous sommes seuls; nous pouvons causer très intimement. Le nom de Mgr Charbonneau n'entre point dans notre conversation. Je me souviens tout au plus de cette question de mon ami:

— Penses-tu, toi, que cela en vaudrait la peine que le petit évêque de Rimouski cherchât quelques entrevues, à propos de nos affaires, avec les grands personnages de la Curie romaine ?

Sur quoi je lui réponds:

— Si nos évêques ne s'occupent pas de nos affaires, je me demande qui va s'en occuper.

Mgr Courchesne prenait le train le soir même pour New York d'où il s'embarquait pour l'Europe. J'allai le reconduire à la gare. Pas un seul moment le nom de Mgr Charbonneau ne fut prononcé. Or, j'y reviens, nous étions de grands intimes. Si Mgr Courchesne se fût embarqué pour Rome avec le dessein très net d'obtenir la tête de l'Archevêque de Montréal, j'ai le droit de le présumer: il ne me l'eût point caché, m'ayant d'ailleurs mis au courant de ses projets plusieurs années auparavant. D'une lettre qu'il m'écrivait, la dernière avant sa mort, le 12 février 1950, je puis extraire ces lignes qui renseignent quelque peu sur le grave et récent événement:

> J'ai été surpris qu'on procédât si rapidement. Il semble qu'une enquête discrète se fasse de là-bas [Il veut dire de Rome] et que des documents se rendent par avion de semaine en semaine. C'est l'année sainte. Il se fait trop de prières pour que cela n'aboutisse pas. On semble savoir que si des mesures énergiques ne se prennent, nous courrions à un naufrage total dans l'insignifiance par la vertu des chefs. Je n'ai guère connu d'époque aussi triste et de séances aussi funèbres. Il faudra reparler de cela... Je dois dire que j'ai eu un grand bonheur à causer avec les cardinaux et officiers de la Curie romaine. Grand souci de doctrine catholique. Découverte assez récente de l'existence de la majorité catholique de notre pays. Désir de l'aider à ne pas se laisser poisser dans les marais de la neutralité dont s'accommode la minorité catholique irlandaise, etc.

Voici d'ailleurs un autre témoignage et décisif sur le rôle présumé de Mgr Courchesne en la triste affaire. Je m'étais rendu à Rome pour la proclamation du dogme de l'Assomption et pour la béatification de la bienheureuse Marguerite Bourgeoys. Voyage éclair de moins d'un mois à titre de président du Comité des fondateurs de l'Eglise canadienne. La veille de mon départ de Rome, l'on nous apprend la grave maladie de l'Archevêque de Rimouski. Son coadjuteur, Mgr Parent [115], se hâte de rentrer au Canada. Le lendemain matin, à la Fraternité sacerdotale, rue Babylone, à Paris, où je loge avec quelques pèlerins, évêques et prêtres, l'on nous annonce la mort de Mgr Courchesne. Dans la matinée, mon voisin de chambre, Mgr Douville, évêque de Saint-Hyacinthe, passe chez moi. Il sait mon amitié pour le disparu. Il veut causer de lui. Au cours de la conversation, je pose à Mgr Douville cette question précise:

— Etes-vous d'avis, Excellence, que Mgr Courchesne serait l'homme, ainsi qu'on le colporte partout, qui aurait porté ce que l'on appelle le « grand coup » à Mgr Charbonneau ? Moi, j'ai des raisons très particulières de savoir qu'il n'en fut pas ainsi.

— Non, me répond catégoriquement Mgr Douville, ce n'est pas Mgr Courchesne. Moi-même j'ai posé au Délégué apostolique, Mgr Antoniutti, une question quelque peu analogue: « Ne croyez-vous point, Excellence, que le clergé et le peuple de la province de Québec auraient quelque raison de nous soupçonner, nous les évêques, d'être au fond les responsables de la déposition de l'Archevêque de Montréal, étant donné que nous sommes tous passés à Rome dans l'année précédente, pour notre voyage *ad limina* ? » Et le Délégué m'a répondu: « Tenez-vous bien en paix, Excellence; lorsque Mgr Charbonneau a quitté Montréal, il y avait quatre ans qu'à Rome son sort était scellé. »

Quatre ans ! On pense alors au passage du Visiteur apostolique; on pense aussi à la corroboration que ne put manquer de fournir le Délégué apostolique au rapport du Visiteur. Et peut-être faudrait-il parler d'une autre et très influente corroboration. Je tiens le fait d'un évêque, Mgr J.-Alfred Langlois, de Valleyfield. Sur son lit de malade, m'a-t-il confié un jour, le cardinal Rodrigue

---

115. Charles-Eugène Parent (1902-   ), ptre ; vicaire ; assistant-secrétaire à l'évêché de Rimouski (1925-1928) ; professeur au Séminaire de Rimouski et aumônier à l'Hôpital Saint-Joseph (1931-1941) ; curé de la cathédrale de Rimouski (1941-1944) ; évêque de Rimouski (1944-1951) ; archevêque métropolitain (1951-1967) ; retiré.

Villeneuve se mit en frais de rédiger un mémoire personnel à Pie XII. « Mémoire extrêmement grave, une revue complète de notre situation religieuse, me dit Mgr Langlois, quelque chose comme le testament spirituel du Cardinal au Saint-Père. »

— Serait-il possible, demandais-je tout de suite, d'obtenir une copie de ce mémoire ?

— Non, me répond mon ami, c'est un mémoire absolument secret; nous ne sommes que quelques évêques qui en aient pris connaissance...

En tout cela, je ne procède, on le voit, que par divers recoupements. Mais, dans le temps, on ne m'a pas laissé ignorer jusqu'à quel point le Cardinal s'inquiétait des allures de l'Archevêque de Montréal. Un jour même, il dit à Mgr Courchesne: « Où s'en va-t-il, celui-là ? » L'Archevêque et le Cardinal ne vivent pas d'ailleurs dans les meilleurs termes. L'Archevêque ne pardonne pas à Son Eminence ses fougueuses interventions dans la guerre. Il ne lui pardonne pas surtout d'être venu frapper, par-dessus sa tête, deux de ses diocésains, Léopold Richer, correspondant parlementaire du *Devoir* à Ottawa et Henri Bourassa. J'ai l'occasion de m'en rendre compte lors d'une des mes visites à l'Archevêché de Montréal. Je partais pour une série de cours d'histoire à Saint-Boniface (Manitoba). Je possédais de Mgr Bruchési et de Mgr Georges Gauthier une permission générale d'aller parler où bon me plairait. Je crus opportun, néanmoins, en toute courtoisie, de mettre mon nouvel Ordinaire, au courant de mon voyage dans l'Ouest. Il en profita pour me servir une sortie violente contre le Cardinal. Sans doute, me croyait-il toujours en intimité parfaite avec Son Eminence; et il n'eût pas été fâché que ses propos prissent le chemin de Québec. Je le vois encore debout devant moi, le poing fermé, la figure convulsée, me dénonçant l'enfantillage du Cardinal se laissant photographier, le sourire aux lèvres, au volant d'un char d'assaut. Et revenant au cas de Bourassa et de la censure que lui avait administrée le Cardinal: « M. le Chanoine, ce n'est pas la manière; on ne frappe pas un homme de cette espèce sans l'entendre. L'autre jour, j'appris que l'un des fils de M. Bourassa allait recevoir l'ordination sacerdotale au Scolasticat de l'Immaculée-Conception; je me suis rendu au Scolasticat avec l'espoir de rencontrer le père de l'ordinand. Malheureusement, retenu chez lui par la maladie, M. Bourassa ne s'y trouvait point. Mais l'eussé-je rencontré que je lui aurais dit dans le creux de l'oreille: « M. Bourassa, vous n'avez rien perdu de la confiance de votre Archevêque. » — »

Le mémoire du Cardinal à Pie XII aurait-il accentué, ponctué le témoignage du Visiteur apostolique et de Mgr Antoniutti ? Au lendemain de ma conversation avec Mgr Douville, rentrant au Canada, je me trouvai aux côtés de Mgr Langlois dans l'avion. Je lui fis part du mot du Délégué apostolique: « En 1950, il y avait quatre ans que le sort de Mgr Charbonneau était scellé à Rome », et j'observai: « Quatre ans, cela nous reporte à la date de ce fameux mémoire du cardinal Villeneuve rédigé à New York, dont vous m'avez donné connaissance. Ce mémoire était de 1946. Entre lui et l'événement de janvier 1950, y aurait-il quelque rapport ? » Mgr Langlois ne dit mot.

■ ■ ■

Nous touchons à la fin de ce drame. Rome, on l'ignore trop, est déjà fort alerté. Je tiens encore d'une confidence de Mgr Perrier qu'en 1945 ou 1946, l'année qui précéda la mort du grand vicaire, l'Archevêque a déjà reçu deux *monitum* de Rome. Il avait accueilli ces *monitum* sur le ton de la plaisanterie. A propos de quoi ces *monitum ?* Mgr Perrier ne me le dit ni ne pouvait me le dire, en qualité de grand vicaire. Mais il me fit cette réflexion: « Il apprendra peut-être, à l'expérience, qu'on ne se moque pas impunément des *monitum* de la Curie romaine. » L'Archevêque était-il capable d'un absolu dédoublement psychologique ? Mgr Albert Tessier qui le rencontre à Rome, à son dernier voyage, après son entrevue avec Pie XII, le trouve tout en joie, en véritable exultation. Il semble que ses épaules se soient déchargées du poids d'un monde. Cependant, à son retour au Canada, il rend visite à son ami, le ministre Henri Groulx, qui vient de subir, à l'Hôtel-Dieu de Montréal, une grave opération. Je passe à la chambre du ministre, cinq minutes à peine après l'Archevêque. M. et Mme

Groulx me disent: « L'Archevêque sort d'ici; il est d'une nervosité incroyable. Il nous a fait cette confidence: « Vous ne sauriez croire combien j'ai dû subir, de la part du Saint-Père, des interrogatoires fatigants. » — »

Le 2 janvier 1950, l'Archevêque de Montréal est mandé à la Délégation apostolique à Ottawa. Mgr Antoniutti le met au courant de la sentence de Rome: déposition de son siège d'archevêque et ordre de quitter Montréal dès les derniers jours de janvier.

— Je prends tout de suite l'avion et je pars pour Rome, de répondre le malheureux condamné.

— Inutile, lui réplique le Délégué. Vous connaissez trop votre droit canonique pour ignorer qu'il s'agit là d'une sentence sans appel. D'ailleurs vous ne serez point reçu à Rome. Partez plutôt en vacances; vous avez le droit de vous dire fatigué. Allez vous reposer. Prolongez votre repos; puis donnez votre démission. Et tout passera inaperçu.

L'Archevêque refuse carrément cette solution. On m'a raconté dans le temps — le fait est-il authentique ? — qu'il aurait députe son auxiliaire, Mgr Whelan [116], à New York, auprès du cardinal Spellman [117], puis à Toronto auprès du cardinal McGuigan [118]. Les deux cardinaux se seraient formellement récusés, affirmant l'un et l'autre: « Il n'y a rien à faire. » L'Archevêque rentre à Montréal, fermé, replié hermétiquement sur lui-même, selon son habitude. Personne de son entourage n'a le moindre soupçon du drame affreux qui le torture. Le premier à recevoir sa confidence sera un laïc, le maire de Montréal, Camillien Houde. Le 9 janvier, l'Archevêque sollicite je ne sais quelle faveur de M. le Maire, lui disant: « Vous ne me la refuserez pas, parce que c'est la dernière

---

116. Lawrence Patrick Whelan, voir la note 80 de ce volume.
117. Francis Joseph Spellman (1889-1967), ptre américain ; archevêque de New York (1939-1967) ; cardinal (1956) ; vicaire général des forces armées américaines (1957).
118. James Charles McGuigan (1894-1974), ptre ; professeur (1918-1919) ; secrétaire de Mgr O'Leary (1919-1923) ; chancelier de l'archevêché d'Edmonton (1923-1925) ; vicaire général (1923-1930) ; curé de la cathédrale d'Edmonton (1927-1930) ; archevêque de Regina (1930-1934) ; de Toronto (1934-1971) ; comte romain (1943) ; cardinal (1946).

faveur que je vous demande en ma qualité d'Archevêque de Montréal. » M. le Maire se récrie. « Eh bien, oui, répond le solliciteur,
on veut avoir ma tête et je crois qu'on l'aura. » Ce n'est qu'à la
mi-janvier, à la suite d'une réunion d'évêques de l'archidiocèse chez
lui, qu'il mande à son cabinet de travail trois évêques thérésiens:
Nosseigneurs Chaumont, Papineau et Langlois [119], et les met au
courant de ce qui lui arrive. « Vous a-t-il dit pour quelles causes
il se sent frappé ? » ai-je demandé à Mgr Langlois. « Non, pas un
mot. »

Le soir du 30 janvier, je donne, ai-je rappelé plus haut, à
l'Ermitage de Saint-Sulpice, la conférence inaugurale de trois
Journées d'études sacerdotales. Au premier banc de l'auditoire,
ni l'Archevêque, ni aucun de ses auxiliaires. On sent dans l'air
quelque chose d'insolite. A cette heure-là même un avion filait
vers l'Ouest, emportant navré, prostré dans son malheur, l'Archevêque déposé par Rome. Souvent, l'image de cet avion survolant
les Prairies et les Rocheuses me reviendra, étoile filante qui pouvait
être le symbole d'une carrière si tôt foudroyée. Les premières
impressions de l'infortuné ne se défendront point de quelque amertume. Rendu à Victoria, il écrit à l'un de ses amis, Mgr Paul-Emile
Coursol [120], qui nous lit la lettre à Mgr Caza et à moi-même,
quelque chose comme ceci: « En survolant les Rocheuses, je ne
vous cacherai point que j'ai eu peine à reconnaître le visage de
notre Mère l'Eglise, dans le coup qui m'a frappé. » Le ton de la
lettre nous alarma quelque peu. « Il faudra beaucoup prier pour
lui », dit quelqu'un de nous. On sait comme l'exilé eut tôt fait
de se ressaisir. Volontairement il se dépouilla de tous ses insignes
d'archevêque. Il donna jusqu'à la fin de sa vie un exemple de
soumission d'une magnifique grandeur.

■ ■ ■

---

119. Conrad Chaumont, voir la note 102 du quatrième volume. —
Joseph-Arthur Papineau, voir la note 23 du premier volume. — J.-Alfred
Langlois, voir la note 22 du premier volume.
120. Paul-Émile Coursol (1882-1956), ptre ; professeur au Séminaire
de Sainte-Thérèse (1907-1926) ; aumônier (1926-1936) ; curé de Saint-Victor
(1936-1942) ; curé de Saint-Jean-Baptiste (1942-1949).

On voudra m'en croire, je n'ai pas raconté cet épisode de l'histoire de l'Eglise canadienne, pour le malin plaisir de sauver de l'oubli quelques potins ou ragots. Je l'ai fait dans la persuasion d'être le seul peut-être à posséder, sur un fait de quelque importance, des témoignages authentiques. Que de fois m'a-t-on dit: « Vous écrirez, sans doute, ces souvenirs ? Ils feraient s'évanouir tant de sottises. » L'on a tant bavardé, en effet, échafaudé tant d'hypothèses sur cette déposition d'un archevêque de Montréal. L'on s'en est pris avec tant d'irrespect à Rome même dont la sévérité excessive aurait dépassé toutes les bornes. Un politicien que je ne veux point nommer n'a-t-il pas osé propager un doute sur les mœurs de l'Archevêque ? Certes, je n'ai nulle prétention de dire le dernier mot sur ce douloureux événement. Il faudra attendre l'ouverture des Archives de la Délégation apostolique à Ottawa et des Archives du Vatican. En ce que je viens d'écrire, on ne trouvera, il me semble, rien d'infamant contre mon ancien Archevêque, tout au plus un peu de lumière, un commencement d'explication, sur la catastrophe qui l'atteignait. C'était, à tout prendre, un très digne homme. Il ne manquait ni d'intelligence, ni de caractère. Il manquait dangereusement d'équilibre. A tous ceux qui m'ont demandé les véritables causes de sa déposition du siège de Montréal, j'ai toujours répondu: « Ni ceci, ni cela, mais tout un ensemble de faits, d'erreurs de conduite, de fausses manœuvres, d'idées irréfléchies, troublantes qui ont fini par émouvoir profondément ses collègues de l'épiscopat québecois, puis, après quelque temps, les autorités romaines elles-mêmes. Vais-je le redire ? Son infortune, le pauvre Archevêque la portait en soi, dans les déficiences de son être psychologique. Il aura été malheureux, il aura gâché sa vie partout où il aura passé. Sa fin n'a rien qui étonne pour qui se rappelle ses antécédents, ses déboires à Ottawa. On objecterait en vain l'excellent souvenir laissé à Hearst où il séjourna à peine un an. Il y a de ces hommes qu'on dirait marqués pour un mauvais destin. Mais à ceux qui ont manqué leur vie, il reste à la finir en beauté. Ce fut le grand mérite de l'archevêque Joseph Charbonneau. »

■ ■ ■

Je termine ici ce septième volume de mes *Mémoires*. Ils seront d'outre-tombe. Il n'y aura manqué qu'un Chateaubriand.

Je n'écris plus pour le public: *Jam advesperascit.* A 86 ans tout près, j'écrirais tout au plus: *Jam albescit !*

Un matin, un grand matin se lève pour moi.
    J'ai foi.
    J'espère.
    Dieu nous a tant aimés !

Lionel Groulx, ptre

HUITIÈME VOLUME*
1950-1967

Vers la fin

I

DERNIÈRES ŒUVRES

Pourquoi écrire, à 88 ans passés, cet autre volume de mes *Mémoires* ? Longtemps j'ai résisté à des instances qui me paraissaient injustifiées. Hélas ! l'on a mis autant de persévérance à me presser d'écrire que j'en ai mis à refuser. Enfin et après tout pourquoi écrire ?

Je me rappelle mon état d'âme, en 1949, après mon départ de l'Université. Il me parut que je sortais tout de bon de la vie publique ou active. J'étais l'homme désarmé qui n'a plus qu'à rentrer chez soi pour soigner ses blessures en attendant la fin. Ou si l'on veut d'autres images, je me crus devant un grand vide, en face d'une terre nouvelle où j'aurais à m'orienter et à me trouver une tâche. J'oubliais que vivait en moi ce que d'autres ont appelé un « animal d'action »; être naturellement expansif, jamais bridé. De multiples tâches m'avaient rivé à mon cabinet de travail. Jamais pourtant je n'ai gardé quoi que ce soit du rêveur de mes années d'adolescent. Toujours l'action m'a commandé. A toute heure de ma vie il me fallut faire quelque chose, ce quelque chose fût-il peu de chose. L'année 1949 me posait un cran d'arrêt. Mon « œuvre » étant finie — ou du moins ce que l'on appelait de ce nom œuvre — si j'écrivais des *Mémoires*, qu'aurais-je à raconter, sinon ma vie intime, c'est-à-dire à rabâcher le sujet le plus détestable du monde: parler de moi-même, de moi seul, me nourrir du plus désolant narcissisme. Je n'ai plus à dire comment on vint à moi pour me rejeter en pleine action. On voudra bien se reporter au chapitre intitulé « Mes cours d'histoire à la radio » [1]. J'avoue qu'avant d'accepter ces cent cours, j'avais songé à d'autres travaux. Je voulais reprendre, mettre au point tant de mes ouvrages d'histoire — une dizaine peut-être — restés en manuscrit ou dactylographiés et que, par scrupule, je n'avais pas publiés. D'autre part ces cent cours à la radio me tentaient. Si le temps me manquait, cela au moins resterait pour ceux-là qui garderaient quelque souvenir de ce premier professeur d'histoire canadienne en 1915. J'atteindrais ce large public que j'avais toujours espéré atteindre et à qui la moindre connaissance historique de son pays manquait effroyablement. Puis ces cent cours ne pouvaient que prendre la forme d'une synthèse. Je n'ai pas à rappeler que ces cours offerts d'abord à CBF se heurtèrent à un refus net. L'historien n'avait pas bonne réputation en ces milieux où l'on prône si haut la liberté de penser et de s'exprimer.

La Saint-Jean-Baptiste offrit les cours au poste CKAC qui les accepta sans grincher. Années de 1949 à 1951, années fébriles. A raison d'un quart d'heure par semaine, je récitai à la radio, l'œuvre la plus importante je crois bien, de ma carrière d'historien. Le pied une fois levé, je repris ma marche vers le labeur ardent. Je n'ai pas écrit que ma synthèse, j'ai parlé, j'ai combattu, oubliant ma vieillesse, ne me souvenant que du devoir de *servir*, tant qu'il fait jour. Autre et dernière décennie qu'on me presse de raconter.

Et pourquoi encore écrire ? Très jeune, petit écolier à Vaudreuil, je me suis rendu compte, ambitieusement, en écoutant hélas ! les politiciens, quelle prise peut donner sur les foules, l'art de parler. Et, dans nos petites élections de jeunes potaches, en 1891, j'avais goûté à l'éloquence du *husting*. Plus tard, au Collège et dès mes premières années, je me morfondis, par toutes sortes d'exercices, à capter l'art de l'écrivain. Cet art me paraissait maintenant supérieur à celui de la parole. La parole finit trop souvent avec le dernier applaudissement. Le livre, pour peu qu'il soit fort, de main d'ouvrier, reste. Idée, écho de l'âme, qui s'incruste dans les mots, dans les pages du livre, aussi vivante, aussi durable qu'une figure qui émerge d'un marbre, qu'une foi qui s'exalte dans l'élancement d'une cathédrale. Je sais un temps, en ma vie, où j'aimais singulièrement reprendre mes ébauches,

---

1. Voir pages 181-186 de ce volume.

mes premiers textes écrits; je me plaisais à les peigner, à leur donner du poli. Je m'y mettais d'abord par respect pour ma langue. Pour elle, me semblait-il, l'on doit toujours s'efforcer d'être respectueux, galant: ce qui pourrait vouloir dire, écrire le moins mal possible, même avec art, si l'on en est capable. En ces reprises du premier jet, je trouvais un autre plaisir et un autre profit. Chaque effort pour améliorer sa forme, son style, enrichit l'idée, lui donne plus de force, plus de clarté. Où il faut nuancer, quel gain que la nuance ! Que d'effets obtenus par le retranchement d'un seul mot, d'un seul relatif, d'un seul membre de phrase ! La concision surgit comme une poigne qui se resserre. Et voilà que la page s'éclaire comme le jour, par l'écartement d'un rideau de fenêtre.

Notre Grande Aventure — l'Empire français en Amérique du Nord (1535-1760)

Ecrire. Mais quoi écrire? Ma synthèse finie, je renonçai, tout de bon, à reprendre mes vieux manuscrits pour les mettre au point. Le travail me paraissait trop long, trop ardu, pour le vieillard que j'étais. Mais après tant d'années de compagnonnage, l'Histoire me tenait comme une impitoyable marâtre. Disons plutôt comme une vieille amie à qui l'on ne peut rien refuser. Un sujet me tentait, sujet qu'au cours de mes études, j'avais déjà effleuré. Mais il m'habitait à la façon de ces images suggestives, obsédantes, presque ensorcelantes, dont à tout prix il faut se libérer. Beaucoup de jeunes historiens n'attachent plus guère d'importance à ce que l'on appelle et doit appeler, en bonne et véridique histoire, l'Empire français d'Amérique. Ils n'y voient qu'une entreprise chimérique, rêve d'idéalistes, presque de songecreux... Rêve fou d'une poignée d'hommes qui s'imaginèrent, un jour, pouvoir enserrer dans leurs bras, les trois quarts de l'Amérique du Nord. Rêve désastreux, dit-on encore, qui aurait préparé la catastrophe de 1760. L'on aurait voulu bâtir trop grand, quand il eut fallu bâtir petit, à sa mesure. L'on aurait trop embrassé quand l'on pouvait si peu étreindre... Historiens fantaisistes qui se disent pourtant si férus d'objectivité et qui ne tiennent nul compte du milieu géographique et historique de l'époque. Ignorent-ils ou feignent-ils d'ignorer les pressions politiques, économiques, militaires, qui ont commandé, imposé cette expansion de la Nouvelle-France ? Je me le suis déjà demandé: pouvait-on faire petit ? Que, certes et très tôt, l'expansion en vînt à dépasser la mesure de l'homme; et surtout qu'elle se mît en désaccord avec la politique coloniale de la métropole, soit. Mais la grandeur de l'entreprise en est-elle diminuée pour tout cela ? Et la grandeur des hommes qui l'ont conçue, et la grandeur aussi des exécutants ?

Un champ reste, le champ immense et merveilleux où l'audace française s'est à cœur joie déployée. Et reste aussi l'époque où de pareilles entreprises pouvaient paraître presque naturelles. Non, je n'admets point l'œil froid ou moqueur, devant ces incomparables voyageurs, commerçants ou chargés de mission qui arpentaient les espaces, comme on arpente un jardin, qu'on a vu hier, sur les Grands Lacs, sur le Mississipi, qu'on verra demain, au fond du lac Supérieur, par-delà les plaines de l'Ouest, sur l'Outaouais, à Montréal, à Québec. Volontés d'acier que rien ne pouvait briser, hommes de guerre ou de mer, qui conquéraient Terre-Neuve, puis la baie d'Hudson, redescendaient vers la Louisiane. Chefs, par surcroît, sorte de petits souverains, gouverneurs des vastes provinces de l'Empire, gardiens de l'ordre, de la paix, de la civilisation et y habituant les nations indigènes. Oui, tout cela a existé, et dans l'histoire de la Nouvelle-France. Confesserai-je qu'en choisissant ce sujet, je m'accordais le contentement secret de tant de rêves ou passions nourris en ma jeunesse de collégien: l'attrait des grands desseins, du beau risque, idéalisme mâle entré de force dans la réalité ?

Ce chapitre d'histoire me tentait — oh ! combien —. Mais je voulais l'écrire en historien. Mon livre, je le bâtirais à coups de documents. Il me suffirait de faire vrai pour faire beau. On y verrait dans leurs textes, à eux d'abord, tous ceux-là qui ont deviné l'Empire, puis ceux qui l'ont bâti. En tête du défilé, j'installais Jacques Cartier, le Cartier de cet après-midi du 3 octobre 1535, grimpé au faîte du Mont-Royal, et là devant la large porte ouverte sur l'horizon, se laissant fasciner par l'immensité du pays. Après Cartier, viendrait Champlain, l'explorateur poussant assez loin au cœur du pays pour y poser là le siège de l'Empire, le préférant à l'Acadie, et même à la Floride. Puis viendraient bientôt les missionnaires de la Huronie. La Huronie, ont-ils bientôt découvert, révèle le seuil d'un autre monde. Les Grands Lacs, rien d'autre que les maîtresses charnières d'un continent toujours enfoui dans l'inconnu. Alors paraît Talon, l'intendant de génie, le seul que nous ayons eu de cette qualité. De l'espace sans bornes, il rassemble les membres épars. Il les articule depuis Terre-Neuve jusqu'aux confins de l'ouest et jusqu'aux extrêmes limites du nord et du sud à peine entrevus. Pour axe suprême, il donnera à l'Empire la ligne géante du Saint-Laurent, et pour plaque tournante, les mers intérieures repérées par Jean Nicolet, Etienne Brûlé, les Récollets, les Jésuites et leurs auxiliaires laïques. Jour mémorable que le 4 juin 1671. Et pourtant jour oublié, jour risible pour quelques-uns, où des Français qui étaient nos ancêtres et qui n'étaient qu'une poignée s'appropriaient jusqu'à ses extrêmes horizons tout le centre américain. J'imagine un voyageur solitaire qui se rendrait aujourd'hui à Sainte-Marie-du-Sault pour y reconstituer en esprit la cérémonie de ce jour de 1671. Que lui dirait ce souvenir ? Tout simplement, c'est à parier, l'amère réflexion de Parkman: « Que reste-t-il maintenant de cette souveraineté si pompeusement proclamée ? Le langage de la France sur les lèvres de quelques bateliers et vagabonds de race mêlée; cela et rien de plus. » Quel élève, je ne dis pas de petite école, mais quelle grande fille ou grand garçon de collège, et j'oserais même dire quel professeur de collège ou quel professionnel nous pourrait parler convenablement de ce geste de 1671, si même l'on en sait quelque chose ?

Un jour, je m'en souviens, une école, celle de l'Action française, entreprit de mettre à la mode ces grandes actions des ancêtres. Elle organisa des pèlerinages historiques. Une autre école est venue qui a prétendu nous apprendre l'humilité. Pour un peuple, nous a-t-on dit, point de pire mal que se nourrir de ses vieilles gloires. Narcissisme qui fait oublier les tâches présentes. Philosophie nouvelle qui prétend bien que, pour se grandir, rien ne vaut comme se rapetisser à sa taille de nain.

Je reviens à notre « Empire ». Les Grands lacs franchis, je raconterais la poussée vers l'Ouest, jusqu'au pied des Rocheuses. Puis je reviendrais à l'Est. J'y trouverais Iberville, l'insurpassable Iberville, sillonnant les bords de l'Atlantique, conquérant Terre-Neuve, remontant vers le Nord et faisant de la baie d'Hudson, le théâtre d'incroyables exploits. Avant cela, j'aurais rencontré Jolliet et Marquette, La Salle, canotant sur le Mississipi et dressant contre les empiétements de l'Anglo-Américain, le gigantesque barrage. Pour écrire ces pages, j'utiliserais généreusement mes cours inédits d'histoire du Canada, cours publics surtout, que j'avais maintenus pendant vingt-cinq ans, à raison de cinq conférences pour chaque saison universitaire. C'est-à-dire que, pendant ce quart de siècle, bon an mal an, j'avais dû écrire un volume d'histoire. Et je me proposais de glisser ici et là, à la fin des chapitres, quelques pages d'archives et quelques extraits de mes écrits et discours, de ceux-là où j'avais tenté de faire ressortir les véritables aspects de notre histoire. Après tout, cette histoire, pourquoi l'aurais-je faite plus petite que ne l'ont vue un Parkman, en tant de ses ouvrages, et un Finley dans *The French in the Heart of America* ?

Fides accepta mon livre: on lui fit même l'honneur de l'admettre dans la collection *Fleur de lys,* alors dirigée par MM. Guy Frégault et Marcel Trudel. Le lancement eut lieu le 24 février 1958. *Notre Grande Aventure* n'obtint point le succès que j'avais espéré. De bons amis, Léo-Paul Desrosiers, Roger Duhamel, Jean-Marc Léger, quelques autres saluèrent élogieusement le nouveau venu. La critique officielle, celle qui fait le tri entre les œuvres qui comptent et celles qui ne comptent pas, resta muette. L'ouvrage paraissait à mauvaise heure. Une sorte de rage sévissait alors: celle de saborder, de jeter par-dessus bord le passé canadien-français. Une jeune école d'historiens fauchait gaillardement toutes les têtes qui lui paraissaient dépasser l'honnête médiocrité. C'est à peine trois ans plus tard, qu'à bout d'humeur, je jetais à l'auditoire de l'Institut d'histoire de l'Amérique française, cette rude plainte: « Quand donc en finirons-nous, une bonne fois pour toutes, avec ce pessimisme amer, cette rage dont semblent possédés quelques jeunes esprits de chez nous, rage de tout saborder, foi, Eglise, histoire, rage aussi de nous diminuer, de nous avilir, de nous rendre encore plus petits, plus misérables que nous ne sommes ? » Dans *Le Devoir* du 11 avril 1961,

M. Gérard Filion [2] faisait écho à cette déclaration. Que venait faire en cette atmosphère saturée de mépris, cette *Grande Aventure* ? Deux témoignages me devaient cependant parvenir qui m'iraient au cœur: le premier, d'un étudiant canadien-français, élève de McGill. Il me jetait un jour au passage: « J'ai lu votre *Grande Aventure*. Dans le milieu où je me trouve, je me sens parfois bien peu de chose. Votre livre m'a donné du cran. » L'autre éloge me viendrait de Mgr F.-A. Savard [3], le soir où j'assistai à la première de *La Dalle-des-morts*. Après le premier acte, le dramaturge se leva de son siège pour venir me dire trop flatteusement: « Tout ceci est sorti de vous ! » Dans le dépliant préparé par lui, pour la présentation de sa pièce, il avait d'ailleurs inscrit au bas d'une carte de la *Nova Francia*, ce bout de confidence que j'avais faite à Jean-Marc Léger [4]: « Les petits Canadiens français ont besoin de s'entendre dire que ce continent fut d'abord, dans sa majeure partie, français et que, par des moyens dérisoires, leurs ancêtres avaient créé au Nouveau Monde un empire dont on ne voit pas d'équivalent dans les temps modernes. »

Ne soyons pas ingrats. En cette année 1958, l'Institut d'histoire de l'Amérique française tient sa Réunion générale à Québec. Mes amis de là-bas, je veux dire le Conseil de la vie française, en profitent pour me décerner le « Prix Champlain », prix d'action intellectuelle. Le prix m'est attribué pour l'ensemble de mon œuvre historique. Mais je crois que *Notre Grande Aven-*

---

2. Gérard Filion est alors directeur du *Devoir* ; voir la note 86 du sixième volume.

3. Félix-Antoine Savard (1896-   ), ptre ; p.d. ; professeur de Rhétorique au Séminaire de Chicoutimi (1922-1926) ; vicaire à Bagotville, Sainte-Agnès et à La Malbaie (1927-1931) ; curé-fondateur de Saint-Philippe de Clermont (1931-1945) ; professeur à la Faculté des lettres de l'Université Laval [chaire de poésie française] (1941-1950) ; doyen de la Faculté des lettres, Laval (1950-1957) ; écrivain ; fondateur, en 1944, des Archives de folklore de l'Université Laval avec M. Luc Lacourcière.

4. Jean-Marc Léger (1927-   ), avocat ; journaliste ; rédacteur au journal *La Presse* (1950-1956) ; au *Devoir* (1956-1960) ; directeur de l'Office de la langue française du ministère des Affaires culturelles du Québec ; fondateur et secrétaire général de l'Union culturelle française ; de l'Association France-Canada ; des Amitiés franco-néo-canadiennes ; secrétaire général de l'Agence de coopération culturelle et technique des pays francophones (1969-1973).

ture compta pour quelque chose en la circonstance. De mon discours prononcé, ce soir-là, au Cercle universitaire de Québec, je ne retiens que quelques lignes: celles où je confesse l'inévitable part de subjectivisme que, malgré soi, l'historien introduit en son œuvre. Je disais donc: « Je ne me dissimule pas.,. les lacunes ou les infirmités de mon œuvre d'histoire, infirmités en quelque sorte congénitales en toute œuvre de pionnier. Vous l'avez jugée cependant digne d'un prix. Serait-ce pour y avoir discerné, ainsi qu'on me l'a dit de temps à autre, un certain accent, une privauté que je n'ose dire amoureuse, envers notre petite patrie, quelque chose de l'inconsciente émotion du portraitiste qui dessinerait le visage de sa mère. Je ne récuse ni cet accent ni cette émotion sous-jacente... en mes livres et en mon enseignement. L'avouerai-je à ma confusion ? Je n'ai pas même songé à me débarrasser de cette infirmité. Je ne me suis jamais cru un citoyen du monde avant d'être un citoyen de mon pays et d'abord de mon petit pays. N'allez pas en conclure pour autant, que j'aie tenté de faire canadien-français et catholique. Mais il se trouve que, par naissance et par une longue suite d'ancêtres, je suis, non pas comme on dit trop souvent « d'expression française » — expression moins française qu'équivoque — mais je suis de nationalité canadienne-française; et il est arrivé que mon baptême m'a valu le transcendant privilège d'appartenir à la foi catholique. Alors, j'ai pensé, j'ai écrit et j'ai parlé sans me préoccuper de l'inspiration ni de l'accent qui pourraient animer mes pauvres œuvres. Tout simplement j'ai travaillé comme j'ai respiré, dans l'air de mon pays, de mon temps, de ma foi: j'ai obéi aux penchants, aux lois intimes de mon être, laissant aux grands esprits de courir après la chimère de l'universel, pour n'atteindre trop souvent que la grisaille, l'anonymat et la médiocrité. » Quoiqu'un peu tardive, réparation sera faite à *Notre Grande Aventure*, et par nul autre qu'un haut fonctionnaire du ministère de l'Education du Québec, M. Denis Vaugeois [5]. Dans son programme: *La civili-*

5. Denis Vaugeois (1935-   ), historien ; professeur (1959-1965) ; chef de la division de l'histoire, ministère de l'Éducation, Québec (1965-1968) ; directeur du Centre franco-québécois de développement pédagogique (1968-1969) ; directeur général des relations internationales au ministère des Affaires intergouvernementales du Québec (1970-   ) ; président des éditions du Boréal Express.

sation française et catholique au Canada (programme 1966-1967 pour l'enseignement de l'histoire canadienne au cours général et scientifique: 11e année, p. 13), il écrit: « On aura constaté une lacune grave dans ces commentaires... La lecture de cet excellent ouvrage du chanoine Groulx pourrait permettre d'y remédier. »

Le Canada français missionnaire

Une fois lancé dans l'aventure, pouvais-je n'en point apercevoir une autre, et non moins en relief en notre histoire ? Ce sujet-là aussi m'avait hanté et depuis longtemps. Il me revenait chaque fois que l'un des nôtres nous reprochait notre recroquevillement, notre goût du vase clos, pour ne pas dire du ghetto. Non, il nous était resté quelque chose de notre histoire d'hier. Des *empereurs* de l'Amérique survivaient. Et je voyais nos canoteurs, la Conquête anglaise à peine achevée, repartir pour les « Pays d'en haut », conduire le nouveau conquérant vers d'autres horizons inconnus, atteindre pour lui la côte terminale de l'océan par-delà les Rocheuses. Mais cette fois le conquérant de l'espace avait changé de nom, les canoteurs changé de rôle et de dignité. Ils n'avironnaient plus que pour le compte d'un autre. 1760 avait tout changé. J'imagine un peu les réflexions et même les propos qu'échangent entre eux ces canoteurs. Peut-être quelques-uns avaient-ils pris service naguère auprès de La Vérendrye ? Même alors, quoique salariés, ils avaient eu conscience de travailler pour eux-mêmes; ils agrandissaient un pays bien à eux. Tandis qu'aujourd'hui, notre monde du travail travaille pour qui et pour quoi l'on sait.

Mais une autre espèce d'hommes ne tarderait pas à continuer la « grande aventure ». Ceux-là œuvraient encore pour un autre. Mais cet « Autre » s'appelait Dieu. Et c'était le début d'un autre empire, combien plus vaste, plus spiritualisé, plus déployé aux vents d'en haut. Oeuvre d'un petit peuple qui aura donné de nouveau tant de sa vie, et la meilleure, à l'immensité de son pays, à l'est, à l'ouest, au nord, puis à son voisin américain, puis à tous les continents missionnaires. Pays d'apôtres qui ne sait refuser aucun appel. C'est presque sur les traces des nouveaux canoteurs que, la foi au cœur, fils et filles du Canada français s'élancent à la conquête de l'Ouest canadien. On les trouve jusque sur les rives du Mackenzie, sur les bords de la mer Glaciale, jusqu'en Colombie-Britannique. Ils suivent nos émigrés en Nouvelle-Angleterre, aux Illinois, au Michigan. Vers la fin du 19e siècle et au début du 20e, des appels encore plus lointains se feront entendre. Et l'on partira pour l'Amérique latine, pour l'Asie, l'Afrique, l'Océanie. Vol d'oiseaux migrateurs qu'on dirait fatigués des vieilles routes et qui n'en veulent plus que de nouvelles.

Ecrire cette histoire, mettre en chantier un ouvrage de cette envergure. Plus de 6,000 missionnaires. Plus de cent familles religieuses au travail. J'ai dit, en la préface de mon ouvrage, à quels obstacles je me suis heurté. Je n'y reviens pas. J'aurai peiné trois ans pour achever documentation et rédaction. Et encore n'en avais-je demandé que deux à Dieu... Mais quelles joies m'auront apportées trois années de vie en compagnie de ces âmes d'élite ! Joie de parcourir le monde, d'en faire le tour ou presque et de trouver de nos gens partout. Joie de les voir s'adapter si facilement à toutes les nations jusqu'au point d'émerveiller leurs émules d'autres pays. Joie de les voir si rapidement donner leur confiance aux Indigènes et de se préparer en eux des successeurs, d'y créer de jeunes Eglises et si vivantes. Joie de les voir encore comprendre et si spontanément, par exemple en Afrique, les aspirations des jeunes pays émergeant de la brousse et si désireux de se bâtir une vie, un avenir qui soient à eux !

Le Canada français missionnaire parut le 28 mai 1962. On me l'apporta le matin même de ce jour, hâtivement achevé. Il entra dans mon cabinet de travail, traînant avec soi tout le parfum du printemps dans sa toilette blanche et bleue. On l'avait achevé en grande hâte, le lancement, un lancement très solennel, ayant lieu le soir de ce même jour. Cet ouvrage, je l'avais trop laissé entrevoir et j'étais sincère, mettrait fin à ma carrière d'historien et d'écrivain. Mes amis de la Fondation Lionel-Groulx se mirent en tête d'organiser, à l'occasion, un dîner-souscription à $15.00 le couvert, dont le surplus, cela va de soi, devait revenir à la Fondation. Le dîner aurait lieu à l'Hôtel Reine-Elizabeth. Ce soir du 28 mai, 1,000 convives se pressaient dans l'une des salles de l'Hôtel. J'avais obtenu que ce fût surtout, non un hommage à l'auteur, mais à nos missionnaires. La table d'honneur répondait à mon vœu. Y figuraient le cardinal Léger, quelques-uns de nos évêques, un ministre, représentant du gouvernement de Québec, le maire de Montréal, Jean Drapeau, quelques amis laïcs. Mais y paraissaient aussi, et dans leur costume, des évêques de nos missions et même un évêque noir. Dans la salle éclairée d'une lumière discrète, ces seules présences éveillaient je ne sais quelle émotion malaisément refoulée. De tout l'auditoire, du reste, il me semble que montait ce mystérieux effluve qui s'appelle l'amitié. J'ai abordé bien des auditoires au long de ma carrière. Rarement me suis-je senti si chaudement entouré. Le Cardinal, ancien missionnaire sulpicien au Japon, prit la parole. Le ministre Gérin-Lajoie [6] le suivit. Vint mon tour. Nul autre discours ne m'aura plus vivement serré le cœur. J'avais la nette persuasion de prononcer le dernier discours de ma vie, de dire adieu tout de bon à la vie publique. Mon âge, ma santé chancelante depuis quelque temps, une sorte d'épuisement ressenti à la suite de ces trois années de dur travail m'étaient un avertissement. Etat d'âme qui explique peut-être l'accent de ma parole, ce soir-là, et certains de mes propos. Après trop de fois, sans doute, je me livrai à une défense de ma conception de l'Histoire. Je citai un éloge du missionnaire emprunté à des hommes tels que Winston Churchill et à deux de nos ambassadeurs anglo-canadiens au Canada, éloges non équivoques, et je repris:

« On me reprochera peut-être encore une fois d'avoir écrit une histoire trop rose, trop optimiste. J'ai bien envie de plaider non coupable. Je n'ai jamais cru, voyez-vous, qu'on doive écrire l'histoire autrement qu'on ne la trouve, ni que sous prétexte d'un renouvellement ou d'une nouvelle interprétation, chose en soi légitime, on puisse se permettre d'enjamber les textes et de réinventer le passé à sa façon. Ceux-là qui se donneront la peine de me lire s'en pourront rendre compte, je n'ai pas caché mes sources. Je n'ai rien écrit, ni rien affirmé que sur des documents et

---

6. Paul Gérin-Lajoie (1920-   ), avocat ; c.r. ; président du Jeune Barreau canadien (1950-1951) ; conseiller juridique (1954-1956) ; délégué et membre du comité juridique de la Conférence de l'Unesco (1952) ; député provincial de Vaudreuil-Soulanges ; ministre de la Jeunesse (1960-1966) ; président de l'Agence canadienne de développement international (1970-   ).

des témoignages précis, témoignages de gens par trop modestes pour avoir envie de tromper. Car je crois à la sincérité des humbles, tout comme je crois à la grandeur de ceux-là qui n'ont pas besoin de se hisser sur la pointe des pieds pour paraître grands. Quoi qu'en pense une génération de jeunes désabusés qui voudraient tout ramener à leur taille de Lilliputiens, je n'admets point que soit close l'ère des héros et des saints... »

Qu'ajoutai-je encore ? « Et puisque j'en suis à vous exprimer mes refus, vous dirai-je qu'à mon sens l'héroïsme ne cesse pas d'être l'héroïsme parce qu'il se mêle d'apparaître en notre jeune histoire, pas plus qu'il ne faille par je ne sais quelle fausse pudeur l'appeler d'un autre nom, parce qu'il est de chez nous ? Il y a deux semaines tout au plus, j'écrivais la dernière ligne de ce *Canada français missionnaire*. Est-ce ma faute si jamais, en toute ma vie d'historien, je n'eus si fortement l'impression d'avoir manié une pâte humaine d'une aussi magnifique essence ? Souvent, en feuilletant mon amas de documents si palpitants de vie, l'avouerai-je encore, j'ai senti battre le cœur d'un petit peuple qui se retrouvait dans ce qu'il a de meilleur: le vieux fonds de sa foi. Et je le répète, est-ce ma faute si cette histoire est belle ?... »

C'est à la suite de ces réflexions que je prenais congé de mes lecteurs et annonçais la fin de ma carrière d'écrivain:

« Je recommande donc à votre bienveillance, disais-je, sinon à votre pitié, ce dernier de mes écrits. Oui, le dernier, le vrai dernier, et je vous en baille ma parole. Autrefois, quand j'étais jeune — il y a longtemps — si quelqu'un hasardait la question: « Avez-vous lu le dernier livre d'Emile Faguet ? » invariablement on répondait: « Lequel » ? L'on n'aura pas à se poser la question à mon humble sujet. Et je vous demande pardon de tant de lectures que je vous aurai infligées au cours de ma vie, tout en convenant néanmoins que ma contrition serait plus parfaite, si trop souvent le plus indulgent des publics ne s'était fait mon complice. Par votre faute, je sais ce que je n'ai pas écrit; je ne sais plus ce que j'ai écrit. Mais voilà que *advesperascit et inclinata est jam dies*. Les ans m'obligent à me rappeler que le crépuscule s'en vient. Souffrez que je quitte la scène avant qu'on me tire le rideau. Oh ! je sais bien que l'illusion de savoir encore ce que l'on dit est la dernière illusion dont se dépouille le front des vieillards. Mais cette dernière illusion, je voudrais tant l'avoir perdue avant qu'on m'en avertisse. D'ailleurs, entre nous, s'il ne s'agit que d'écrire un peu plus de sottises, il y en a tant d'autres, ce me semble, qui pourraient avantageusement me remplacer. »

En cet aveu et en cet adieu, étais-je sincère ? Je réponds: oui. On aura pu entendre, du reste, mes raisons de déposer la plume. J'ai toujours cru qu'il fallait respecter son métier d'écrivain, qu'il fallait se méfier de son âge. Un écrivain qui ne se sent plus la main aussi ferme doit cesser d'écrire, tout comme l'acteur, dont la voix faiblit ou devient rauque, doit quitter la scène. Pouvais-je alors deviner que ma vie s'allait prolonger et qu'il faut travailler jusqu'au moment où le dernier scrupule ferme le dernier œil ?

Lancé si solennellement, *Le Canada français missionnaire* paraissait voué au grand succès. Le premier mille d'exemplaires s'enleva si rapidement qu'on parla tout de suite d'une réédition. Il n'y eut pas de réimpression. Le livre paraissait à la veille des vacances. Les vacances le firent oublier. Après le lancement si solennel, Fides crut inopportune toute publicité. On avait dit au surplus: le livre paraît à l'heure. Il confond les méprisants, ceux qui ne voient en nous qu'un petit peuple de ghetto, recroquevillé « comme un poussin dans sa coquille », avais-je même écrit. Au vrai, ce *Canada français missionnaire,* tout comme *L'Empire français d'Amérique,* paraissait à mauvaise heure. Il déplaisait trop à certaine critique, pour que cette critique lui fît l'honneur de s'en occuper. Si bien que je crus, ainsi qu'on dit vulgairement, avoir manqué mon coup. Ce que je croyais être mon dernier ouvrage colla sur les tablettes des libraires. Pourtant soyons juste. Il m'avait valu d'éloquents témoignages. Jean Ethier-Blais [7] qui, pour avoir été l'un de mes étudiants à l'Uni-

---

7. Jean Éthier-Blais (1925-   ), critique littéraire ; écrivain ; diplomate et représentant du Canada à Paris, Varsovie et Hanoï (1953-1959) ; professeur à l'Université Carleton, Ottawa ; à l'École des Hautes Études commerciales ; au département de langue et littérature françaises, Université McGill (1962-   ) ; directeur du département (1971-1972) ; chroniqueur des lettres françaises au *Devoir* ; président de l'Alliance française de Montréal (1973-   ) ; prix de la Province de Québec et prix France-Canada (1968).

versité de Montréal, m'a voué le culte d'un disciple, y alla d'un grand article dans *Le Devoir*. Le titre seul, « Un maître », m'empêche d'en dire davantage. Mais l'éloge ne pouvait me déplaire de la part de l'homme qui, par sa vaste connaissance de toutes les littératures, surtout de la française, et qui aussi, par la magie de son style, sa façon d'aller tout droit au fond d'une œuvre, est en train de se placer, et d'emblée, au premier rang de nos critiques. Mon *Canada français missionnaire* me vaudra encore la découverte d'une conquête inespérée, jusque-là ignorée de ma part, conquête de l'esprit le plus libre de chez nous, le plus escarpé, dirais-je même: Victor Barbeau [8], fondateur de l'Académie canadienne-française. Sa plume n'a jamais été un goupillon. Rarement a-t-il distribué de l'eau bénite. Son article, écrit pour *Le Nouveau-Journal*, le 31 mai 1962, se rapporte au *Canada français missionnaire*:

« Je pensais à cela (le critère du public dans l'estime des valeurs), l'autre soir, en assistant au lancement de son dernier ouvrage. Quelle existence dynamique que celle de cet homme poursuivant jusque dans la vieillesse, son œuvre de grandeur et d'amour ! Je n'en sais pas, pour ma part, dont le labeur ait été à la fois si constant et si fertile. Je n'en sais pas, non plus, qui ait aussi prodiguement et efficacement marié l'action à la pensée. Je l'écris avec d'autant plus de joie que je n'ai pas toujours été de ses fidèles. »

C'est déjà plus que je ne pouvais attendre de ce généreux ami. Mais, en son article, ce qui m'a plu et étonné par-dessus tout, c'est le service que je lui aurais rendu de la découverte d'une patrie:

« Tout cela ne vaudrait pas la peine d'être raconté, continuait Barbeau, si ce n'était, en définitive, pour avouer que, sans le chanoine Groulx, j'en serais encore à me chercher, nationalement parlant. J'avais besoin de lettres de naturalisation, et c'est lui qui me les a données. J'étais un voyageur sans bagages, et c'est lui qui m'a révélé que je portais mes morts. S'il ne s'agissait que de moi, le fait serait indigne de mention, mais à combien de milliers d'autres n'a-t-il pas découvert la patrie charnelle ! »

---

8. Victor Barbeau, voir la note 58 du troisième volume.

Le compliment est fort. Il est haut. Mais il m'a tellement ému le jour où je l'ai lu, que je me fais une gratitude de le rappeler en ces pages.

Une autre surprise me viendrait, et cette fois-ci de France. J'avais déjà envoyé quelques-uns de mes livres là-bas, en particulier aux *Etudes* dont je suis depuis longtemps l'abonné. On m'y connaissait. En 1931, lors de mes conférences en Sorbonne, ces bons Pères de la rue Monsieur m'avaient même ménagé, un soir, une gentille réception *. De mes livres, je n'entendis jamais parler. La surprise me venait d'André Thérive[9] que je ne crois pas avoir rencontré en France, mais dont je lis régulièrement la chronique littéraire dans les *Ecrits de Paris*. Thérive avait fait passer son article dans le *Rivarol* du 18 juillet 1963 et l'avait intitulé, « *Le Canada français missionnaire* ». Les premières lignes se voulaient élogieuses: « Il n'y a pas de lecture plus émouvante ni plus surprenante pour la plupart des Français, que le gros livre du chanoine Lionel Groulx dont nous avons pris le titre pour enseigne de cette chronique. » Thérive se plaisait encore à louer « les divers chapitres de ce gros livre (qui) forment autant de monographies irremplaçables sur la situation religieuse de toutes les races, de toutes les peuplades, de toutes les nations... Mais le thème essentiel du livre, qui pourrait donner une bonne leçon, ajoute le critique, c'est que l'Amérique française, en l'espèce le Canada, a partiellement pris la relève de la France pour évangéliser le monde et qu'elle n'est qu'au début de sa tâche. Et enfin qu'elle jouit d'un avantage sur le « vieux pays », celui de n'être pas soupçonnée de préparer une domination ou de se venger d'une éviction. » *Le Devoir* et *Le Droit* reproduisirent l'article de Thérive. Ces témoignages me consolèrent de quelques autres que j'attendais et qui ne vinrent pas. Les communautés missionnaires, quelques-unes, pas toutes, qui m'avaient si mal renseigné, ne perdirent pas l'occasion de me reprocher mes quelques erreurs. Notre épiscopat qui, m'assure Fides, avait reçu un exemplaire de l'ouvrage, ne me fit point l'honneur de lire ce chapitre de l'histoire de l'Eglise canadienne qu'un historien ve-

---

* Voir *Mes Mémoires*, III : 94-96.
9. André Thérive, voir la note 64 du troisième volume.

nait d'écrire. Il resta muet. Sans doute l'éloge du cardinal Léger
lui parut suffire.

Chemins de l'avenir

Pourquoi ai-je écrit cet autre livre ? Dans ma préface, j'ai
fourni quelques-uns des motifs qui m'y ont déterminé. Qui n'a
été bouleversé par la révolution d'esprit surgie chez nous, en ces
derniers dix ans, révolution explosive qu'on a décorée du plus
mensonger des noms: « Révolution tranquille » ? Aucun événement dans notre histoire, pas même la Conquête anglaise ne nous
aura à ce point remués, ébranlés jusqu'au fond de nos assises.
Ce n'était plus une révolution politique, un changement de pôle
culturel qui jadis n'atteignait que la surface des âmes. C'était
un déferlement fou de vagues fracassantes; tous les reniements à
la fois: reniement de l'histoire, des traditions, le dos tourné au
passé; l'attaque plus que sournoise contre tous les éléments constitutifs de l'homme canadien-français, des fondements mêmes où
il avait jusqu'alors assis sa vie. Homme de la technique moderne,
des forces nucléaires, démiurge lancé à la conquête de l'espace
astral, pouvait-on rester croyant ? Pouvait-on s'emprisonner dans
les vieilles cultures méditerranéennes, se figer dans le type intellectuel de la Renaissance, quand les conjonctures historiques et
géographiques ne proclamaient viable que l'homme nord-américain ?

Ainsi les problèmes se posaient et tous à la fois. Qui, parmi
nos penseurs, s'était mis à la tâche d'expliquer ce phénomène,
ce séisme des esprits ? Ici et là, l'on eut pu relever quelques ten-
tatives d'explications, mais toujours partielles. Moi-même je refusai d'abord, malgré nombre d'instances, un essai d'explication.
Je me sentais aussi perdu qu'un enfant dans une forêt tropicale.
Mais le moyen de rester indifférent, de ne plus réfléchir sur les
hommes et les événements, quand vous vous sentez bousculé,
que tout autour de vous paraît s'effondrer ! Un drame se jouait
qui était le mien, celui des miens, et qui, plus qu'au théâtre, m'em-
poignait, me serrait la gorge. Mais ma promesse publique de ne
plus écrire ! Qu'en faire ? Autour de moi, les instances se pres-
saient... Je succombai à demi. Au cours de ma vie, j'ai toujours

gardé l'habitude, avant chaque séance d'écriture, de lire quelques pages d'un livre de choix. Je me remis à lire, mais cette fois à grandes enjambées, à longs chapitres, quelques-uns de ces livres forts, excitateurs d'énergie cérébrale. Qui a pratiqué cette sorte d'hygiène intellectuelle connaît le phénomène et son processus. On lit. Un déclic se produit. Le courant électrique est au bout du pouce et du doigt. Déjà, dans l'esprit, les idées s'agitent, se pressent, claires, vives, ainsi qu'aux beaux jours d'été luisent et frétillent les feuilles d'un saule, dans la joie de boire du soleil. Il faut écrire. Au hasard de ces lectures, j'amassai des notes, je couchai des idées, jouant au petit Pascal. Inconsciemment le sujet me hantait l'esprit. Au bout de quelques semaines ces notes formaient un cahier de près de cent pages. Comme il m'arrive toujours, en lisant ces notes éparses, le plan d'un livre s'ébaucha. Allais-je l'écrire ? A ce moment encore l'hésitation me ressaisit. Autour de moi l'évolution allait si vite. La pourrais-je suivre ? Je me serais cru dans un moulin, une usine, où une courroie se brise et où les machines se déchaînent dans un rythme affolé. Je reparlai de mon projet de livre à quelques-uns de mes amis. L'on trouve toujours un bon ami pour vous donner un mauvais conseil. Je me décidai. Je me décidai surtout par amour et pitié de la jeunesse qui fut toujours, comme on disait, aux temps chevaleresques, une « dame de ma pensée ». Rue Bloomfield où j'habitais, je me trouvais placé entre deux grandes écoles: l'Ecole Querbes et le Collège Saint-Viateur. A l'heure du dîner et à la fin des classes de l'après-midi, je pouvais observer le défilé de ces adolescents et de ces grands garçons et grandes filles. Quel débraillé ! Que j'en aurai vu de ces « collages » de garçonnets et de fillettes, empoignés par le cou et par la taille et déambulant au défi de toute pudeur. Un peu partout, dans ce monde d'écoliers, l'on parlait de la crise de la foi, phénomène inouï jusqu'alors. Et la crise morale dépassait encore le débraillé. En ce quartier où je n'étais pas tout à fait un inconnu, j'avais constaté d'ailleurs que plus personne de ces collégiens ne saluait le prêtre; beaucoup le toisaient d'un air insolent. J'essayai de scruter ces misères, j'en cherchai les causes sans pourtant les croire incurables. Mon petit livre s'achevait, en effet, par un programme de vie qui ne pouvait être qu'un acte de foi aux réserves insoupçonnées de la jeunesse.

Le livre parut le 21 décembre 1964. Fides, une fois de plus, en avait préparé un lancement solennel. Près de 500 invitations, m'a-t-on dit, avaient été jetées dans le public. Malheureusement le principal invité séjournait à l'Hôtel-Dieu, se remettant malaisément d'une broncho-pneumonie. Serait-il présent ? Le médecin différa sa réponse jusqu'au matin même du 21 décembre. Le soir, à l'heure fixée, le Dr Jacques Genest en personne me fit emmitoufler par les infirmières, descendre en chaise roulante à la porte de sortie de l'hôpital, et lui et moi nous nous jetâmes dans un taxi bien chauffé et en route vers Fides. Le matin, le médecin m'avait dit: « Pourrez-vous vous tenir debout une demi-heure et prononcer votre allocution ? » J'avais répondu: « Je le crois. » Pour le reste, il avait été convenu entre lui et ma secrétaire, que les signatures ou hommages d'auteur seraient supprimés et qu'aussitôt la cérémonie terminée, on me pousserait vers l'ascenseur pour le prompt retour à l'Hôtel-Dieu. Mais il y avait là le maire de Montréal, M. Jean Drapeau, et M. Pierre Laporte [10], ministre des Affaires culturelles du Québec. Chacun y alla de son discours, y compris l'éditeur, le Père Paul-A. Martin, c.s.c. Une surprise attendait les assistants. Et elle vint, non de mon allocution ni de l'éloge des grands invités. Elle vint de Pierre Laporte. Son discours terminé, il se dit porteur d'un autre message, message qui est de nul autre que de son premier ministre. Il lut:

Cabinet du premier ministre
Province de Québec

Le 17 décembre 1964

L'honorable Pierre Laporte, C.R.
Ministre des Affaires culturelles
Hôtel du Gouvernement
Québec

Mon cher Collègue,

Puisque vous aurez le plaisir d'assister au lancement du dernier ouvrage du Chanoine Groulx, les *Chemins de l'Avenir*, je

---

10. Pierre Laporte (1921-1970), avocat ; journaliste ; éditorialiste et courriériste parlementaire du journal *Le Devoir*, à Québec (1945-1956) ; à Ottawa (1956-1958) ; de nouveau à Québec (1958-1960) ; député provincial de Chambly (1961-1970) ; ministre des Affaires municipales (1962-1964) ; ministre des Affaires culturelles (1965-1966) ; leader ministériel (1966-1970) ; ministre du Travail et de l'Immigration (1970).

vous prie d'ajouter mes hommages personnels à ceux que vous lui offrirez.

Mon admiration pour ce grand historien n'a fait qu'augmenter avec les années, et je me suis toujours réjoui de la moindre rencontre de ses idées et des miennes. Il a découvert qu'on n'est jamais aussi transcendantalement humain que lorsqu'on est complètement façonné par son milieu. On n'atteint à l'universel qu'en passant par la patrie.

Historien dont le patriotisme incandescent n'a jamais ébloui l'objectivité, le Chanoine Groulx n'a peut-être commis qu'une erreur historique: celle de qualifier de dernier l'ouvrage dont nous saluons la parution.

J'espère que le titre si caractéristiquement jeune qu'a choisi le Chanoine Groulx lui sera personnellement prophétique et que nous pourrons tous compter sur lui. Le seul renoncement que je lui demande, c'est de « renoncer à renoncer à écrire ».

Cordialement à vous,
Jean Lesage [11]

Le plus surpris en l'affaire fut bien le destinataire de cette lettre. Je n'avais jamais vu ni même entrevu M. Lesage. Tout au plus, mon ami Maxime Raymond, au temps de sa députation à Ottawa, m'avait-il quelquefois parlé de ce jeune Lesage, travailleur, qui faisait excellente figure au parlement fédéral. Ah ! mon cher ami Raymond, quel étonnement n'eût pas été le vôtre à la lecture de cette lettre ? Enfin, après tant de méfiances, tant de dénonciations de mon nationalisme, le monde politique accordait son absolution au brandon de discorde, à celui-là qu'on avait toujours représenté aux Anglo-Canadiens comme un farouche anglophobe. Longtemps, ce soir-là, rentré à l'Hôtel-Dieu, la tête collée à mon oreiller, je réfléchis aux retournements des choses ici-bas et à l'évolution de l'esprit des hommes.

---

11. Jean Lesage (1912-   ), avocat ; procureur de la Couronne et procureur de la Commission des Prix et du Commerce en temps de guerre (1939-1944); député fédéral de Montmagny-L'Islet (1945-1958) ; adjoint parlementaire du secrétaire d'État aux Affaires extérieures (1951-1953) ; au ministère des Finances (1953) ; ministre des Ressources et du Développement économique du Canada (1953) ; ministre du Nord canadien et des Ressources nationales (1953-1957) ; chef libéral du Québec (1958) ; premier ministre de la province de Québec (1960-1966) ; chef de l'Opposition (1966-1970).

Chemins de l'avenir ferait-il son chemin ? Beaucoup jugè-
rent l'ouvrage sévèrement. On me reprocha mon jugement impitoyable d'une certaine jeunesse; on me reprocha ma critique
de *Cité libre*, de l'Action catholique à l'angélisme ou à la Claude Ryan, ma pauvre présentation de l'Eglise désempanachée de
son actuelle *aggiornamento*. La jeunesse ne vous lira point, m'a-
t-on surtout affirmé. Un Dominicain surtout me l'a dit. L'un de
mes anciens de Valleyfield, Mgr Percival Caza [12], me dit péremptoirement: « Votre pédagogie ou votre psychologie de l'é-
ducation n'est plus au point. Elle pouvait convenir à la jeunesse
des premières années d'après 1900; elle ne convient plus à la
jeunesse d'aujourd'hui. » Certes, je confesse une sévérité même
excessive à l'égard d'une certaine jeunesse. Sévérité pas « si excessive », m'ont assuré quand même beaucoup de jeunes gens,
et même des aînés, tel René Chaloult [13] qui me l'écrit de Floride
où il passe l'hiver. En mon petit livre, j'aurais dû insister davantage sur l'existence d'une autre jeunesse que je n'ignorais pas,
jeunesse propre, laborieuse, point en rupture ni avec sa foi, ni
avec son milieu, ni avec les aspirations de son pays. Pour le
reste, je ne retirerais pas beaucoup de mes critiques. Plus je
vis, plus cette jeunesse me fait peine à pleurer. Et que j'en
veux à une certaine école ou forme d'Action catholique. Que l'on
peut donc dérouter une génération en lui dérobant le sol, le
sien, sous ses pieds, en l'élevant comme s'il n'existait point pour
elle de tâches temporelles qui valussent la peine d'y engager sa
vie, en essayant de lui faire vivre un catholicisme intemporel et
anonyme ! Tout homme vit sur terre. Son esprit doit baigner dans
la foi. Mais cette foi spirituelle ne saurait se déprendre des exigences temporelles de son milieu. Et c'est encore travailler pour
Dieu que de travailler pour l'amélioration de la cité terrestre dans
l'ordre, la justice, la charité et pour tout ce qui en constitue les
valeurs réelles. J'ai lu le Père Daniélou. Et comme ses ouvrages
m'ont donné raison sur le rôle du croyant dans sa vie terrestre.
Il se peut aussi que ma psychologie soit courte, s'écarte par trop
du jargon doctrinal, moderne. Mais j'ai hâte qu'on me fasse voir
la génération sortie des mains des nouveaux maîtres, ignorant

---

12.   Percival Caza, voir la note 8 du deuxième volume.
13.   René Chaloult, voir la note 81 du troisième volume.

tout du péché originel, du déséquilibre de l'homme, de la présence en lui de l'esprit et de la bête, de l'option décisive et souveraine à faire entre la domination de celui-là et de celle-ci, problème en somme de toute éducation. J'ai hâte, dis-je, de voir par quelle méthode mystérieuse, en dehors de l'ascèse chrétienne et de la collaboration de la grâce, des sacrements, l'on parviendra à nous bâtir des hommes équilibrés, vainqueurs de l'instinct et de leurs mauvaises passions, chefs-d'œuvre d'un nouveau christianisme. Heureuse génération que le jargon des futurs éducateurs, enrichi de psychiatrie et de psychanalyse, et de tout l'*aggiornamento* de la dernière heure, jettera dans la vie ! Légions de surhominisés à la Teilhard de Chardin !

D'autres jugements me survinrent et combien différents. Le livre à peine paru, trois jours plus tard, me venait d'un éducateur de Québec, le Frère Robert Sylvain [14], une confidence à me faire croire à une œuvre-choc: « J'ai terminé hier soir, vers minuit, la lecture faite d'affilée, de votre dernier ouvrage: *Chemins de l'avenir*. Vous m'avez tellement secoué que, deux heures après, je n'avais pas encore fermé l'œil ! Quelle clairvoyance dans le diagnostic des tares qui affligent une partie de notre jeunesse ! Comme vous analysez magistralement les causes qui ont produit la déliquescence, l'aveulissement actuels ! Votre scalpel, souverain, tranche impitoyablement dans les chairs putrides, mais pour dégager ce qui doit être sauvé. » L'on comprendra que je n'insiste point. Plusieurs aînés m'écrivirent sur ce ton. Dans les collèges, on fit silence. Un seul évêque m'écrivit une carte amicale. Mais nombre de jeunes gens me donnèrent raison; des lettres touchantes me dirent combien j'avais éclairé, remué quelques esprits de la jeune génération. Et il y eut surtout pour *Chemins de l'avenir* l'allure qu'il prit en librairie. Les tirages se succédèrent à un rythme que je n'avais osé espérer. Un an à peine après son apparition, il en était au 8e mille; il atteindrait bientôt le 10e. Résultat obtenu, il faut le dire, sans

---

14. Philippe Sylvain [Robert] (1915-   ), historien ; professeur à l'Académie de Québec (1939-1950, 1954-1962) ; études à Paris et à Rome (1950-1954) ; à l'Université de Notre-Dame, Indiana (1957-1958) ; professeur à l'Université Laval, Québec (1957-   ) ; prix David (1959, 1962) ; médaille Benemerito della Cultura Italiana (1963).

que personne n'ait poussé ni moussé le livre. M. Héroux [15] n'est plus au *Devoir*. Mes jeunes et vieux amis ont porté *Chemins de l'avenir,* en ont assuré la diffusion. Au vrai quelques journalistes ont protesté contre la note dissonante de M. Claude Ryan dans *Le Devoir*. J'étais très discuté. Mais j'étais lu, compris, peut-être d'un bon nombre. Que faut-il de plus à l'écrivain, surtout à l'écrivain-prêtre ? Je vois, par exemple, mon vieil ami, Amédée Jasmin [16], qui a peut-être laissé en chemin, un peu de sa foi, écrire dans *Le Devoir* (13 janvier 1965): « Je m'excuse donc de ne pas porter de jugement sur le côté religieux et moralisateur des premières pages que j'ai lues avec un brin de sommeil dans l'œil. Il en va autrement quand le patriote argumente. Alors il est au centre d'un problème qui est angoissant et actuel. ... Ses expressions, ses syllogismes, la chaleur personnelle de ses sentiments patriotiques ont une force de conviction qui ne peut laisser personne indifférent... »

■ ■ ■

Je ne dirai ici que peu de chose d'un dernier ouvrage qu'à la demande de mon éditeur, je consentis à réimprimer: *La Découverte du Canada — Jacques Cartier*. Je m'engageai témérairement en cette entreprise. Il me fallut sept mois de travail ardu pour remplumer, rhabiller à la mode ce vieux rossignol. Il me permit de constater combien l'histoire avait marché, depuis la première édition de 1934. Rien de plus faux que l'histoire définitive, ai-je pu constater une dernière fois.

Dirais-je un mot de cette plaquette: *La Grande Dame de notre histoire,* parue en 1966, esquisse pour un portrait de Marie de l'Incarnation ? Président pendant vingt ans tout proche de ce que l'on a appelé le « Comité des Fondateurs de l'Eglise du Canada », j'avais projeté d'écrire sur chacun des candidats à la béatification que nous avait confiés notre épiscopat, un court portrait, de la dimension d'une conférence. En fait, j'ai écrit et

---

15. Omer Héroux, voir la note 70 du premier volume.

16. Amédée Jasmin (1881-1973), notaire ; journaliste au *Progrès de Ville-Emard* pendant quelques années ; secrétaire-trésorier de la Ville et de la Commission scolaire de Terrebonne (1908-1921) ; pratique sa profession jusqu'en 1961. Père de Judith Jasmin, journaliste, décédée en 1972.

Allocution au lancement de **Chemins de l'avenir**, *le 21 décembre 1964.*

50e anniversaire du premier cours d'histoire du Canada à l'Université de Montréal (3 novembre 1964) : M. Michel Brunet, alors directeur du département d'histoire ; M. le chanoine Lionel Groulx ; M. Roger Gaudry, recteur.

Lionel Groulx, au Salon du livre 1966.

prononcé je ne sais combien de fois, trois de ces portraits-conférences: *Une petite Québécoise devant l'histoire* (Mère Catherine de Saint-Augustin); *Jeanne Mance; Une femme de génie au Canada* (Mère d'Youville). Une autre figure m'a toujours attiré par ses dons merveilleux et variés: *Marie de l'Incarnation*. En quelques jours de loisir, j'en crayonne « une esquisse pour un portrait ». Fides m'en fit une belle édition. « L'esquisse » me valut un bel article de Jean Ethier-Blais dans *Le Devoir*. Ecrirai-je autre chose ? Une petite biographie du marquis de la Galissonière *, peut-être, qu'on ne cesse de me demander.

■ ■ ■

Je me dis souvent: pourquoi si longuement m'attarder sur l'histoire de mes ouvrages ? Combien de ces livres échapperont au fatal naufrage qui attend les œuvres de tout écrivain qui écrit trop ? Et comme il paraîtra fastidieux, plus tard, même aux rares amis qui auront gardé mon souvenir, de repérer ces tombes enfouies dans l'herbe ! Je me dis toutefois: j'écris mes *Mémoires*; je les écris pour me désennuyer; je les écris parce que je ne puis guère écrire autre chose et que peut-être on les lira, comme on lit, par hasard, une feuille jaunie de quelque vieille gazette trouvée au fond d'un tiroir. On la lit parce qu'il s'y trouve quand même une minime parcelle d'un passé, si loin, et qui précisément, parce que loin, fait travailler l'esprit, remue quelque cendre en notre mémoire. Qui n'aime réfléchir sur la figure à demi effacée d'une vieille monnaie ? Je me permets une revue de ces livres pour une dernière raison: en certaines de leurs pages, me semble-t-il, ils accrochent à une époque, ils révèlent un moment de notre vie de peuple.

La Revue d'histoire de l'Amérique française

Il ne se peut que je n'en dise un mot. D'aucuns la regardent comme la « grande œuvre » de ma vie. Je ne reviendrai pas sur sa fondation, ses humbles commencements, sa diffusion inattendue.

---

* Paru après la mort de l'auteur, en 1970, aux Presses de l'Université Laval, sous le titre de *Roland-Michel Barrin de la Galissonière, 1693-1756.*

Tout cela a été raconté dans le précédent volume de ces *Mémoires*. Mais la *Revue* atteint ses vingt ans. Voilà donc, devant moi, quatre-vingts gros volumes où j'ai mis beaucoup de ma vie et même de ma plume. Et il semble que l'œuvre va connaître une nouvelle vie. Les milieux officiels olympiens, la finance politique s'est même penchée sur elle. Cela a commencé avec le premier de nos ministres des Affaires culturelles, M. Georges-E. Lapalme [17], qui nous a versé un $5,000 dollars. Et l'allocation a continué depuis. Le nouveau gouvernement élu en 1966 a même porté l'allocation à $7,500 dollars, pour nous aider dans la publication de l'*Index* de notre deuxième décennie. Ainsi avons-nous pu donner à notre secrétariat, à nos collaborateurs, quoique habitués à un long jeûne de dix-sept ans, une petite bouchée qu'ils trouvent savoureuse. La *Revue* a tout de bon conquis les milieux officiels. Aux dernières nouvelles, celles de 1967, l'on nous apprend que notre revue figurera parmi les 10 revues admises au pavillon du Québec. Le 15 avril, au banquet des « Vingt ans » de la RHAF, le ministre des Affaires culturelles du Québec, M. Jean-Noël Tremblay, portait à $15,000 l'allocation de l'Institut. Presque le pactole pour les pauvres que nous étions restés ! A notre ministère de l'Education, on l'a inscrite sur la liste des ouvrages de consultation pour certaines catégories d'étudiants. Et voici que nous pénétrons les milieux d'étudiants d'université, du moins à Montréal, et que nous gagnons du terrain dans le monde anglo-canadien, que notre avance continue dans le milieu américain, qu'en Europe nous comptons de nouveaux abonnés: au grand Institut de France et dans l'université anglaise de Liverpool. Et combien d'autres abonnements et de ventes de collections complètes, même en Europe, font que le miracle se continue ! Le 4 juillet 1961, André Laurendeau accorde à la *Revue* un bel article dans *Le Devoir*: « La revue intéresse l'honnête homme: on la lit avec plaisir même si l'on n'est pas soi-même un spécialiste. Elle s'intéresse aux grands et aux petits problèmes de l'histoire... elle stimule la recherche...

---

17. Georges-Émile Lapalme (1907-   ), avocat ; député fédéral de Joliette (1945-1949) ; chef du Parti libéral pour la province de Québec (1950) ; député provincial de Montréal-Outremont (1953-1966) ; chef de l'Opposition à l'Assemblée législative (1953-1960) ; procureur général (1960) ; ministre des Affaires culturelles du Québec (1961-1964) ; président de la Commission des biens culturels du Québec (1972-   ).

elle voyage à l'étranger et signifie notre existence. Elle sert donc le prestige canadien-français, soit chez les Anglo-Canadiens, soit à travers le monde entier. » Je sens toutefois qu'il faut à la *Revue* une direction plus jeune. En cette année 1966, j'avais soigneusement préparé ma démission. Je m'étais même trouvé un successeur qui m'aurait fait oublier et qui aurait pu donner à l'œuvre le stimulant qu'il lui faut en ce nouvel essor qu'elle connaît. La tâche, je l'avoue, commençait à me peser. J'avais trop compté sur l'indulgence des hommes. On prit peur. A qui irait la direction de la *Revue* ? Faute de connaître mon successeur probable, une opposition s'organisa; mon collègue, Guy Frégault [18], est le premier à me blâmer de ce projet de démission. Des historiens anglo-canadiens s'en mêlent. Mon ami G. F. G. Stanley, doyen de la Faculté des arts du Collège militaire de Kingston, aurait même dit: « Je sais qui peut faire vivre la *Revue*; je sais aussi qui peut la tuer. » Il me fallut céder à la pression et à 88 ans avancés, accepter une tâche qui me pourrait mener à mes 90 ans.

---

18. Guy Frégault, voir la note 57 du septième volume.

II

QUELQUES APPARITIONS EN PUBLIC

Qu'il est difficile de se retirer du public quand on s'est laissé prendre par les deux pieds dans cette glaise. Je le dis sans mérite et sans ostentation. Le temps est tôt venu pour moi de rentrer dans le silence, la solitude. Dès mon départ de l'Université, il me paraissait que j'avais écrit et dit ce que j'avais à écrire et à dire. Il me répugnait de me répéter. On se fatigue d'entendre les plus beaux disques, de lire indéfiniment les plus belles pages. Qu'avait-on besoin d'entendre encore ma pauvre voix, d'arracher à ma plume tant d'encre par trop délayée ? A 89 ans tout près j'ai encore de la peine à défendre ma tranquillité. Est-ce manque d'idées, manque d'hommes dans les jeunes générations ? Je ne leur reconnais pourtant point cette magnifique humilité. Et voilà qui m'amène à parler de quelques-unes de mes sorties hors de ma solitude.

En 1952, il y avait grand branle-bas à Québec, un congrès, le 3e Congrès de la Langue française, y tenait ses assises. L'un des organisateurs et l'un de mes bons amis, Mgr Paul-Emile Gosselin [19], voulut absolument m'embrigader pour une séance du soir: la « Soirée de la jeunesse ». On l'avait fixé au 21 juin. Las de ces

---

19. Paul-Émile Gosselin (1909-   ), ptre ; p.d. ; chargé de cours, préfet des études au Petit Séminaire de Québec ; assistant-directeur (1949-1953) ; professeur de philosophie à l'Université Laval (1944-1955) ; directeur général de L'Action sociale Limitée (1953-1962) ; aumônier de l'ACJC (1952) ; aumônier général de la Société Saint-Jean-Baptiste de Québec (1950-1960) ; secrétaire du Conseil de la Vie française et directeur de la revue Vie française.

sortes de discours, je me fis un peu prier. Puis je demandai:
« Combien d'orateurs serons-nous ?... Vous prévoyez 10,000 à
12,000 jeunes gens. La capacité de ces sortes d'assemblées ne
peut dépasser la demi-heure. » — « Vous ne serez que trois: M.
René Chaloult vous présentera... vous n'avez pas d'objection ?...
Et Monseigneur l'archevêque, Mgr Maurice Roy, vous remercie-
ra. » J'acceptai. Quelques jours plus tard, de passage encore à
Québec, le président de la Société Saint-Jean-Baptiste de la capitale me fait savoir qu'à la suite d'une entrevue avec le premier
ministre, M. Maurice Duplessis, et d'un don de $25,000, au
prochain congrès, ils lui ont offert la présidence d'honneur de la
« Soirée de la jeunesse ». A brûle-pourpoint je dis à mon interlocuteur: « Tant mieux ! Je me sens délié de mon engagement. » Le
propos est rapporté à mon ami l'abbé Gosselin qui ne l'entend
pas de cette oreille. Il entasse instances sur instances. « Mon cher
abbé, lui dis-je, j'ai passé l'âge où l'on parle pour ensuite se faire
couper les jambes par celui qui vient avant vous ou après vous.
Connaissant les sentiments du premier Ministre à mon sujet, je
sais ce qui m'attend. » Et je restai sur mes positions. Si bien que,
mon refus se prolongeant, mon ami Gosselin s'avisa de faire
intervenir René Chaloult auprès du premier Ministre. Ce même
jour, un appel téléphonique. Ma secrétaire répond, s'esclaffe de
rire, puis me dit: « Voulez-vous répondre à je ne sais qui veut
se faire passer pour le premier Ministre. » Je me rends lentement
à l'appareil me demandant lequel de mes amis pouvait se permettre cette sorte de tour. Au bout du fil, c'est bien la voix
de M. Duplessis. Pour m'en assurer je glisse: — C'est bien M.
le premier Ministre qui parle ?

— Oui, oui, je vous parle de mon cabinet et René Chaloult
est à mes côtés.

Il n'y avait plus de doute. Mais le premier Ministre continuait:

— Vous avez chez vous, une jeune fille qui a le rire facile...

— Elle ne vous a pas été désagréable ?

— Non. Elle n'a pas imité ce monsieur de Montréal à qui je
disais, l'autre jour, au téléphone: « c'est le premier Ministre qui te
parle » et qui m'a répondu: « Va donc au diable, maudit men-
teur. »

— On me dit que vous êtes inquiet au sujet de la soirée du Congrès. Soyez tranquille, il ne se passera rien.

Un peu embarrassé de cet imprévu, je risquai: « Je m'inquiétais surtout du nombre des orateurs... » Il me coupa la parole: « Soyez tranquille. »

Et c'est ainsi que me croyant empêché de parler à Québec, la Société Saint-Jean-Baptiste de Montréal me retint, entre-temps, pour son banquet. Ce Congrès de 1952 me coûta donc deux discours. A Montréal, j'y parlai de « Fidélité française ». A Québec, j'y pris pour sujet: « Pour une relève ». Le Colisée, ce soir-là, était comble. Nous ne devions être que trois orateurs. Nous fûmes quinze. Tous les groupes de jeunes Canadiens français du Canada vinrent faire leur salut au vieux Québec. Après eux, ce fut le tour d'un évêque de France. Lorsque vers les onze heures passées, René Chaloult gravit l'estrade pour me présenter, les enfants des écoles, tassés dans les tribunes depuis huit heures, dormaient sur leurs bancs. Pour comble les haut-parleurs négligèrent de bien fonctionner. On n'entendait rien à cent pas. J'eus l'impression de parler dans une salle vide. Mon auditoire de 1937 n'était plus là. Le premier Ministre qui me suivit fit galamment les choses. Il était en pleine campagne électorale. Il se permit ce mot d'esprit ou ce calembour: « L'abbé et moi, nous n'avons pas toujours été du même avis. Mais, ce soir, il y a au moins ceci de commun entre nous, que tous les deux nous nous battons pour la *survivance.*» L'aventure ne m'engageait pas néanmoins à gravir de nouveau la tribune.

■ ■ ■

Mais il m'a toujours fallu compter avec le despotisme de mes amis. Je me sentais une soif, mais quelle soif ! de solitude, de travaux paisibles. Mes amis me croyant libre, en pleine disponibilité, continuaient de me harceler comme au plus beau temps de mon éparpillement. Nous atteignions l'année 1960. *Le Devoir* allait fêter son cinquantenaire. Se pouvait-il qu'on ne m'y mêlât ? André Laurendeau ne fut pas de cet avis. Pour expliquer ma collaboration à l'événement, il faut se rappeler que le journal gardait encore beaucoup de son prestige. Bourassa, Pelletier,

Héroux n'y étaient plus. Mais leurs grandes ombres se profilaient encore sur leurs très proches disciples qui, par là, gardaient quelque chose des grands commencements. Comment définir André Laurendeau, cet homme alors encore jeune, de taille légèrement au-dessus de la moyenne, d'apparence frêle, de figure pâle avec des yeux luisants, d'une démarche oscillante, démarche d'un homme qu'on eût dit mal posé sur ses pieds, et dont on aurait pu augurer de faciles déviations dans la vie. En 1960, André Laurendeau paraît encore de l'authentique lignée du *Devoir*. Les événements l'ont décoré d'une fort belle jeunesse. Il a été des Jeune-Canada; il en est devenu l'âme. J'ai même songé, on s'en souvient, à faire de lui, mon successeur à la chaire d'histoire. D'autres prestiges lui sont venus. L'un des premiers militants dans la *Ligue de la défense du Canada,* il passera facilement, après la révolte du groupe de Québec, à l'élite dirigeante du Bloc populaire. Un congrès du Bloc fera même de lui le chef québecois de ce mouvement politique. Il siégera en 1945 à la législature de Québec, avec deux autres de son groupe. Puis, il abandonnera la politique et le Bloc pour devenir au *Devoir* l'assistant du nouveau directeur, Gérard Filion. Rupture, en sa vie, que beaucoup de ses anciens amis jugeront défavorablement. André Laurendeau eut beau dire qu'il s'en allait simplement sur un autre théâtre défendre les mêmes idées. Le passage d'un théâtre à l'autre s'accompagne d'équivoques qui laissent toujours une trace malheureuse, comme un trait de plume qu'on tente d'effacer. Le papier reste un papier gratté. Au fond, je crois que Laurendeau ne croyait plus en l'avenir du Bloc et l'aventure du journalisme le séduisait. Dans le temps j'avais dit à Gérard Filion: « Pourquoi vous faut-il *diminuer* votre ami Laurendeau pour l'amener au *Devoir* ? Est-il si nécessaire qu'il quitte la politique ? Bourassa dirigea *Le Devoir* sans quitter le parlement d'Ottawa. » A quoi Filion me répondit: « Bourassa pouvait faire des choses que Gérard Filion ne saurait faire. » Changement de théâtre qui, pour Laurendeau, n'en resta pas moins un malheur. Son chef, Maxime Raymond, ne lui pardonna jamais cet abandon et surtout dans les formes où il s'était accompli. Depuis ce jour ses meilleurs amis ne cesseront de s'interroger à son sujet. J'en sais quelque chose. On me demandera: « Qui est-il ? Peut-on compter sur sa franchise ? etc., etc. » Pendant quelque temps André

Laurendeau avait dirigé *L'Action nationale* *. Le métier nouveau
ne lui était donc pas le grand inconnu. Journaliste l'était-il vraiment ? Il possédait à coup sûr l'art de la plume. Il apportait au
journal une culture brillante. Son passage dans la politique, si bref
fût-il, l'avait mûri, lui avait donné la connaissance des hommes et
des grands problèmes de l'heure. Du journaliste, il lui manquait
peut-être le trait, la concision qui cloue dans l'esprit du lecteur,
l'idée, l'avertissement, la décision à prendre. En ses articles il
mettait un peu trop de la dissertation, de la subtilité. Esprit subtil, il l'était jusqu'à la perfection, jusqu'à l'excès. A la législature
de Québec, m'a-t-on rapporté, Maurice Duplessis, pourtant très
retors, redoutait plus que tout autre, dans la critique des projets
de loi, le député de Montréal-Laurier. Mais André Laurendeau
n'avait rien perdu de sa hauteur d'âme. Tous deux, lui et son ami
Filion, donnèrent au *Devoir,* une élévation, un ton qui en rappelait les grandes années.

L'un et l'autre, en effet, se complétaient. Autant Laurendeau évoquait la facilité de l'esprit, j'oserais même dire l'artiste
qui se joue à travers les problèmes, autant Gérard Filion incarnait l'esprit solide, le gaillard qui échange volontiers sa plume
pour un bâton, le journaliste au ton tranchant, qui sait faire entendre ce qu'il pense sans que personne n'ait à se fouiller. Vrai
campagnard qui porte à ses semelles toute la glaise de son pays.
Belle période encore dans l'histoire du *Devoir* où l'on croyait
retrouver quelque chose et même beaucoup de l'ancien esprit de
Bourassa, d'Héroux et de Pelletier. Pourquoi faut-il que cette
ère ait pris fin ? André Laurendeau s'en ira avec Davidson
Dunton [20], prendre la direction d'une grande enquête organisée
par le gouvernement fédéral sur la possibilité d'un « bicultu-
ralisme » au Canada; Filion écoutera son penchant vers les affaires

---

* André Laurendeau a été directeur de *L'Action nationale* de 1937
à 1942.
20. Davidson Dunton (1912-   ), journaliste ; reporter, rédacteur en
chef du *Montreal Standard* (1935-1942) ; attaché, directeur général de la
Commission d'information en temps de guerre (1942-1945) ; président du
Bureau des gouverneurs de Radio-Canada (1945-1958) ; président de la
Carleton University (1958-1963) ; président de la Commission Laurendeau-
Dunton-Gagnon (1963-1970) ; président du Conseil de presse, Ontario
(1970-   ).

et se mettra, pour y échouer, à la préparation d'une aciérie québecoise. Deux magnifiques esprits qui nous auront fait défaut et qui n'auront pu suivre la ligne de leur vie. Serait-ce un sort, une misère qui nous seraient propres ? Souvent je m'en suis exprimé: le spectacle le plus douloureux de ma vie aura été celui de tous ces talents avortés, arrêtés court, de tant de lâchages en cours de route, de tant de vies déviées de leur ligne. Serait-ce la fatalité de tous les petits peuples qui ont trop souffert, qui ont affronté trop de tempêtes ? On sait le sort des arbres poussés sur les hauts promontoires, ou sur les bords des lacs ou des fleuves trop battus par les grands vents: arbres malingres, tordus, victimes promises au premier ouragan...

Longue digression pour expliquer qu'en 1960, je pouvais encore, malgré qu'il m'en coûtât, accorder ma collaboration au *Devoir*: collaboration que je ne lui donnerais plus aujourd'hui. Je n'écrivis point à Laurendeau l'article qu'il souhaitait pour son numéro spécial du cinquantenaire du *Devoir*. Je lui écrivis une lettre où passaient presque toutes mes opinions sur les problèmes de l'heure. Je l'écrivis tout d'un trait, comme il m'arrive lorsque ayant eu le temps d'y penser, j'ai la chose au bout du pouce. Laurendeau en parut content. M'écrivant ses souhaits à l'occasion de mes 82 ans, il disait (*Le Devoir*, 13 janvier 1960): « Nous avions demandé au chanoine, pour notre numéro spécial du 29, un article sur le patriotisme (Faut-il rajuster la définition du patriotisme canadien-français ?). Il nous a répondu à peu près ceci: Je dois me ménager, j'ai juré à mon médecin de refuser les articles, mais comment refuser tout à fait au *Devoir*, en pareille occasion: alors je vous adresserai une lettre. Ce qu'il a fait. Seulement la lettre vaut deux articles, c'est l'un des textes les plus substantiels que nous présenterons dans notre numéro spécial. Voilà comment le chanoine Groulx se repose et n'écrit plus d'articles... » Je note ce fait pour ceux-là qui voudraient savoir comment tournait alors ma pensée autour de nos plus graves problèmes. Le soir du cinquantenaire du *Devoir*, grand gueuleton à l'hôtel Reine-Elizabeth ; il m'y fallut prononcer une santé, celle du Canada français. Et c'est la façon dont un octogénaire peut défendre sa liberté.

■　■　■

Une autre occasion s'allait du reste présenter — et ce ne serait pas la dernière — où bon gré mal gré il me faudrait encore céder à la force. Au début de juin 1964 (du 5-7), la Fédération des Sociétés Saint-Jean-Baptiste du Québec tient dans la capitale québecoise son congrès annuel. On m'invite à y prononcer le principal discours au banquet de la fin. Sur conseil de mon médecin, le Dr Jacques Genest, je ne me prête plus guère aux longs voyages et à ces efforts oratoires. Je crois au surplus qu'à un âge avancé tel que le mien, il faut savoir se taire. L'on a tout dit ce que l'on avait à dire. Me répéter m'est une vraie souffrance. J'oppose donc à mes amis de la Fédération un refus. Mais on revient à la charge et l'on y met de telles instances: préparation minutieuse du voyage, réservation au Frontenac d'un appartement, pour moi, ma secrétaire et son mari, nulle autre apparition au congrès qu'au moment du banquet, etc., etc. Ma secrétaire qui doit me conduire à Québec, finit par me convertir. Je suis donc là le 7 juin. L'auditoire en vaut la peine: plus de 800 convives. Je me sentais quelque peu inquiet. La voix, vieillie, me faisait parfois défaut. Mais l'on a placé devant moi tant de micros — j'en porte un au cou — que, le moment venu, je crois avoir retrouvé la voix de mes meilleurs jours. Je n'avais préparé qu'une courte allocution. Disais-je quelque chose de nouveau ? Je ne le crois pas. Peut-être le disais-je d'une façon nouvelle. Mais la génération d'aujourd'hui connaît si peu le message que lui ont laissé ses aînés, qu'elle verrait du nouveau où il n'y aurait que sa surprise d'en apercevoir. Mon thème consistait à montrer comment nos impatiences d'aujourd'hui et jusqu'à nos velléités d'indépendance s'inséraient dans la trame de notre histoire.

> Voilà deux cents ans, disais-je, que nous sommes à la recherche d'une formule de vie: deux siècles que nous ne vivons point une vie normale, aventurés dans la gageure de rebâtir notre vie sans les structures essentielles. Tension aiguë où nous n'avons pas fini de nous épuiser. Peuple conquis, coupé trop jeune de nos racines nourricières, nous essayons de nous adapter à des institutions qui ne nous sont pas connaturelles.

Ici et là, je trouve mon texte parsemé de déclarations telles que celles-ci:

En dépit parfois de l'acquiescement de ses chefs, jamais notre peuple, dans son ensemble, n'a totalement accepté la conquête...

A propos du statut de 1867:

Il n'y a pas de formes de gouvernement qui tiennent contre le droit à la vie d'une nation... Jamais [et il faut qu'on le sache] nous n'avons voulu d'un Etat central fort, investi du pouvoir de nous gruger ou de nous broyer dans ses serres... La preuve éclate aujourd'hui sous les yeux de tous: nos folies partisanes n'ont pu amoindrir, encore moins annihiler cette ambition de liberté qui, après une aberration d'un siècle, nous ressaisit soudainement avec une vigueur explosive que nulle puissance politique ou autre ne pourra plus refréner: ambition de posséder un Etat bien à nous, « expression politique » de la nation canadienne-française: l'Etat français autrement dit, que j'osais revendiquer il y a quarante ans, et qui me valait alors les épithètes de « séparatiste » ou de révolutionnaire...

Je m'appliquais, cela va sans dire, le slogan, qu'à ce propos, l'on avait lâché dans le peuple, aux récentes élections: « Maître chez soi ! » « Maître chez soi ! Grand mot qu'on ose enfin prononcer. Encore faut-il bien se rendre compte de ce qu'il sous-entend. Etre maître chez soi ! Pour une nation parvenue à l'âge viril, ou du moins qui prétend l'être, ce serait, si je ne me trompe, être maître de sa politique, j'entends de son gouvernement, de son parlement, de sa législation, de ses relations avec l'étranger, ne pas subir, en ce domaine, de tutelle indue; cela veut dire encore, être maître, dans la mesure possible, à l'heure contemporaine, de sa vie économique et sociale, exploiter pour soi et non pour les autres, ses ressources naturelles, toutes ses ressources naturelles, posséder les moyens de financer son administration, ses institutions d'enseignement, de bien-être social; ces moyens, n'être pas obligé d'aller les mendier chez qui que ce soit. Cela veut dire aussi, pour une nation trop longtemps colonisée, un ressourcement aux fontaines vives de sa culture, une désinfection et un rajeunissement de son esprit; et cela veut dire enfin, pour une nation chrétienne et même catholique, un abreuvement assoiffé aux sources jaillissantes où, depuis vingt siècles, toute nation affamée de liberté, de fraternité, de grandeur, a trouvé, dans la doctrine du Christ, la plus nourrissante, la plus merveilleuse formule de civilisation... » Je poursuivais par un rappel de la fable de Sisyphe où j'ai toujours vu un symbole de notre histoire:

> Rôle de Sisyphe... en particulier celui de ma génération. Nous avions épousé, disais-je à mon auditoire, toutes vos ambitions. Nos formules ressemblaient étrangement aux vôtres. Hélas, nous avions contre nous tous nos officiels et les grands dirigeants de notre vie économique. Le rocher de Sisyphe nous a paru lourd; plusieurs fois il est retombé sur nous au risque de nous écraser. Une nouvelle génération est venue, ce me semble, qui, de ses fortes mains, et avec l'aide de Dieu, va ressaisir le rocher de notre destin, pour l'asseoir résolument sur un sommet solide d'où, plus jamais, il ne redescendra.

Mon allocution ne devait durer qu'un quart d'heure. Elle dura une demi-heure, coupée par trop d'approbations vibrantes. Je le confesse avec un peu et même beaucoup de confusion, j'éprouvai, une fois de plus, ce jour-là, la joie et la vanité de sentir devant moi, un auditoire véritablement dominé, les yeux braqués sur les miens, et qui communiant à ma pensée, à mes déclarations passionnées, me paraissait onduler par vagues.

L'on avait enregistré sur bandes la petite allocution. On la mit en brochure. Elle courut par toutes les sections de la Fédération des Sociétés Saint-Jean-Baptiste. Mais elle mit fin, sinon à mes discours publics, du moins à des manifestations de cette sorte.

III

DIVERSES ENTREVUES

Ferais-je une part à mes entrevues ? J'en eus beaucoup purement verbales, non consignées, dont j'ai même perdu le souvenir. Genre étrange, qui m'a parfois valu beaucoup d'agacements. Avec certains surtout, j'y voyais une telle perte de temps. Genre qui a pourtant son prix. L'interviewé se voit forcé à une recherche, à une plongée en soi pour se mieux connaître, se mieux définir. S'il est sincère, c'est l'être cadenassé, scellé qui s'ouvre et fait en soi-même des découvertes. La plupart des entrevues que j'ai consenties, tendaient à m'interroger sur mes travaux, surtout sur ma façon de penser devant tel ou tel événement, tel courant d'idées, sur ma façon de concevoir tels problèmes nationaux, sur les origines de mes ouvrages, etc. Mon âge aidant, l'on me prête longue expérience, une sorte de vue divinatoire sur le présent et l'avenir. Et alors se dresse *l'aspirateur* qui voudrait vous pénétrer, vous secouer si possible jusqu'aux moelles.

Les années soixante me paraissent bien celles où l'on a le plus sollicité d'entrevues. Il se passait alors quelque chose dans le Québec. Je relève, en particulier, une entrevue au *Petit Journal* (Montréal), deux à *La Presse,* une au *Devoir,* une autre à *La Patrie;* d'autres encore au *Star Weekly,* au *Winnipeg Tribune,* au *Star* et à la *Montreal Gazette,* aux Scouts. Le Canada français s'interroge. Il vit une période d'incertitude. De quel mal souffre-t-il ? Sur quels remèdes compter ? Etc., etc. Je le vois aux questions que me pose en mai 1962, la journaliste du *Petit Journal,* un hebdomadaire alors très en vogue: « Croyez-vous au bilinguisme ? La Confédération peut-elle être encore sauvée ? Quelle est la racine de tous nos maux ? Que pensez-vous de l'enseignement religieux chez nous ? De l'enseignement de l'Histoire ?... » Eternelles questions qui reviendront, sous une forme ou sous une autre, en presque toutes ces rencontres. J'ai conscience parfois qu'on me prend pour un homme figé, enfermé en son petit magasin d'idées, un bloc granitique que rien ne rapetisse ni ne grossit, et qui ne bougera d'éternité où le hasard l'a installé. Je me figure pourtant que mes idées marchent. Elles s'enrichissent de mes lectures, de mes réflexions. Ancrées sur quelques principes de fond, elles sont sensibles pourtant au vent qui passe, aux faces déconcertantes d'un univers en métamorphose. Peu à peu mes idées se sont concrétisées, renforcées sur quelques-uns des problèmes qu'on me soumet; et par exemple, l'avenir, je m'en convaincs de plus en plus, n'est pas au régime fédératif au Canada, pays fait de trop grosses parties pour n'en point venir à rêver d'indépendance ou de quelque chose d'assez proche. De même, le problème économique me paraît-il, pour le Québec, d'une gravité sans cesse croissante. Je le dis au *Petit Journal*; je le dirai à Jean-Marc Léger (*Le Devoir*, 24 déc. 1960) qui m'interrogera sur « la crise du français au Québec » ; je le dirai à André Laurendeau (*Le Devoir,* 24 oct. 1962) qui, lui, voudra savoir les origines de notre pensée, sur le même problème, au temps de l'Action française; je le dirai à combien d'autres. A Jean-Marc Léger qui veut savoir les causes de « la crise du français », je fais un petit bout d'histoire: pureté de la langue reçue des ancêtres; hâtive corruption dès la Conquête par l'introduction du bilinguisme politique et judiciaire. Langue de traduction trop en honneur. Aggravation soudaine après 1880 par l'industrialisation hâtive à l'anglaise et à l'américaine et par le déracinement dans les campagnes. Aggravation aussi par notre enseignement, notre idolâtrie du bilinguisme, notre culte de la langue anglaise prônée à outrance par nos pédagogues, nos politiciens, nos hommes d'affaires, ceux-ci nous prêchant de ne pas mêler le patriotisme et les affaires. A ce moment je prends hardiment la défense de notre petit peuple:

> Je n'hésite pas à l'écrire: notre petit peuple, celui de l'usine, des quartiers ouvriers, est *une grande victime*, non *un coupable*. Qu'a-t-on fait pour lui ménager l'évolution, pour amortir le

Le Dr Jacques Genest, directeur de l'Institut de recherches cliniques de Montréal, et le chanoine Lionel Groulx, lors de l'inauguration de l'immeuble de l'IRCM (17 avril 1967).

Sur le parvis de l'église Notre-Dame de Montréal, après les funérailles du chanoine Lionel Groulx, le 26 mai 1967, Me Daniel Johnson, premier ministre du Québec, et Me Jean Drapeau, maire de Montréal, présentent leurs condoléances à M. et Mme Marcel Rémillard (nièce du chanoine).

(Extrait du testament du chanoine Lionel Groulx)

Je laisse à mes parents et amis ce court message : prêtre, j'ai fait peu de ministère auprès des âmes. Ce fut l'une des nostalgies de ma vie. Je m'en suis consolé en me rappelant que je n'avais choisi, ni ma carrière, ni mon devoir. J'ai accepté le choix qu'en ont fait pour moi mes supérieurs ecclésiastiques. Une autre de mes consolations, ce fut la conscience de travailler pour la survivance du Canada français : petit pays et petit peuple qui, parce que catholiques, m'ont toujours paru la grande entité spirituelle en Amérique du Nord. De ce point de vue qui fut celui de toute ma vie, on pourra s'expliquer, je crois, tout ce que j'ai dit, tout ce que j'ai écrit, tout ce que j'ai fait, et de même pourra-t-on comprendre que parfois je l'aie fait passionnément. Pour ce motif et pour cette inspiration de mes actes, Dieu veuille me pardonner et me faire miséricorde.

Quand on n'a pas fait de sa vie tout ce que l'on aurait souhaité, il reste à faire au moins bon usage de sa mort. Une fois de plus, et en toute simplicité, j'offre la mienne pour l'Église, pour les causes que j'ai aimées et que j'aurais voulu mieux servir. Ma mort, je l'accepte comme la grâce d'en-Haut m'accorde de le faire et depuis longtemps, telle que le Bon Dieu voudra me l'envoyer, au jour, à l'heure de son choix. Qu'Il m'accorde seulement de l'accepter de sa main comme une suprême offrande : ma dernière messe de prêtre.

Je recommande instamment mon âme aux prières de mes parents, de mes amis, de tous ceux qui ont voulu m'assurer parfois qu'ils me devaient un peu de bien. Jeune séminariste, étudiant la page de théologie qui y a trait, j'ai fait le « vœu héroïque ». Je l'ai émis en bonne et due forme. Je ne l'ai jamais répudié. On verra peut-être là une raison de ne pas m'oublier trop vite.

choc ? On lui a prêché sur tous les tons l'étude de l'anglais, encore de l'anglais, toujours plus d'anglais. Pédagogues, hommes d'affaires, journalistes, politiques lui ont chanté à qui mieux mieux l'antienne. Ce fut un emballement général. Sans doute fallait-il de l'anglais, mais en fallait-il au détriment du français ? Fallait-il oublier que peu de têtes peuvent porter deux langues sans les mêler ? Et pendant que les programmes scolaires imposaient de plus en plus et sans discernement l'enseignement de la langue seconde, a-t-on rappelé à notre peuple l'urgence de renforcer l'étude de la langue maternelle ?

A une question de Jean-Marc Léger qui me dit: « Ne faut-il pas admettre, M. le Chanoine, que cette attitude a pénétré les esprits, que du moins elle les a contaminés ? », je réponds:

Oui, hélas, un mal plus grave, plus inquiétant, parce que d'ordre psychologique et moral, devait miner l'esprit de notre peuple. Cette importation massive du capital étranger, un temps nécessaire, cette soudaine évolution industrielle, nos élites dirigeantes ont-elles su les représenter au peuple québecois comme une phase transitoire de sa vie ? Lui a-t-on indiqué, dès lors, les moyens d'en sortir, de ressaisir un jour les commandes de sa vie économique ? Contre ce nouveau conquérant qui s'imposait avec tous ses prestiges, qui incarnait la force, la richesse et la puissance, a-t-on su défendre la victime, préserver sa fierté, lui laisser l'espoir dans son propre avenir ? J'ose à peine répondre à cette question quand on a vu ces mêmes élites, les nôtres, hommes d'affaires, hommes politiques, courtiser la puissance étrangère et ne cesser de fortifier ses prises sur le pays conquis.

Et je continuais:

Lorsqu'en 1920, j'entrepris dans *L'Action française* la première enquête jamais instituée sur notre problème économique, je n'ai pas oublié quelles timidités j'eus à vaincre et quel effarouchement dans un certain monde... J'ai souvenance aussi de campagnes électorales en 1935-1936 nées au cri de la libération économique. Qu'en est-il advenu ? Lorsqu'à la jeunesse de ce temps-là, j'oserai dire: « un train impitoyable nous écrase: jeunes gens, sautez dans la locomotive et renversez la vapeur », on me traitera d'anarchiste. Pendant longtemps notre loyalisme naïf a cru permanent, normal, chez nous, le colonialisme politique. D'une foi aussi robuste nous avons fini par croire également permanent et normal, le colonialisme économique.

Et le remède ? m'interrogeait mon jeune interlocuteur. « Vous ne nous avez pas habitués à croire à la partie définitivement perdue. » Le remède, répondais-je: « une cure d'âme pour notre peuple. Il a perdu foi en sa culture. Son mal est d'abord d'ordre psychologique et moral. » Il faut lui ôter de l'esprit que, dans le Québec, on ne gagne pas sa vie avec du français. Ce qu'il nous faut, concluais-je, sans ambages, c'est tout net:

> un renversement de la situation économique au Québec. Remède radical, je le veux bien, mais remède nécessaire, irremplaçable. De la sujétion économique vient presque tout le mal. D'un retournement peut venir la guérison. Il y faudra du temps, de la patience et même du doigté. Cela, non plus, je ne l'ignore.

Et je prêchais la croisade de la « seconde indépendance »:

> Il faudra créer les cadres de la libération, nous former des techniciens, des ingénieurs de grande classe, des chefs de grande entreprise; il y faudra un rassemblement de capitaux. Mais à l'exemple des jeunes peuples de l'Amérique latine et de l'Afrique qui déjà s'y préparent et s'y donnent, ayons le courage d'entreprendre le labeur de la seconde indépendance. Que, dès maintenant, en l'esprit de notre peuple trop prostré, on sache allumer l'espoir, l'ambition virile de rentrer en possession de son avoir matériel, de redevenir maître chez soi. Qu'on l'associe, même financièrement, par participation individuelle et collective, à sa propre libération. Et le peuple retrouvera la foi qu'il a perdue. Dans les évolutions de l'histoire, les grands événements ne sont pas seuls à compter. Comptent aussi, pour leur part, et pour le déclenchement initial, les idées-forces.

Pour boucler cette entrevue, venait cette finale:

> Enfin, pour la cure d'âme, j'indique un autre remède, pas le moindre et non moins nécessaire. Un peuple ne défend pas et ne garde pas sa langue pour le seul charme ou le seul orgueil de la parler. Il la garde parce qu'elle est quelque chose de son âme et parce qu'elle est porteuse de legs et d'espoirs sacrés. L'effort pour la conservation de la langue et son enrichissement doit donc mener à quelque fin, déboucher quelque part. Aussi ne faut-il craindre d'exalter l'esprit de notre peuple par l'espoir de la petite civilisation qu'il lui sera possible de créer en Amérique. Qu'on se rassure, elle ne sera cette civilisation, ni celle

d'Athènes, ni celle de Rome, ni celle du Grand Roi. Mais elle sera riche du juste équilibre de ses éléments matériels et spirituels, riche des valeurs d'âme que nous aurons su y infuser. Et elle sera belle de son originalité et de son extraordinaire réussite dans le contexte américain.

Certes, je sais à quels ricanements je m'expose ici, de la part de quelques-uns de nos intellectuels. Bâtir une civilisation ! Pourtant nous aboutirons là où peut et doit aboutir toute culture humaine, ou nous n'aboutirons à rien. Nous perdrons tout: lentement nous nous éteindrons dans l'infantilisme intellectuel où nous croient à jamais condamnés nos beaux esprits. Mais non, j'ai l'espoir que la bêtise, si bête soit-elle, ne l'emportera pas.

Par delà la « trahison des clercs », je vois une aube nouvelle se lever.

Je ne saurais dire avec quelle secrète joie, j'avais énoncé ces dernières lignes. Oser parler de civilisation, aboutissant de notre culture. Narguer tous nos petits intellectuels, nos défaitistes de tout poil, tous nos méprisants, tous ceux-là qui, pour ne nous pas croire assez petits, s'appliquent rageusement à nous rapetisser... Il y a des joies, de ces revanches qu'il fait bon savourer, ne serait-ce que pour se remonter soi-même !

■   ■   ■

Sur le problème économique au pays du Québec, je m'explique encore plus franchement avec André Laurendeau dans *Le Devoir* du mercredi, 24 octobre 1962. Il était alors question de reprendre possession de nos énergies hydrauliques, et par là, d'étatiser onze compagnies d'électricité, de fortifier d'autant une compagnie de la Couronne: l'Hydro-Québec. Etait-ce là du socialisme ? Le socialisme avait-il dicté aux nationalistes de mon temps la volonté de notre libération économique ? André Laurendeau voulait le savoir. Je lui réponds carrément: « Pas de survivance française pour nous sans libération économique. » A la question: pourquoi, prêtre, me suis-je à ce point intéressé au problème économique jusqu'à en être obsédé, et depuis quarante ans, ma réponse n'est pas moins nette: « Pour ses effroyables répercussions aperçues de bonne heure dans tous les

domaines de notre vie... » Dès 1921, dans l'article où j'annonce
la prochaine enquête de *L'Action française* (sur le problème
économique), j'écris: « Chacun sait avec quelle acuité ce problème se pose chez nous, dans notre province. Il n'est pas un seul
de nos intérêts intellectuels ou moraux qui n'y soit lié de quelque façon. » Et encore: « Un peuple n'est vraiment maître de
sa vie spirituelle — j'aurais pu dire « culturelle » — que s'il
détient l'entière possession de son patrimoine matériel... La
question nationale chez nous est une question économique. »

Etions-nous opposés à l'intervention de l'Etat en cette libération ? Non point. Et pour l'excellente raison, rappelions-nous
dès lors à la jeunesse, qu'il lui faudra « faire admettre que l'être
ethnique de l'Etat québecois est depuis toujours irrévocablement
fixé ». Eh oui ! *dès lors je croyais à l'Etat français* et à ses devoirs envers la nation. Et j'entends insister sur ce texte que
j'estime capital dans la petite histoire de ma pensée: « Une
histoire de trois siècles, disais-je donc, un statut juridique et national inscrit, amplifié depuis 1774, tout cet ensemble a fait du
Québec un Etat français qu'il faut reconnaître en théorie comme
en pratique. La Confédération a ce sens ou elle n'en a point.
Cette vérité de droit et de fait... doit gouverner chez nous l'ordre
économique, comme on admet spontanément qu'elle doive gouverner les autres fonctions de notre vie. » « Je m'élevais, dans les
mêmes pages, — je parle toujours de l'enquête de 1921 — contre la mise à l'enchère publique de nos ressources naturelles, ainsi qu'on avait fait des plaines de l'Ouest. Je m'indignais que ces
ressources fussent vendues aux plus hauts prenants sans le moindre souci des droits nationaux. » Et j'appuyais: « Le domaine national, le capital d'exploitation n'a jamais eu, pour nos gouvernants, de nationalité, pour cette raison qu'en leur esprit l'Etat
n'en a point. »

Intervention de l'Etat dans la libération économique ! Opinion, me faisait observer Laurendeau, qui s'est fortifiée chez
vous avec le temps ? J'en convenais, surtout après la rédaction
du programme de « Restauration sociale » de 1933 par des économistes et des théologiens. En témoignait ma conférence sur
« L'économique et le national », prononcée en 1936, devant la
Jeune Chambre de commerce de Montréal et le Jeune Barreau de

Québec. Après avoir réaffirmé « qu'il n'y a de peuples et d'Etats viables que le peuple et l'Etat maîtres de leur vie économique », je soutenais que « l'Etat a l'obligation de se rappeler que le bien national, notre avoir culturel, fait partie intégrante du bien commun dont il a spécialement la responsabilité, et puisque l'économique et le national ne sont point sans rapports l'un à l'égard de l'autre, l'Etat a encore l'obligation de se rappeler que le bien national lui impose des devoirs, même dans l'ordre économique; une certaine vie économique nous étant nécessaire et de nécessité organique, nous avons droit à un régime qui, non seulement ne mette pas en danger notre avoir culturel, mais qui en favorise l'épanouissement. »

■ ■ ■

Pas beaucoup à glaner dans les deux entrevues que je donne encore en 1962 à Marcel Adam et à Jacques Keable du journal *La Presse*; la première le 26 mai, la seconde, le 15 septembre: entrevues où l'on m'interroge plus sur moi-même, mes travaux, que sur mes idées, celles où ma vie me mêle au grand public.

D'une tout autre espèce mon entrevue avec les Scouts de Montréal. Les *Chemins de l'avenir* les ont quelque peu émus. Mes jugements sur la jeune génération leur ont paru sévères. Qu'attends-je de cette génération ? Ces rencontres avec la jeunesse m'ont toujours plu, surtout lorsque l'on me paraît chercher une règle de vie, un moyen de hausser son âme. Avec ces jeunes, ils sont trois, je pense, délégués par leurs camarades, rédacteurs de leur revue *Servir*, revue des chefs scouts catholiques du Canada (mars-avril 1965), je me sens à l'aise. Tant d'idées qui me sont chères me reviennent à l'esprit. J'avoue ma sévérité, sans la croire excessive. J'ai, dans l'esprit, le jugement amer d'un jeune professeur de notre Université montréalaise, l'un des plus remarquables, qui me disait l'autre jour, à propos de nos étudiants: « Un tiers travaille; les deux tiers paressent et s'amusent crapuleusement. Qu'attendre d'une pareille génération ? » Je confesse néanmoins n'avoir pas accordé meilleure part à une autre jeunesse, celle qui travaille et qui connaît le prix de la vie. A leur première question: *Comment voyez-vous le rôle d'un mouvement comme le scoutisme qui veut donner aux jeunes une*

éducation vraiment chrétienne ?, je réponds du tic au tac : « Etre
ce que l'on doit être, et l'être intégralement. Vous êtes catholiques: l'être excellemment, de la plante des pieds à la pointe des
cheveux. Vous êtes scouts, une espèce particulière de jeunes
catholiques: scouts, l'être dans la perfection de votre foi,
selon toutes les exigences de votre institution. Etre quelqu'un !
C'est ainsi qu'on rayonne, qu'on est dynamique... Ce n'est pas
en prêchant que les scouts sont vraiment des scouts, mais en
étant de jeunes catholiques qui mettent leur âme au premier
plan... Donc, avant tout, être un grand exemple, faire voir qu'il
peut y avoir des jeunes qui se conduisent avec grandeur et
dignité. »

Fort mêlés aux scouts anglophones, ces jeunes gens ne manquent point d'aborder l'enseignement de l'Histoire. La question
est vieille, mais quelle génération ne la ramène point et presque
à tous les cinq ou dix ans ? Nos politiciens, je le répète, par leur
bonasse bonne-ententisme, ont réussi à nous donner mauvaise
conscience dans les divisions qui sévissent au Canada. N'en serions-nous point, pour une part, grandement responsables, sinon les premiers et les plus gravement responsables ? Et, en l'affaire, quelle responsabilité ne pas attribuer à notre histoire ?
Nos petits scouts ont ramassé quelque part l'impérissable ren-
gaine. Nos historiens s'en mêlent. L'on en revient ou presque à
la Conquête anglaise « bienfait providentiel »: nul dérangement,
même régime monarchique, même régime colonial, mêmes cadres politiques, économiques, sociaux, etc. L'on n'oublie qu'une
chose et c'est qu'en ces cadres nous ne jouions que le petit rôle,
pour ne pas dire le rôle de valet et que, jusqu'à l'union des Canadas et même au-delà, nous serons en fait gouvernés par une
minorité anglaise. Hélas ! aveuglement étrange de jeunes esprits.
Mais ainsi le veut la passion de renouveler l'histoire à tout prix.
Donc, se demandent ces jeunes gens, à la suite de bien d'autres,
pourquoi deux histoires du Canada, l'une d'esprit canadien-français et l'autre d'esprit *canadian* ? Pourquoi point le manuel unique, rêve de tous nos assimilés et de tous nos assimilateurs ?

A mes jeunes amis, je me vois forcé de servir des répétitions:
ce n'est pas l'histoire qui nous a divisés. Relisez là-dessus ma

conférence: *Pourquoi nous sommes divisés*. Des causes autrement plus graves sont intervenues. Chimère que le manuel unique dont les anglophones eux-mêmes ne veulent point. Et j'ajoute:

> Que voulez-vous, mes jeunes amis, si l'on écrit la biographie de quelqu'un, cette biographie est propre à ce quelqu'un; elle ne peut convenir à nul autre. C'est ainsi pour l'histoire. Si les Canadiens français se croient une nation, et ils le croient et ils le sont, leur histoire ne peut être qu'à l'image de cette nation ou elle n'est qu'un mensonge. Je l'ai dit encore récemment: il n'y a point d'histoire passe-partout. Et il ne saurait y en avoir.

Ces jeunes scouts, esprits mûrs, portent en eux deux graves préoccupations qu'ils me soumettent: « Comment donner à la masse une conscience nationale ? » et « l'indépendance du Québec ». Leur premier souci paraît les accabler. Ils ont déjà sondé, j'imagine, le vide de l'âme populaire. Que lui importe son destin, le milieu redoutable où vit la petite nation ? Que représente, pour elle, le problème de la survivance ? Autant de questions que moi-même je me suis tant de fois posées et qui m'ont apeuré. Je réponds pourtant avec une assurance, une foi, qui ne m'ont jamais quitté:

> Le problème n'est pas insoluble. Notre peuple a déjà le sentiment de former un groupe à part, de n'appartenir point à une province « comme les autres ». Sentiment qui existe, si imprécis soit-il. Il suffirait d'abolir, dans l'âme populaire, cette trop lourde survivance qu'est restée sa sujétion économique. Qu'on débarrasse notre peuple de cette sujétion, qu'il ne se voit plus contraint de gagner sa vie en anglais; que dans le pays de ses pères il n'occupe point le rang d'un simple locataire ou d'un simple employé, mais celui d'un propriétaire, et il reprendra goût à sa langue, à sa culture originelles; il ne se sentira plus une sorte d'étranger dans son pays natal et son âme se redressera. Cela veut donc dire la reprise graduelle des richesses naturelles de sa province. La reprise est déjà commencée. Nous avons repris nos grandes sources d'énergies hydrauliques. Que l'on continue en ce sens; que son système d'éducation, jusqu'ici si amorphe, fait pour des esclaves beaucoup plus que pour des hommes libres, l'éveille enfin à ces sortes de préoccupations; qu'on l'associe — on tente déjà de le faire — à son émancipation économique, et la vieille servitude trouvera sa fin.

Pour ce qui était de l'indépendance du Québec, je reprenais la
thèse tant et tant de fois exposée: position du problème en de
vraies conjonctures mondiales et américaines; bascules inévita-
bles des grandes puissances et même des races et des continents;
caducité du fédéralisme canadien, avenir inévitable aux provin-
cialismes et non pas au centralisme; préparer les événements, ne
point les bousculer... Et pour finale:

> Le devoir des jeunes d'aujourd'hui, c'est donc de préparer la
> génération de l'indépendance. Parmi ces jeunes, il appartiendrait
> aux scouts québécois de nous fournir les chefs de file.

Entrevue avec Aujourd'hui Québec

Voici pourtant un échec qu'il me faut humblement enregistrer.
J'avais salué avec une certaine joie l'apparition d'*Aujourd'hui
Québec*. J'y avais aperçu une première et courageuse réaction
contre tant de publications, journaux ou revues de jeunes d'une
déliquescence désespérante. Monotones *pronunciamientos* contre
les aînés, les croulants, contre tout ce que leurs pères ont tenu
pour sacré, révoltes enfantines contre toute morale, contre tout
frein pour ces poulains indomptés. Ces jeunes d'*Aujourd'hui
Québec* paraissaient vouloir un redressement de l'esprit de la
jeunesse. Et je crois qu'ils l'ont voulu sincèrement. D'autre part
je m'étonnais de leur mince prise sur la meilleure part de la masse
juvénile; je m'étonnais davantage de l'esprit plein de réserve d'une
partie de la jeunesse. Bientôt je connus la lourde paternité spirituelle dont ces jeunes relevaient. Leur animateur était un Père
Roy, oblat [21], homme d'œuvres, fondateur jadis de la JOC,
homme de pleines voiles mais de peu de doctrine, tenu en
suspicion, je le sais, par le cardinal Villeneuve. Un jour j'appris
que le Père Roy avait dû abandonner la JOC, passer la main
à un autre esprit plus solide. Mais après une longue absence
le Père Roy était revenu. Et il avait inspiré la fondation de
la petite revue, s'il ne l'avait lui-même fondée. A chaque
numéro, j'y reconnaissais la vieille formule de l'Action catholique, celle que j'ai dénoncée dans *Chemins de l'avenir*, qui

---

21. Henri Roy, voir la note 98 du septième volume.

a fait si peu, hors nous faire tant de mal, doctrine d'un catholicisme irréel, intemporel, désincarné, qui ne voit dans l'Eglise qu'une institution planant au haut des airs, incapable de s'attacher à un peuple particulier, d'embrasser ses problèmes, de s'associer à son destin, d'y préparer concrètement le royaume de Dieu. Je fis part de mes inquiétudes à la rédaction d'*Aujourd'hui Québec*. On sollicita une entrevue. J'eus devant moi, six ou sept jeunes hommes, dont l'un plus âgé, mais visiblement rebiffés contre toute attaque adverse, emmurés dans leur doctrine ou leurs façons de penser. Ils parlèrent peu, se contentant d'écouter avec des visages sceptiques. J'eus beau leur représenter l'aspect terrestre et temporel du catholicisme épousant toutes les aspirations légitimes des peuples de la terre, s'insinuant dans leurs institutions et traditions pour les redresser, les épurer, les rendre plus aptes à la réception de la doctrine et de la morale du Christ. Les sachant suprêmement en garde contre toute forme de nationalisme, n'y voyant qu'impureté, déviation de l'esprit chrétien, je m'acharnai en vain à leur définir mon propre nationalisme. « Je suis nationaliste, leur dis-je, — et je vois encore leur effarement — non point quoique prêtre, mais parce que prêtre, parce que mon nationalisme débouche sur le spirituel. L'histoire m'a révélé cette joyeuse et grande réalité d'un petit peuple, porteur en Amérique du Nord, d'un unique et incomparable destin. Nous sommes, dans la Confédération canadienne, une enclave française et catholique. Enclave considérable géographiquement, mais petite en population et en moyens de s'acquitter d'une si extraordinaire destinée. Dans notre partie de l'Amérique, nous sommes le seul groupe humain constitué en nation et en Etat, capable de créer une civilisation chrétienne et de représenter sinon d'illustrer l'une des plus magnifiques cultures du monde. C'est cela notre avenir, notre devoir. Et parce qu'il m'apparaît que cette tâche, garder à Dieu, à l'Eglise, un peuple authentique chrétien et catholique, vaut la peine d'y donner une vie, je suis nationaliste. Je ne le suis point pour d'autres motifs. Si j'ai paru m'intéresser et fortement parfois à des intérêts politiques, économiques, sociaux et culturels, c'est que l'observation et l'histoire m'ont aussi appris de quoi est faite la vie d'un peuple et que la surnature a besoin de compter avec le temporel et le naturel. » J'eus beau également conseiller à ces jeunes gens de méditer la doctrine d'un grand théologien qui me paraît l'un des maîtres de l'heure: le Père Jean Daniélou, dans ses ouvrages tels qu'*Approches du Christ, L'Oraison, problème politique, etc.* J'y perdis mon temps et ma peine. Je n'ébranlai point ces inébranlables. Le numéro subséquent d'*Aujourd'hui Québec* me servit la réplique en termes respectueux. L'on ne voulait pas se refuser au temporel, mais l'on entendait bien se garder contre le « piège » du nationalisme. Je regrettai mon échec, mais surtout pour ces jeunes gens de bonne volonté trop étrangers à ce qui se passe dans leur province et surtout aux aspirations de l'actuelle génération.

Entrevues avec des journaux anglo-canadiens

Fait singulier ! Aussitôt ma retraite de la vie publique, ne parlant et n'écrivant plus guère, si ce n'est en de rares occasions, et du ton modéré d'un sage, puis nos hommes d'affaires et même nos politiciens s'étant forcément convertis au nationalisme, ainsi que l'exigeait la « Révolution tranquille » du Québec, tout à coup, dans ces milieux où naguère l'on me tenait pour une « bête noire », un esprit dangereux, un étroit nationaliste, presque un anarchiste, tout à coup, dis-je, l'on découvrit que je n'avais ni cornes, ni pieds fourchus. Je me trouvai bien avec tous nos politiciens, sauf peut-être ceux d'Ottawa. Ma réputation d'anglophobe n'avait été bâtie, du reste, surtout que par mes chers compatriotes des affaires et de la politique. Je n'invente rien. Parmi ces politiciens, je pouvais compter nul autre que le « Très honorable » Louis Saint-Laurent, alors premier ministre du Canada. En septembre 1954, il prononçait, au Club de Réforme de Québec, un discours pour le moins étrange, en contraste absolu avec l'habituelle sérénité du personnage. Il allait jusqu'à dire: « Si le Québec n'est pas content, il peut voter contre nous. » Et pendant qu'il y était, il se lançait à l'attaque des nationalistes. J'y avais ma part. Le Ministre s'en prenait à mes théories « selon lesquelles il faut qu'il y ait en Amérique un Etat catholique et français séparé de ces sacrés protestants ». Prié de dire mon sentiment, je me contentai de répondre aux journalistes: « M. Saint-Laurent serait sûrement bien en peine de trouver dans mes écrits ou mes discours des intentions ou des expressions aussi fausses et vulgaires. J'avais toujours pris le premier Ministre pour un gentilhomme. Je regretterais d'avoir à changer d'idée. » Mes amis ne tardèrent pas à riposter dans les journaux. Mais encore une fois la flèche empoisonnée était lancée dans le monde anglais. Et comment, en ces milieux, pouvais-je avoir raison contre le premier Ministre ? Pourtant on me lut davantage. La *Revue d'histoire de l'Amérique française* répandue dans le monde anglo-canadien me présenta sous un autre jour. Et il s'ensuivit que, dans ces mêmes milieux, je trouvai apaisement. On sollicita des entrevues; on voulut scruter le fond de ma pensée. Et je devrai dire combien d'amabilités l'on se plut à me prodiguer. De ces entrevues, j'ai gardé le souvenir de quatre: la première, du *Star Weekly* (4 avril 1964); la deuxième, du *Star* de Montréal (23 janvier 1965); la troisième du *Winnipeg Tribune* par Cy Fox (13 mars 1965); la quatrième, de la *Gazette* de Montréal par Hubert Gendron (12 janvier 1966). J'hésite à résumer ces entrevues, tellement, en dépit de la condescendance des interviewers s'y sont faufilées d'imprécisions et de faussetés. Nos amis de l'extérieur ont tant de peine à nous comprendre. Me fais-je illusion ? Au cours de ces entrevues qui tournent parfois à la controverse, j'ai l'impression d'exprimer quelques vérités, de remettre beaucoup de choses au point. Ainsi, à propos de politique et à l'accusation de « séparatisme » ou même de « racisme » mes dénégations s'accompagnent toujours d'une offensive: « séparatiste ? non; raciste ? non; nationaliste ? oui, mais moins que vous. » Sur ce dernier point, offensive qui laisse mes interlocuteurs éberlués. De toute évidence, ils n'ont jamais mesuré la virulence de leur nationalisme: écrasement des minorités françaises rencontrées sur leur chemin, part plus qu'incongrue réservée à la langue française, à l'école catholique; violations incessantes de la constitution: pour ce faire, perversion du patriotisme canadien par l'hypertrophie du sentiment britannique, etc. Au reporter de la *Gazette* de Montréal, un Canadien français qui déplore les dangers de la dualité canadienne, j'ose répondre: « A qui la faute ? Nous étions seuls; nous ne vous avons pas appelés... Vous êtes venus nous conquérir... Vous n'avez pas réussi à nous assimiler... Il vous reste à nous endurer. » Et si je ne suis pas séparatiste, insiste-t-on, qu'est-ce donc que mon nationalisme ? Je riposte: « Qu'est-ce que le vôtre ?

Connaissez-vous beaucoup de peuples qui ne soient nationalistes, qui ne tiennent pas à leur culture, qui ne soient prêts à
la défendre farouchement, qui n'aient l'ambition de l'épanouir ?
Et qu'est-ce que tout cela si ce n'est du nationalisme, à quoi l'on
donne le prête-nom de patriotisme ? Patriotisme, si l'on veut,
lorsque la culture, l'être même de la nation, chance des vieux
peuples et des peuples forts, n'obligent nullement aux gestes dé-
fensifs. Nationalisme, si le geste défensif s'impose. Mais cette dé-
fensive, — c'est là que l'on m'attend — jusqu'où la conduire ?
Sur ce, mon avis s'énonce très ferme: jusqu'où s'étend le droit
de vivre d'une nation... Nulle nation, si faible, si petite soit-elle,
n'a le devoir de se sacrifier pour assurer la tranquillité ou la
grandeur d'une autre. D'ailleurs, au Canada, l'avenir n'appartient pas au centralisme. Sept des dix provinces représentent de
trop vastes unités géographiques, sont pourvues de trop de richesses, seront demain trop peuplées pour supporter indéfiniment un joug fédéral tracassier. » En ce cas, quelle image vous
faites-vous, me demandent et le *Star* de Montréal et le *Winnipeg
Tribune*, de la future Confédération canadienne ? L'image d'Etats
associés et selon le mode et pour les raisons que j'ai développés
dans *Chemins de l'avenir*.

On pense bien qu'en ces entrevues, le mot, l'énigme d'alors,
la « Révolution tranquille », trouva place. Comme elle intriguait
l'opinion anglo-canadienne ! En étais-je de cette révolution ? Et
qu'y fallait-il voir ? Je me réserve d'en parler plus explicitement
ailleurs. Mais on devine que je n'ose méconnaître l'irréversibilité
de ce mouvement, de cette prise de conscience sans pareille de la
nation canadienne-française. Volontiers je cite la réponse que me
faisait récemment René Lévesque: « Vous autres, politiciens,
lui disais-je, réussirez-vous à tuer ce mouvement, ce réveil comme vous en avez tué tant d'autres ? » — « Jamais ! m'avait répondu, d'un ton brusque, le ministre Lévesque. Qui que ce soit
qui gouverne à Québec — c'était avant juin 1965 — se verra
forcé de faire ce que nous nous efforçons de faire. » Vous espé-
rez donc survivre ? me demandaient enfin et le *Star* et la *Gazette*. Assurément, affirmais-je. Et mon espoir, je le fonde sur
la conversion presque miraculeuse de nos politiciens et de la
plupart de nos hommes d'affaires à une politique nationale ou

québecoise dans le Québec. L'Etat décide de se mêler de notre destin et dans l'ordre politique et dans l'ordre économique et culturel. Et personne ne s'étonne plus de ces interventions de l'Etat québecois, dès lors qu'on y respecte les traditions de la nation. Espoir, confiance en l'avenir qui prennent racine — pourquoi ne pas le dire ou le redire en passant ? — au fond de nos plus dangereux malaises au Canada et dans notre manière d'y faire front. Depuis la Confédération, c'est-à-dire depuis un siècle au moins, par nos sottises politiques, par la mollesse de nos réactions plus verbales que pratiques devant les pires spoliations ou violations de l'esprit et du texte du pacte constitutionnel, nous avions si libéralement développé, en l'esprit de nos associés, l'image d'un peuple sans ressort viril, résigné au grugement de son âme jusqu'à en mourir, qu'aujourd'hui, notre soudaine ressaisie et la force sinon même la violence de nos réactions déconcertent le rival; il n'y comprend plus rien, indigné comme le lion qui verrait tout à coup sa proie lui glisser entre les griffes. Indignation qui ne change rien à nos attitudes.

Je parle de ces choses et je les écris avec une sorte de flegme britannique. Je n'ai jamais éprouvé devant la « race supérieure » le moindre complexe d'infériorité. Complexe d'où provient, pour une large part, à mon avis, la sorte d'inimitié ou de fanatisme qu'entretiennent à l'égard de nos associés anglo-canadiens, beaucoup de Canadiens français. Rancune du faible à l'égard du fort. Non. Sans me faire illusion sur le passé anglo-canadien non plus que sur le péril pour nous de cette masse imposante et facilement hostile, je crois que les moyens nous restent d'affronter le rival et même d'en triompher. Nous tenons entre les mains tant d'atouts précieux dont il ne faudrait que savoir bien user. En mon humble cas, il arrive que, pour avoir franchement écrit et franchement parlé, cette franchise ne m'a nullement nui. L'on a vu tout à l'heure que les grands journaux anglo-canadiens recherchent mon opinion sur les problèmes de l'heure. Des historiens anglo-canadiens ont offert spontanément leur collaboration à la *Revue d'histoire de l'Amérique française*. M. W. L. Morton [22], historien de Winnipeg, a sollicité *l'honneur* de

---

22. William Lewis Morton, voir la note 52 du septième volume.

figurer parmi les membres correspondants de notre Institut. Nous
l'avons déjà vu. Que d'autres faits pourrais-je évoquer qui témoi-
gneraient dans le même sens. L'on apprendra peut-être non sans
quelque surprise, que je suis bel et bien docteur en droit *honoris
causa* de l'Université Saint-Jean de Terre-Neuve. Et que d'instances
l'on me fit pour qu'en personne je me rendisse dans l'Ile, recevoir
ma décoration. On s'offrit même à payer mon avion. A McGill,
mon ami G. F. G. Stanley a pu prononcer une conférence sur mon
œuvre d'historien. En 1960, The Canadian Historical Association (appelée aussi la Société historique du Canada, mais à pré-
dominance anglo-canadienne) décernait à l'Institut d'histoire de
l'Amérique française un « Certificat de mérite » pour son importante contribution à l'histoire régionale au Canada. Ce soir-là,
devant un auditoire composé principalement d'historiens anglo-
canadiens, je prononçais le premier et le seul discours anglais
de ma vie. Je doutais un peu de la correction de ma prononciation. Mais quand j'entendis le président de l'Association,
un monsieur W. K. Ferguson [23], s'efforcer de me remercier en
français, j'eus moins honte de mon discours. Et je devais recevoir un plus éclatant témoignage de mes concitoyens de l'autre
bord. En 1961, le Conseil des Arts du Canada décidait de
« médailler » dix personnalités qu'on estimait méritantes au Canada. On découvrit, parmi ces dix, trois Canadiens français dont
je me suis trouvé, je ne sais pourquoi, avec Marius Barbeau [24]
et Wilfrid Pelletier [25].

---

23. Wallace K. Ferguson (1902-   ), professeur à la New York
University (1928-1956) ; professeur d'histoire à l'University of Western
Ontario et chef du département (1956-1963) ; président de la Société histo-
rique du Canada (1960-1961).

24. Marius Barbeau, voir la note 44 du sixième volume.

25. Wilfrid Pelletier (1896-   ), musicien ; chef d'orchestre ; assistant
de Pierre Monteux au Metropolitan Opera (1917-1926) ; chef d'orchestre
régulier (1926) ; directeur artistique des Auditions de l'Air du Metropolitan
Opera (1934-1946) ; l'un des fondateurs de l'Orchestre symphonique de
Montréal et des Matinées pour la jeunesse qu'il dirige pendant au-delà de
25 ans ; directeur du Conservatoire de Musique et d'Art dramatique de la
province de Québec (1943-1961) ; retiré.

IV

LA « RÉVOLUTION TRANQUILLE »

1960. Date considérable dans l'histoire du Québec. L'on a
parlé de « Révolution tranquille ». Que s'est-il passé ? La mort
de Duplessis, mort d'un homme, mort d'un régime. Soudain,
eût-on dit, des aspirations trop longtemps comprimées explosent.
Quelque chose comme un séisme souterrain. Car l'on ne saurait
citer ni campagne de presse, ni ouvrage du temps qui l'eussent
préparé. Notre gent intellectuelle se montre plutôt étrangère à
la vie de la nation et se *balance* fichument du destin canadien-
français. Séisme mystérieux, ai-je dit. Il semble, en effet, que la
secousse provienne des courants de pensée des années quarante
et donc qu'il faille remonter assez loin dans le passé. Réaction
pourtant puissante et qui, pour l'heure, provient d'où nul ne
l'aurait soupçonné. Ni d'un ennemi, ni d'un ami du régime qui
vient de prendre fin. Encore moins d'un disciple véritable du
chef qui incarnait ce régime, mais qui était devenu l'on ne sait
trop comment l'homme de confiance, le dauphin tout désigné à
sa succession. Comment Paul Sauvé était-il parvenu à ce point
de sa fortune ? Enigme encore inexpliquée. Et quel beau sujet
de thèse pour l'étudiant en histoire que les « Cent jours de Paul
Sauvé [26] » ! Tout au plus croit-on savoir que Paul Sauvé avait

---

26. Paul Sauvé (1907-1960), avocat ; député provincial du comté des
Deux-Montagnes (1930-1960) ; président de l'Assemblée législative du Québec (1936-1939) ; capitaine, lieutenant-colonel, général de brigade dans
l'armée canadienne (1940-1945) ; commandant de la 10e brigade d'infan-
terie de réserve (1948) ; chef du parti de l'Union nationale et premier
ministre du Québec (septembre 1959 au 2 janvier 1960).

forcé, lui et ses amis, son entrée au ministère: ministère de la Jeunesse, alors un peu celui de l'Education. Quelque temps, le « chef » tient en laisse le nouveau venu. Aux maîtres des grandes écoles qui lui demandent direction et allocations, le nouveau ministre répond — je le sais par Esdras Minville, directeur de l'Ecole des Hautes Etudes commerciales et par Jean-Marie Gauvreau, de l'Ecole du Meuble —: « Je suis chef de ministère; mais je n'ai pas de budget. » Par quelle promesse a-t-il pu vaincre la méfiance du « Maître tout-puissant » ? Autre mystère à éclaircir. Ceux qui alors abordent Paul Sauvé le disent vif, intelligent, de pensées et de solutions rapides. L'homme a fait la dernière Guerre, a appris à commander, à se débrouiller. Au banquet du dixième anniversaire de l'Institut d'histoire de l'Amérique française, je l'ai pour voisin de table. A quelques confidences, je puis constater comme il a conquis la confiance du chef. Il est devenu ce que l'on appelle le *leader* des débats à la Chambre québecoise. Malade, le chef s'en repose sur son *leader*. Du Château Frontenac, me confie-t-il, le chef lui téléphone dix fois par jour, pour lui indiquer comment procéder: quel projet de loi pousser de l'avant, quel autre laisser en plan, etc., etc. Pour le jeune ministre, encore le rôle de l'élève. La mort du chef survient. D'emblée les collègues de Paul Sauvé se tournent vers lui. Spontanément, dirait-on, il prononce son fameux: « Désormais ! ». « Hier on faisait telle chose. « Désormais » on fera autrement. » Mot-choc qui courut d'un bout à l'autre de la province. On se prit à croire à une aube nouvelle, à une libération, à rien de moins qu'un tournant d'histoire et même de politique. Phénomène qui n'est pas rare chez tous les vivants qui, se sentant faiblir ou mourir, réagissent vers la vie. Un tressaillement secoua les esprits. Paul Sauvé, c'était connu, n'était pas un bourreau de travail. Mais dès le « Désormais », il se retrousse les manches et s'attelle à la besogne à pleines et grandes journées. Son sous-ministre, nous dit-on, l'avertit du péril, lui conseille de prendre les choses à un autre rythme. Il répond: « Si, en six mois, je ne puis débrouiller et nettoyer les choses, je ne suis pas digne d'être le premier ministre de ma province. » Il se brûle en trois mois. Sa mort est accueillie comme une catastrophe. Rarement plus vif sentiment de regret, je dirais même d'affection, entoura une tombe d'homme politique. A l'heure de ses funérailles, à Saint-

Eustache, l'émotion est si dense que chacun semblait avoir perdu un proche parent. L'adieu du cardinal Léger fut émouvant au possible. Paul Sauvé était mort. L'élan imprimé par le « Désormais » continua. Une digue s'était rompue dont rien ne pouvait freiner le débordement. C'était une prise de conscience adulte d'un peuple adulte. Une volonté de vivre comme jamais il ne s'en était vu. Causes d'ordre psychologique et social. La honte de ses misères, la fatigue de sa médiocrité et l'âpre volonté de s'en guérir; le renoncement énergique à la marche funèbre vers la mort ou l'insignifiance.

La preuve suprême de l'ébranlement des esprits, ce pourrait être la conversion des milieux politiques aux aspirations nouvelles. Jusqu'alors les libéraux québecois s'étaient révélés d'une extraordinaire incompréhension. Beaucoup de nationalistes votaient pour Duplessis, non pour Duplessis, mais contre l'irréductible bêtise de l'Opposition. Lorsque Duplessis prit nettement l'offensive contre le centralisme de M. Louis Saint-Laurent et déclara retenir 5 % de l'impôt sur le revenu des particuliers, le premier ministre québecois posait enfin un geste courageux et concret d'autonomie. Que feraient les libéraux ? L'occasion s'offrait belle pour eux de damer le pion à l'adversaire dans son offensive contre Ottawa et de réclamer plutôt un 10 %. Je tiens de M. Maxime Raymond ce que je vais raconter. M. Raymond s'était fort étonné de la conduite malhabile des libéraux québecois. Il s'en ouvrit à M. René Hamel [27], aujourd'hui juge, mais alors député de la région de Grand-Mère, et ancien du Bloc populaire. « Comment vos amis libéraux, aurait dit M. Raymond à M. Hamel, ont-ils pu commettre cette maladresse qui est plus qu'une erreur ? » — « Ne m'en parlez pas, aurait répondu l'ancien du Bloc; j'ai essayé toute une nuit de les convaincre de passer à cette offensive; j'ai perdu mon temps ! » Il ne fallait, d'aucune façon, causer des embarras au chef suprême d'Ottawa, M. Louis Saint-Laurent. On continuait de faire à Québec la politique d'Ottawa, ainsi qu'on s'y conformait depuis 1867, ai-je

---

27. René Hamel (1910-   ), avocat ; député fédéral du comté de Saint-Maurice-Laflèche (1945-1949) ; député libéral provincial du comté de Saint-Maurice (1952-1966) ; chef intérimaire de l'Opposition (1956-1957) ; ministre du Travail (1960-1963) ; procureur général (1963-1964) ; juge (1964).

déjà dit je ne sais combien de fois. Mais voici venir les élections
de 1960. Quel slogan ou mot d'ordre ces libéraux encroûtés
vont-ils jeter dans l'air ? A l'étonnement de tous: *Maîtres chez
nous !* Les vieilles oreilles libérales s'écarquillent et n'y com-
prennent rien. Ce « Maîtres chez nous », je l'avais lancé en décembre 1920, lors de l'enquête de *L'Action française* sur le problème économique. Mot jeté là aux risques et périls du dangereux rêveur que j'incarnais alors. « Le seul choix qui nous reste,
avais-je écrit, est celui-ci: ou redevenir les maîtres chez nous,
ou nous résigner à jamais aux destinées d'un peuple de serfs »
(*Directives*, p. 20 ou *L'Action française* (décembre 1920): 560).
Comment expliquer cet autre revirement de politiciens ? Explications assez nombreuses. Du nouveau chef du gouvernement libéral,
M. Jean Lesage, centralisateur à Ottawa sous M. Louis Saint-
Laurent, je me disais, voilà un homme aux antipodes du nationalisme canadien-français. Nationaliste, comment l'est-il devenu ?
Un jour, passe chez moi mon ami René Chaloult. Il s'est posé la
même question. A Québec, me dit-il, je fus longtemps voisin de M.
Jean Lesage. Après les élections de 1960, je lui dis: « Tu n'étais
pas nationaliste, toi. Comment l'es-tu devenu ? » — « Non, je ne
l'étais pas. Mais j'ai parcouru ma province. Je me suis aperçu
que son sentiment de fond est nationaliste. Je lui donne la politique qu'elle veut. » Il y aurait une autre explication. Et celle-
là, je la tiens encore de l'ami Chaloult. La conversion de l'équipe libérale aurait été préparée par l'ancien chef de l'équipe, M.
Georges-Emile Lapalme. Dans un écrit de 6 à 700 pages, M.
Lapalme aurait élaboré, en son entier, un programme neuf du
parti. Oeuvre remarquable, me dit M. Chaloult, et qui, un jour
ou l'autre, devrait être publiée. De l'acceptation de ce programme, franchement nationaliste, M. Lapalme aurait fait la condition expresse de sa future collaboration à l'équipe. Enfin le
directeur d'une maison de publicité, aux gages de la même équipe
pour l'élection prochaine, aurait dit à ces messieurs: « Vous
venez à moi parce que vous avez besoin de moi; moi je n'ai pas
besoin de vous. Je me mettrai à votre service, mais à une condition:
que vous ayez l'air de savoir ce qui se passe actuellement dans
le Québec. Duplessis a gardé le pouvoir pendant près de vingt
ans avec un nationalisme camouflé. Présentez-vous donc à la
Province avec un nationalisme d'un accent irrésistible. Et pour-

98

quoi ne l'emporteriez-vous point ? » A ce publicitaire, je pose la question:

— M. Jean Lesage est-il un vrai converti ?

— Oui, je le crois, mais naturellement avec des relents de son ancien libéralisme.

Aux élections de 1960, l'équipe libérale l'emporte. Avec une ardeur même un peu inquiétante, elle se met à l'œuvre. Tout rénover et tout à la fois, semblerait son mot d'ordre. Depuis quelque temps, dans le Québec, l'opinion publique s'est familiarisée avec l'accroissement d'un système étatiste. Face à la nécessité et à l'urgence de vastes réformes: reprise des ressources naturelles du pays québecois, réforme du système scolaire, mesures de sécurité sociale, l'Etat seul, disait-on, pouvait suppléer à l'indigence des particuliers et des vieilles institutions. Et l'on en vint, chose à peine croyable, à parler d'« Etat national », d'« Etat, expression politique de la nation canadienne-française ». Propos d'usage courant dans les plus hautes sphères politiques. Mais l'Etat, de quelle compétence se pouvait-il prévaloir ? Malheureusement, et nous l'avons dit, la fonction publique, pendant l'ère duplessiste, s'était lamentablement appauvrie. « Le Cheuf » professait le plus profond mépris pour la compétence. Pour le choix de leurs serviteurs, les nouveaux gouvernants affrontaient toutes les chances de se tromper. De ces chances, ils n'en perdirent aucune, surtout en leur réforme de l'enseignement: ce terrible enseignement où se façonnent les jeunes générations. L'on n'aurait qu'à relire la liste des commissaires qui ont rédigé ce chcf-d'œuvre d'incohérence qui s'appelle le *Rapport Parent*. Pour une réforme de cette envergure, dont les répercussions, sur une petite nation, se révèlent incalculables, on aurait pu et dû faire appel, à ce qu'il semble, aux spécialistes ou aux esprits de la plus haute classe. Hélas ! dans cette liste funèbre, pas un seul à classer au-dessus des esprits moyens, pas un seul qui se recommandât par son passé, par la moindre production de l'esprit. Quelques-uns même d'esprit médiocre. De cette triste usine devait sortir, quoi qu'en ait pensé une habile propagande, un produit indigeste, un système d'enseignement aux parties mal jointes, système artificiel, en opposition absolue avec l'ancien, livrée qu'un malhabile tailleur aurait fabriquée sans prendre les mesures de l'habillé. Tout n'était pas condamnable toutefois en ce grimoire. Le *Rapport* exprimait ce principe de l'accessibilité de tous à l'enseignement qui leur serait propre. Et on leur garantissait les moyens d'y parvenir. Le malheur pouvait être qu'après un stade acceptable au primaire, l'adolescent se voyait enfourné prématurément dans des instituts à bourrage de crâne, pour plonger impréparé dans les grandes écoles ou universités. A l'épreuve le système apparut d'application plus que laborieuse, presque impossible. Il exigeait une armée de maîtres, une légion d'édifices, un budget énorme. Pour se donner plus de maîtres, l'on commençait par fermer les écoles normales, s'en remettant aux universités qui s'y déclaraient impréparées; pour loger les futurs écoliers, l'on écartait les écoles indépendantes, la centaine de collèges classiques; pour couvrir les frais de l'énorme machine, l'on pressurerait le gousset des contribuables. Politique irréelle s'il en fut. Certes, tous les bons esprits désiraient une réforme; personne ne voulait d'un gâchis. Le plus grave, c'est qu'on prétendait imposer à un peuple en grande majorité catholique une école superficiellement confessionnelle. Et, d'un trait, ou peu s'en faut, l'on biffait l'enseignement des vieilles humanités classiques, pour se tourner vers l'enseignement pragmatiste, d'inspiration américaine. En 1966, le caprice électoral en vint à changer les gouvernants. Les nouveaux venus ne savent trop où donner de la tête: navigateurs qui hériteraient d'une barque manquant de rames, de gouvernail, en possession d'un seul mât, et d'une voile déchirée. A l'heure où j'écris ces lignes, l'on sort malaisément d'une grève d'enseignants qui a failli s'étendre à toutes les écoles de l'Etat du Québec. L'on a parlé à bouche que veux-tu de « Révolution tranquille ». Rien de moins tranquille que ce qui s'est passé dans la province, en ces derniers temps, par suite de ces maladroits ajustements. La « grèvomanie » s'est installée en permanence. Les chefs de syndicats se sont transformés en agitateurs. Des moments sont venus où il semblait qu'une lutte à finir s'engageait entre les syndicats de toute forme et l'Etat. L'ordre se rétablit; mais il y fallut rien de moins qu'une législation courageusement draconienne. Les ajustements du système sont encore à faire. On s'y emploie laborieusement.

Pourtant les plus graves conflits restent à venir. Et ceux-ci, non à l'intérieur du Québec, mais entre Québec et Ottawa. Pour faire face à son renouveau, le Québec sent plus que tout son impuissance: manque de liberté et de finances. Dans le sens de la liberté, jusqu'où doit aller la réforme constitutionnelle ? Au sujet de la finance, que doit-il arracher au trésor réfractaire d'Ottawa ou de l'Etat central ? Quelle autonomie doit-il recouvrer sur ses propres revenus ? Questions souveraines et questions irritantes entre les deux gouvernements, d'autant qu'en cette année 1967, au lieu d'un relâchement dans le lien fédéraliste, relâchement obtenu dans une suite de conférences fédérales-provinciales, le gouvernement central se livre présentement à un retour agressif d'une politique centralisatrice. Politique qui ne peut qu'activer, dans le Québec, l'agitation constitutionnelle pour des réformes en profondeur qui ont nom: Etat associé, « statut particulier », et même indépendance à défaut d'égalité. L'unanimité paraît se faire, en effet, sur l'impossibilité d'un statu quo constitutionnel. Nos chefs politiques en sont venus à parler couramment de « statut particulier » pour le Québec, à réclamer, dans l'Etat québecois, la priorité du français. L'on entendra même un monsieur Jean Lesage déclarer un jour et très hautement: « Le temps est passé, dans l'Etat du Québec, où un ouvrier sera obligé de gagner sa vie en anglais. » De semblables propos m'avaient valu jadis, de la part de Jean-Charles Harvey, l'épithète de « révolutionnaire ».

Sur ces graves problèmes, que de fois l'on m'a demandé mon opinion, mon sentiment, l'on a même exigé une directive ! C'est le lieu peut-être de m'expliquer. D'autant qu'en certains milieux on me reproche volontiers mes hésitations, mes balancements entre le fédéralisme et l'indépendance. Je n'ai jamais caché ma répugnance à me mêler de politique, à prendre parti en cette matière. Il me semble que ces sortes de directives ne relèvent pas d'un prêtre. Je suis d'ailleurs et j'ai voulu rester un homme libre. En toute ma vie, je n'ai même usé de mon droit de vote que deux fois, la chose, à mon sens, n'en valant pas la peine. Puis ma conscience se posait l'insoluble question: où réside le moindre mal ? Ou: comment choisir entre deux grands maux ?

L'Etat français

Il est un point néanmoins d'où mes convictions n'ont jamais dévié, et c'est dans le caractère de l'Etat du Québec: caractère de naissance, dirais-je, imprimé par ce qu'il y a de plus fort: la vie, l'histoire, l'essence même d'une nation. Caractère français par conséquent, irrévocablement français. Cette vérité ou certitude, je m'étonnais, lors de mon entrevue avec André Laurendeau en 1962, de la découvrir dans l'un de mes écrits de 1920, au début de ma carrière d'historien. A cette date, en effet, dans la conclusion de l'enquête de *L'Action française* sur notre problème économique, j'écrivais déjà : « Allons jusqu'au bout de notre pensée: le premier élément moral d'une réaction appropriée et par conséquent la première condition d'un puissant effort économique, ne serait-ce pas, en définitive, de nous entendre, une fois pour toutes, sur le caractère politique et national du Québec ? Aux administrateurs de notre domaine pendant ces derniers trente ans, on a reproché une incapacité et une imprévoyance parfois criminelles... Mis à l'enchère publique, tout comme les plaines de l'Ouest canadien, notre territoire fut vendu aux plus hauts prenants, sans le moindre souci des droits nationaux. Le domaine national, le capital d'exploitation n'ont jamais eu, pour nos gouvernants, de nationalité, pour cette raison qu'en leur esprit, l'Etat n'en avait point. Eh bien, nous disons que cette incroyable aberration doit prendre fin. Il appartiendra à la jeune génération, si elle veut atteindre aux réalisations puissantes, de faire admettre que l'être ethnique de l'Etat québecois est depuis longtemps irrévocablement fixé. Une histoire déjà longue de trois siècles, la possession presque entière du sol par une race déterminée; sur ce sol, l'empreinte profonde de cette même race, empreinte de ses mœurs, de ses institutions originales; un statut juridique et national inscrit, amplifié, en toutes les constitutions politiques depuis 1774, tout cet ensemble a fait du Québec un Etat français qu'il faut reconnaître en théorie comme en pratique. Cette vérité suprême, il faut la replacer en haut pour qu'elle gouverne chez nous l'ordre économique, comme on admet spontanément qu'elle doive gouverner les autres fonctions de notre vie... » (*Directives*, 1re édition, p. 50-51.)

Que de fois je reviendrai sur ce thème. Je le reprends en particulier en septembre 1936. Il y avait alors à Montréal un Congrès des Jeunesses patriotes, jeunesses à tendances fortement séparatistes. Elles espéraient de moi une déclaration nettement favorable à leur idéal politique. Je les déçus quelque peu et peut-être beaucoup. J'avais intitulé ma causerie: « Labeurs de demain ». Et j'y traitai de nos devoirs envers la culture. Chemin faisant, je disais des choses « énormes » pour l'époque. En dénonçant, par exemple, l'anglomanie scolaire. « L'anglomanie scolaire, osais-je m'écrier, ayons la loyauté de le reconnaître, est, pour une bonne part, conséquence et fonction de la domination économique anglo-américaine. A mesure que nous reviendrons à un état normal, il est permis d'espérer que le fétichisme de l'anglais décroisse dans les esprits. On peut même prévoir le jour où, pour obtenir un emploi dans le Québec, les anglophones se verront contraints d'apprendre le français. »

Encore cette autre audace et à propos toujours du problème économique: « La locomotive qui emporte chez nous le train économique ne nous appartient pas. Elle va où il lui plaît. En réalité, pour nous Canadiens français, le train va à reculons; brutalement la locomotive nous écrase. Ce qui presse, c'est de sauter dans la locomotive, d'en prendre la direction et de faire que le train charrie notre avenir. » Plus osée peut-être, cette autre déclaration: « En somme, que lui manque-t-il (à notre peuple) ? Avant toute chose, une mystique de l'effort. Que dans les écoles, les couvents, les collèges, on cesse enfin de fabriquer en série tant d'invertébrés, tant de bibelots de salon, qui sont, je l'ai déjà déploré, une insulte à une éducation catholique; que, pour redresser l'âme de nos fils et de nos filles, on leur fiche dans la tête, comme un clou rivé, ce mot d'ordre, ce leitmotiv obsédant: *Etre maîtres chez nous.* [*Maîtres chez nous,* le slogan des élections du Québec en 1960 !] Que tous les murs des classes leur crient la grandeur de ce but; qu'on les y achemine par une éducation volontaire, virile; et dans dix ans, une race nouvelle de Canadiens français aura surgi, une race déterminée à prendre possession de sa province. »

Toujours dans cette conférence, j'attaquais de façon plus directe le problème politique. Je refuse de m'arrêter à quelques subtilités dialectiques, telles que celle-ci: « Le politique doit-il dominer le national ? Ou, vice versa, le national le politique ? Il me suffit de retenir que, nullement étrangers l'un à l'autre, ils sont en étroite dépendance. Quel est le rôle du politique ? Procurer le bien commun. Or si le national est ce que nous l'avons défini: une portion du bien spirituel de la communauté, il devient une large part du bien commun et voire un moyen d'atteindre ce bien commun. Donc l'homme politique a le devoir de s'inspirer du national; il lui est interdit de le négliger; il doit faire ce qui dépend de lui pour assurer l'efflorescence de la culture nationale, en vue de permettre aux nationaux de réaliser leur pleine humanité. »

De là suivaient quelques conclusions: « S'il se trouve, en un pays délimité géographiquement et politiquement, une population de 2,500,000 Canadiens français formant en ce pays les quatre cinquièmes de la population totale; si ce pays, pays de ces quatre cinquièmes, est devenu juridiquement leur patrie par droit de premiers et perpétuels occupants, et par droit historique; si cette population possède des richesses culturelles notables, indispensables à l'acquisition de son bien humain, je dis que, pour elle, un Etat national est un postulat de droit légitime. Et cette autre formule est tout aussi légitime qui veut que la politique de cette province soit d'abord une politique canadienne-française. Eh quoi ! nous voulons une économie nationale, une culture nationale, un pays de visage français; et nous prétendons y avoir droit. Rien de tout cela est-il réalisable si notre population et notre pays ne sont pas gouvernés pour leurs fins propres ? » (*Directives*, 1re édition, p. 115-116.)

Je reprenais alors une argumentation déjà faite, mais en la renforçant de quelques autres considérations: « Ce postulat de l'Etat français, disais-je donc, n'offre rien de nouveau. Il est dans la stricte ligne de notre histoire. Il a été progressivement réalisé à partir de 1774. Le petit étudiant en histoire qui a saisi cette simple série de faits: 1 - la portée de l'*Acte de Québec*: avènement, consécration juridique du nationalisme canadien-français, selon le mot d'un historien anglo-canadien; 2 - la portée de la constitution parlementaire de 1791: création d'une province française et création voulue, délibérée, d'un Etat français par le parlement impérial; 3 - la portée de l'attitude de LaFontaine en 1842, n'acceptant l'union des Canadas que sur la base fédérative; le plus modeste écolier, dis-je, qui aura noté la signification de ces dates historiques, admettra l'évidence d'un effort persistant, victorieux, de notre petit peuple vers une autonomie nationale toujours plus complète, vers l'achèvement de sa personnalité politique. Telle est la courbe ascendante de notre histoire. Elle a ce sens, cette ligne; ou elle n'en a point. »

Je ne m'arrêtais pas à 1842: « Au reste, le postulat n'est plus un postulat. L'Etat français, dans la province de Québec, est devenu depuis 1867, de droit positif, constitutionnel. Fait indéniable sur lequel il ne faut pas se lasser d'éclairer nos fumeuses et débiles cervelles de coloniaux. C'est nous, Canadiens français, qui sommes les principaux responsables de la forme fédérative de l'Etat canadien. La Confédération a été faite principalement par nous et pour nous. Et ces institutions fédératives, nous les avons exigées, non pas, que je sache, au nom d'intérêts économiques et politiques, mais, au premier chef, au nom de nos intérêts nationaux. Relisez les documents de l'époque: le fait est indiscutable. Autre fait indiscutable: tous nos associés de 1867 ont agréé nos exigences; le parlement impérial les a pareillement agréées. Je renvoie de nouveau aux paroles de lord Carnarvon que j'ai tant de fois citées: « Le Bas-Canada est jaloux et fier à bon droit de ses coutumes et de ses traditions ancestrales...; et il n'entrera dans la fédération qu'avec la claire entente qu'il les conservera... » Que veut-on de plus ? Pour quel motif nous a-t-on consenti, en 1867, la résurrection de notre province disparue politiquement depuis 1841 ? A ce tournant d'histoire, quel argument suprême ont brandi, d'autre part, nos chefs politiques pour nous faire accepter le nouveau régime ? D'un côté comme de l'autre, il fut entendu, proclamé, que la Confédération nous remettait chez nous, maîtres de notre province et de sa politique, en état de gouverner nous-mêmes nos destinées ! »

Ainsi se pourrait définir ma pensée politique. Paroles de simple bon sens. Formule à laquelle je me serai accroché. Mais ai-je pressenti l'avenir ? Ai-je prévu qu'une déclaration aussi fondée sur les textes constitutionnels me vaudrait pour jamais, auprès de nos politiciens de toute couleur, le stigmate infamant pour eux de « séparatiste » ? J'avais pourtant pris mes précautions. Dans le même texte j'ajoutais: « Quand nous parlons, en effet, d'Etat français, nous n'exigeons par là nul bouleversement constitutionnel. Nul besoin, pour créer cet Etat, de changer un iota aux constitutions qui nous régissent. Nous demandons tout uniment que soit fait aujourd'hui ce que, par inintelligence ou pleutrerie, nos chefs politiques n'ont pas su faire en 1867. Au lieu d'un Etat qui, en tant de domaines, se donne des airs d'Etat neutre ou cosmopolite, nous demandons un Etat qui, dans le respect des droits de tous, se souvienne aussi de gouverner pour les nationaux de cette province, pour la majorité de la population qui est canadienne-française. »

« Conception politique, on ne peut plus légitime, certes, continuais-je, et je le répète, conforme au droit, à notre histoire. » Mais conception, aurait-il fallu affirmer, trop hardie, inacceptable à la classe des politiciens et des bourgeois d'alors, aveuglés par l'esprit de parti, rouges et bleus, aussi bien à Ottawa qu'à Québec, unis souvent par la même caisse électorale et qui élevaient si haut leur double allégeance politique qu'on pourra entendre un homme pourtant intelligent, Ernest Lapointe, clamer un jour: « Le parti, c'est la patrie ! » Aucune illusion ne m'était venue néanmoins sur le scandale inhérent à mes propos. J'avais écrit ces lignes pour finir: que ma conception politique « épouvante tant de braves bourgeois, rien d'étonnant lorsque l'on songe que, pour avoir étudié l'histoire de leur pays dans les manuels que l'on sait, et ce, depuis deux ou trois générations, tant de ces bonnes gens n'en possèdent qu'une science microscopique et n'en ont jamais aperçu les lignes maîtresses. Canadiens français de l'espèce tolérée, et volontairement de cette espèce, et par surcroît, centralistes étroits et bornés, ils ne se rendent pas compte, les malheureux, que leur attitude constitue, à elle seule, le pire argument qu'il soit possible d'invoquer contre la Confédération. Car enfin si, en l'an 1936, il devient criminel, révolutionnaire, d'exiger ce qui aurait pu et ce qui aurait dû exister depuis 69 ans, comment démontrer, de façon plus accablante, que le régime fédéral aurait fait de nous une race dégénérée politiquement ? » A mes précautions j'en avais joint quelques autres. En mon texte on peut lire, entre autres, cette conclusion: « Le devoir certain, où il n'y a pas de risque de se tromper, ni de perdre son effort, c'est de travailler à la création d'un Etat français dans le Québec, dans la Confédération si possible, en dehors de la Confédération si impossible. Là réside le moyen d'atteindre notre bien humain, et peut-être, s'il n'est pas trop tard, de redresser la Confédération. »

Peine perdue. Affreux séparatiste, j'étais; affreux séparatiste, je resterai. Je m'en aperçus bien en 1937, au deuxième Congrès de la Langue française tenu à Québec. L'idée de l'Etat français me revint à l'esprit, puis à la bouche. Encore cette fois j'avais pris mes précautions quoique d'un ton ferme. Je me cite: « La Confédération, nous en sommes, mais pourvu qu'elle reste une confédération. Nous acceptons de collaborer au bien commun de ce grand pays; mais nous prétendons que notre collaboration suppose celle des autres provinces et que nous ne sommes tenus de collaborer que si cette collaboration doit nous profiter autant qu'aux autres. Peu importe ce que pense là-dessus la vieille génération. Je sais ce que pense la jeune génération, celle qui demain comptera. A celle-ci prenez garde de donner à choisir entre sa vie, son avenir français, et un régime politique. Elle prétend bien n'être pas entrée dans la Confédération pour y vivre une vie nationale et culturelle appauvrie, mais plus riche; non pour être un peuple moins français, mais plus français. » Emporté, encore une fois, dans ma démonstration, j'en arrivais à cette déclaration finale: « Qu'on le veuille ou qu'on ne le veuille pas, notre Etat français, nous l'aurons; nous l'aurons jeune, fort, rayonnant et beau, foyer spirituel, pôle dynamique pour toute l'Amérique française. »

Hélas, j'avais comblé la mesure. Indéniablement je me confessais « séparatiste ». Tous les sages se voilèrent la face. J'ai raconté cet épisode dans le sixième volume de ces *Mémoires*. M. Duplessis en reçut un choc violent. Un homme intelligent comme l'archevêque de Saint-Boniface de ce temps-là, Mgr Yelle [28], prit peur pour les minorités. Je dus le voir et le rassurer.

---

28. Émile Yelle, voir la note 107 du sixième volume.

On le voit, pour saisir la genèse et le développement de ce
qu'on appelle mes « idées politiques », — ce que me demandait
l'autre jour une demoiselle Brunel [29] qui prépare là-dessus une
thèse pour l'Université de Montréal —, il faut partir de cette
simple page de mes *Directives* [30] où, pour la première fois peut-
être, j'évoque l'idée et l'existence historique de l'Etat français
(p. 51-1re éd.). L'enquête de 1922 ne constitue, à mon sens,
qu'une digression. Nous avions cru à l'hypothèse d'une rupture
de la Confédération. La rupture n'ayant pas eu lieu, notre hypothèse ne s'étant pas accomplie, je suis revenu à l'idée de l'Etat
français dont je ne démordrai plus.

Je devrai de nouveau m'expliquer, en ces dernières années,
avec la renaissance des mouvements dits « indépendantistes ». En
ces milieux, on ne parle plus de « séparatisme », mot trop néga-
tif. Et c'est tant mieux. On parle plutôt de la souveraineté du
Québec, ou de l'indépendance. Un jeune homme paraît un moment prendre la stature d'un chef, Raymond Barbeau [31]. Intellectuel de bonne classe, il a été le premier, je pense, à recevoir la
médaille de l'Académie canadienne-française pour une thèse sur
Léon Bloy. Il n'aura manqué à Barbeau, du moins jusqu'à ce
temps, que de savoir faire bon usage de ses talents et de sa vie.
Il écrivit un petit volume: *J'ai choisi l'indépendance.* Il fonda
l'Alliance laurentienne, s'inspirant d'un titre ancien, les Jeunesses
laurentiennes, aujourd'hui défuntes. Ne pouvant s'entendre avec
le RIN [32] dont il suspectait l'idéologie, Barbeau a, semble-t-il,
gardé ses convictions, mais laissé tomber son mouvement. Je
voulus pourtant répondre à son premier petit volume. Je cite un
extrait de ma lettre, en date du 4 janvier 1962. Elle établit de
nouveau ma position.

---

29. Marie-Lise Brunel-Guitton, « La pensée historique de Lionel
Groulx, 1915-1920 ». Thèse de maîtrise, Université de Montréal, 1969.
30. « Le problème économique (Conclusion) », article paru dans
L'Action française (décembre 1921) : 706-722 ; reproduit dans *Directives,*
Coll. du Zodiaque (1937) : 28-51 ; Éditions Alerte, Saint-Hyacinthe (1959) :
27-48.
31. Raymond Barbeau (1930-   ), naturopathe ; président-fondateur
de l'Alliance laurentienne et directeur de la revue *Laurentie* (1957-1963) ;
professeur à l'École des Hautes Études commerciales (1959-1967). Auteur
d'ouvrages sur l'indépendance et sur la naturopathie.
32. Rassemblement pour l'indépendance nationale.

« Je demeure persuadé que dans quarante, peut-être trente ou même vingt-cinq ans, — l'histoire va si vite — l'indépendance deviendra l'inévitable solution. Le drame des Canadiens français relève du tragique: pourrons-nous rester dans la Confédération sans y laisser notre vie ? Personne, que je sache, n'a encore répondu victorieusement à ce terrible point d'interrogation. Ce qui m'arrête et me conseille la prudence, c'est notre maigre préparation à la suprême échéance. Nous avons toujours affaire à un peuple, à une masse parfaitement inerte, sans la moindre conscience nationale, sans le moindre esprit de solidarité. Et il en sera ainsi, à mon sens, aussi longtemps que les Canadiens français croupiront dans leur abjection économique. Quelle fierté espérer d'une population qui accepte comme naturelle la servilité, la domestication par l'étranger ? Or, pour nous libérer des pieuvres qui nous tiennent, nous manquons de grands techniciens, de grands ingénieurs, de grands chefs et directeurs d'entreprises. Nous sommes en train de les préparer; mais il y faudra vingt ans pour les former. Sauf quelques exceptions, nous ne possédons point, non plus, l'équipe de vrais politiques qui pourraient assumer les fonctions d'un Etat adulte, tenant bien en mains tous les ressorts de sa destinée. A Ottawa, surtout à Ottawa, nos ministres, nos sénateurs, presque tous nos députés, restent des hommes de parti avant d'être des catholiques et des Canadiens français. Et ils le resteront jusqu'à la fin de leur vie, sans guérison possible, parce qu'aux trois quarts d'entre eux, la politique sert en somme une pension alimentaire. Et nos intellectuels ? Partout ailleurs où de jeunes peuples ont accédé à l'indépendance, ce sont les intellectuels qui ont semé l'idée, propagé le ferment. Les nôtres, à une heure aussi critique, ne savent que se livrer au plus puéril et au plus bête anticléricalisme, à la remorque de ce qu'il y a de plus faisandé parmi les intellectuels de France. Du reste, vous vous rappelez ce qu'ils ont répondu, presque tous, à la récente enquête du *Devoir,* à propos de l'influence possible de leur pays sur leur œuvre artistique ou littéraire: « Pas la moindre influence », ont-ils dit en chœur. Ces gens-là ne sont pas de notre pays. Qu'attendre de ces messieurs ?

C'est donc toute une génération qu'il faut préparer: la génération de l'indépendance; mais il y faudra au moins vingt-cinq ans. La tâche urgente serait, pour le moment, de vous tourner vers la jeunesse. C'est à elle qu'il vous faut lancer l'ardent appel... »

A ce moment, ceux-là qu'on appelait les « Indépendantistes » formaient un groupe de pression valable sur l'opinion et sur les hommes politiques. Malheureusement, la division éclata parmi eux. Trois groupes au moins surgirent. Leur influence en diminua d'autant. Quel sera l'avenir de ces mouvements ? Vers quoi allons-nous ? L'indépendance, je l'ai toujours pensé, ne nous viendra point de ces mouvements de jeunes. Elle nous viendra de nos dirigeants politiques acculés à de fatales impasses. Une évolution se dessine au Canada que n'arrêteront point les borgnes de la politique outaouaise: la puissance grandissante des provinces, et par conséquence inéluctable, l'affaiblissement du pouvoir central. En possession de leur territoire, c'est-à-dire des sources de la richesse, les provinces voient s'agrandir démesurément leurs besoins sans la possibilité de les satisfaire, obligées de mendier, non leur pitance, mais leurs moyens et leurs conditions de vie à Ottawa. Un tel régime politique ne peut durer. Il est trop contre nature. Jusqu'où iront les revendications des provinces et particulièrement du Québec ? Je n'en sais rien. Mais elles iront loin, ne pouvant demeurer en deçà.

V

MES DERNIÈRES ANNÉES

Dernières apparitions en public

J'entreprends ma quatre-vingt-neuvième année. La fin approche. Je le sens en mon hésitation à prendre certaines attitudes, à me prononcer sur maints problèmes brûlants. J'ai trop conscience de n'être plus de ce temps, de risquer de me tromper. Le silence, la discrétion, je me plais à le répéter, doivent être la vertu des vieillards. On ne s'engage dans une polémique qu'à la condition de la pouvoir suivre. Mon dernier discours publié date de mes 86 ans. Je l'ai prononcé à Québec, ai-je déjà dit, à la fin d'un congrès de la Fédération des Sociétés Saint-Jean-Baptiste du Québec; mais après avoir tant hésité. On publia mon discours en brochurette sous le titre que je ne lui avais point donné, mais qui répondait à mon message: *Orientation: Au seuil d'une ère nouvelle... Une nouvelle génération est venue.* A partir de ce jour j'acceptai encore, pris à l'improviste, quelques petites allocutions; je me refusai à toute conférence et à tout grand discours. Je ferai pourtant exception pour une réapparition à l'Université. Depuis mon départ en 1949, je n'avais guère fréquenté la maison. Mais le 3 novembre 1965 rappelait le cinquantième anniversaire de mon premier cours d'histoire du Canada à l'Université de Montréal. Premier cours de cette nature depuis 53 ans en nos universités françaises, c'est-à-dire, depuis les jours où l'abbé Ferland avait débité son Histoire du Canada devant un auditoire québecois. Mon ami, Michel Brunet, m'avait demandé deux causeries: l'une sur les origines de ce cours; la seconde sur « ma conception de l'Histoire ». Faute de publicité, le premier cours passa presque inaperçu. Le deuxième, devant un public averti, obtint grand écho et dans les journaux et à la télévision. M. Brunet voulut bien m'écrire: « Permettez-moi de vous dire une fois de plus combien ces deux rencontres ont marqué nos étudiants et le département d'histoire est heureux d'avoir pu marquer un anniversaire important de notre histoire intellectuelle (30 déc. 1965). » J'éprouvai grand plaisir à évoquer cette histoire lointaine devant une salle comble de professeurs et d'étudiants. Le spicilège de ma secrétaire a conservé de l'événement une abondante documentation.

Mon rôle à l'Institut d'histoire de l'Amérique française

Une œuvre eût pu suffire à l'occupation de mes derniers jours: la *Revue d'histoire de l'Amérique française*. Je n'y écris pas de longs articles, n'ayant plus les moyens de m'adonner aux longues recherches. Je contribue plutôt à la rubrique des « Livres et revues », y fournissant à chaque livraison pas moins de 10 à 15 pages. Mon rôle consiste davantage en une surveillance générale de l'œuvre, au choix des articles insérés dans chaque livraison, à la revue des placards et de la mise en pages.

Ma contribution principale, je la donne à l'Institut. L'on voulait qu'il fût un centre de recherche en histoire; il l'est devenu. Il ne se passe guère de semaines où deux ou trois fois ne se présente un étudiant en préparation d'une simple étude, d'une thèse de licence ou de doctorat, à la recherche d'une bibliographie, de renseignements, de conseils pour ses travaux. On vient consulter le vieil historien. Mon avantage est d'avoir fait ce que l'on pourrait appeler le « tour du jardin ». Les conditions miséreuses où j'ai dû accomplir ma besogne de pionnier ne m'ont point permis de pousser très loin mes recherches sur maints sujets. Mais je crois posséder des notions, quelques clartés sur à peu près tous les sujets ou problèmes de l'histoire canadienne. Mes trente-cinq ans d'enseignement et de recherches assidues m'ont rendu familières les avenues du vaste champ. On fait donc appel à mon expérience. Et je l'avoue, c'est un des grands plaisirs de la fin de ma vie que de me trouver en présence de ces jeunes esprits et de leur ouvrir quelques chemins de lumière. En-

core hier, un jeune Américain, qui prépare une thèse sur les
« tiers-partis » au Québec, venait m'interroger en particulier sur
l'histoire du Bloc populaire, mais en même temps sur le mouvement de Bourassa, sur l'Action libérale nationale, le règne de
Duplessis, l'avènement de Paul Sauvé. Deux jours avant ce jeune Américain, une jeune fille, étudiante à l'Université de Montréal, venait m'interroger sur un travail qu'on lui avait imposé.
Comme le jeune Américain, elle venait avec une « enregistreuse »
afin de posséder un document plus exact et plus vivant.

Mes morts

Dirai-je un mot de mes morts ? La vieillesse prend souvent
l'allure mélancolique d'une marche dans une allée de cimetière.
Que de tombes viennent joncher ce dernier bout de chemin !
Dans ma famille, ce sont trois de mes sœurs qui s'en vont:
Valentine, Sara, Emilia [33]. Singulière fatalité, chez nous, ce sont
les femmes qui s'en vont les premières. Nous restons encore quatre garçons; une seule fille demeure. En ces derniers temps, Valentine, mère de ma secrétaire, et celle qui autrefois me faisait
mes omelettes aux œufs à la crème pendant mes vacances et avec
qui, par affinité de caractère, j'étais particulièrement lié, partait
la première. Puis, ce fut au tour de Sara, une jumelle, la si serviable, toujours en quête de services à rendre, restée sans enfant, mais qui avait adopté à la mort de notre sœur Flore (Mme
Joseph Boyer), son dernier-né, enfant de quelques semaines. Puis
vint la mort d'Emilia (Mme Dalvida Léger), l'autre jumelle,
mère méritante de onze enfants, dont l'un prêtre, actuellement
curé de Saint-Zotique dans Soulanges. Après la mort de ces trois,
ce sera le tour de qui ? Parmi les survivants, l'un a dépassé les
quatre-vingts ans d'âge, deux autres s'y acheminent. Parmi mes
amis, quelle liste et combien longue ! Et quelle trouée !... Athanase Fréchette [34], presque mon voisin, mon vis-à-vis, à une rue
proche, la rue McDougall, que je rencontrais souvent à ma promenade du soir: petit homme tout d'une pièce, autoritaire, peut-être
trop autoritaire, mais sorte de pile électrique, toujours en quête

---

33. Valentine Emond (Mme Télesphore Lalonde) ; Sara (Mme Omer
Lalonde) ; Emilia (Mme Dalvida Léger).
34. L.-Athanase Fréchette, voir la note 101 du quatrième volume.

d'action, cerveau de la Société Saint-Jean-Baptiste de Montréal, à qui je dois d'avoir pu bâtir en cent leçons au poste CKAC, ma synthèse d'histoire du Canada. Maxime Raymond [35], mon ancien élève de Valleyfield, à prestance de gentilhomme de vieille race, mais si simple, si bon, fondateur de la « Fondation Lionel-Groulx », qui, dans les derniers temps de sa vie, passait me saluer presque tous les matins, attaché passionnément à la vie de notre petit peuple, tourmenté d'inquiétude sur les faits quotidiens, les faux pas de la politique, cherchant à se réconforter. Omer Héroux [36], mon publiciste si généreux, si prévenant, toujours à l'affût de mes moindres gestes, le journaliste à la correction si parfaite qui m'en imposait par son indéfectible pondération ou mesure et qui, par les larges horizons de son esprit, avait fait du *Devoir,* le véritable journal, le haut-parleur de tout le Canada français. Antonio Perrault [37], mon bras droit à l'Action française, brillant esprit, âme généreuse, qui aurait pu atteindre les plus hauts postes de la magistrature, mais qui perdit tout avancement par fidélité à ses convictions nationales. Le Père Papin Archambault, s.j. [38], autre pile électrique, mon vieux compagnon du temps de l'Action française et je pourrais dire de toute ma vie active, le mouvement perpétuel, l'infatigable assiégeant qui m'aura arraché tant d'articles, tant de discours. Enfin plus modeste, mais non moins cher en mes souvenirs, Mgr Jean-Marie Phaneuf [39], compagnon de chaîne à Valleyfield, mon plus intime confident dans les années de la *Croisade d'adolescents,* admirateur comme moi, en nos années de séminaristes, du cher abbé Henri Perreyve, du Père Gratry, de Lacordaire, de Montalembert, d'Ozanam, âme ouverte à toutes nos exaltations de ce temps-là. Quelques morts seulement, mais de ceux-là dont le départ crée des vides profonds et donne l'impression de l'isolement dans la vie. Figures familières qu'on ne reverra plus. Confidents à qui l'on ne dira plus rien. Un chemin se ferme; un autre, très court, s'ouvre devant vous, au bout duquel vous apercevez qui vous guette.

---

35. Maxime Raymond, voir la note 41 du premier volume.
36. Omer Héroux, voir la note 70 du premier volume.
37. Antonio Perrault, voir la note 56 du premier volume.
38. Joseph-Papin Archambault, voir la note 52 du deuxième volume.
39. Jean-Marie Phaneuf, voir la note 82 du deuxième volume.

VI

La mort — Mon attitude devant elle

Pourtant la mort ne m'effraie point. A ce moment du moins. Je ne la souhaite ni ne la repousse. Je crois si fortement en la miséricorde divine, immense comme tout ce qui est en Dieu. Ma foi dit à tous qu'il n'y a point de coupure entre cette vie et l'autre, qui, par-delà, nous attend. Il n'y a qu'une étape à franchir. Et après c'est la Vie, la vraie Vie qui commence. Aussi fais-je souvent cette prière à Dieu: « Prenez-moi quand vous voudrez, comme vous voudrez. Laissez-moi seulement un moment de pleine connaissance pour achever ma vie dans un acte de contrition et d'amour. Mais que d'abord votre volonté soit faite ! » Qui ne s'attarde parfois à spéculer sur le genre de mort qui l'emportera ? Sera-ce la mort instantanée ? Sera-ce après la longue et douloureuse maladie, la longue, l'interminable dissolution du pauvre être humain, le *jam delibor* de saint Paul ? Il faut si peu de chose pour abattre un homme. Et la fin peut aussi si longuement se faire attendre: ce dont je prie Dieu de me préserver, tant j'appréhende ces fins de vieillards, vieillards gâteux, qui s'éternisent, font l'affliction suprême de leur entourage. Combien la mort rapide paraît plus souhaitable ! Pascal parlait du grain de sable dans l'urètre. Aujourd'hui l'on parle de thrombose cardiaque, de caillot de sang dans le cerveau. Caillot foudroyant. Mais il y a d'autres morts. Près de mon petit chezmoi, à Vaudreuil, j'ai vu mourir tant d'ormes géants, superbes, minés par le microbe hollandais. Un premier été, au sommet de l'arbre, surgit, sinistre, un brin de feuillage jauni; le deuxième

été la tache s'étend, prématurément des feuilles mortes tombent
sur le gazon; le troisième été, dans l'arbre au panache touffu,
plus de feuilles. Il est mort, empoisonné par l'invisible assassin.

Etat d'âme

En quel état d'âme aurai-je vécu mes dernières années ? Je
me sens comme à la fin d'une époque. Que de changements, en
notre peuple, autour de moi, en ces dernières années ! La « Révolution tranquille » peut se dire *tranquille*, parce qu'elle s'est
faite sans bouleversement fracassant, sans effusion de sang, mais
combien profonde dans les esprits, dans les mœurs ! Jamais n'avait-
on vu un peuple se révulser, presque changer d'âme, aussi rapidement, sans bruit, sans trop s'en apercevoir. Tout n'est pas à
dédaigner en ce brusque changement. Que j'aurai trouvé à me
réjouir, par exemple, de cette ressaisie de notre destin, de
cette prise de conscience nationale qui nous a éveillés enfin au
sens de notre passé, de notre avenir, de notre être ethnique et
qui a préparé jusqu'à l'évolution pour ne pas dire la conversion
de notre personnel politique ! Enfin, dans ces milieux et dans
bien d'autres, l'on sent, l'on parle et même parfois l'on *agit* en
canadien-français. De cette heureuse évolution l'on me tient en
certains lieux responsable. Je tombais, il y a quelques jours, sur
ces lignes de la plume de Jean-Marc Léger (*Le Devoir*, 26 nov.
1965): « Il n'est certes pas excessif de dire que le chanoine Groulx
a exercé pendant ce demi-siècle une influence de tout premier plan
sur l'évolution du Québec, beaucoup plus grande parce que
plus profonde que celle de la plupart des hommes politiques et
que le nouvel élan du Canada français lui est dû pour une très
grande part. » Certes le compliment est gros. Je ne puis l'ignorer
néanmoins à voir mes anciennes thèses, jugées si révolutionnaires
autrefois, reprises par les nouveaux bâtisseurs de notre nation à
ce point que, pour la première fois de ma vie, je me trouve en
excellentes relations avec tous les politiques québecois. Cependant, en l'œuvre de ces bâtisseurs, quelle rareté de grands et
véritables architectes. De quel édifice a-t-on rêvé ? D'où sont
venues les inspirations maîtresses ? Je ne trouve point à me
réconforter, par exemple, dans l'extrême timidité que l'on apporte
à la continuation vigoureuse, méthodique, de notre émancipa-

tion économique. L'on a d'abord posé un acte d'audace: la reprise de nos eaux énergétiques. On a achevé, fortifié cette puissante institution qui s'appelle l'Hydro-Québec. Puis l'on a paru épuisé par le gigantesque effort. Par quelles influences secrètes, le ministre qui symbolisait la reprise de nos ressources naturelles a-t-il été envoyé au ministère de la Famille et du Bien-être social? Car enfin, il y a encore la forêt à reprendre, les mines aussi à récupérer. Là-dessus, pas l'ombre d'une vraie politique, pas plus que dans un regroupement de notre marché de consommation. Et pendant ce temps-là notre immense peuple de petits salariés continue de gagner sa vie en anglais. N'étant point les grands employeurs, les immigrants préfèrent l'école anglaise à l'école française. Nous n'assimilons plus personne, pas même les Français qui nous viennent des Antilles, de Belgique ou de France. Notre langue française ne cesse non plus de se détériorer. Mais il se trouve encore des intellectuels qui se flattent que par des lois et des contraintes l'on peut forcer l'immigrant à fréquenter nos écoles et amener le petit peuple à parler de mieux en mieux et même à chérir une langue et une culture à qui il ne doit pas même son pain, et au surplus à demi mourantes.

Dans l'enseignement, l'éducation, on discerne un virage complet, téméraire: l'*essai*, le dangereux *essai* en matière si grave. C'est le dos résolument tourné au catholicisme traditionnel et à la latinité. On parle encore d'humanisme sans savoir lequel, pas surtout le vieil humanisme à la source de toutes les civilisations occidentales, bien plutôt un humanisme de pragmatistes emprunté à la civilisation américaine qu'on croit la civilisation de l'avenir. Et ce revirement, pour ajouter à nos inquiétudes, nous le découvrons, inventé, imposé par des esprits de deuxième ou troisième ordre qu'une publicité savamment conduite fait prendre pour l'incarnation du génie. Nous en sommes à la naïveté du rat de La Fontaine qui prenait une motte de terre pour le Caucase. Aussi révolutionnaire le caractère religieux de cet enseignement. La confessionnalité, mais conditionnée, pénétrée de tant de subtilités qu'à la fin elle sera et ne sera pas. Confessionnalité externe, non pas celle qui enveloppe et pénètre jusqu'en leur fond les intelligences, à la manière du soleil divin, mais plutôt à la manière du projecteur électrique, peuplant l'ombre de

lumière autant que de demi-fantômes. Disons-le sans ambages:
il y a dans ce système ténébreux, qu'on le veuille ou non, une
diminution voulue, calculée, du sens religieux, un recul de la
foi, de l'influence de l'Eglise dans la vie de l'enfant, de l'adolescent, de tout l'enseignement. Et que cette évolution s'accomplis-
se sous l'œil de gouvernants dont la plupart se disent encore catholiques démontre jusqu'à quel point une clique de faux et
minuscules docteurs aura, chez nous, empoisonné les esprits. Jusqu'à quelle néfaste décomposition intellectuelle et morale nous
conduira cette révolution scolaire, n'allez pas le demander à un
clergé complice, encore moins à nos abbés progressistes. Pour
eux, l'Eglise est d'autant plus influente qu'elle fait ignorer sa présence. Cependant on aura beau faire, il y a tout de même un
idéal de l'homme, un idéal de la société, un idéal de la civilisation qui disparaîtront avec la disparition de la foi.

Notre jeunesse

Des indices devraient donner à réfléchir. En premier lieu l'état
d'esprit de notre jeunesse. Que se passe-t-il en ce milieu ? D'après
certaines gens, — un jeune prêtre de talent en a même fait le titre
de l'un de ses ouvrages —, il ne faudrait pas juger les jeunes. Au
nom de quoi ? Le comportement de la jeunesse est un *fait*, un
phénomène comme les autres. Il appartient à l'historien. Il pré-
sage l'avenir. Qui s'en peut désintéresser ? L'on s'intéresse à un
bouton de rosier. L'on a hâte de le voir s'ouvrir, étaler la fleur
encore emprisonnée. Mais si le bouton nous apparaît déjà mor-
du par un insecte, l'attente se fait plus inquiète. Ainsi en va-t-il
de notre jeunesse. Un insecte l'a mordue. Dans *Chemins de
l'avenir*, trop sévèrement je le crains, je l'ai décrite, jugée. Et
plus haut, je l'ai avoué. Je connaissais une autre jeunesse; je
l'ai mieux connue depuis. Mais fait-elle le poids, le nombre ?
Une grave inquiétude me saisit, lorsque d'une grande école près
de chez moi, école réputée pour sa tenue, l'on m'informe que,
l'an passé, sur 23 finissants, 22 ont échoué en leurs examens.
L'expérience m'a tellement appris, à Valleyfield, qu'un jeune
homme ou adolescent, qui n'a pas résolu favorablement le problème de la sexualité, mais qui est devenu victime de ses sens,
reste incapable de fortes études et de grandeur morale. Et j'ai

vu quelques spectacles que nous sert à la télévision cette jeunesse, spectacles coiffés parfois du titre de « Jeunesse oblige », ex-
hibition de danses, de chansonnettes de la plus entière vulgarité.
Comment ne pas s'affliger de ces sauteries d'épileptiques, fol effort de fillettes de dix à douze ans, les cheveux dénoués, mêlées à
des bambins du même âge et qui s'ingénient à se défaire le
corps, à se tordre en tous sens. Vraies danses de narcomanes
dans l'ivresse de la drogue. Oh ! je sais que de naïfs parents et
même de bons Pères ne voient en ces spectacles que des excès
de vitalité. On les absout. Mais que n'absout-on point de ce
temps-ci ? Comme s'il n'y avait interdépendance de l'âme et du
corps et que l'on pût ainsi violenter son corps sans violenter son
âme. Comme si l'on pouvait se livrer à la démesure, aux excès
de la bête en soi, sans danger pour son équilibre mental. Comme si l'on pouvait jouer indéfiniment à l'hystérie sans qu'il en
restât quelque chose. Heureusement, il semble qu'on en revienne, en ces derniers jours, et qu'à « Jeunesse oblige » particulièrement, on se convertisse à la mesure et même à la distinction.
Quel avenir, me suis-je dit, bien des fois, attendre de cette jeunesse, avide d'amusements fous, paresseuse, rongée par une
sexualité en débâcle, sexualité dont s'accentuera la frénésie avec
notre école mixte ? Nous aurions tant besoin, devant les tâches qui s'imposent, d'une génération saine, d'esprit clair, vigoureux, capable d'idéalisme vivant et d'efforts magnifiques !
Et où nous mène cette apostasie des jeunes, apostasie, quoi que
l'on dise, trop généralisée. Je m'effraie à la pensée de ce que Dieu
réservait autrefois aux infidélités de son peuple choisi.

Notre clergé

Dans le domaine religieux, les points noirs non plus ne manquent pas. Je ne suis pas *Le Paysan de la Garonne,* selon M.
Maritain. Mais que penser de notre épiscopat « muet », — je ne
suis pas le seul à le dire — plutôt pauvre en grandes personnalités, au surplus en triste déperdition d'influence, qui se décide à
parler, fort bien du reste, à l'occasion du centenaire de la Confédération, mais qui n'a pu se mettre d'accord, selon toute apparence, pour défendre efficacement la confessionnalité scolaire,
freiner la débâcle morale, et qui, sans protester, s'est laissé pren-

dre ses séminaires ou collèges, seuls foyers de recrutement du clergé ? Je trouve à m'affliger, sans doute, des défections de trop de prêtres et de religieux qui cèdent, eux aussi, pour un grand nombre, à la tourmente de la sexualité. Je m'afflige autant de la disparition du prêtre et du religieux de l'enseignement et de l'éducation. Nous descendons petit à petit, mais irrévocablement, vers la médiocrité intellectuelle. En ce champ de l'esprit, nous ne marcherons plus de pair à pair avec les laïcs. Nous rachèterons-nous par la supériorité morale ? Y aura-t-il plus de saints parmi nous ? Je voudrais l'espérer. Un fait pourtant me laisse dans le doute: la désertion de l'enseignement pour ce que l'on appelle « la pastorale », comme si cette génération qui grandit dans nos collèges, nos couvents, pouvait se passer de la présence du prêtre, d'une instruction appropriée à ses immenses besoins, comme si le prêtre, enseignant et directeur d'âmes, n'apportait point à son ministère des moyens non dispensés au laïc: les sacrements, ces sources d'énergie divine dont il est le seul dispensateur de par son sacerdoce. A force de se vouloir faire « peuple », le prêtre ne sait plus ce qu'il est. En ces derniers temps, un fait m'a tragiquement éclairé sur notre malaise religieux. En histoire, il y a de ces faits, de ces moments, qu'on dirait chargés de poudre, terriblement révélateurs d'une évolution d'esprit. Je veux parler du « scandale » de *Maintenant*. Mot que je ne désavoue pas. Scandale religieux comme en notre histoire il ne s'en était jamais vu: une communauté de religieux en insurrection générale contre ses supérieurs, y compris l'autorité suprême. Et à propos de quoi ? Du simple congédiement d'un directeur de *Maintenant*, revue dominicaine, aventureuse, par trop suspecte. Nos chers Pères Dominicains, c'est connu, se sont toujours payé la coquetterie de l'avant-gardisme, coquetterie qui souvent n'a pas su rester en deçà de la témérité. Comment ces fils de Thomas d'Aquin en vinrent-ils à *flirter* si facilement avec les opinions les plus risquées, à préférer l'avant ou la fine pointe de la barque de Pierre plutôt que le gouvernail ? Je ne me hasarde point à l'explication de ce mystère. Je me contente de rappeler que ce directeur de *Maintenant* avait déjà reçu de ses supérieurs majeurs des rappels à la modération. Voulait-il jouer son petit Savonarole ? Il fallut sévir. On lui enleva la direction de *Maintenant*. Fait anodin dont le retentissement, en d'autres temps, n'eût pas franchi les murs de son couvent. Mais au couvent même il atteignait tous les esprits réputés hardis, tous ceux qui, depuis le Concile, avaient trouvé une autre notion de l'obéissance religieuse. En dehors du couvent, tous les catholiques « gauchistes » se sentirent atteints; les anticléricaux, les agnostiques se mirent de la partie, blessés dans leur liberté de pensée. Ce fut une belle pagaille ! Que les « progressistes », les agnostiques se soient soulevés, que pour assouvir leur colère ils se soient emparés des journaux, passe. Mais la Communauté dominicaine elle-même entra en scène; publiquement elle désarma ses supérieurs, sans même oublier son Père Général. Et l'on vit jusqu'aux petits novices, les moinillons, agiter leurs poings indignés et faire éclater leur colère jusque dans les journaux. Et l'on vit encore *Le Devoir* — dussent en frémir les mânes de Bourassa — au lieu de calmer cette effervescence, jeter de l'huile sur le feu, publier, en bonne place, toutes les lettres de ces protestataires. Et la plume du pieux M. Claude Ryan se chargea de délayer, en savantes dissertations et en vingt-cinq subtilités, sa pensée sur l'évolution d'esprit d'obéissance dans les couvents. Le plus triste spectacle devait nous être offert le soir de l'événement: le limogé, en personne, au lieu d'aller s'en ouvrir à ses supérieurs, se laissa traîner à la télévision montréalaise, à l'émission « Aujourd'hui », pour s'y confesser aux deux interlocuteurs que l'on sait, et se plaindre mensongèrement de ne rien savoir du pourquoi de son congédiement. Spectacle navrant ! Impensable, répéterons-nous, il y a à peine dix ans, et qui permet de prendre le pouls de nos institutions religieuses et de tout un peuple.

Espoirs pourtant

Ce sont là les points noirs, ceux qui souvent me font dire: l'on ne fera pas de moi un pessimiste, mais inquiet je le suis tout de bon. En toute justice néanmoins je dois l'avouer: des signes, quelques signes semblent annoncer une nouvelle jeunesse. Ce n'est pas une aube qui se lève. On dirait quand même un souffle de printemps. Il semblerait que le spectacle des désordres juvéniles, de tant de jeunes vies manquées, tant d'échecs dans les études et les examens, tant de petites filles déflorées, à jamais perdues, font réfléchir ceux qui restent capables de réflexion. Non, non, la vie n'est pas là. On reprend goût au travail. Nous en avons eu la preuve, chez nous à l'Institut d'histoire: des étudiants qui sont venus chercher notre *Revue,* qui se sont organisés en section de notre Institut, qui nous offrent leurs services pour un inventaire de nos archives. Combien d'autres qui préparent sérieusement des thèses. Une religieuse de Hull me recommande la visite d'un jeune étudiant de l'Université Saint-Paul d'Ottawa. Il y fait sa philosophie. Et voici en quels termes pompeux, elle me le présente: « Cet étudiant paraît très sérieusement s'intéresser à notre histoire [c'est un M. de Salaberry [40]]. Vous lui êtes apparu plus que jamais, cette année, dit-il, « le père d'une immense tradition intellectuelle », un « homme de grande sagesse » à qui, ajoute-t-il, « il voue un respect profond ». — » Rien que cela.

Et voilà ce que l'on gagne à vieillir.

---

40.   Michel de Salaberry, apparenté à Mme Vanier, épouse du gouverneur général du Canada, Georges-P. Vanier (1959-1967).

E R R A T A

Tome 1

page 84, note 43 — Émile Léger était l'*oncle* du cardinal Paul-Émile Léger.

page 99, 18e ligne — lire *cultuels* et non pas culturels.

page 243, note 116 — Trefflé-Zénon Simon (1871-1922), ptre, chan. ; vicaire (1900-1911) ; curé de la cathédrale de Valleyfield (1911-1922).

page 348, astérisque — À propos de « horse power », il ne s'agit pas d'un « moteur à combustion interne », mais bien, littéralement, d'un moteur à chevaux, espèce de manège à plan incliné ; les chevaux, ou le cheval, marchant sur place, font mouvoir un pont roulant et ce pouvoir, cette énergie, au moyen d'un arbre de couche et d'une poulie, est transmis à la machine qu'il s'agit d'actionner, une batteuse en l'occurrence.

page 360, 12e ligne — lire « l'abbé Charbonneau, vicaire capitulaire (1927-1928) après le décès de Mgr *Émard* (Médard)... »

page 400, note 125 — M. Jean Bruchési fut professeur à la Faculté des sciences sociales, économiques et politiques de l'Université de Montréal, de 1929 à *1958*,... ambassadeur du Canada — le premier — au Maroc (1962-1964), tout en l'étant à Madrid, puis en Argentine, Uruguay et Paraguay (1964-1967).

Tome 2

page 361, 6e ligne du bas — Deschamps, c'était le *futur* auxiliaire... (Il était alors vicaire général).

Index général

des volumes

1 - 2 - 3 - 4

A

Abatis, L', **2** : 276

Abitation, L', **1** : 358, 359, 360, 361, 364, 370, 371, 372 ; **2** : 320 ; **3** : 211, 355

Abitibi, région, **3** : 312 ; **4** : 70

Académie canadienne-française, **2** : 103n ; **3** : 298 ; **4** : 162n, 233, 296 ; première médaille, 348

Académie des Clercs de Saint-Viateur (Vaudreuil), **1** : 33, 34, 35, 37, 38, 67, 68, 410

Académie commerciale de Nicolet, **4** : 36

Académie Émard (Valleyfield), **1** : 86, 95, 105, 176, 198, 203, 204 ; **2** : 31

Académie française, **1** : 153, 167, 197, 312, 390 ; **3** : 153, 335 ; réception à l', **1** : 386-387 ; prix, **3** : 147-148

Académie Saint-Charles (Ste-Thérèse), **1** : 57, 58, 60, 76, 79

Académie Saint-Louis-de-Gonzague, **4** : 30

Académie Saint-Paul-de-la-Croix, **2** : 41

Académie des sciences morales et politiques, **3** : 345

Académie des Sœurs des SS. Noms de Jésus et de Marie (Manitoba), **3** : 30, 31 ; **4** : 139

Acadia, **2** : 67 ; réédité, 331

Acadie, voyage en (1915), **1** : 226, 229-237, 239, 240, 248, 342, 345, 367 ; **3** : 210-212 ; **4** : 215 ; et la découverte du Canada, 287 ; histoire de Lauvrière, **1** : 391 ; **3** : 88 ; chaire d'histoire, **4** : 152 ; enseignement français, **3** : 70 ; mission de Caix, 103 ; minorités et Rome, **4** : 209-210 ; collèges d'Eudistes, 81

Acadie louisianaise, **3** : 153, 157, 162 ; voir Louisiane

Acadiens, **1** : 230 ; patrimoine des ancêtres, **3** : 211 ; déportation, **2** : 331 ; personnages de roman, **3** : 210-215 ; « les — et nous », art., **2** : 145, 317

Acadiens louisianais, **3** : 166 ; origine, 158 ; population, 163-164 ; problème des Noirs, 159

Accalmie, L', **2** : 169-170 ; **3** : 362

Achard, Eugène, **3** : 226-227, 230

Achat chez nous, forme de solidarité économique, **4** : 135

Acte de l'Amérique britannique du nord (1867), **2** : 217, 297, 298, 314, 331, 343, 383 ; **3** : 131-132 ; voir Confédération

Acte constitutionnel (1791), **2** : 217 ; **3** : 131, 241 ; **4** : 344-345

Acte du Manitoba (1870), **3** : 314-315

Acte de Québec (1774), **2** : 217 ; **3** : 131, 236, 241, 259, 292 ; **4** : 344 ; causes, **2** : 331 ; recherches sur l', **1** : 401-402

Acte d'Union (1840), **4** : 345

Action, L', journal d'Asselin et de Fournier, **1** : 83 ; **2** : 100, 153, 183

Action canadienne-française, L', revue, **3** : 41 ; voir *Action française, L'*

Action catholique, mouvement, **1** : 87, 92-93, 109, 177, 205, 291 ; **2** : 307 ; **4** : 115, 232, 249 ; ce qu'elle fut, 14-16 ; « à l'angélisme », « détemporalisée », 145, 302 ; rattachée à ACJC, 219 ; et action nationale, controverse, 219-220 ; et scoutisme, 221 ; jugement Courchesne, 244 ; dénoncée dans *Chemins de l'avenir*, 328-330 ; archives, **1** : 201

Action catholique, L', journal, **1** : 283, 284 ; **2** : 40, 116, 138, 142n, 204n, 225, 348 ; **3** : 212, 215, 216, 232, 243, 244, 249, 250, 256, 267, 270 ; **4** : 31, 56, 64, 182, 228 ; 25e anniversaire, **2** : 73 ; **3** : 251 ; éloge de l'AF, **2** : 353 ; premier Québec, **3** : 343 ; élections Laflèche, **4** : 115, 232

Action française, L', mouvement (Montréal), **2** : 28, 29, 32, 33, 36, 45, 46, 50, 52, 55, 61, 62, 64, 65, 71, 77, 83, 84, 85, 86, 90, 97, 108, 109, 111, 113, 114, 117, 122, 130, 138, 139, 144, 178, 207, 208, 215, 269, 362 ; **3** : 88, 189, 321 ; **4** : 320, 354 ; origines, historique, **2** : 9-11, 12, 39, 81, 345, 353, 356 ; bout d'histoire, 344-349 ; doctrine, 14-15, 17-21, 113, 114, 273-274, 312, 317, 353 ; enquêtes et problèmes, voir ces mots ; hiérarchie des problèmes, 285 ; sondage, 315-317 ; groupes, 141, 345 ; son « Grand prix », 90, 349-351 ; pèlerinages historiques, **1** : 335-336 ; **4** : 287 ; épreuves intérieures, **2** : 187, 317, 363-370 ; divergences de vues, 363-373 ; vente, 373-375 ; devient l'Action canadienne-française, 374 ; démission générale, 377 ; jugement sur l'œuvre, 380-383 ; voir Ligue des droits du français

Action française, L', mouvement (Paris), **1** : 165, 325, 380, 381 ; **2** : 220, 374 ; **3** : 97

Action française, L', revue (Montréal), **1** : 297, 300, 303, 304, 326, 327, 328, 329, 331, 332, 333, 354, 355, 363, 373, 374, 391, 394, 395, 396, 397 ; **2** : 41, 49, 56, 68, 75, 76, 77, 85, 87, 88, 92, 93, 95, 108, 112, 113, 117, 118, 119, 121, 123, 135, 136, 137, 142, 143, 146, 147, 148, 150, 151, 156, 159, 161, 162, 174, 175, 212, 215, 216, 269, 271 ; **3** : 9, 11-12, 13, 14, 19, 41, 47, 107, 201, 214, 239, 245, 288-289 ; **4** : 13, 174, 241 ; caractère, **2** : 12-13, 124, 337 ; doctrine, **1** : 375-376 ; **2** : 17-21, 273-274 ; avant-gardiste, 125, 126-127 ; premier no (1917), 10 ; collaborateurs, 130-132, 134-184 ; vedettes, 132-134, 171-184 ; débuts à la direction, **1**: 306-311 ; **2**: 10, 11, 26 ; mal vue à Québec, 140-141 ; mots d'ordre, 114, 116, 124, 128, 278, 333, 334, 337, 349, 354, 360-361 ; **3** : 255 ; vie intime, **2** : 344-349 ; 10e anniversaire, 279, 292, 312, 337, 338, 350, 351-353, 358 ; et les politiciens, 360-363 ; les minorités, 318 ; éloges, 345-347, 348, 352 ; attaques, 347, 359 ; départ du directeur, 375-377 ; **3** 131, 267 ; fin de la revue, ses causes, **2** : 187, 267-268, 317, 345, 376-377 ; **3** : 39, 271, 272 ; souvenir de Laurier, **1**: 325-326; rapports du Comité de propagande de Paris, 396-397, 399, 400; sa librairie, **2**: 83, 113, 117; recommande l'œuvre thomiste, 271-272; voir Enquêtes et Ligue des droits du français

« Action intellectuelle, Une », **1**: 307; **2**: 10, 269

Action libérale, l' (France), **1**: 142

Action libérale nationale, **3**: 230, 249; **4**: 107, 353; historique, **3**: 301-329; origines, 302; programme de restauration sociale, 306-309, 317; attitude de Duplessis, 311; coalition Duplessis, 317-318; déception, 325-329; rupture, 319; échec, 322, 327

Action nationale, et action catholique, **3**: 287-288; controverse, **4**: 17, 220

Action nationale, L' revue, **1**: 262; **2**:136, 156, 212, 217, 226; **3**: 184n, 192, 201, 260, 261, 288; **4**: 33, 34n, 106, 114; historique, **3**: 271-273; articles, 234-235, 259; enquête, 259; chronique régulière, 261; cours d'histoire, 267; manuel unique, **4**: 142; no consacré au communisme (1943), 267; éditions, 41, 182; manifeste de la jeune génération, **3**: 276; portrait de Duplessis, 309-310; André Laurendeau, directeur, **4**: 313

Action sociale de Québec, L', voir *Action catholique, L'*

Action universitaire, L', revue, **3**: 233

Actualité économique, L', **2**: 36

Adam, Marcel, entrevue, **4**: 325

« Adieux de la Grise, Les », conte, **1**: 133, 199, 349, 351

Adriatique, l', **4**: 44

Affaires, Les, revue, **3**: 169

Affaires étrangères de France, ministère des, **3**: 103

« Affaires de Rome, Les », **1**: 308

Afrique, **3**: 144, 160; **4**: 15, 44, 73, 164; missionnaires, 292; indépendance, 322

« Agathon, Enquête d' », **1**: 188, 380, 383; **4**: 240

Agence canadienne de publicité, fondation, **2**: 290

Agence Havas, **3**: 345

Ageorges, Joseph, **3**: 97

Agriculture, **3**: 39; histoire, 168-169, 252, 308; ministère de l', 208; au diocèse de Rimouski, rénovation, **4**: 242-243; enquête de l'AF, **2**: 333-334, 354

Alary, J.-H.-Zénon, ptre, **2**: 356

Albalat, Antoine, **1**: 157; **2**: 135, 158s

Alberta, **2**: 189; **3**: 185; **4**: 182, 209; lois scolaires, **3**: 34; témoignage touchant, 353

Albert-Petit, A., **3**: 149

Album-Souvenir de la paroisse de l'Immaculée-Conception de Paincourt, Ontario, **3**: 177

Album universel, L', **1**: 194

Alès, Adhémar d', s.j., **3**: 95

Alexandria, diocèse, **4**: 209

Allard, Alfred, bienfaiteur de la RHAF, **4**: 154

Allard, Joseph-Charles, ptre, **2**: 259

Alleghanys, **3**: 160

Allemagne, **4**: 113, 163-164

Allemands, **4**: 199

Alliance laurentienne, l', **4**: 348

Alliance nationale, L', société d'assurances, **2**: 52

Alliance réformiste (1841-1848), **3**: 37

Allo, E.-B., o.p., **1**: 126

Allocations familiales, **2**: 334

Almanach de la Langue française, **1**: 194, 307, 336; **2**: 10, 39-42, 354; **3**: 286

Almanach du voleur, **1**: 91

Alonié de Lestres, pseudonyme de Lionel Groulx, **1**: 13, 396; **2**:

D

Edwards, W.B., photographe, **3** : entre 224-225

Église, l', **3** : 128, 179 ; **4** : 45, 53, 249, 329 ; sujet d'examen, **2** : 97 ; unité de pensée, **4** : 222, 297-298 ; et la classe ouvrière, 20 ; doctrine sociale, 266 ; et la langue, **2** : 198-200 ; et la survivance c.-f., 209 ; **3** : 97-99, 295 ; rôle dans l'Ouest, **2** : 313 ; rôle des missionnaires, **4** : 292 ; égalité des droits, **3** : 132 ; influence, 118 ; diminution de l'influence, **4** : 358 ; foi en l', **2** : 357 ; 383 ; à Rome, **3** : 136-137 ; et Irlandais, 94, 134 ; politique de guerre, **4** : 230 ; et les patriotes de 1837, **2** : 354 ; métropolitaine, **4** : 248, 249 ; « désempanachée », 302 ; du Québec, 238, 241 ; — canadienne et déposition de Mgr J. Charbonneau, 248-278 ; rage de saborder, 288

Église Notre-Dame de Montréal, **2** : 48, 180, 197, 199 ; voir Discours de

Église Saint-Viateur (Outremont), **4** : 166

Église universelle, l', **4** : 188, 196, 218, 236, 242, 251, 329 ; appartenance à l', 14-15, 203-205, 236 ; sentiment national, 219 ; rôle des *Études*, **3** : 94 ; ouvrages de Mgr Paquet, **2** : 174

Égrappages, d'Albert Pelletier, **3** : 214

Égypte, **4** : 44

Eldorado, **3** : 26

Élections (1891), **1** : 38-40, 68, 317 ; (1935), **3** : 318 ; (1936), 309, 317, 318, 319, 325-326, 332 ; fédérale partielle, Montréal-Outremont (1942), **4** : 114-116, 231-232 ; BPC, Cartier et Stanstead (1943), 124, 126 ; victoire, 126 ; (1945), 129, 130 ; provinciale (1960), 338, 339, 343 ; (1966), 340

Éléments de notre destin, de Daniel-Rops, **4** : 169

Elgin, James Bruce, lord, **3** : 43, 241

Élie, Gaston, **4** : 92

Élisabeth I, reine d'Angleterre, au Canada (1939), **4** : 53, 54

Élite, l', canadienne-française, éducation, rôle politique, avenir, conf. Wilbois, **3** : 107 ; — catholique française, 110

Ellenburg, N.Y., **3** : 174

Elmwood, rue (Outremont), **4** : 129

Émancipation, Vers l', de Lionel Groulx, **3** : 292

Émancipation économique, **2** : 114-115, 120 ; voir Problème

Émard, Médard, évêque, **1** : 77, 78, 81, 91, 109, 110-111, 172-175, 202-203, 204-205, 208-209, 210-211, 224-225, 226, 227, 242, 248-249 ; **2** : 188, 257-259 ; **4** : 21, 254 ; lettre, **1** : 241 ; banquet à Laurier, 318-319 ; décès, **4** : 252 ; errata, 363

Émérillon, L', navire, **3** : 224

Émery, Alfred, ptre, **1** : 60, 61, 110 ; **2** : 75, 76 ; portrait, **3** : 174-176 ; sa mort, 171-179 ; chef de la résistance ontarienne, 178 ; photo, entre 144-145

Émigrants (1830-1860), **3** : 229

Émigration canadienne-française, aux États-Unis, causes, **3** : 167 ; nombre, 178

Émond, Alexandrine, **1** : 25, 28 ; **4** : 97

Émond, Angélina, **1** : 25

Émond, Charles-Auguste, notaire, **1** : 63, 169, 170, 408 ; **3** : 60, 203 ; photos, **2** : entre 128-129 ; Mme (née Alzire Fortin), **1** : entre 320-321

Émond, famille, photo, **1** : entre 160-161

Émond, Guillaume, beau-père de L.G., **1** : 19, 27, 32, 36, 63 ; **4** : 97 ; portrait moral, 98 ; artisan,

F

G

Suisse, 123-125 ; à Paris, en France, 126-130, 131-133, 373-402 ; rencontre de la famille Hudon, 130-131 ; du cardinal Gerlier, 164 ;

deuxième séjour en Europe (1921-1922), **1** : 373-402 ; **2** : 87, 183, 292, 303, 305, 310, 363, 366 ; **3** : 62, 88, 97, 102, 141, 236 ; aux Archives de Paris, **1** : 378-379 ; **2** : 286 ; **3** : 173 ; cours à l'Institut catholique de Paris, **1** : 379-380 ; **3** : 62, 95 ; à l'Institut d'Action française, **1** : 380-385 ; **2** : 335 ; distractions, **1** : 385-390 ; rencontres, 390-392 ; conf. chez les Publicistes chrétiens, 398-399, 400 ; **3** : 236 ; Comité de propagande à Paris, **1** : 394-400 ; **2** : 336 ; séjour en Angleterre, **1** : 401-402 ; pèlerinage à Lisieux, 393-394 ; à Lourdes, 128-130 ; souvenirs de la France, 166-167 ; Français de France et du Canada, 126-127 ;

troisième séjour en Europe (1931), cours en Sorbonne, **1** : 167 ; **3** : 55-74 ; lettres à sa mère, 59, 60, 65, 66-67, 71, 72, 77-78, 87, 129, 143, 147 ; chez Lauvrière et Baumann, 87-92 ; chez Louis Artus, 92-94 ; chez les Jésuites des *Études*, 94-96 ; chez les Publicistes, chrétiens, 97-99 ; chez Mme de Broglie, 101-102 ; chez Robert de Caix, 103-104 ; chez René Bazin, 105-107 ; chez Wilbois, 107-112 ; chez les historiens : Georges Goyau, 115-119 ; chez Pierre de La Gorce, 119-122 ; chez les étudiants canadiens, 123-124 ; dîner de M. Philippe Roy, 124-125 ; audience papale, 138-139 ; entrevues du : secrétaire de la Consistoriale, 130-135 ; chargé d'affaires de Londres, 135-136 ; ambassadeur de France, près le Saint-Siège, 136-138 ; pèlerinage à Lisieux, 75-85 ; passage à Lourdes, 141-142 ; carême de Notre-Dame, 112-114 ; voir Sorbonne ; retour au Canada, 64, 78, 82, 107, 124, 125, 134, 143-147, 150 ;

directeur de L'Action française, **2** : 11-15, 9-184, 269-383 ; « missionnaire de l'AF », **1** : 329-330, 332 ; **2** : 61, 63, 73-82 ; poste contesté, 361-363 ; abandon de la direction, 375-377 ; jugement sur l'œuvre, 380-383 ; enquêtes, voir Action française ; collaboration écrite, 354-358 ; souvenirs sur Henri Bourassa, 187-268 ;

souci de culture, **1** : 113-115 ; ambition et besoin d'écrire, 51-57 ; **4** : 284-285, 305 ; façon d'écrire, **1** : 157 ; **3** : 365-366 ; goût et nécessité de la lecture, **1** : 34-36, 49, 62, 64-65, 69, 73-74, 79, 82-83, 95, 137, 183-185, 267, 339-340 ; grands maîtres, 69-70, 90, 97, 101-102 ; premiers articles, 73, 79, 97, 105, 187-190, 191, 193-194, 218 ; contes, 133, 199, 349, 351 ; poésies, 160-161, 198 ; ms, entre 288-289 ;

pédagogie d'enseignant, **1** : 181-185 ; **4** : 67-73 ; enseignement d'une époque, **1** : 45-48 ; culture classique et professionnels, 87-89 ; enseignement de la littérature, 155-156, 197-198 ; projet d'École normale supérieure, 155, 366 ; **4** : 73-87, 216, 217, 248, 257 ; de rencontres universitaires, **3** : 364-365 ; lignes de doctrine en éducation et en spiritualité, **1** : 96-102 ; conf. et discours, voir ces mots ; moulin à parole, **3** : 259-262 ;

métier d'historien et méthodes, **1** : 266-268, 294, 295, 305 ; **2** : 366 ;

3 : 45, 46-47, 49, 50, 51-52, 234 ; conception de l'histoire, 1 : 303-304 ; 3 : 49 ; 4 : 145-146, 184, 293-294, 352 ; impartialité et histoire, 1 : 279-281 ; éducation du patriotisme par l'histoire, 325-326 ; aspects de sa vie d'historien, 4 : 10-11, 186-193, 248-249 ; premier manuel d'histoire du Canada, 1 : 95-96, 151, 214 ; manuel unique, 4 : 141-142 ; initiateur de la Semaine d'histoire du Canada à Montréal, 2 : 325, 326 ; intrigues Chartier, 330-333 ; culte de Dollard, 1 : 330-331, 334-337 ; 2 : 47-59 ; drapeau fleurdelisé, 3 : 322-324, 337 ; 4 : 36 ; question des écoles ontariennes, 1 : 314-316 ; fondation de l'IHAF, 4 : 150-153, 155-163, 306 ; de la RHAF, 153-155, 163-164, 305-307 ; entrevues, 112-114, 114-116, 135, 137, 138-139, 319-334 ;

son nationalisme, définition, 4 : 329, 331-332 ; sources, 1 : 154 ; et orthodoxie, 2 : 177, 344 ; mouvement, et influence du milieu, 1 : 273-275, 275-295 ; attitude réactionnaire des hommes de son temps, 2 : 282-283 ; audace d'esprit, 1 : 59 ; « novateur, révolutionnaire, anarchiste, séparatiste », 87-88 ; 4 : 49, 316, 321, 330, 331, 341, 346, 347 ; « fossoyeur de la race », 34 ; « anglophobe », 3 : 247-248 ; 4 : 330 ; relations avec Anglo-Canadiens, 3 : 40-47, 358-361 ; 4 : 333-334 ; jugement sur politiciens, 1 : 293 ; 2 : 121-123 ; 3 : 207-209 ; fédéralisme et indépendance, 4 : 341-348, 349-350 ; indépendance du Québec, 2 : 306-307 ; État français, 292 ; 4 : 342-350 ; bilinguisme, 34-36 ; slogan « Maîtres chez nous » (1920), 338 ; philosophie politique, 138-

139 ; message de Jean Lesage, 300-301 ; attaque de M. St-Laurent, 330-331 ; rencontre Laurier, 1 : 316-326 ; relations LaVergne, 3 : 189-198, 198-200 ; rencontre Th. Chapais, 1 : 195-197 ; portrait littéraire, 4 : 161-162 ; parallèle, 3 : 293 ; ignoré aux fêtes de Cartier, 222-223 ; discours de 1937, 331-344 ;

attente d'une génération, 1 : 105-107 ; 3 : 202 ; 4 : 113, 115 ; école de Groulx, 270 ; mouvements de jeunesse, 3 : 269-300 ; 4 : 13-21 ; jeunesse des collèges, 21-26 ; jeunesse universitaire, 27-31 ; appels, 225, 290-291 ; rôle de chef, 225-226, 230, 232, 238, 243, 244, 249, 250-251, 285-286, 291, 293-294, 345-347, 360, 367-369 ; mouvements politiques, Ligue pour la défense du Canada, manifeste, 109-111 ; BPC, agent de liaison, 117-128 ; déception-Duplessis, 3 : 325-329 ; inquiétudes, 4 : 358-359 ; optimiste, 2 : 355 ; 3 : 233, 258-259, 282-283 ;

joie du prêtre (1903), 1 : 72, 92-93, 98 ; soucis du prêtre-éducateur et du prêtre « intellectualisé », 101, 171-172 ; 2 : 336-340, 344, 354-355, 357 ; 3 : 261-262, 367-369 ; 4 : 195, 357-358 ; activité sacerdotale, 16-21, 23, 195-211, 243 ; 25e anniversaire de sacerdoce, 2 : 355-357 ; photo, entre 304-305 ; catholicisme et problème religieux, 4 : 196-205 ; points noirs, 359-361 ; projet de ministère paroissial, 3 : 11-12 ; privilège d'oratoire personnel, 4 : 207-208 ; hommage à supérieurs ecclésiastiques, 2 : 376 ; entrevues avec délégué apostolique, 4 : 68-69, 207-211 ; à Rome, 272-273 ;

relations avec Mgr J. Charbonneau, 83-87, 248-252, 253-254,
257, 262, 265-267 ; dernières relations avec le cardinal Villeneuve, 213-234 ; voir Villeneuve ;
chanoine honoraire, 248-250 ; retraites prêchées, 205-206 ;

hommages et études sur l'homme,
Henri d'Arles, 2 : 69 ; O. Asselin,
107-112 ; 1 : 351-353 ; Valdombre, 3 : 237-238 ; *La Nation,* 292-
293 ; A. Laurendeau, 345 ; 4 :
165 ; Jacques LeDuc, 167 ; portrait caricatural, 3 : 260 ; buste,
346 ; plébiscite de l'Almanach,
286 ; souscription des Amis de
l'abbé Groulx, 353-355 ; thèse,
4 : 348 ; J. E.-Blais, V. Barbeau,
295-297 ;

titres et prix : docteur en droit,
UM, 2 : 178 ; UO, 3 : 263-264 ; 4 :
178 ; St-Jean de Terreneuve, 334 ;
docteur en philosophie et en théologie, 1 : 115 ; docteur ès lettres
UL, 4 : 178 ; UM, 3 : 204-
206 ; médaille « Vermeille », 207,
255 ; 4 : 179 ; médaille Tyrrell,
179 ; médaille du Conseil des Arts
du Canada, 334 ; prix Duvernay,
186-193 ; prix Champlain, 289-
290 ; prix de l'Académie française (Paris), 3 : 147-148 ; membre
de la Société royale du Canada,
1 : 311-314 ;

divers : vacances à Central Falls,
1 : 337, 341-342 ; au lac McGre-
gor, 271, 342-346, 365 ; en Acadie, 226, 229-237, 239, 240,
248 ; aux Chenaux (Vaudreuil),
337-341 ; à Saint-Donat, 356-366 ;
voyage au Manitoba, 3 : 21-36 ;
4 : 134-140 ; en Louisiane, 3 : 153-
167 ; 50e anniversaire de naissance, 2 : 355 ; sa secrétaire, voir
Rémillard, Juliette ; pseudonymes :

Alonié de Lestres, Léo, Jacques
Brassier, Nicolas Tillemont, André Marois ;

fin de vie : dernières apparitions
en public, 4 : 307-317, 351, 352 ;
dernières occupations de sa vie,
305-307, 352-353 ; derniers livres,
285-290, 291-298, 304-305 ; *Chemins de l'avenir,* 298-304 ; fin de
carrière, 295-296 ; part d'inachevé, 11, 185-186 ; influence, 356 ;
plaisirs de la fin de sa vie, 352-
353 ; attitude devant la mort, 9,
355-356 ; mort de ses amis, 235-
237, 237-246, 353-354; état d'âme,
279, 283, 356-358 ; espoirs, 361-
362 ;

ouvrages : *Une Croisade d'adolescents* ; *Les Rapaillages* ; *Chez
nos ancêtres* ; *Notre maître, le
passé* ; *Dix ans d'Action française* ; *L'Appel de la Race* ; *Au Cap
Blomidon* ; *Orientations* ; *Directives* ; *L'Indépendance du Canada* ; *Nos luttes constitutionnelles* ;
*La Confédération canadienne, ses
origines* ; *La Naissance d'une Race* ; *Lendemains de conquête* ; *Vers
l'émancipation* ; *Le Français au
Canada* ; *L'Enseignement français
au Canada* ; *La Découverte du
Canada — Jacques Cartier* ; *Histoire du Canada français depuis
la découverte* ; *Notre Grande
Aventure, l'Empire français en
Amérique du Nord* ; *Pour bâtir* ;
Rencontres avec Dieu ; *Chemins
de l'avenir* ; *Constantes de vie* ;
voir ces noms respectifs — ;

photos : première communion
(1886), 1 : entre 64-65 ; à dix-
sept ans, entre 96-97 ; « Les trois
réformateurs » (1897), entre 96-
97 ; à vingt et un ans, entre 96-
97 ; portrait de famille (vers 1900),

H

I

J

M

255, 260 ; communication, 267-268 ; sombre prédiction, 269

Mystique nationale, Notre —, **3** : 242 ; conf. et bro., **4** : 52-56

N

Nabuchodonosor, statue, **1** : 168
Naissance d'une nation, La, de G. Filteau, **4** : 152
Naissance d'une Race, La, cours mis en volume, **1** : 302, 327-329, 332, 367 ; **3** : 51-53, 89, 151, 220 ; éloge, 239-240
Nantel, Antonin, ptre, p.d., **1** : 47, 49 ; portrait, 63-64
Nantel, Guillaume-Alphonse, avocat, **1** : 194
Naples, **1** : 111 ; description, 112-113
Napoléon 1er, **3** : 165
Napoléon III, **3** : 121
Napoléonville (Louisiane), **3** : 164, 165
Nation, la, mise au point, **3** : 52
Nation, La, journal, **3** : 198, 250n, 267, 367 ; historique, 291-296 ; no spécial, 293 ; salut au « chef », 345 ; disparition, 294
National, Le, journal, **2** : 251
« National et le religieux, Le », lettre à un jeune homme, **3** : 288
National Council of Education, **2** : 124, 342
Nationalisme, **2** : 78, 177, 259 ; **4** : 138, 188 ; mouvement, **3** : 187, 189, 192, 284, 322, 327 ; définition, 98-99 ; **4** : 135-136, 331-332 ; naissance, **1** : 251, 252 ; réveil, **2** : 213-214 ; légitimité, 217, 227, 257 ; courbes étranges, causes, 267-268 ; fondements, **3** : 241 ; et catholicisme, **4** : 196-200, 329-330 ; et jeunesse, **3** : 187-189, 304 ; **4** : 13, 244-245 ; et l'Acte de Québec, 344 ; — économique, 268 ; — littéraire, **2** : 339-340 ; bréviaire du, **3** : 250 ; opinion Edgar McInnis, **4** : 39 ; en-

trevue Sifton, 135-137 ; pseudo —, **3** : 328 ; débandade (1912), 188 ; fin du mouvement (1899-1930), 183, 200 ; (1936), 328 ; art. Chartier, **2** : 330 ; art. Perrault, 336 ; *Faillite du* —, de Jules Fournier, 267 ; *Notre* —, d'A. Laurendeau, **3** : 286
Nationalisme anglais, **4** : 331-332
Nationaliste, Le, journal, **1** : 83, 104, 350 ; **2** : 26, 98, 99, 100, 103, 104, 153, 164 ; **3** : 190, 199 ; **4** : 119, 188
Nationalistes, mouvement des, **4** : 117-118, 120 ; Ligue —, 188 ; de (1904), 220 ; déception, 120 ; programme de restauration sociale, **3** : 308 ; échec du BPC, **4** : 130 ; désunion, 48 ; fatalité, 126, 127 ; attaque de M. Saint-Laurent, 330 ; et la guerre, 23, 92 ; Jeunes —, à Arthabaska, **3** : 198-200 ; voir Nationalisme
Natural History Society of Montreal, **2** : 245
Nénuphar, Collection, **3** : 214
Nepveu, Delphis, ptre, p.d., **1** : 49, 51, 78, 222 ; **2** : 258
Neuville, **4** : 233
New Jersey, **4** : 96
Newman, John Henry, **3** : 119
New York, **2** : 106, 241, 242, 246 ; **3** : 59, 143, 145-146 ; **4** : 233, 272, 275, 276 ; « Pourquoi Québec ne fut pas — », conf., **3** : 261
Niagara, chutes, description, **1** : 146, 394
Nicolet, **2** : 75, 94 ; **4** : 238, 239, 241 ; École normale, 241
Nicolet, Jean, **4** : 287
« Noblesse oblige », histoire des universités, d'O. Maurault, **2** : 63

O

P

Q

T

U

178 ; conférences publiques, 173-174 ; synthèse, 181 ; salaires (1926), 3 : 12 ; rajustement, 12-17, 167 ; conditions, 14-15 ; 4 : 174, 176, 177, 178 ; 30e anniversaire, enseignement de l'histoire, 4 : 142-146 ; 50e anniversaire du premier cours, 351 ; départ de L.G. (1949), 283, 309 ; pension, 80, 165, 166, 172, 173, 174, 175, 176 177-179 ; candidats à la succession, 165-181 ; estime L.G., 180 ; thèse sur Groulx, 348 ; cours annuel de l'IHAF, 150, 151, 155 ; Commission d'administration, 3 : 12, 13, 14, 16, 17 ; Conseil de la Faculté des Lettres, 2 : 12, 367 ; 3 : 13, 14, 16-17, 55, 204, 274 ; inorganique, 4 : 189 ; doyen, 38 ; recteur, 71, 85 ; vice-recteur, 58 ; aumônier, 90 ; gouverneur, 180 ; société d'administration, 175, 176-177 ; Faculté de philosophie, 2 : 35 ; 3 : 307 ; Faculté de droit, 2 : 63, 164, 179, 327, 360 ; doctorat L.G. (1943), 178 ; Faculté des

sciences, 3 : 274, 363 ; 4 : 80 ; Faculté des sciences sociales et politiques, 2 : 36, 181s, 333 ; 4 : 80 ; Institut de microbiologie, 3 : 364 ; monument Montpetit, 2 : 184 ; bourse Carnegie, 3 : 209-210 ; chaire de civilisation c.-f., 2 : 69, 126 ; Quartier latin, 3 : 259 ; revue Bleu et or, 4 : 167

Université d'Ottawa, 1 : 361 ; 2 : 90, 110 ; 4 : 72 ; évolution, 3 : 265-266 ; 4 : 143 ; conf. sur Cartier, 3 : 224, 260 ; cours d'histoire, 262 ; recteur, 335 ; cercle littéraire, 2 : 74, 75 ; doctorat à L.G., 3 : 263-264 ; 4 : 178

Université de Paris, 3 : 61, 64 ; voir Sorbonne

Université grégorienne de Rome, 3 : 307

Université Saint-Jean de Terre-Neuve, doctorat à L.G., 4 : 334

Université Saint-Paul (Ottawa), 4 : 362

Urbanisme, créateur du Service d', 2 : 289n

V

Vachon, Alexandre, évêque, 4 : 223, 255

Vachon, Séraphin, 3 : 303 ; entrevue, 319

Vaillancourt, Cyrille, photo, 4 : entre 240-241

« Vaincus ou vainqueurs », 2 : 128-129

Valdombre, pseudonyme de Claude-Henri Grignon, voir ce nom

Vallaux, Camille, 1 : 267 ; 2 : 288

Vallée, Arthur, médecin, 3 : 334

Vallerand, Jean, 3 : 368-369

Vallery-Radot, Robert, 2 : 285

Valleyfield, 1 : 73, 97, 105, 106, 174, 181, 205, 215, 351 ; Petite histoire de, 194 ; 4 : 189

Valleyfield, cathédrale de, 1 : 72, 92, 243, 317, 410 ; diocèse, 60, 225, 364 ; 4 : 22, 211 ; évêché, 1 : 77, 81, 172 ; 2 : 188, 259, 356 ; 4 : 247, 258

Valleyfield, collège de, 1 : 11, 13, 45, 49, 71, 72, 78, 81, 83, 86, 91, 95, 98, 103, 106, 108, 110, 127, 150, 151, 156, 157, 172, 174, 175, 184, 187, 190, 194, 195, 198, 199, 203, 205, 206, 207, 209, 210, 214, 216, 218, 219, 222, 285, 286, 291, 297, 307, 317, 319, 322 ; 2 : 190, 193, 200, 256, 258, 306, 336 ; 3 : 171, 176, 177 ; 4 : 21, 73, 77, 81, 86, 118, 119, 148, 185, 189, 195, 206, 261, 354, 358 ; retraite aux prêtres-

W

Y

Z

TABLE DES MATIÈRES

Septième volume 1940-1950

Coup d'œil sur une décennie

Achevé d'imprimer à Montréal par Les Presses Elite,
pour le compte des Éditions Fides,
le vingt-quatrième jour du mois de septembre de l'an
mil neuf cent soixante-quatorze.

Dépôt légal — 3e trimestre 1974
Bibliothèque nationale du Québec

E3